第十届江苏九三论坛

科技创新与推进农业供给侧结构性改革

九三学社江苏省委员会　编

东南大学出版社
·南京·

图书在版编目(CIP)数据

科技创新与推进农业供给侧结构性改革/九三学社江苏省委员会编.—南京:东南大学出版社，2017.6
(江苏九三论坛)
ISBN 978-7-5641-7238-1

Ⅰ.①科… Ⅱ.①九… Ⅲ.①技术革新—关系—农业改革—研究—江苏 Ⅳ.①F327.53

中国版本图书馆CIP数据核字(2017)第155585号

科技创新与推进农业供给侧结构性改革

出版发行	东南大学出版社
社　　址	南京市四牌楼2号　**邮编**　210096
出 版 人	江建中
网　　址	http://www.seupress.com
电子邮箱	press@seupress.com
经　　销	全国各地新华书店
印　　刷	虎彩印艺股份有限公司
开　　本	700 mm×1 000 mm　1/16
印　　张	20.75
字　　数	425千
版　　次	2017年6月第1版
印　　次	2017年6月第1次印刷
书　　号	ISBN 978-7-5641-7238-1
定　　价	58.00元

前　言

2015年中共中央适时提出推进供给侧结构性改革，相关行业以“三去一降一补”任务为抓手，推进供给侧结构性改革，取得了初步的成效。与此同时，2016年我国在深化农村土地制度改革、农产品价格补贴等方面的改革也迈出了可喜步伐。为进一步落实新发展理论，解决“三农”存在的深层次矛盾和问题，同年12月召开的中央农村工作会议，明确把推进农业供给侧结构性改革作为今后一个时期农业农村工作的主线。今年中央一号文件，更是把推进农业供给侧结构性改革作为主题，就培育农业农村发展新动能，提高农业综合效益和竞争力等作出部署。为落实好习近平总书记在江苏视察期间对江苏农业现代化建设提出“领好向、带好头”的殷切希望，中共江苏省第十三次党代会明确指出全面建成小康社会的重点难点在农村，提出必须坚持不懈把解决好“三农”问题作为重中之重，加大对农业农村投入力度，健全农业支持保护体系，持续强农、惠农、富农，努力实现农业现代化的要求。作为传统农业大省的江苏正坚持问题导向，从各方面谋划深入推进农业供给侧结构性改革，为“三农”发展注入新动力。

江苏发展已站在一个新的平台上，围绕“两聚一高”新实践，建设“强富美高”新江苏，是包括民主党派在内全体江苏儿女的共同任务，也是民主党派履职的第一要务。长期以来，九三学社江苏省委以界别特色和优势服务经济社会发展，在履职中，突出科技创新在经济社会发展方面的关键支撑作用，注重科技创新引领经济转型发展，连续多年开展以科技创新为内容的调研，通过举办不同的主题论坛活动，集思广益，建言献策，凝聚力量，扩大影响，成绩显著。为此，九三学社江苏省委决定2017年举办以“科技创新与推进农业供给侧结构性改革”为主题的第十届“江苏九三论坛”，集全社智慧对促进农业供给侧结构性改革进行集中思考和对话，丰富建言献策内容，为党和政府决策提供参考。

本次论坛共收到征文90多篇，内容颇丰，涵盖农业供给侧结构性改革方方面面，围绕科技创新支撑农业供给侧结构性改革主题，对农业转型升级，区域特色农业发展，调整农产品生产结构，提高农业供给体系质量、效益和竞争力，特色小镇协同发展，农村公共产品均等化探索，农业生态环境和基础设施建设，分类施策、增加农民收入，保证粮食生产等进行了详实的研究。这些论文从专业的视角，对科技创新与推进农业供给侧结构性改革进行深入思考，提出了提高农业供给体系质量、效益和竞争力的对策建议，具有前瞻性和可操作性。现将入选此次论坛的63篇论文汇集出版，供大家交流和参考。

本次论坛得到了九三学社各市级组织、省直工委和有关专家、学者的支持和响应，得到协办单位江苏省科技厅、江苏省交通运输厅、江苏省住房和城乡建设厅、江苏省农科院等单位的支持。本论文集的出版得到东南大学出版社的帮助。在此一并表示感谢！

由于篇幅有限，一部分论文未能入选，对此深表歉意。因论文集涉及“三农”领域较广，加之时间紧，难免存在错误和不足，恳请读者批评指正。

编　者

2017年5月31日

目　录

江苏农业供给侧结构性改革：挑战、重点与对策

包宗顺

（江苏省社科院农村发展所）

摘要：在经济新常态下，党中央和国务院提出推进农业供给侧结构性改革，为各地农业改革指明了方向。当前，江苏农业发展面临着国际国内粮价倒挂严重、农业劳动力老龄化问题突出、农产品市场波动显著加剧、农业信息化滞后等主要问题。针对江苏农业的实际问题，本文提出了江苏农业供给侧结构性改革的方向与重点。在此基础上，从深化农村改革、加大绿箱补贴和加快三产融合三方面提出了对策建议。以期为促进农业增效、农民增收、农村繁荣提供理论支撑，为政府相关部门的政策制定提供决策参考。

关键词：农业；供给侧；结构性改革；对策

积极推进供给侧结构性改革，是经济增长新常态下，党中央和国务院为推进国民经济健康、有序、中高速发展而提出的重大战略任务。供给侧结构性改革涉及国民经济的方方面面。近两年中央农村工作会议以及中央一号文件都明确提出要加快推进农业供给侧结构性改革。本文论述着重从下述三个方面问题展开：一是当前农业供给侧结构性改革主要面临哪些挑战？二是江苏农业供给侧改革突破的重点方向？三是推进江苏农业供给侧改革的应对策略？

一、江苏农业供给侧结构性改革面临的主要挑战

面对经济新常态，面对工业化转型、城市化加速和国际化提升的大背景，江苏农业供给侧结构性改革面临一系列的严峻挑战。

（一）国际国内粮价严重倒挂问题化解难

国内粮食生产成本快速上升、最低收购保护价逐年抬高、人民币汇率的升值、国际粮价的下跌、全球能源价格暴跌导致的货运价格大跌等一系列因素，导致国际国内粮价严重倒挂，并使得农业比较效益低的矛盾充分暴露和激化。从 2012 年起，国内粮价开始逐渐高于国际市场，到 2015 年上半年，大米、小麦、玉米等主粮价格均超过国际市场的 50%。由粮价倒挂而引发一系列问题：如走私粮食加剧国内粮食市场供求矛盾、国内粮库爆满、价格天花板，使得通过逐年提升保护价促进农民增收的政策效应难以为继等。

（二）农业劳动力老龄化问题日益严峻

随着工业化、城市化的不断推进，农村青壮年劳动力大量转移到二、三产业，近

年我省实施的农户抽样调查结果显示：在16～30周岁年龄段，有83%的劳动力完全不从事农业劳动(即全年一天农活都不干)；31～40周岁年龄段中，也有57.2%的劳动力完全不从事农业劳动；与此相对应的是，在41～50周岁、51～60周岁劳动力年龄段中，从事农业劳动者分别占67.9%和77.2%；在61～70周岁、71周岁以上年龄段中，有63.8%和27.7%的劳动力仍在从事农业劳动。由此可见，在未来相当长的时期中，作为农业劳动主力军的中老年农业劳动者队伍能否保持动态需求平衡令人担忧。

(三) 农产品市场波动显著加剧

许多农产品市场供给不稳定、不均衡，生猪、禽蛋、水产品等市场价格波动加剧，波动幅度越来越大，波动周期越来越短。图1和图2分别为2000—2016年间南京豆菜桥农贸市场猪肉、鸡蛋、鲫鱼6月份平均销售价格曲线和环比增长曲线图。

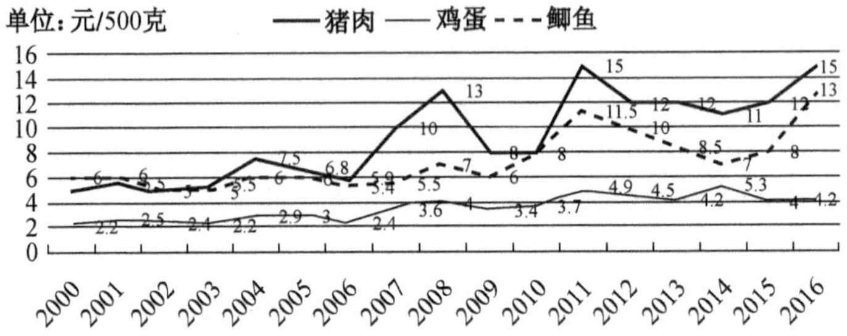

数据来源：包宗顺，2000—2016年南京豆菜桥农贸市场零售价格资料

图1　2000—2016年主要副食品价格波动趋势

从图中不难看出，2000—2006年间，肉蛋鱼价格相对比较稳定，除个别年份外，波动幅度在10%以内。但2006年以后，波动幅度却非常大。以猪肉为例：2007年6月价格与上年同比增长69%，2009年同比又下降38%，2011年同比上涨88%，2012年同比下降20%。

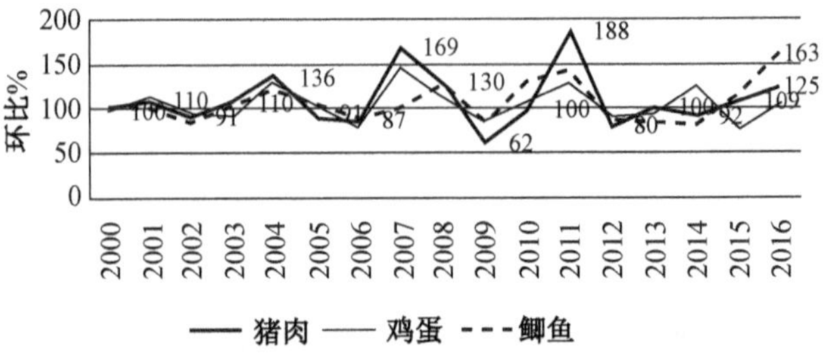

数据来源：包宗顺，2000—2016年南京豆菜桥农贸市场零售价格资料

图2　2000—2016年环比价格波动趋势

(四) 农业信息化发展明显滞后

农业信息服务平台不够健全，特别是应用现代通信技术的短信、网络等新型农业信息服务平台建设数量不多、质量不高。信息资源采集利用覆盖面不够广，信息采集利用还主要限于农业系统、本条线、本省、本区域，对市场信息、涉农信息、国际信息采集利用较少，信息“最初一公里”问题还没有得到完全解决。信息技术的开发应用覆盖面不够广，信息技术在农业上的应用及业务工作网络化仍处于起步阶段。

此外，江苏农业还面临着资源环境承载压力越来越大、农业基础设施仍然薄弱、农业公共服务保障不足以及与市场农业对接不紧等挑战。

二、江苏农业供给侧结构性改革重点任务

在全国改革总体思路的框架下，江苏宜结合自身特点和实际，准确把握农业供给侧结构性改革的方向与重点。

(一) 调结构：相对稳定与积极调整并举

就全国而言，政策主要着力点是“调减玉米产量，提高大豆产量”。但玉米和大豆均不是江苏主要粮食作物，每年还需要大量调进玉米和大豆。因此，江苏农业结构调整的重点任务是：相对稳定粮食生产面积，调整发展优质稻米，发展强筋、弱筋小麦，发展抗赤霉病品种小麦；相对稳定蔬菜和水果种植面积，调整优化全省区域蔬菜园艺生产布局，大力推广绿色安全高效种植方式，全面提升果蔬综合生产能力和产品品质，确保果蔬满足市场全年均衡供应；相对稳定畜禽水产品养殖总体规模，调整推进适度规模化养殖方式，保障畜禽水产等副食品市场供应的均衡和平稳。

(二) 提品质：重点提升食品安全品质

提品质关键是六个字：高效、安全、优质。如今农产品安全已成为质量评价的首要指标，无须讳言，与高效、优质相比，食品“安全”仍是“短腿”，江苏亦不例外，提品质的重点在提升“安全”，首先是生产领域食品安全。提升食品安全关键任务包括：一是大力推进适度规模经营；二是加快推行标准化生产；三是加强农业品牌化建设；四是强化农产品质量安全监管。

(三) 促融合：一产与二产的融合是薄弱环节

促进农业与二、三产业融合已形成全国共下一盘棋的可喜局面。但促进三产融合方面主要问题是使力不均。一方面各地政府促进发展休闲观光农业热情高涨，苏南起步较早，苏中和苏北也在积极布局紧跟，虽然成效显著、亮点纷呈，但投资和土地资源浪费、滥竽充数者也不在少数。而一产与二产的融合，即农产品的精深加工，始终是待补的“短板”，这也是江苏农产品出口业绩与农业大省地位不相称的主要根源。

(四) 去库存：实现粮食顺价销售是关键

由于市场粮价倒挂，难以顺价销售，江苏与全国一样，粮食去库存面临巨大的

压力。从2015年下半年开始，我省规模最大的国有粮食拍卖市场——江苏粮油交易市场推出了多场粮食拍卖，但成交率很低，好多场次的拍卖成交率为零！为确保今年夏粮收购，省及各地政府及时推出财政奖补政策，确保农民交售的新粮应收尽收。但问题的关键是库存粮食不能顺价销售，矛盾并没有化解，夏收这关过了，秋粮收购很快将至，将面临同样的困境需要化解。

(五) 降成本：发展适度规模经营乃良策

通过发展各类适度规模经营，加强产前、产中、产后的各类农业社会化服务等，减少化肥农药等的不合理使用、降低农业生产成本，在价格提不上去、补贴没有办法增加的背景下，节约成本就是增效。

(六) 熨波动：着力提升统计精准性、生产计划性和组织化程度

如前所述，我省农副产品市场价格波动剧烈，2006—2016年的十年间，南京豆菜桥农贸市场猪肉、鸡蛋、鲫鱼6月份销售价格的年平均波动幅度分别为28.7%、18.8%和24.3%，有些年份波动幅度甚至达到惊人的70%、80%以上。农副产品市场价格剧烈波动，对生产者、消费者均不利，不仅造成社会资源的严重浪费，还会形成社会不安定因素。由于年·人均副食品消费量是相对恒定的，熨波动的关键在于提高生产信息统计的精准性，加强生产的宏观计划性和政策引导，尤其关键的是着力提高生产的组织化程度。主要农副产品价格的年度波动幅度控制在10%以内，应作为我省价格调控的长期目标。

(七) 补短板：着力于五个“提升”

江苏现代农业发展亟须补齐、拉长的短板主要包括：提升农业生产组织化程度，提升农业信息化水平，提升农产品精深加工能力，提升农产品国际市场竞争力，提升农产品安全优质保障体系。

三、推进江苏农业供给侧结构性改革的对策建议

(一) 深化农村改革

一是要积极探索农村宅基地、土地承包经营权有偿退出激励机制。随着城镇化与工业化的持续推进，在许多地区，农村空关户比例越来越高，有退出农地经营意愿的人越来越多。近年因粮价下跌，不少地方出现种田大户退包、土地流转费下调现象，这正是一个很好的改革时间窗口，有条件地区应率先积极探索进城落户农民的宅基地和土地承包经营权有偿退出机制，这既是盘活农村固定资产、增加农民财产性收入的最有效方式，也是农地流转的终极形式。

二是要大力推进农村产权市场建设。当前工作推进重点在于积极探索农村产权交易价格的市场形成机制和交易风险的防范机制。探索包括宅基地和农村土地承包经营权在内的农村产权，通过市场交易向新型经营主体流转。同时加强工商资本经营资格准入、经营风险控制、土地用途等环节的监管，加强土地承包经营权流转市场信息监测，为完善政策、指导工作提供可靠依据。

三是着力提升农业生产的组织化程度。关键是要重视农业合作社、行业协会、专业协会的培育及其各项职能的发挥。事实证明，许多事情政府职能部门不愿管、不想管，也管不好。唯一的出路是把农业生产的组织职能交还给社会组织，大力扶持和促进各类农业生产和服务合作社、专业协会和行业协会的发展，鼓励和促进合作社、专业协会和行业协会跨地区联合发展，使它们逐步承担起农业生产组织者的职能，从整体上快速提升农业生产组织化程度。

(二) 加大绿箱补贴

一是扩大农业保险补贴范围和强度。其一，大力发展经济作物、养殖项目、高效农业保险，增加农业保费补贴品种，加大主要农产品保费补贴，提高保障水平。其二，大力发展非政策性农业保险。鼓励保险机构开展特色优势农产品保险、农机具保险，支持开展渔业养殖政策保险试点。其三，鼓励发展农村互助合作保险、农业政策性合作保险和小额保险业务，探索建立农业保险与农村信贷相结合的银保互动机制。其四，逐步完善商业保险、再保险和政府巨灾保险准备金相结合的大灾风险防范机制，积极探索农产品成本价格保险、区域产量保险、气象指数保险等险种。与此同时，还包括：进一步加大农业贷款担保、贴息力度；提高农机具、粮食烘干设备购买补贴等。

二是加大小型农田水利建设投入。首先，加强防洪排涝和水资源配套工程建设，全面提高农业抗御水旱灾害能力；二是加强农田灌排设施建设，大力发展节水灌溉；三是以灌区改造、圩区治理、山丘区水源工程和小型农田水利建设为重点，集中连片、整体推进农田水利基本建设；四是努力探索建立政府财政主导、社员及社会各界共同参与的多元化农田水利投入机制、社会化管护机制和公共服务体系。

(三) 加快三产融合

一是大力推进生态农业建设，扶持休闲观光农业发展。“十三五”时期，应以节约农业投入品和加强资源循环利用为重点，开展农业清洁生产技术示范，启动低毒低残留农药补贴试点、重金属污染耕地修复和种植结构调整试点，开展农作物秸秆、畜禽粪便等农业生产废弃物的资源化循环利用，强化农业面源污染治理。与此同时，结合当前休闲观光农业发展现状，研制全省休闲观光农业发展总体规划、阶段性发展规划及各地区的发展规划，制定出台相应的财税等激励和扶持政策，既要有效地保护基本农田，又要避免重复建设和盲目投资。

二是着力扶持农产品精深加工。近几年来，江苏农产品出口创汇总额，大约相当于山东的1/5、广东的1/3、福建的2/5、浙江和辽宁的2/3。笔者认为，农产品加工业的相对薄弱，是重要原因。国际农产品市场竞争，最终还是科技水平的竞争。在短时期内全面、迅速地将我省食品加工企业的整体技术提高到与国际接轨的水平是无法做到的，但在全省建立数家各具特色、拥有一流专家和加工开发设备的综合性农产品加工研发中心，则是可以实现的。

此外，还需进一步健全农产品质量安全控制体系，加强农产品生产加工环节标准的制(修)订与推广,加快农产品质量安全可追溯示范建设。与此同时,强化政府主导作用,加强农业信息基础设施建设,强化农业信息资源开发利用,大力推进信息化村镇建设,努力提高农业信息服务水平和质量。

参考文献

[1] 和龙,葛新权,刘延平.我国农业供给侧结构性改革:机遇、挑战及对策[J].农村经济,2016(7):29-33.

[2] 许瑞泉.经济新常态下我国农业供给侧结构性改革路径[J].甘肃社会科学,2016(6):178-183.

[3] 江维国.我国农业供给侧结构性改革研究[J].现代经济探讨,2016(4):15-19.

[4] 杨建利,邢娇阳.我国农业供给侧结构性改革研究[J].农业现代化研究,2016(4):613-620.

[5] 刘乃安,郭庆海,韩艳红.农业供给侧结构改革下我国农民增收的路径分析[J].税务与经济,2017(2):35-40.

[6] 姜长云,杜志雄.关于推进农业供给侧结构性改革的思考[J].税务与经济,2017(1):1-10.

[7] 黄祖辉,傅琳琳,李海涛.我国农业供给侧结构调整:历史回顾、问题实质与改革重点[J].南京农业大学学报(社会科学版),2016(6):1-5.

[8] 宋洪远.关于农业供给侧结构性改革若干问题的思考和建议[J].中国农村经济,2016(10):18-21.

强化科技支撑　推进江苏农业供给侧改革

沈贵银　张　华　段　雄　杨天和　顾　俊　应瑞瑶

（江苏省农科院现代农业研究中心　江苏省科技发展战略研究院
江苏省科学技术厅　南京农业大学经济管理学院）

摘要：江苏省近年来农产品供求结构失衡、要素配置不尽合理、资源环境约束趋紧问题突出，农业产业结构亟待转型，落实好“两聚一高”的战略部署是解决这一问题的基本路径。因此，本文从农业供给侧结构改革、创新驱动的层面讨论这一问题，旨在完善江苏省农业供给侧结构性改革。

关键词：科技；农业；供给侧；结构性改革

引言

当前，我省农业农村发展的内外部条件和环境发生深刻变化，农产品供求结构失衡、要素配置不尽合理、资源环境约束趋紧问题突出，经济下行压力依旧较大，财政收入增幅下降，农民收入增速放缓，农业农村发展面临严峻挑战[1]。要实现“力争在全国率先实现农业现代化”的目标任务，落实省第十三次党代会“两聚一高”的部署要求，必须坚持新发展理念，以推进农业供给侧结构性改革为主线，以促进农民增收为中心任务，全面落实强农惠农富农政策，切实加快农业结构调整步伐，深入推进农村改革创新，推动农业增效、农民增收、农村增绿，为高水平全面建成小康社会奠定坚实基础[2]。加快推进农业供给侧结构性改革，培育农业发展新动能，必须要把创新摆在发展全局的核心位置，贯穿于农业农村发展的各领域、全过程，着力形成以创新为引领的农业产业发展体系与发展方式，推动农业发展由依靠物质要素投入驱动向依靠科技进步驱动转变，促进农业提质增效，向可持续发展转变。

一、推进农业供给侧结构性改革的紧迫性分析

江苏是经济大省也是农业大省，新世纪以来，江苏围绕推进现代农业建设，转变农业发展方式，优化农业结构，取得了显著成效，为保障省内粮食自给和国家粮食安全、保证全省城乡居民菜篮子产品的有效供给，促进农业增效、农民增收及农村发展做出了重要贡献，为全省经济社会发展大局提供了有力支撑。同时，我们也清醒地看到，伴随着我省农业发展内外环境变化，农业发展进入新阶段，农产品供

需失衡的矛盾更加凸现，农业资源环境约束不断趋紧，农业发展、农民增收面临的困难和挑战日益加剧。总体上看，农业发展的主要矛盾已经由总量不足转变为结构性矛盾，既有供给问题又有需求问题，但矛盾的主要方面在供给侧，并且主要是结构性、体制性问题[3]。其突出表现在以下四个方面。

（一）农业生产市场导向不强，导致产品供给滞后于消费结构升级需求

生产的目的是为了满足需求，而需求则随着经济社会的发展和人们收入水平的提高在不断地变化。2016 年江苏省人均 GDP 超过 14 000 美元，城镇居民人均可支配收入40 152元，农村居民人均可支配收入17 606元，城镇化率达到67.7%[4]。按照世界银行标准，江苏已经实现第三次跨越，总体上进入了“高收入阶段”，城乡居民食物消费已经进入结构转型和提档升级阶段。同时，江苏地处长三角经济发达地区，毗邻上海等大城市，居民消费结构升级加快，消费需求多样，对农产品质量、品质及口感等要求更高，中高档农产品与食品消费市场潜力巨大，农业观光旅游休闲服务产品需求日益增长[5]。因此，迫切需要创新农产品供给方式，增强供给结构的适应性和灵活性，不仅要满足数量上的要求，更要在结构、品种、品质、质量与安全性等方面适应消费需求出现的新变化，使供给更加契合消费需求。

（二）农业生产效率不高，制约农业竞争力提升

近年来，我省现代农业加快推进。一方面，农业经营规模不断扩大，全省土地规模经营面积已经超过 40%，家庭农场、农民合作社分别达到 3.4 万家和 7.4 万个。同时，通过联耕联种、土地入股、农机服务等作业环节的社会化服务，有效提高了劳动生产率[6]。另一方面，加大科技支撑力度，“十二五”以来，累计育成主要农作物新品种 142 余个，农业知识产权创造指数位居全国第二位。2016 年，农业科技进步贡献率提高到 67%，农业机械化水平达到 80%以上。但是我省农业经营规模仍明显偏低，且仍有相当数量小规模农业生产经营户，同时整体上农业科技对农业产出的贡献存在不足。与欧美等发达国家相比，土地规模经营水平与农业科技贡献率明显偏低，与日、韩、我国台湾省等土地资源禀赋条件相当的国家和地区相比，劳动生产率与土地产出率也明显偏低，劳动生产率仍低于国际平均水平。提高农业生产效率，增强我省农业竞争力是当务之急[7]。

（三）农业生产效益偏低，影响产业富民效应

近年来，江苏农业生产受到农产品价格“天花板”压顶和生产成本“地板”抬升的双重制约，现代农业发展面临生产效益下降，农民增收乏力等问题。2011—2015 年，江苏农民人均家庭经营净收入中来自第一产业的收入增长率由 16.9%下降到 7.2%，其中 2013 年增幅只有 3.5%，农业生产总体效益呈逐年下降趋势。与此同时，2011—2015 年间，农民人均家庭经营净收入中来自于二、三产业的收入也呈持续下降态势，农民分享产后环节增值偏少依然是需要迫切解决的问题，特别是规模经营带动普通农户增收问题比较突出。由此也显现了推进农村一、二、三产业融合发展的重要性与紧迫性。

(四) 资源环境禀赋不足,制约农产品可持续供给

江苏人多地少、人均耕田面积比全国平均低 0.45 亩,不到世界人均耕地面积的三分之一。水资源在时空分布上不均匀。单位面积化肥及农药使用量已经达到世界平均水平的 5 倍与 3 倍。按照国际公认的防止化肥对水体污染而设置的每公顷 225 千克的安全上限对比,绝大部分地区单位耕地负载的氮素水平超过 500 千克[8]。部分地区畜禽养殖密度过大,农牧不配套,粪污综合利用水平不高,农业面源污染问题突出,已经出现资源环境透支。迫切需要转变农业发展方式,实现资源节约、环境友好、生态良好的可持续发展。

二、农业供给侧结构性改革模式探析

历史表明,任何一个国家的长期持续经济增长动力均来自于供给端的革命性突破。"斯密增长"认为人类社会经济增长的动力有赖于劳动分工和专业化所带来的劳动生产率的提高以及市场的深化和扩展,从而推动经济增长。"库兹涅茨增长"强调经济增长主要依赖于人口、资源等要素投入的增加,生产效率的增长率,以及经济结构从农业生产占主导地位向制造业和服务业占主导地位转变[9]。而"熊彼特增长"则强调经济增长主要依靠制度创新和技术创新。

从我省农业现代化发展的历程看,首先得益于劳动分工与专业化生产。家庭联产承包责任制的全面推行,释放了农村生产力,随着农村劳动力的转移就业进程加快,农业生产经营规模水平显著提高,而农业社会化服务的兴起,又为农业实现专业化分工奠定坚实基础。其次,随着资本、科技等现代生产要素投入农业持续增加,再加上国家对农业生产持续实施政策扶持,显著提高了农业投入产出效率,目前我省农业综合机械化水平已经达到 80%以上,科技进步对农业增长的贡献也达到了 67%,为确保我省重要农产品有效供给、增加农民收入、发展农村经济奠定了坚实基础[10]。

当前我省农业发展面临资源与环境双重约束,成本与国际价格的双重挤压,要实现农业持续健康发展、农民持续增收与生态环境的持续改善三重目标,必须大力推进农业供给侧结构性改革,在化解供给侧结构性矛盾上着力。其核心是围绕市场需求进行生产,扩大有效供给,增加供给结构的适应性和灵活性;围绕提高全要素生产率,优化资源配置,增加农业产出效益,促进农民增收;依据资源环境承载能力,转变发展方式,合理布局主要农产品产能。真正形成契合消费需求,更有效率、更有效益、更可持续的农产品供给体系。

加快实施创新驱动战略,培育农业发展新动能,是推进农业供给侧结构性改革的根本动力。要在深化农业分工与专业化合作,推进各类形式适度规模经营,加大投入,提高物质装备水平基础上,突出制度创新与科技创新,增强农业发展的内生动力,推动农业发展由依靠物质要素投入驱动向依靠科技进步驱动转变,促进农业提质增效,向可持续发展转变。

首先，优化农业结构与区域布局，将我省农业结构调优、调精，使供给真正契合消费需求，实现面向市场的生产，要求加快推进农业产业创新、产品创新与业态创新。其次，农业供给侧结构性改革的关键是要提高农业竞争力，而提高农业竞争力的核心是通过创新驱动，优化农业投入要素配置，节本增效，提高农业全要素生产率，使农业成为有效率、有效益的产业。再次，打破资源约束瓶颈，推动农业绿色发展，要求深入推进绿色高产高效创建，大力推广优质专用品种，集成示范一批节本增效、绿色发展、循环利用的技术模式。最后，推动农业全产业链发展，提升价值链，提高农业整体效益与竞争力，要求通过创新力量的优化配置与协同创新，集中力量组织开展重大科研攻关，尽快形成一批“一体化”农业科技综合解决方案，实现产业链与创新链的有机耦合。

因此，坚持创新驱动发展，探索我省农业供给侧结构性改革新路径，对于着力构建更加协调、更加高效、更可持续的农业产业体系、生产体系和经营体系，加快推进我省农业现代化建设，具有重要意义。

三、科技支撑农业供给侧结构性改革路径

（一）明确重点任务，实施全面创新

1. 坚持以市场为导向，推进农产品从品种、产品到品牌的系列创新

主要口粮作物育种方向调整到优质食味、高抗新品种培育；挖掘具有江苏地域特色农产品品种资源，开发特色化、多样化、个性化、小众化农产品；通过农产品质量标准与溯源体系建设与技术研发，开发优质、安全农产品等；推进分级与精深加工，开发营养健康、药食同源的功能性产品等；培育苏字头农产品地域品牌、企业品牌、品种品牌。

2. 坚持以提高农业竞争力为核心，推进农业全产业链技术创新

围绕“藏粮于地、藏粮于技”，从提高农业生产率、土地产出率与资源利用率入手，推进包括现代育种技术体系、农艺与农机结合、农作物和畜牧生产全程机械化技术，现代农作物高效栽培管理技术、节本增效技术、重大动植物疫病防控技术，农业信息化与智慧农业技术、农产品精深加工技术、休闲观光技术体系等的农业全产业链的技术创新。

3. 坚持以促进农民增收为本，推进现代农业业态创新与融合创新

培育壮大规模种养业、特色农业、设施农业、定制农业、林下经济、庭院经济等农业生产经营模式，烘干、贮藏、保鲜、净化、分等分级、包装等农产品加工业，农资配送、耕地修复治理、病虫害防治、农田托管、农机作业服务、农产品流通、农业废弃物处理、农业信息咨询等生产性服务业，休闲农业和乡村旅游、民族风情旅游、传统手工艺、文化创意、养生养老、中央厨房、农村绿化美化、农村物业管理等生活性服务业，以及科技型、文化型、功能型、生态型、服务型创意农业等新产业新业态、新模式，培育农业农村新的经济增长点，拓宽创业就业与增收渠道。

4. 坚持绿色发展方向，推进农业发展与资源环境保护协同创新

针对资源约束趋紧、农业生产环境问题突出等实际情况，围绕落实263行动计划，加强农业生态系统氮磷、有毒有害化学品与生物、重金属、农林有机废弃物等污染机理基础理论及防治修复重大关键技术创新，提升技术、产品和装备标准化产业化水平；围绕太湖等重点流域污染治理，制定重点区域污染综合防治技术方案，有效遏制农业面源问题；加强肥药减施、畜禽粪污等农业废弃物资源化利用、水土资源集约高效利用、农田系统生态修复等技术创新，构建农业清洁生产技术体系，推动形成资源利用高效、生态系统稳定、产地环境良好、产品质量安全的农业发展格局，促进农业发展、生态协调、环境改善相互融合与统一。

（二）建设支撑平台载体，促进科技成果转化落地

1. 推进区域科技创新协作联盟建设

整合区域内农业科教资源，按照职能、任务、区域、研究特色等不同形成覆盖全产业链的纵向、横向交互结合农业科技创新区域协作联盟。

2. 完善产学研一体联合研发机制

以农业创新型企业、高新技术企业、科技型中小企业为重点，支持农业企业与涉农高校、科研院所联合设立研发机构或技术转移机构，共同开展研究开发、成果应用与推广、标准研究与制定等。

3. 建设农业科技成果产业化基地

按照政府搭建平台、平台聚集资源、资源服务创业的思路，依托国家农业高新技术开发区、农业科技园区、现代农业示范园区、农业可持续发展试验示范区、农产品加工集中区等农业创新资源集聚区域以及农业行业骨干企业、专业市场、农民合作社、农业创业园、农业规模种养基地等，建设一批科技成果产业化基地，引导科技成果对接特色产业需求转移转化，培育新的经济增长点。

4. 大力发展"星创天地"

"星创天地"是发展现代农业的众创空间，是农村"大众创业、万众创新"的有效载体。要通过与科技特派员制度结合，按照市场化机制、专业化服务和资本化运作方式，利用线下孵化载体和线上网络平台，聚集创新资源和创业要素，促进农村创新创业的低成本、专业化、便利化和信息化。构建新型农业创新创业一站式开放性综合服务平台，满足新农民投入现代农业发展的需要。

（三）培育壮大创新主体，调动科技人员积极性

1. 明确不同主体的定位与作用

在整个农业科技创新链条中的参与主体有科研院所、包括农业企业在内的新型农业生产经营主体与服务经营主体（农业企业家、职业农民、新农民等）以及政府推广部门等，但各自应有不同分工，发挥各自作用。基础研究与应用基础研究（科学研究）主体、企业等主体是技术研发与成果转化应用主体，政府与非政府农业推广服务组织（中介服务组织）是新产品、新技术、新工艺等的推广主体（这种推广既

有公益性的推广服务，如重大动植物疫病预测预报与防控、农产品质量安全监管、农业生态资源环境保护等，也有市场化推广，主要由市场化中介服务组织来承担的有益性质技术推广服务）。不同主体对科技诉求不一样，在创新链中地位作用不一样，相应地在培育与支持方式方面也应有所区别。

2. 调动科技人员的积极性

健全科技创新管理体制，完善利益激励机制，使科技推广成效与科技人员利益挂钩。

3. 完善人才流动机制

鼓励和支持科研单位与大学科研人才以技术、品种权等参股企业，到企业兼职，挂职和签订合同方式向企业提供技术服务，完善企业与科研单位及大学之间科研人才双向流动机制。

(四) 营造良好创新生态，完善支持创新政策

结合落实省科技创新四十条，根据农业科技创新特点，提出针对性的政策措施：支持农业科技创新方向的调整与创新领域的拓展；支持区域性农业科技创新体系机制体制创新，支持不同类型平台建设，支持不同类型主体培育，完善涵盖全产业链与创新链各环节的农业科技政策。

1. 完善财税支持政策

完善基础研究长期地支持机制。加大农业基础性、公益性科技基础设施条件平台建设力度。特别是对引进国外知名科学家、团队或与国外研发机构合作建立的公益性研发机构给予直接奖励。优化完善农业科技创新财税支持方式，将创业创新项目纳入强农惠农富农政策范围，采取以奖代补、先建后补、政府购买服务等方式予以积极支持；切实落实好定向减税和普遍性降费政策。

2. 完善金融支持政策

根据农业企业以及新型农业经营主体的特点，完善科技融资服务体系。开发符合创业创新需求的信贷产品和服务模式，探索权属清晰的包括农业设施、农机具在内的动产和不动产抵押贷款业务，提升农村创业创新人员金融服务可获得性。建立农业新型经营主体信用体系，完善信贷担保机制。拓宽政策性农业保险业务，探索发展农业科技保险。建立完善新型农业经营主体风险补偿机制，发挥好融资风险补偿基金、农业信贷担保和“农业保险贷”等产品的精准支农作用。

3. 落实好用地政策

落实大众创业万众创新、现代农业、农产品加工业、休闲农业和乡村旅游等用地政策。鼓励返乡下乡人员依法以入股、合作、租赁等形式使用农村集体土地发展农业产业，依法使用农村集体建设用地开展创业创新。

4. 健全知识产权保护政策

必须让技术发明者获得额外利润才能推动企业和企业的科技创新。加强农业领域知识产权保护。保护具有自主知识产权成果，提高成果转化收益；对公益性、

基础性、产权界定难度大的成果，加大政府后补助与奖励力度。

5. 构建创新资源共享政策

推动创新资源向创新创业者开放。引导高校、科研院所、大型企业、技术转移机构、创业投资机构以及国家级科研平台（基地）等，将科研基础设施、大型科研仪器、科技数据文献、科技成果、创投资金等向创新创业者开放。

四、结论

江苏省农业发展的主要矛盾突出表现在以下四个方面。一是农业生产市场导向不强，导致产品供给滞后于消费结构升级需求；二是农业生产效率不高，制约农业竞争力提升；三是农业生产效益偏低，影响产业富民效应；四是资源环境禀赋不足，制约农产品可持续供给。基于上述背景，本文对农业供给侧结构性改革模式进行研究，认为未来江苏省农业供给侧结构改革需要明确重点任务，实施全面创新；建设支撑平台载体，促进科技成果转化落地；培育壮大创新主体，调动科技人员积极性；营造良好创新生态，完善支持创新政策。

参考文献

[1] 傅晋华. 科技创新在农业供给侧改革中的作用[J]. 中国国情国力，2016(8):41-43.

[2] 新华社. 中共中央、国务院关于深入推进农业供给侧结构性改革加快培育农业农村发展新动能的若干意见[J]. 新农村:黑龙江，2017(7):7-13.

[3] 黄莉新. 加快转变农业发展方式[J]. 求是，2010(14):14-16.

[4] 战立君，朱洪海. 全面筑牢攀枝花粮食安全保障基础[J]. 粮食问题研究，2014(3):40-42.

[5] 杜永林. 三新工程铸辉煌——江苏省农业三新工程实施十五周年纪实[J]. 江苏农村经济，2013(4):41-43.

[6] 陈杰. 加快农业机械化发展，推动农村劳动力转移[J]. 福建农机，2005(3):112-114.

[7] 张桂文. 工业化与城市化偏差及对经济增长的制约作用[J]. 重庆邮电大学学报(社会科学版)，2003，15(3):1-5.

[8] 张会元. 加大金融支持力度 促进现代农业加快发展[J]. 黑龙江金融，2014(9):8-12.

[9] 陈燕萍. 我国产业结构现状与优化问题研究[D]. 武汉:华中科技大学，2005.

[10] 刘亚健. 试论我国农业变革中的土地集中问题[J]. 当代经济科学，1985(1):45-51.

浅谈南京市农业供给侧结构性改革的思考与建议

顾晓春

（南京市雨花区人大常委会）

摘要：随着我国农业发展，农业的主要矛盾正在由总量不足向结构性矛盾转变，推进农业供给侧结构性改革，是针对供需结构性矛盾这一农业发展的主要矛盾提出的“治本之策”，研究农业供给侧结构性改革，对于南京市农业农村的长远发展，具有十分重要的作用。本篇论文主要从产品产业结构优化、绿色优质农产品供给、农业科技研发等方面，浅谈个人对南京市推进农业供给侧结构性改革的一点思考和建议。

关键词：农业；供给侧改革；产业结构；品牌创建绿色；科技

一、背景

2月5日，2017年中央一号文件《中共中央、国务院关于深入推进农业供给侧结构性改革加快培育农业农村发展新动能的若干意见》发布，文件指出：“中国当前农业的主要矛盾由总量不足转变为结构性矛盾，突出表现为阶段性供过于求和供给不足并存，矛盾的主要方面在供给侧。”文件指出，必须顺应新形势新要求，坚持问题导向，调整工作重心，深入推进农业供给侧结构性改革，加快培育农业农村发展新动能，开创农业现代化建设新局面。[1]

二、对南京市农业发展现状的一些认识

（一）取得的成绩

“十二五”以来，南京市紧紧围绕发展都市型现代农业目标，立足南京都市发展大格局和山水田园资源优势，以发展“产出高效、产品安全、资源节约、环境友好、功能多元”的都市现代农业为目标，以加快转变农业发展方式为主线，以深化农业综合改革为动力，以江宁、六合、溧水、高淳等区县为主要聚集。南京市统筹推进农业现代化、新型城镇化和美丽乡村建设互动发展，绿色、无公害农产品和设施高效农业生产基地快速扩张，并通过龙头企业、中介组织和市场带动农户，产业化、专业化经营特色明显。先后建成了台创园农业、傅家边设施草莓、和凤设施蔬菜、永阳山栀、白马蓝莓黑莓、晶桥花卉苗木、石湫温氏鸡以及和凤、洪蓝、晶桥螃蟹等一批面积超万亩、产值超亿元的高效特色产业基地。据资料显示，去年全市实现农业生产

总值 451 亿元、增加值 265 亿元。水稻、小麦、油菜籽等主要农产品产量持续稳定在较好水平，“果盘子”“菜篮子”等供应充足，农业综合生产能力平稳发展。

(二) 突出的问题

近年来，市民生活水平不断提高，对优质、安全、特色农产品的需求持续攀升，“吃得饱”转向“吃得好”。无论是逛实体超市还是线上生鲜农产品商店，翻阅成交额和购物记录，往往不难发现，购买美国车厘子、日本富士山苹果、巴西大豆等进口农产品越来越多，这些优质农产品销路和效益高出很多。在农业供给侧结构性方面矛盾比较突出，普通、质地一般的农产品供给充分和优质、高端、绿色农产品供给不足的矛盾日渐明显。地产优质农产品供应不足，而进口农产品不断进入寻常百姓家。

面对新形势下的市场需求，全市农业供给侧改革，瞄准城市居民快速升级的消费需求是一重要任务，继续提高农产品质量和安全水平，不断向中高端产品拓展，既让本地农产品卖得好、增效益，又让市民能够享受优质的产品和服务。

三、南京市农业改革实践的启示

(一) 优化产品产业结构，打造农产品“南京品牌”

一方面做大做强优势特色产业。开展特色农产品标准化生产示范，建设更多像“华平”牌雨花茶、富硒大米、固城湖螃蟹、白马黑莓、南京盐水鸭等地理标志农产品和原产地保护基地。推进区域农产品公用品牌建设，打造南京特色品牌，并不断引入新的现代要素，改造提升传统名优品牌。南京市武家嘴有机大米每斤 20 多元，比普通大米高出近一倍；高淳固城湖螃蟹均价每斤突破 100 元，比其他地区同类产品高出五分之一。溧水有机蔬菜品牌普朗克，市场售价是同类普通蔬菜的 4 倍。还有六合区秦邦吉品公司用有机方法养鸡，一只有机鸡蛋售价达 4.6 元，比普通鸡蛋一斤的价格还高。而这些优质的农产品销量在市场中一直是同类产品的领跑者，深受消费者的青睐。

另一方面强化农产品质量安全监管，建立覆盖市、区、镇街、村社“四级”的农产品质量安全监管网。全面提升农产品质量和食品安全水平。创品牌易，保品牌难，质量是品牌赖以生存的根本，抓好农产品质量管控，建立健全各类农产品管理的配套制度，积极引导生产经营主体参与各类品牌建设，支持新型农业经营主体申请“三品一标”认证，推进农产品商标注册便利化，强化品牌保护，保持产品特色品质稳定。此外，进一步与旅游产业融合，发挥盘城葡萄园、永宁荷花园等资源优势，做好浦口盘城葡萄采摘节、永宁荷花节等休闲农业游活动，加快培育做响像“春之华”“夏之韵”“秋之实”精品游市场品牌。

(二) 壮大合作组织，培育新型农业经营主体

南京市 800 多万人口中，种地农民约 20 万人。农民如果长期分散种植、单打独斗，既难以提升种植环节的科技含量，又很难提升农业生产的组织水平。要想农

民增收致富、农业业态升级、农村发展动能提升，必须加快培育新型农业经营主体，引导农民专业合作社示范创建，大力发展家庭农场，提升壮大合作组织，培育壮大南京农业产业化的龙头产业，促进集体增收、农民致富，并通过全市新型农业经营主体不断增长，农业现代化发展水平持续提高，逐步培育辐射一批具有活力、创新力、竞争力的新型农民队伍，让其成为未来南京农业发展的主导力量，克服高度城市化以后谁来种地的困难。促进南京市农业生产经营向集约化、组织化、专业化和现代化发展。

建议可以充分利用南京城市周边的优良的生态资源、绝佳的旅游资源、独特的美食资源以及深厚的文化底蕴，打造更多一批有竞争力、专业化的现代农业产业园、科技园和创业园区，形成现代化农业产业集群，打造现代化农业新高地，为各类人才在农村创业提供扶持和服务。南京市的国家级江苏白马农业高新技术产业园、南京和凤现代农业产业园区、武家嘴农业科技园、南京晶桥现代农业示范园区、南京东屏现代农业示范园区、江苏省溧水现代农业产业园等就是较为成熟的实践例子。据了解，其中溧水白马现代农业园区，南京中亮有机蔬果食品有限公司拥有保健果汁、果酒生产线各 7 条，通过对黑莓、蓝莓系列产品进行深加工，年销售额突破亿元，辐射带动近千农户“两莓”种植基地 4 万多亩，强有力地带动了当地农业发展。

（三）建立绿色生产体系，强化科技创新驱动

农民的传统农业的生产观念和生产模式根深蒂固，习惯于小而全、多而杂和粗放的农业生产方式，为了追求农业增产，过度消耗土壤肥力和地下淡水资源、超量施用化肥和农药等，不仅造成产品积压、资源浪费，还引发了资源被破坏、环境遭污染、水土渐流失等一系列问题。同时，市民消费结构近年来快速升级，形成了国内优质绿色农产品不能满足需求，更多的消费者转而依赖进口，以及国内部分具有价格优势的农产品出口较难的困境。[2]农业不能再单纯追求产量，“产品必须围着市场转”日渐凸显，南京市农业产业如何适应市场需求、提高农业综合效益和竞争力就成为摆在我们面前的重要的课题。农业作为一个特殊的产业，既要遵循经济发展的市场规律，还要遵循生态环境发展的自然规律。

新形势下，要增强农业可持续发展能力，就得追求绿色生态可持续、推行绿色生产方式，走绿色发展之路。以绿色产能的增长接替边际产能的退出，提升绿色农产品供给侧质量，立足于精管细作，建立绿色生产体系。把“精细出品牌”“绿色出品牌”理念贯穿农业生产全过程，大力推广生态种养、环境修复、化肥减施、生物防控、节水灌溉、废弃物无害化处理和综合利用等绿色生产技术[3]，推进农业清洁生产。以深入实施化肥农药零增长行动、深入开展农兽药残留超标特别是养殖业滥用抗生素治理为重点，加强农业科技研发，如生物防治病、虫、草害技术及新型肥料和农药，农业废弃物无害化处理和再利用技术的研发，全面推进农业废弃物资源化利用，引领现代农业加快发展。例如六合绿航生态园的猕猴桃就是一个实践案例。

六合绿航生态园是南京唯一的猕猴桃规模化种植园，也是江苏省标准示范园区。通过增设“氧气管道”，在土垄里埋入管道形成暗沟，帮助排水、通风和增氧，用科技手段提升农产品质量，在荒山里种出了与进口产品相媲美的优质猕猴桃，被赞誉“一枚水果”的供给侧改革。在大力研发新科技的同时，还需同步强化农业科技推广。支持各类社会力量广泛参与农业科技推广。鼓励地方建立农科教产学研一体化农业技术推广联盟，支持农技推广人员与家庭农场、农民合作社、龙头企业开展技术合作。完善相应的农业科技创新激励机制。加快落实科技成果转化收益、科技人员兼职取酬等制度规定。通过“后补助”等方式支持农业科技创新。

参考文献

[1] 黄璞琳.如何运用知识产权推进农业供给侧结构性改革？且看中央1号文件！[EB/OL].璞琳说法，2017. http// Zhuanlan. zhihu. com/P/25147788.

[2] 任泽平.推进农业供给侧改革，关注六大主题[EB].泽平宏观，2017.

[3] 屈冬玉.农业品牌是推进农业供给侧结构性改革的重要抓手[EB].新三农，2017

分类施策　促进我省农民财产性收入持续增长

纪习尚

（国家统计局南京调查队）

摘要：作为农民收入的四大支柱之一，财产性收入在我省农民收入中所占比重偏低，不到4%。在经济步入新常态，农民收入增速放缓的大环境下，挖掘财产性收入增长的潜力、拓宽财产性收入的来源，成为富民工作越来越重要的一环。本文分析了我省农民财产性收入的现状，存在的问题，并按照农民拥有的财产类别，分类提出了增加农民财产性收入的建议。

关键词：农村居民；可支配收入；财产性收入；收入翻番

农民富，国家安，我国仍有6亿人口生活在农村，农村美、农业强、农民富，一直是政府的工作重心。扣除价格因素，1992年以来，江苏农村居民人均收入已连续25年保持增长，农民人均收入从1 061元增加到17 606元，25年间增长了15.6倍[1]，农村面貌大大改观，农民生活蒸蒸日上。但也应看到，虽然农民收入的绝对值不断增长，但步伐明显落后于城镇居民，1992年城乡居民收入差距1 077元，收入比为2.02，到2016年收入差距增加到22 546元，收入比扩大到2.39。城乡一体的路还很漫长，提高农民收入，缩小城乡差距，是一个长期的任务。

按照国家统计局制定的《住户收支和生活状况调查方案》，农村居民人均可支配收入由工资性收入，经营净收入，财产净收入，转移净收入等四大类收入构成[2]（按照习惯说法，下文也将人均可支配收入称为人均收入，将财产净收入称为财产性收入）。近年来，农村外出务工人数增量放缓，工资性收入的增长受到了制约；人工、农资、种子等生产成本上升，稻谷、小麦、玉米等粮食销售价格或疲软或下跌，导致经营性收入增长乏力；而财产性收入占总收入的比重还比较小，随着农村改革的深入，农民财商的增强，还有很大的增长潜力，应该成为农民收入的重要增长极。

一、我省农民财产性收入现状

农民的财产性收入是指农民家庭或家庭成员将其所拥有的金融资产和自然资源交由其他机构单位、住户或个人支配而获得的回报并扣除相关的费用之后得到的净收入。财产净收入包括利息净收入、红利收入（包括集体分配的红利）、储蓄性保险净收益和转让承包土地经营权租金净收入等。2016年，江苏省农村居民人均收入为17 606元，其中工资性收入、经营净收入、财产净收入、转移净收入分别为

8 732元，5 283 元，606 元和 2 985 元。工资性收入是农民收入的最大来源，占到了人均收入的半壁江山；财产性收入占比最低，仅占人均收入的 3.4%。

农民占有或支配的资产分为共有的集体资产和专有的家庭资产两部分。农民独立占有的资产包括：承包土地、宅基地、住宅、流动资金等。农民集体共有的资产分为资源性资产、经营性资产、非经营性资产三部分。其中资源性资产包括土地、森林、山岭、草原、荒地、滩涂等，经营性资产包括用于经营的房屋、建筑物、机器设备、工具器具、农业基础设施、集体企业等，非经营性资产主要包括用于公共服务的教育、科技、文化、卫生、体育等方面。

增加我省农民财产性收入，首先要了解农民占有的各类资产的运行现状：土地承包经营权、宅基地使用权和依附于其上的房屋，目前还停留在种植、居住等简单功能，出租、抵押等功能没有充分实现；由于理财观念偏保守，农民的流动资金以储蓄为主，投入基金、保险等高收益的理财型产品不多，导致农民利息、红利等收入偏少；农民享有收益权的集体资产方面，根据 2015 年末的数据，我省苏南 5 市和苏北 5 市村均集体经营性净资产分别为 1 985 万元和 126 万元，村均经营性收入分别为 477 万元和 56 万元，全省还有 821 个省定经济薄弱村，不少村的集体经济创收无门、致富无路，农村的集体资产既要充分增值，又要确保农民分享到发展成果，任务艰巨[3]。

财产性收入是资本、技术和管理等生产要素的衍生品。对大多数普通农户来说，财产性收入是通过家庭拥有的动产（如银行存款、有价证券）和不动产（如房屋、承包土地、车辆等）来取得收益的。从我省农村居民财产性收入的组成上看，主要来源是家庭流动资金和固定资产的收益，前者如理财产品和分红型保险产品的红利收入，后者如流转土地、出租房屋获得的租赁收入。随着农村经济的发展，流动人口的增加，房租收入近年来成为财产性收入的重要组成部分，占比高、增幅大。2016 年江苏农村居民出租房屋人均净收入 281 元，占农村居民财产性收入的 46.3%，顶起了财产性收入的半边天；比上年增长 23.7%，增幅明显高于其他三类收入。

二、我省农民财产性收入存在的问题

江苏第十三次党代会报告明确提出了“聚力创新，聚焦富民，高水平建设全面小康社会”的发展方略。富民，即提高城乡居民收入、让百姓过上更好的生活，是民心所盼，也是“两聚一高”发展战略的核心要义。

十一五以来，我省农村居民人均收入从 2006 年的 5 813 元，增加到 2016 年的 17 606 元，11 年间增长了 2 倍，年均增长 11.7%；其中，财产性收入从 2006 年的 178.5 元，增长到 2016 年的 606 元，增长了 2.4 倍，年均增长 13%，基本上与总收入保持了同步增长。但农民财产性收入总额少、占比低、地区分布不均衡等问题依然比较突出。

1. 财产性收入占比低

财产性收入占总收入的比重远远低于其他三类收入。2016 年,我省农村居民人均财产性收入为 606 元,仅占总收入的 3.4%,而工资性收入、经营性收入、转移性收入占总收入的比重则分别为 49.6%,30%和 17%。财产性收入相比其他三类收入是明显的短板。如果把农民收入比作木桶里的水,那么要促进农民持续增收,必须补上财产性收入这块短板。

2. 城乡差别明显

农村居民财产性收入明显低于城市居民。从绝对值看,2016 年,江苏省城镇居民人均财产性收入 4 151 元,是农村居民的 6.85 倍,相比之下,总收入仅为农村居民的 2.28 倍。从所占比重看,2016 年城镇居民财产性收入占总收入的比重为 10.3%,是农村居民的三倍。农村居民财产性收入的总量和比重明显低于城镇居民,要想缩小城乡居民收入比、实现城乡协同发展,增加农民财产性收入是必由之路。

3. 地区差异悬殊

财产性收入的一个特点是“钱生钱”,一步跟不上,十步追不上。经济发达、人均收入高的地区,财产性收入不仅绝对值高,而且占总收入的比重大。我省苏南、苏中、苏北三个区域,地理位置自南向北,经济发展水平从高到低。2015 年,这三个区域农村居民人均财产性收入分别为 1 657 元,491 元和 283 元,经济最发达的苏南地区分别是苏中的 3.4 倍,苏北的 5.9 倍;从财产性收入占总收入的比重看,苏南、苏中、苏北分别为 7.3%, 2.9%和 2%。如果分市看,差别更显著,最高的苏州市人均财产性收入 2 712 元,连云港市为 164 元,前者是后者的 16.6 倍。

4. 低收入农户财产性收入极低

农村贫困人口脱贫增收,才能全面建成小康社会。2016 年,全省人均收入 6 000元以下的农户为 103.3 万户、276.8 万人。由于家庭劳动力少,劳动力素质低,低收入农户自身造血能力差,脱贫致富在很大程度上依赖于外界的输血。根据对南京市 3.94 万户低收入农户的调查,2015 年南京市低收入农户年人均收入为 7 844元,比全市农村居民人均收入少 11 639 元,仅为农村居民人均收入的四成。其中,财产性收入更低,仅为 232 元,是农村居民平均水平的四分之一。79.3%的低收入农户是因病因残致贫,家庭资产或接近于零,或有外债,另一方面,全市低收入农户家庭有 144 户无住房,无房户占到总户数的 0.37%,动产和不动产的双重缺乏,导致低收入农户家庭财产性收入增长举步维艰。

三、促进我省农民财产性收入增长的对策建议

国家十三五规划提出,到 2020 年,城乡居民人均收入要比 2010 年“翻一番”。按照名义收入(不考虑价格因素),2010 年我省农村居民人均收入为 9 118 元,要实现翻一番的目标,农民收入需达到 18 236 元,2016 年我省农村居民收入为 17 606

元，距离目标只有630元。但自2012年起，我省农村居民收入增幅进入下降通道，从2011年的同比增长18.5%，逐步放缓到2016年的8.3%。随着我国经济发展进入中高速增长的新常态，居民收入的增长放缓是必然趋势，居民持续增收面临压力。财产性收入在我省农民收入中占比小，潜力大，应按照财产类别，分类施策，挖潜增收。建议：

1. 借试点之机全面推进农村集体产权改革，让农民充分分享集体资产收益

据估算，全国平均每个村的集体资产为500万元，我省苏南地区村均集体资产已近2 000万。目前集体资产名义上归集体经济组织成员共同所有，但由于管理薄弱，实际上处于“人人所有，人人无份”的尴尬局面。产权归属不清晰、权责不明确、分配标准不完善、保护不严格，作为共有者的农民权益容易受到侵害，不能完全分享集体资产的收益。

集体资产的收益，是促进农民财产性收入增收的重要源泉。2017年元旦前夕，中共中央、国务院发布了《关于稳步推进农村集体产权制度改革的意见》，提出对农村集体所有的资源性、经营性、非经营性资产等三类资产进行分类改革。我省的苏州市吴中区作为29个先行试点县之一，目前正在进行资产清查、股权固化等工作。建议充分利用试点县先行先试的示范作用，一是省、市、县、镇、村五级联动，共同细化工作计划、时间节点、具体方案；二是加强省级顶层设计，在制订方案时，充分考虑方案在苏南、苏中、苏北等地的可复制、可推广程度，发挥试点县举一反三的引领效应；三是组建专家团，邀请研究机构、金融机构、省外先进地区的农村基层管理人员等，根据江苏实际情况，出谋划策，在方案制定这一步把好关；四是广泛协商，充分听取村两委、农村合作社等集体经济组织管理人员、村民等各方的意见，集体资产产权制度改革涉及农村每一个人的切身利益，要关照各方的权益，取得最大公约数，稳步推进。

2. 扶持“农业＋”产业的发展，提高资源性资产价值

土地流转获得的租金收入是农民财产性收入的重要组成部分。到2016年，江苏已流转土地3 095万亩，占农户家庭承包地总面积的60%。流转的土地主要用于种植业、养殖业等低产值产业，土地流转的价格不高。南京等苏南地区一般在每亩每年600～800元左右，苏北等地还要低一些。流转价格不涨、农民家庭承包的土地有限，加之近年来种田成本上升、粮价下跌，影响了一些种粮大户流入土地的信心，资源性财产收入的增收有压力。

建议扶持“农业＋旅游业”“农业＋互联网”“农业＋服务业”等新产业的发展。结合“美丽乡村”“特色小镇”“休闲农业与乡村旅游示范县”，挖掘地方在自然、人文风光、农业资源等方面的潜力，与旅行社、互联网企业等专业机构合作，科学规划农业产品，发展深度游、体验游、亲子游，针对少年儿童的播种、收获、放牧等实践活动、教育活动，针对老年人的种菜养鸡、享受乡村自然环境的短期养老服务等项目。

农业产品多了，产业发展了，对农村土地、房屋等各项资源性资产的需求增长

了，农民手中资产的价格必然上涨。农民的财产性收入才能持续增长。

3. 开发适合于农村居民的理财产品，增加农民动产收益

由于对理财知识了解不多，加之乡村历来是熟人社会，亲朋邻里容易互相影响，农民成了金融市场的弱势群体。农村居民在打理自己的流动资金时容易走两个极端，一是过于保守：有钱放在银行最保险，甚至藏在家里才放心，导致流动资金增值有限；二是易受虚高利率的诱惑和他人的鼓动，参与民间借贷，甚至被骗参与非法集资，传销等。农民家庭抗风险能力较弱，一旦理财失败极易返贫。

建议从正反两方面加强农村理财市场的管理：一是鼓励以农村信用社为主的金融机构，针对农民风险承受能力较低、收入存在季节性、收入总体水平不高的特点，开发适用于农村居民的理财产品，并依托农村信用社的营业网点，加强推广；二是用“良币驱逐劣币”，在农村普及金融知识、理财知识，加强相关法律的宣传讲解，逐步消灭非法集资、金融诈骗等的生存空间，维护农民的权益。

参考文献

[1] 江苏省统计局，国家统计局江苏调查总队. 江苏统计年鉴 1992—2016[Z].

[2] 国家统计局. 住户收支和生活状况调查方案[Z].

[3] 张乃文. 我国农民财产性收入现状及原因探析[J]. 农业经济，2016(4)：36-38.

加快三农发展　助推农民增收

祝瑞波　程珍远　李云勤

（南京市发展和改革委员会　九三学社南京市委员会）

摘要：促进农民增收是解决"三农"问题的核心，是解决农业现代化，探索推进江苏农民增收增效路径是建设"强富美高"新江苏的重要任务。本文通过分析江苏省农民收入现状，探索促进农民增收的主要做法，对新阶段农民增收的难点及原因进行了有益的分析和研究。

关键词："三农"；农民增收；发展方式；生产结构

促进农民增收是解决"三农"问题的核心，是解决农业现代化乃至"四化"建设的关键，也是建设"强富美高"新江苏的重要任务。新时期，探索推进江苏农民增收增效路径有着重要的现实意义。

一、农民收入现状

近年来，我省以党的十八大和十八届四中、五中、六中全会精神为指导，认真贯彻习总书记视察江苏重要讲话精神，按照稳粮增收、提质增效、创新驱动的总要求，严格落实各项强农惠农富农政策，加快转变农业发展方式，不断调整农业生产结构，全面深化农村综合改革，统筹推进城乡发展一体化，农民收入不断增加、农民福祉不断增进、农民生活不断改善。

本论文以南京市为例：

表1　南京市"十一五"以来农村居民收入数据（新老口径）表

指标口径	年度	农村居民	
		收入（元）	增幅（%）
人均纯收入（老口径）	2006年	7 045	13.2
	2007年	8 020	13.8
	2008年	8 951	11.6
	2009年	9 858	10.1
	2010年	11 128	12.9
	2011年	13 108	17.8
	2012年	14 786	12.8
	2013年	16 531	11.8

续 表

指标口径	年度	农村居民	
		收 入(元)	增 幅(%)
人均可支配收入(新口径)	2014 年	17 661	10.3
	2015 年	19 483	10.3

自"十一五"以来,南京市农民收入一直保持两位数的大幅度增长。到 2015 年,农民收入增幅升到全省第一位,同比增长 10.3%;城乡居民收入差距缩小到 2.37∶1;农民收入结构逐步优化,农村居民工资性收入、经营性收入、转移净收入和财产净收入之比为 69.4∶16.1∶9.8∶4.7;12.1 万人家庭人均纯收入在 6 500 元以下的低收入群体,全部实现增收脱贫。

二、促进农民增收的主要做法

1. *以深化农村改革促进农民增收。*一是全面启动农村土地承包经营权确权登记工作。南京市累计启动 48 个镇街、532 个村、48.9 万户农户、212 万亩承包地的确权登记工作;完成外业测绘村数达 76%,累计测绘面积达 204 万亩。高淳、六合、江宁已经颁发了第一批新农村土地承包经营权证书。二是稳步建立农村产权交易市场。加快农村要素资源流动,实现区、镇街农村产权交易市场全覆盖,全市已建成 4 个区级、40 个镇街农村产权流转交易市场,完成交易金额 6.03 亿元。三是推进村级集体资产产权制度改革。做好村集体资产经营规划,提升集体经济运营水平,提高农民股份分红收益,增加村民集体资产性收入。浦口区汤泉街道利用村庄环境整治成果,开发农家乐旅游项目,充分利用闲置资产、资源,把农村资源转变为资产,延长农业产业链,增加农业增加值。全市所有村集体稳定性收入均达 70 万元,村均增长 10%左右。积极发展社区股份合作,增加农民股权收入。保障农民集体经济收益分配权,全市已有 663 个村居完成社区股份制改造,量化集体资产 30 亿元,年度发放各项福利及分红约 3.1 亿元。

2. *以创新体制机制促进农民增收。*一是创新农业生产经营机制。栖霞区持续加大指导、扶持和服务力度,发展规范农村社区股份合作、农民专业合作、土地股份合作等各类农民合作经济组织。通过扶持生产合作型、产销合作型、产加销一体型等各类农民专业合作社发展,使广大农户分享加工和流通环节的收益。二是大力推行"土地股份合作+农民专业合作"发展模式。规范土地流转机制,发展农业规模经营,促进高效农业规模化,提高资源利用率和土地产出率,提升农民来自土地的收益。三是深入开展农村金融改革。开展高淳、六合、溧水等区土地承包经营权质押贷款试点,加强农业经营主体政策资金扶持,修改完善"南京市新型农业经营主体贷款贴息办法",修改完善"南京市新型农业经营主体贷款风险补偿基金设立方案",为新型农业经营主体发展壮大提供保障。提升高效设施农业保险市、区两级财政补贴比例35%，财政补贴力度在全省居于首位。四是创新农村基础设施投融资体制机制。在农村基础设施建设中，创造性地采取多元投融资机制，利用各方资金开发建设美丽乡村。江宁区交通建设集团投入4 000多万元打造了黄龙岘茶文化村，出资1 800万元与江宁街道共同成立公司进行旅游开发经营管理。溧水文旅集团与南京青果文化发展有限公司、南京青果投资管理有限公司合资成立石山下旅游发展有限公司，开发建设石山下乡居酒店。

3. *以发展现代农业促进农民增收*。一是积极培育新型农业经营主体。近年来，南京市新增家庭农场898家，总数达2 609家，平均年收入达24万元；规模以上农业龙头企业达370家，实现销售收入1 745亿元，同比增长10.3%；新增农民专业合作社142家，总数达2 500家，社员近47万户，其中省级示范合作社65家，市级示范合作社250家。二是加快推进农业园区建设。推进白马生物农业谷等农业产业园区建设，建成省级生物农业示范基地5个，占全省总数1/4。制定全市2015—2017年国家现代农业示范区建设三年行动计划，以市级示范园区为重点，推动科技、人才、资金加快向园区集聚。三是大力发展高效设施农业。全市高标准农田比重达56%，高效设施农业比重达20%，已提前实现省农业现代化指标。新增高效设施渔业面积1万多亩，有力促进了水产品产量和质量的提高，大幅提高了农民的养殖收入。四是不断拓展农业产业功能。大力发展休闲农业、智慧农业和农产品精深加工，延伸农业产业链条，促进一二三产业融合发展。全市累计建设市级农家乐专业村38个，农家乐专业户超过1 100家，年接待游客超过1 500万人次，实现综合收入超过48亿元。五是稳步推进智慧农业。印发《南京市2015年智慧农业项目申报指南》，设立智慧农业专项资金，着力推进农业生产智能化、农业经营网络化、农业管理智慧化和为农服务信息化。在全市4个园区开展农业生产管理信息平台建设，积极建设江宁湖熟现代农业园的省农业物联网项目。

4. *以推动就业创业促进农民增收*。一是增强就业者素质。大力培育新型职业农民，完成职业农民培训1.88万人。开展"再就业职业技能培训""注册工程师"等培训，提高农民从事其他行业的技能。落实各类农业创业扶持政策，扶持初始创业农户800余户，累计达1.1万户，累计带动农民就业超4万人。浦口区2015年共开展农村职业指导培训1.36万人次，农村创业培训920人次，各类技能培训1 260人次。落实培训补贴政策，农村劳动力培训财政补贴378万元，惠及4 300人次农村劳动力。二是转移农民非农就业。积极推进农民转移就业，全年农村劳动力转移就业4万人次；积极培育特色劳务品牌，累计带动30多万农村劳动力转移就业。溧水区搭建就业平台，健全城乡劳动者政策统一、服务共享、机会均等的就业创业服务体系。转移农村劳动力7 812人次，带动就业2 752人。六合区多管齐下推动农民就业创业，推行提升一产安置一批，让"传统农民"变身"农业工人"；做强二产转移一批，加快新型工业化和城镇化进程，特别是化工园、六合经济开发区、中山科技园和新型材料产业园转型升级，带动农村剩余劳动力有序转移就业；繁荣三产吸纳一批，重点打造六合城区和十村商圈，承接了许多农村劳动力就业。

5. *以提升社会保障促进农民增收*。推进城乡基本公共服务均等化，健全农村社会保障体系，提高农村低保和新型农村合作医疗保障水平，以社会保障促增收。一是有序推进统筹城乡一体化发展。老五县与市区户口实现通迁，各类人才落户政策进一步放宽。2015 年 7 月，全市城乡低保标准统一提高到 700 元/月，首次实现全市域同标并轨。全市共有 98 所城区学校与浦口、六合、溧水、高淳四区结对，区域内教师交流比例不低于符合交流条件教师总数的 15%。城乡统筹试点镇街农民集中居住区累计竣工 270 万平方米。二是加大医疗保险力度。新农合参合人数达 173.4 万人，人均筹资标准提高到 750 元，二级医疗机构报销比例提高到 70%以上，20 种重大疾病报销比例为定额或限额费用标准的 70%。三是提高居民养老补贴。建立统一的城乡居民养老保险制度，城乡居民基础养老金最低计发标准统一提高到 310 元/月，覆盖农村 3.36 万户、5.13 万人，累计发放低保金 2.16 亿元。浦口区积极推行新型农村养老保险，农村居民养老补贴由每人 100 元增加到 130 元，城镇居民由每人 220 元增加到 245 元，实现城乡居民养老保险全覆盖。

6. *以强化扶贫攻坚促进农民增收*。一是注重开发式扶贫和救助式扶贫相结合。从扶农户、强村社、促镇街、帮郊区四大方面入手，全方位、多领域、立体式构建帮扶攻坚体系，包括扶持低收入农户增收、提升经济薄弱村发展能力、帮促经济欠发达镇街发展、共建宁高和宁溧高科技产业园四大攻坚目标。区、市属国有企业和溧水、高淳多方出资，共同开发管理，宁高和宁溧两园建成后承接主城区、产业集团“退二进三”优质搬迁企业和高科技孵化企业，让低收入农民也能在家门口找到“高大上”的现代企业就业，低收入农户家庭大学毕业的子女更可在家门口实现高端就业。二是注重输血与造血相结合。在加强“输血”的同时，帮助困难农户、薄弱村镇提升“造血”功能。按照《南京市 2013—2015 年度帮扶攻坚工程实施意见》要求，坚持政府主导、社会参与、聚焦重点、整片开发，突出提升经济欠发达镇街发展能力和低收入农户增收能力。在晶桥镇的帮促过程中，自 2013 年连续三年落实帮促资金 7 930万元，着力推动了工业集中区、新市镇和枫香岭旅游片区三大板块的打造和提升以及民生改善项目的建设，既帮促了资金，又推进了帮促项目建设，取得了突出成效。经过三年的帮促，晶桥镇地区生产总值年均增长 12.1%，农村居民人均可支配收入年均增长 15.1%。

7. *以落实政策扶持促进农民增收*。一是完善支农惠农政策。全市出台了一系列建设现代农业、促进农民增收的政策措施，特别是以市政府名义出台了《南京市耕地保护补贴暂行办法》(宁政规字〔2015〕18 号)，明确对承包到户的耕地，每亩给予每年 300 元的补贴。全市耕地保护补贴实际补贴面积 228 万多亩，补贴农户 55 万户、203 万人，合计发放 6.8 亿元、农民人均直接增收 330 元左右。积极落实农业综合补贴政策，全市共发放惠农补贴 2.67 亿元。二是落实低收入农户帮扶政策。围绕全市低收入农户三年脱贫目标，以低收入农户集中村为重点，综合实施财政奖补、部门帮扶、项目区建设等多种方式开展帮扶。全市新建成低收入农户增收项目 20 余个，累计达 160 多个，新增专项扶持低收入农户 6 000 多人(户)；组织 270 多名农业科技人员，与 33 个经济薄弱村开展对接，建设示范基地 34 个，带动对接经济薄弱村相关产业增产、增效；深入开展“万名党员干部帮万家”活动，所有低收入农户全部达到 6 500 元脱贫标准。

三、新阶段农民增收的难点及原因分析

1. *农民增收缺乏后劲。*从 2011 年开始，农民收入增幅有所放缓，后劲不足。经济大环境不景气，全球经济下滑，我国经济进入新常态，农民从事二、三产业收入增长有限。农村人多地少，农村基础设施和农业生产条件改善投入明显不足，仅靠现有土地和种养方式很难实现农民收入的突破。受天气异常、耕地减少、成本上升、市场价格下滑、动物疫病防控形势严峻、农村劳动力不断向非农产业转移等因素影响，家庭经营性收入等传统增收手段作用不明显。

2. *工资性收入和转移净收入增长有难度。*劳动技能缺乏，部分农民工只能从事重体力、简单性等低层次工作，就业难度加大。受国内经济结构调整、经济增长速度放缓的影响，全市工业产值、增加值增速下降明显，企业经营困难，虽然职工收入增幅较大，但用工体量下降，工资性收入难有较大幅度的增长。随着城乡一体化的发展，全市城乡低保、社保、医保及社会救助等标准在逐年提高，但转移性净收入仍然不高，各项支农惠农政策带来的增收空间有限。

3. *经营净收入和财产净收入增长无明显起色。*由于信息不对称、受教育程度不高和自身观念陈旧等原因，农民普遍缺乏创业意识。农业产业化项目不多，农民参与高效农业的积极性不高。农产品加工大多停留在初级生产、加工上，精深加工很少，农产品科技含量低，附加值不高，竞争力较弱，经营净收入增长不快。虽然经过几年的农村综合改革，全面启动了农村土地承包经营权确权登记，稳步建立了农村产权交易市场等，农民的财产性收入有所增加，但农民手中房屋、土地、集体资产等财产性收入没有完全显化，对增加农民收入的带动作用还不明显。

表 2　南京市两年来农村居民收入结构表

	2015 年(元)	占比(%)	2014 年(元)	占比(%)
人均可支配收入	19 843		17 661	
工资性收入	13 517	69.4	12 868	72.9
经营净收入	3 139	16.1	2 869	16.2
财产净收入	925	4.7	874	4.9
转移净收入	1902	9.8	1051	6

4. *各郊区农民收入不平衡*。各郊区农村居民人均可支配收入的差距有逐渐减少趋势，但从2015年的数据看，农村居民人均可支配收入中最高的栖霞区比最低的六合区高出近10%，各郊区农村居民人均可支配收入不平衡的状态仍然存在，处于远郊的农民收入有待大幅度提高。各郊区在土地征用、房屋拆迁、承接产业转移、各区支农惠农富农政策等方面的差别仍将长期存在，远郊农民收入要赶上近郊农民收入的状态在短期内很难实现。

表3　近年来南京市各郊区农村居民收入情况表

	2013年农村居民人均纯收入		2014年农村居民人均可支配收入		2015年农村居民人均可支配收入	
	实绩(元)	增幅(%)	实绩(元)	增幅(%)	实绩(元)	增幅(%)
栖霞区	18 763	11.9	18 914	10.3	20 862	10.3
雨花台区	18 747	11.0	18 879	10.1	20 783	10.1
江宁区	16 820	12.0	18 108	10.2	20 001	10.4
浦口区	16 681	11.9	17 874	10.4	19 733	10.4
六合区	16 063	11.9	17 233	10.3	19 008	10.3
溧水区	16 065	11.9	17 233	10.3	19 025	10.4
高淳区	16 565	11.8	17 693	10.4	19 469	10.0

5. *各群体农民收入水平差别较大*。尽管高低农村居民收入差距的比例正在逐年缩小，但高低农村居民收入差距的绝对值有扩大趋势，低收入农村居民的收入水平依然较低。从收入结构看，低收入农村居民的收入增长完全是依靠工资性和转移性收入的拉动，受政策性增资因素的影响较大。其家庭储备资产较少，家庭财富的自我增值能力较弱，财产性收入的比重和增幅也远远低于高收入农村居民。

四、进一步拓宽农民增收渠道的对策建议

(一) 突出抓好农民就业

1. *增强就业者素质*。加大新型职业农民的培训力度，造就适应现代农业发展的高素质职业农民队伍。加大对农业农村实用人才和农村劳动力转移培训力度，鼓励和引导农民按需培训、适岗提升，增强技能培训的有效性、实用性，不断提高广大农民就业技能，促进就业由“体能型”向“技能型”转变，增强培训与就业的有效对接，让更多的农民就地就近转移就业。

2. *扩大农业吸纳能力*。大力推进农业供给侧结构性改革，加快转变农业发展方式，实施“互联网+农业”行动，加大科技创新和农技推广力度，大力实施农业现代化工程，挖掘农业内部潜力，引导现代农业向多功能转变，突出农业的保供功能和增收功能，激活新一轮农村经济的科学发展。加快培育新型经营主体，在坚持农

民家庭经营的基础上，大力培育农民合作社和家庭农场等各类主体，走家庭经营、集体经营、合作经营、企业经营“四种模式”共同发展之路，实现“三个最大化”，即土地产出最大化、农业效益最大化、农民收入最大化。

3. 转移农民非农就业。促进农村一二三产业融合发展，在着力扶持农业龙头企业，做大做强农产品精深加工业，延伸农产品产业链的同时，整合农业旅游资源，大力发展农村服务业、休闲观光农业和乡村旅游业，加强整体规划，加快设施配套，积极拓展延伸农村生态、文化、旅游和休闲功能，吸引更多市民到农村休闲观光，增加农民收入。加快二、三产业的转型升级，推动一二三产业融合发展，为农民就业提供更多的机会。

(二) 突出抓好农民财产净收入提升

1. 释放农村综合改革红利。以确权赋能为核心，大力推进以承包土地为重点的农村各类产权确权，向农村耕地、宅基地和建设用地这“三块地”要改革红利。积极探索赋予农民房屋完整产权，充分保障农民土地承包经营权、宅基地使用权、集体收益分配权等基本权益，让农民成为“恒产者”，使农民在房屋出售、抵押、继承等流转中，大幅提高农民在土地增值收益中的分配比例，从而增加农民收入。开展农村土地综合整治任务，通过增减挂钩形成新增建设用地指标，让农民在土地增值中实现受益。

2. 提升集体经济股份分红收益。做好村集体资产经营规划，进一步提升村级资产、资源、资金管理水平，提升集体经济运营水平。推进村级集体资产产权制度改革，深化社区集体资产股份合作制改革，开展村社区用地或社区集体资产入股、投资，实行股份化经营，用好盘活村集体资产资源。建立健全社区股份合作制分红机制，集体资产开发利用好的村社区，每年实行村民(社员)分配制度，增加村民集体资产性收入。

3. 引导农民科学理财。积极构建与农民投资理财需求相适应的农村金融服务体系，将通俗易懂、具体实用的金融知识宣传到农户，提高农民的金融意识，最大限度地调动他们参与生产、流通、理财、投资的积极性，广泛开展合作和联合，在多领域投资创业，增加农民的投资性收入。引导农民科学理财，让农民存折上的“死钱”变“活钱”、“小钱”变“大钱”。在开发园区、工业集中区、城郊结合部以及农民集中居住区大力发展房东经济，盘活农民手中房产，增加农民房屋租赁收入。

(三) 突出抓好农民转移净收入增长

1. 加快推进农业保险。开展农业保险业务培训，提高农保工作人员业务水平，促进农业保险工作不断规范发展。进一步细化农业保险防灾减损基金使用办法，制定基金使用范围清单，监督推进各区农业保险防灾减损基金使用情况，确保防灾减损基金专项用于农业保险参保范围内农业防灾减损工作。拓展支持农业保险的领域和范围，针对需求设计多层次的保险产品。加大高效设施农业保险保费补贴力度，加大农业保险财政补贴力度，提高市、区两级财政补贴比例，适当提高理赔标准。

2. 实施各项补贴。加大财政投入，提高良种补贴、农资综合补贴、水稻直补贴、农机补贴等补贴标准，直补到户，应补尽补，并更多地向适度规模经营农户、专业大户和纯农户倾斜。开展“万名党员干部帮万家”活动，提高特残人员补贴，低保边缘户的临时物价补贴。

3. 统筹推进城乡保障一体化。进一步完善农村社会保障体系，建立与农民收入倍增要求相适应的保障标准增长机制，推行新型农村合作医疗、新型农村养老保险、农村最低生活保障和被征地农民基本生活保障等制度，提高城乡居民养老补贴，实行城乡居民养老保险全覆盖，逐步缩小城乡保障水平差距。

(四) 突出抓好远郊农民和低收入农民增收

1. 加快农民市民化进程。以新型城镇化和城乡一体化为契机，着力推进“全域统筹、一体发展”，加快新市镇、新社区和美丽乡村建设，尤其是远离主城区的新市镇和新社区的建设，按照新市镇建设的要求，以科学规划为指引，以农业转移人口市民化为核心，以基本公共服务均等化为抓手，以深化改革为动力，优化城市空间布局，强化新市镇的产业拓展、人口集聚功能，不断完善城镇功能配套，提高城镇容纳新增人口的承载能力。建好具有明确产业定位、文化内涵、旅游和一定社区功能的特色小镇，促进就近就地转移。推进“管理创新”，提升公共服务水平。突出“产业支撑”，不断拓宽就业渠道。坚持让利于民，推进土地有序流转。合理引导农民向市民转变，成为“城里人”。允许农民持有集体资产、土地股权进城，进入城镇的农民享有与城镇居民同等的就业、医疗、子女入学、养老等社会保障，最终以减少农民尤其是远郊农民来致富农民。

2. 着力扶持创业。把创业带动就业作为农民增收的关键举措，进一步加大推进农民创业的工作力度。把握大众创业、万众创新的新机遇，增强“草根创业”的扶持力度，继续强化创业培训和指导，扩大创业培训范围，积极落实各项优惠政策，强化创业辅导、创业补贴、创业服务和创业示范，在小额贷款、税费减免、工商登记、场地安排等方面加大支持力度。加强农民创业项目库建设和各类创业基地建设，提升创业公共服务水平，促进农民返乡创业、自主创业、多领域创业，让更多的农民成为“小老板”或者“创业家”。

3. 打好帮促低收入农民增收的“组合拳”。低收入农户因病、因残、因灾、因智致贫等各种原因，收入水平和生活水平较低，多为农村五保户、低保户、扶贫户，一直是农民收入的“洼地”。要发挥政府财政的社会再分配功能，通过税收和各项福利政策，向低收入阶层转移，增加低收入群体的收入，缩小贫富收入差距。在“输血”的同时，更加注重提升低收入农户自身的“造血”功能。坚持扶持发展与保障托底相结合，通过政府主导、社会参与，分类指导、分层推进，实行救济、保障、项目扶持等途径，促进低收入农户的增收。对没有劳动能力的家庭，通过提高社会保障水平，开展结对帮扶，困难救助，改善低收入农户生活质量；对有劳动能力的低收入家庭，通过加强培训创业就业，扶持发展生产，提升自我发展能力，增加收入，脱贫致富。

破解城乡二元结构
加快推进六合新型城镇化的对策与思考

王 珅 朱 伟

（南京市六合区发改委　九三学社南京市委员会）

摘要：以新型工业化为动力，破解城乡二元结构，统筹城乡发展，促进新型工业化、农业现代化和经济结构优化，具有非常重大而深远的意义。本文结合南京都市圈发展趋势、江北新区和区"十三五"规划，就如何加快推进六合新型城镇化工作进行了专题调查和思考，提出了对策和建议。

关键词：农业现代化；城镇化；城乡统筹发展；二元结构

坚持以人为本，以新型工业化为动力，以统筹兼顾为原则，推动城镇现代化、集群化、生态化，推动农村城镇化，全面提升城镇化质量和水平，对于破解城乡二元结构，统筹城乡发展，促进新型工业化、农业现代化和经济结构优化，具有非常重大而深远的意义。结合南京都市圈发展趋势、江北新区和区"十三五"规划，就如何加快推进六合新型城镇化工作进行了专题调查和思考。

一、面临机遇

（一）新型工业化对城镇化的新要求

工业化要求人口集中、生产要素集聚和城镇功能以及城镇布局不断完善与优化，使产业结构与城镇功能、城镇结构达到相互均衡。一般来讲，工业化水平的高低决定了城镇化水平的高低，但同时城镇化进程快慢也影响工业化进程快慢，所以推进城镇化也有利于新型工业化发展。南京市委、市政府把加速远城区新型工业化作为重大战略来抓，六合作为南京市的重要经济增长极，新型工业化的快速发展，必然给新型城镇化带来更广阔的空间。

（二）承接产业转移的机遇

国际及沿海发达地区资本和产业加快向内陆地区转移，六合区地域广阔，交通便捷，发展空间和区位优势显现。特别是六合作为长江流域重要的四大化工工业集聚区，有较好的工业基础，承接中心城区乃至国际国内产业转移的优势更加明显，必将助推和加快本区新型城镇化进程。

（三）南京城市空间布局调整的机遇

"十三五"时期，江北新区的建设成为重点任务，南京城市空间布局将正式跨江发展，六合作为江北新区建设的重要组团，迎来了难得的发展机遇。

二、问题与不足

（一）制度与规划系统设计有待提升

“十二五”期间，六合区城镇化进程较快，城乡发展框架进一步拉开，但城乡建设发展规模仍然不足。2015年末六合区城镇化率首超60.03%，而全市城镇化率已达81.4%，低于全市平均水平，与全市差距较为明显。户籍人口比例较高，外来人口偏低，户籍与常住人口比率为0.97，高于南京市平均比率0.18点，在南京11区中，仅低于溧水和高淳区，常住人口基本与户籍人口持平，外来人口有限，说明六合区域居住环境的综合吸引力欠佳。

（二）城镇化质量和水平有待提高

六合区人均城市建设用地221.67平方米/人，人均建设用地偏大，高于国家标准，城市建设用地利用率低，城市建设不够紧凑；城市建设用地结构不合理，工业用地比例偏大，工业用地占35.90%，人均居住、工业用地指标高，人均居住用地46.60平方米/人，人均工业用地79.68平方米/人，远高于一般城市用地指标；城市公共绿地、市政工程设施用地指标偏低。部分工业用地布局不合理，影响城市环境。雄州老城、沿江地区的零散工业企业与商业、居住等用地混杂，影响城市环境，制约自身发展。居住环境和配套设施建设有待提高。雄州老城、沿江地区内分布着大量危房棚户区需要拆迁改造，部分建设年代较早居住小区需要环境综合整治，提高居民居住环境。城市缺乏明显而有特色的公共中心区。公共设施建设中象征城市文化水准和档次的大型标志性文化娱乐、体育设施缺乏，未达到高科技现代化城市水平，降低了城市吸引力。

（三）城乡建设的良性互动有待加强

城镇化发展与美丽乡村建设存在着相互影响的关系。一方面，为改善农村发展环境，区政府通过涉农项目资金和专项资金投入，集中大量的资金支持街镇、社区（村）建设与治理，农村的基础设施条件越来越好，农民住宅建得越来越漂亮。另一方面，随着城镇化进程不断加快，越来越多的青壮年农村劳动力进入城镇，最终在农村留下的多是留守儿童和老人，农民宅基地的空置率也越来越高，农业人口将越来越少，中心村和自然村的空心化问题将日益严重，有的甚至要自然衰亡。因此，必须把城镇化与乡村建设统筹起来，根据各个街镇、社区（村）的经济状况、民俗、民情、自然地貌等特点，因地制宜推进新型农村社区的布局，集中项目和资金重点支持发展基础较好，集聚人口潜力较强的街镇、社区（村）建设，不能普遍撒网，村村照顾，造成严重的资源浪费。

（四）创新特色发展有待加强

六合区城乡居民收入差异明显，呈现“南高北低”的差异性。“十二五”期间，2015年全区城乡居民收入差异化系数出现下降，其他年份城乡居民收入差异化系数高于 0.5 的临界线，二元结构特征相对突出。在各个街道的城市居民收入对比中，大厂街道收入最高，竹镇镇收入最低，在农村居民收入对比中，葛塘街道收入最高，竹镇和冶山街道收入最低。城乡公共服务失衡现象依旧存在，基础设施城乡二元发展。城乡要素平等交换和公共资源均衡配置仍存在制度性障碍。农村的投入机制有待健全，城乡交通及公共基础设施、公共服务供给差距仍然明显，主要表现在给水排水设施、通信设施、环境卫生设施、邮政邮电设施，以及农村教育、医疗和社会保障水平较低。

三、对策与建议

1. 做好对接南京都市圈规划。要紧紧围绕南京都市圈群建设，遵循一体化和协同发展的原则，以更宽广的视角、更长远的眼光，搞好相关规划的衔接，六合发展对标不能仅仅停留在高淳、溧水兄弟区上，更应该打破行政区划界限，提前研究宁滁城际、宁句城际、宁扬城际、宁马城际和宁淮高铁、北沿江铁路加快建设给六合发展带来的正负溢出效应，随着未来几年南京都市圈的不断扩大，都市圈内各个城市对资源的争夺必将进入白热化阶段，人口、资源的流向必将发生重大变化，如何找准六合的定位，做到有所为有所不为，实现优势互补和联动发展，是六合在未来新型城镇化发展不可逾越的一道坎，因此必须提前重视和研究南京各个城际铁路沿线句容、仪征、天长、来安等周边城市发展战略，要在分析南京都市圈层各个城市发展战略基础上，充分利用好江北新区建设给六合带来的重大机遇，用足用好国家给新区建设的各项优惠政策，强化专项规划对接，主动参与南京都市群的产业分工，以时不我待的紧迫感，积极争取产业转移和资金技术等要素的转移，加快培育六合的主导产业，在南京新一轮发展中，尽早形成与邻近仪征、来安、天长远至盱眙、金湖的发展优势，力争在南京建设特大型中心城市的发展机遇中不掉队。

2. 做好城乡统筹发展规划。六合的城镇化进程仅仅依靠城镇空间摊大饼式扩展是不现实的也是不可持续的；片面追求六合城乡公平发展也必将威胁着城乡一体的全局性，在实践中则会消解六合城镇化发展的动力，不利于城乡一体化发展。应坚持城乡统筹理念，把农村和城镇作为一个有机整体，明确分区功能定位，以城市现代化、农村特色化发展为目标，要用长远的眼光看待城乡统筹发展，要进一步明确城乡发展基础、目标，不能片面追求城乡绝对公平发展，摒弃全域城镇化的传统思维，规划上要做到核心城区像现代化城市，乡村像田园的发展格局。为此，在发展思路上，要集全区之力高标准打造雄州主城区，形成现代化的城市格局；现有街镇要重新做功能定位分类，将有限的财力集中用于发展横梁、金牛湖、竹镇等条件良好、特色鲜明、发展基础扎实的街镇，形成具有各自特色的发展模式，真正使六合的城乡发展能够互相衔接、互补发展。在发展格局上，要科学规划中心城区、街镇和农村社区生产、生活、生态空间，做到中心城区现代化，街镇和农村田园化，形成六合特色的城镇化道路，中心城区建设要建设高标准基础设施，形成六合城市发展的核心，街镇建设要差异化和特色化发展，要体现出当地乡村特点，街镇建成区开发要以低密度多层住宅为主，限制高层住宅建设，形成舒适性、宜居乡村特色。按照定位鲜明、特色突出的中心城区-街镇-乡村三位一体的发展格局，形成中心城区公共服务、基础设施向农村覆盖、城市现代文明向农村辐射的具有六合特色新型城镇化发展道路。

3. *强化城市承载建设，提升发展质量。*随着南京定位成东部重要中心城市系长三角唯一特大城市，江北新区的加快建设，南京房地产市场格局的重塑，过江和六合境内交通基础设施的迅速改善，六合的城镇化发展进入快速推进阶段，如何推进六合城镇化健康发展是亟待需要解决的问题，也是转变政府职能的重中之重。六合的城镇规模不是越大越好，而是应该符合本地的实际，盲目追求规模和速度是不可持续的。中心城区和重点街镇应坚持把提高城镇化质量和水平摆在突出位置，要因地制宜，统筹考虑发展基础、资源环境承载能力和六合的民俗民情，合理确定人口规模，划定增长边界，注重人口导入，不能盲目扩大建成区面积和人口规模。要注重完善城镇功能，改善城镇面貌，推进基本公共服务均等化，走质量与速度并重、更加注重质量的转型发展之路，积极稳妥推进城镇化健康发展。雄州中心城区要借助轨道交通大力发展新城，形成六合城市发展核心，对中心城区的城中村、城边村要分类甄别，特别是对于有文化遗存、历史底蕴的城中村如六合文庙片区开发要采取差异化发展方式，采取修旧如旧、完善基础设施的方式开发，从南京的几个郊区来看，主城区有宝贵历史遗存的郊区也就高淳和六合，要充分吸取高淳老街的开发经验，为六合留下文化传承历史印记，将棠邑的历史印迹留给子孙。对于重点街镇，要完善公共交通，提供医疗卫生、图书教育、养老入托、健身娱乐等有效的公共政策服务，吸引周边村居向街镇建成区、中心村居融合聚集，使街镇建成区和中心村居成为全区城镇化的重要支撑点，提升六合的城镇化发展质量。

4. *强化改革创新，探索发展路径。*深化城镇化配套改革，创新体制和运行机制，加快推进新型城镇化进程，提高城镇化水平，特别是城镇化质量，关键在于深化改革创新。一是健全完善城镇投入体制和机制。要转换发展思路，坚持政府引导、市场运作的原则，针对不同的项目类型采取相应开发模式，对于道路、桥梁等大型公共基础设施，应通过政府平台方式利用资本市场发行城投债，降低融资成本；对于污水处理等有收益的项目，通过 PPP、BOT 等模式，本着“谁投资、谁收益”的原则，引入社会资本进行建设，借助外力驱动发展。通过用多种融资、引资手段拓宽新型城镇化发展过程中资金的筹措渠道，降低融资成本，保障六合城镇化的资金需求。二是要深入推进农村产权制度改革。六合作为南京的农业大区，在城镇化的大潮中，如何促进六合农民市民化是重要的课题，为此，要积极跟踪研究国家对农业土地产权制度改革的最新趋势，加快农村土地、林地、水面确权进程，充分保护农民的承包经营权、宅基地使用权、集体收益分配权等财产权利，一旦国家出台农地可以上市流转的最新顶层设计政策，鼓励农民带着这些权利进城，也可按照依法自愿有偿的原则自主流转或处置，给农民以更多选择权，六合可以借助良好的前期基础，促进生产要素由原来农村往城市流动单一模式转变为在城乡之间双向自由流动的模式，进一步优化城乡资源配置，助力六合城镇化，使六合在新型城镇化发展的历史机遇中抢得先机。三是加快城乡公共服务体系改革创新。新型城镇化的核心就是人的城镇化，城镇化深入推进离不开教育、医疗、就业等政策配套改革力度，实现城乡居民在基础教育、公共卫生、社会养老等方面的权益共享，使进城农民"进得来、留得下、过得好"，成为安居乐业的城镇居民，产业发展是新型城镇化的重要推手，六合作为南京的郊区，有着国家级化工产业基地，产业基础可谓雄厚，但是，雄厚的产业基础并没有给六合的第三产业特别是房地产行业带来大发展，人口的流向、聚集和新型城镇化的发展不单单是产业发展问题还跟教育、医疗等社会服务体系建设密切相关，为此，六合要在教育、医疗等城乡公共服务改革上积极创新改革，通过合理规划，布局教育、医疗资源，增强六合对新型城镇化的吸引力，如通过建立教育发展基金，以发放补贴方式吸引优秀学子来六合任教，对优秀的老师发放津贴，调动老师积极性，打造教育强区。南京作为全国医疗资源大市，六合发展医疗服务体系有着独特的天然优势，要积极探索体系建设发展的新思路，一是要加强区内现有公立医院与市区三甲医院沟通协作，建立紧密的医联体，提升六合医疗机构的服务水平；二是要打造高水平的养老康复机构，随着老龄化的趋势快速形成，医养结合的养老模式值得探索，六合要加强与投资机构、三甲医院的联系，共同建设医养结合的养老机构，特别要将与心脑血管、高血压、糖尿病等与老年病有关的科室引入到养老机构建设中，提前做大做强六合的老年病康复医学体系，为市民提供优质医疗服务，为老龄社会做准备，吸引人口加快入住六合。

5. *注重城镇化和重点产业互促共进*。城镇化说到底就是外来人口、农民的市民化，是经济发展到一定程度的必然趋势，六合作为南京城市轨道交通覆盖城市，江北新区建设的重要一环，与南京中心城区、浦口的江北新区核心区相比，房价相对较低，加上南京城市核心区的人口、环境、容量有限，生活成本高，大量的外来居民和六合本地农村居民必然会到六合来置业生活，要实现外来居民和六合本地农村居民市民化的目标，就必须给广大新市民提供更多就业机会，因此，推进新型城镇化就必须把产业发展放在重要位置。中国经济正在经历L型的转型发展、提档升级以及大部分产业处于产能过剩、深度调整的阶段。六合作为工业大区和农业大区，一方面在工业经济特别是化工产业进入深度调整的当下，要加快传统重化工产业提档升级，提升经济发展质量，同时，借助六合的区位优势，发展物流、新能源等新兴产业，优化产业发展结构；另一方面要正视由于资源环境等客观因素的制约以及南京兄弟区如雨花、江宁、高新区的软件、互联网、智能电网等新经济产业发展格局的形成，给六合快速切入上述相关产业发展的难度相当大的现实，有紧迫感而不悲观，因为从大的发展格局来说，中国正在进入消费为主导的经济发展模式，人们更注重生活质量、个人价值提升，服务业特别是旅游业大有发展前景，将旅游与城镇化结合起来，实现良性互动、融合发展，开发利用好六合的优良的农业和旅游资源，打造一批有品牌、有影响的旅游项目，形成与休闲农业、旅游业和城镇化共同发展的趋势，从而促进产城融合、一二三产融合发展，既能解决农村剩余劳动转移，又能更好地推动城镇化和域内经济发展协同，助推布局合理的新型城镇体系加快形成。

6. 要突出综合治理，健全城镇管理机制。新型化城镇建设，离不开城市的发展，离不开城市管理水平的提高，规划是前提，建设是基础，管理是关键。要按照“抓创建、强管理、树形象”的思路，通过改进城镇人居环境，提升城镇品位等一系列综合性措施，展示六合新型城镇化水平，增强城镇的吸引力。一是健全六合城镇管理机制。首先要创新城镇管理体制。积极推进“城管进社区”，大力实施“数字城管”和网格化管理模式，优化市容市貌。其次要完善城管综合执法机制。进一步集中行政处罚权，加大综合执法力度，定期或不定期地开展专项整治工作，加大对重点地段和重点区域市容市貌和客运交通秩序等的综合整治力度，形成良好的城市秩序。再次要探索全民共管机制。以国家文明城市建设为契机，加大宣传力度，营造浓厚氛围，大力倡导“人民城市人民建，建好城市为人民”的理念，引导市民出行文明、秩序文明、言语文明。广泛开展文明创建活动，引导市民参与城市管理，逐步形成一种市民认识到位、部门监督有力、社会自觉共管的城市管理新局面。二是深化城镇街景整治工作。一要集中开展沿街到期临时建筑、违章建筑拆除工作，将拆除腾出用地全部用于绿化、停车、人行道等公共设施建设。二要全面实施拆墙透绿工程，对主要街道上各企事业单位的实心围墙全部拆除，或改建为透空栏杆，使各单位院内绿化延伸到街区，丰富城镇景观。三要对城镇主要街道两侧暂时需要保留且难以拆除的旧有房屋要求各产权单位进行必要的立面装饰和清洁，改善城镇面貌。四要集中对繁华地段各类架空线路进行统一规划，重新布设，减少视觉污染。五要搞好户外广告管理和拍卖工作。规范城镇户外广告牌匾，主要街道两侧户外广告牌匾要提高设置水平。对城镇主要路段和主要节点周边影响城镇形象广告牌要进行拆除，消除重大违章行为。

宁镇扬特色小镇协同发展的若干思考

晁先锋　柳晓伟

（南京市发展与改革委员会　九三学社南京市委员会）

摘要：特色小镇是推动区域经济适应新常态的重要举措，也是推动区域新型城镇化建设的重要突破点。特色小镇协同建设对于区域一体化发展有着重要积极意义。特色小镇协同建设是推动宁镇扬区域资源整合错位发展的重要途径、产业转型持续发展的重要抓手和创业创新统筹发展的重要举措。积极探索宁镇扬特色小镇协调发展路径可以为开放区域下如何建设特色小镇树立标杆、引领示范。

关键词：特色小镇；区域一体化；协同建设

在新常态下，各地区利用自身的自然资源、历史文化、传统工艺、信息经济、块状经济、新兴产业等独特优势，加快推进特色小镇建设，既符合经济社会发展规律，又有利于促进经济转型升级和实现城乡统筹发展。积极探索宁镇扬特色小镇协调建设路径可以为开放区域下如何建设特色小镇树立标杆、引领示范，同时也为我国区域经济发展破解经济结构转化和动力转换的现实难题提供有益实践。

一、特色小镇与区域一体化内涵

特色小镇是伴随着我国各地新型城镇化建设，各地结合实际不断摸索推进小城镇科学发展的一种模式。借鉴目前国内部分地区特色小镇建设经验，特色小镇规划面积一般在 3 平方公里左右，建设用地面积在 1 平方公里左右，一般的特色小镇按 3A 景区标准建设，而旅游特色小镇按 5A 景区标准来建。特色小镇重点突出在“特色”，这种“特色”体现在三个方面：一是发展理念新，特色小镇不是一味做大做全的中心镇，不是追求镇级扩权的新市镇，也不同于产业园区、风景区的“区”，是按照创新、协调、绿色、开放、共享发展理念，结合自身特质，形成集产业、文化、旅游、社区功能四位一体融合发展平台。二是产业定位特，特色小镇发展必须依托特色产业支撑，要结合自身资源要素优势选准一个主导产业，加大培育和投入，形成知名特色产业集聚区。三是发展路径活。特色小镇发展采用政府引导、企业主体、市场化运作的发展机制，更加注重错位发展，更加注重资金来源多元化，更加注重因地制宜动态发展。

区域一体化是相邻城市通过相应的制度安排和协同合作，逐步突破城际之间要素流动障碍，实现基础设施、产业、公共服务、居民生活等经济和社会各方面高度融合发展的过程。区域一体化一般具有如下特征:地理相邻、功能互补、区域认同、协调发展。区域一体化是城市群一体化的高级阶段,主要为了在整个区域内协调经济、社会、环境的运行,吸引、集聚、整合更多的资源为区域发展服务,进一步提升区域竞争力和控制力。

二、特色小镇协同建设对宁镇扬区域一体化发展意义

特色小镇协同建设是推动宁镇扬一体化资源整合错位发展的重要途径。宁镇扬各地城市空间资源有限,发展布局受到很大限制,但是乡镇仍有很大拓展空间,通过特色小镇协同发展可以引导要素投向最有潜力地方和优化同城化生产力布局。南京、镇江、扬州各地特色小镇建设要与宁镇扬同城化建设相协调,不拘泥于本地区资源,能够充分调动宁镇扬各地资源,结合地区特色,实现错位发展。当前,宁镇扬同城化发展以基础设施建设为主,仍没有寻找到较好的发展突破口,而特色小镇协同建设可以突破区域空间资源瓶颈,共享区域优质要素和市场,在基层乡镇或者城乡结合部建成一批特色产业鲜明、体制机制灵活、人文气息浓厚、生态环境优美、多种功能叠加、示范效应明显的特色小镇,推动资源整合、项目组合、产业融合,加快推进宁镇扬产业集聚、产业创新和产业升级。

特色小镇协同建设是推动宁镇扬区域一体化的产业转型持续发展的重要抓手。特色小镇协同建设可以更好实现产业准确定位,锁定主导产业,抢占产业高地。特色小镇必须凸显"特色",而产业特色又是核心元素。特色小镇协同建设能够立足宁镇扬大区域来规划产业发展,发展眼界更宽,错位发展更明显,特色更加鲜明。各个特色小镇紧扣产业发展趋势和主导产业,主攻最有基础、最有优势的特色产业,避免千篇一律,实现区域内产业错位发展。即便选择相同产业,也要差异定位、细分领域,突出独特性。产业布局上,特色小镇协同发展可以在功能的集聚与扩散之间找到最佳平衡点,在生产、生活、生态三者有机结合发展,按照区域发展需要和规律,结合地方特色,实现持续发展,并起到一定示范效应。

特色小镇协同建设是推动宁镇扬区域一体化创业创新统筹发展的重要举措。当前,"大众创业、万众创新"在各地有序开展,创业创新成为很多小镇吸引高端要素资源,释放地区发展潜力的重要手段,同时也是缩小城乡差距、促进农民增收的有效途径。特色小镇协同建设更加注重区域协调性,弱化各地发展差距,共享区域创业创新资源,引导要素在区域内合理流动,推动宁镇扬区域内共享要素资源,共同营造良好发展环境。特色小镇协调建设是破解城乡二元结构的有效抓手,符合现阶段既追求激情创业创新,又有精致的生活居住环境的要求,提升了宁镇扬同城化发展的品质。

三、特色小镇协同建设存在的问题

特色小镇协同建设缺少统一规划。特色小镇协同建设关键要有科学统一规

划，而当前特色小镇建设“各自为战”，而且对于特色小镇内涵理解不同，小镇建设处于无序状态。比如扬州地区仍然用传统推进“中心镇”方式来推动特色小镇，仅仅是换个名头而已；南京在特色小镇建设中过度追求特色小镇建设形态“大而广”，导致产业定位“大而全”，很多小镇建设特色不突出；镇江特色小镇建设更多追求扩大镇级功能和权限的新市镇建设，这样建设的小镇与“精而美”的特色小镇要求仍有较大差距。

特色小镇协同建设缺乏开放融合。区域一体化背景下建设特色小镇与封闭条件下建设特色小镇不同，更强调开放性。现阶段，南京、镇江、扬州特色小镇建设都是在各自行政区域范围内单独开展，没有共享资源和市场，也没能够根据地形地貌，结合宁镇扬区域一体化全局做好整体规划和形象设计，确定每个小镇风格，建设“高颜值”小镇。比如南京在推进特色小镇建设中重点强调南京资源整合，没有整合扬州和镇江资源，同时过度依赖政府主导推动，市场化运作较弱，导致特色小镇缺乏发展内生力和融合性。

特色小镇协同建设投入机制不完善。特色小镇协同发展需要南京、镇江、扬州共同协商建设，特色小镇协同建设前期规划、基础设施、公共服务建设都需要大量资金投入，产业发展、项目推进、社会保障、文化保护等也需要投入资金，然后当前由于市场化水平不高和短期没有较大回报，企业和社会资本参与积极性不高，这样就需要政府投入大量资金，投资渠道较为单一，再加上宁镇扬各地经济发展不均衡，协调投入机制尚未形成，导致特色小镇协同建设资金长期短缺。

四、国内外推动特色小镇建设经验

美国：以人为本，强化规划引导。美国主要通过市场和社会力量推动边缘小镇和郊区小镇发展成特色小镇。一方面重视以人的全面发展为特色小镇发展中心任务，加大交通、通信、公共服务投资，努力营造比城市更有吸引力的生活环境和人文居住环境，同时最大限度提供方便快捷的生活设施，促进小镇持续发展。另一方面，加强科学规划引导。结合小镇实际情况，注重特色，追求个性，避免“万镇雷同”现象，制定规划充分尊重当地文化传统和保护自然资源，立足地区产业优势，注重小镇功能提升。比如集聚创业创新梦想的硅谷小镇、具有美国味道和风情的马尼图斯普林斯旅游小镇等。

日本：注重保护，统筹城乡发展。日本发展特色小镇更加注重保留小镇传统风格和保护环境，通过对小镇自然生态的保护、历史文脉的传承、功能结构的完善、景观形象的打造、文化内涵的塑造等，提升小镇的特色和品位。日本在特色小镇建设中，十分注重保护农民的利益，出台一系列政策增加农民收入，不断缩小城乡差距，推动产业发展坚持以企业为主体，促进一二三产业融合发展。比如因雅马哈集团而兴起的日本静冈县磐田镇、具有北海道韵味的田园牧歌式美瑛町小镇。

宁波：抓好“三个结合”，突出产业特色。结合海洋经济国家战略，创建海工装备、海洋科技等小镇，比如以高端海洋工程动力装备制造业为主导产业的江北慈城镇的“动力小镇”；结合发掘利用自然生态资源，创建健康、旅游休闲类特色小镇，比如奉化莼湖镇和裘村镇辖区的“滨海养生小镇”；结合众创空间等“双创”载体，创建互联网创业、工业设计类特色小镇，比如位于梅山保税港区的梅山“海洋金融小镇”。

杭州：依托都市圈，整合优势资源。随着杭州都市经济圈转型升级综合改革试点获国家发改委批复，杭州都市圈发展得到迅速发展，特色小镇也成为推动都市圈产业创新的重要载体之一。杭州在推进特色小镇建设中就充分整合都市圈资源，挖掘区域市场潜力，想方设法集聚各种要素来推动小镇发展。比如杭州云栖小镇借助杭州都市圈资源，围绕信息经济，发展游戏、APP开发、互联网金融、数据挖掘等产业形态。云栖小镇成立了全国首个云计算产业生态联盟，建设了超级孵化器，还吸引了阿里云开发者大会永久落户，形成完整的云计算产业链，小镇将打造成为全国一流互联网小镇。

五、推动宁镇扬区域一体化特色小镇协同建设的对策建议

科学规划特色小镇发展，制定宁镇扬特色小镇建设指导意见。坚持规划先行、多规融合，突出规划的前瞻性和协调性，统筹考虑人口分布、生产力布局、国土空间利用和生态环境保护。南京、镇江、扬州共同制定特色小镇协同发展规划，明确功能定位，突出产业特色，完善基础设施建设，增强规划的可行性。要更加注重小镇特色，结合宁镇扬区域一体化的特点，把本地自身优势资源融入进去，打造具有影响力的特色小镇。加强特色小镇协同建设制度，建立宁镇扬推进特色小镇协同建设联席会，对特色小镇建设进行引导、阶段评估、动态调整和监督考核，以完善的制度推动特色小镇建设协同有序进行。制定宁镇扬特色小镇协同发展指导性意见，鼓励各地区重点发展以休闲旅游、民俗文化、创意文化、商贸物流、现代农业、信息产业、先进制造、科技教育产业等为主体的特色小镇。同时，对特色小镇的主导产业提出要求，应根据城市定位和产业基础，因地制宜、实事求是、循序渐进，不要刻意去“包装”，要遵循经济社会发展规律推进小镇建设。

坚持开放合作，充分发挥企业和市场主体作用。南京、镇江、扬州地区有着丰厚的教育、旅游、文化等资源，产业种类齐全，工业基础雄厚，推进同城化进程中资源分享更加便捷，特色小镇要充分依托宁镇扬同城化机遇，整合三地资源协同发展。特色小镇协同建设要坚持以“企业主体、市场化运作”为指导方针，要充分发挥企业积极性，充分发挥市场“无形的手”的作用。特色小镇建设的主体是企业，这是特色小镇建设的根本性问题。规划特色小镇，主要任务是实现小镇经济的可持续发展，主要动力机制是企业的成长，这是特色小镇实现可持续发展的必然途径。特色小镇建设需要巨大资金，除了政府财政支持外，需要依靠市场的力量，需要企业资本。因此南京、镇江、扬州三地可以建立健全政府、社会与企业多方参与的特色

小镇协同建设投融资机制，拓展融资渠道。南京溧水石湫文创小镇抓住宁镇扬同城化发展战略机遇，充分利用区域内外资源，以国家级影视文化创意产业园为核心区，逐步形成了一定规模的文化创意产业集聚区。南京溧水石湫文创小镇利用国家级影视文化产业服务平台，重点吸引长江经济带知名服务企业来溧水设立地区总部。同时，充分发挥市场作用，鼓励社会资本与政府合作，采取 PPP 等多种方式参与小镇公共服务、生态建设、基础设施等领域建设。

*加大政策扶持力度，营造良好发展环境。*加快出台支持宁镇扬区域特色小镇协同发展，对特色小镇内的企业给予一定的税收优惠，对企业家和员工在购房补贴、子女上学等给予政策优惠。编制宁镇扬特色小镇发展产业名录，对于符合条件的给予优先发展和政策支持，对于纳入特色小镇重点建设的项目，优先安排建设用地，同时积极探索整理空心村改造、闲置废弃土地等新措施，解决用地紧张问题。制定人才引进政策，尤其注重柔性引进人才，树立“不求所有，但求所用”人才观，吸引更多人才在特色小镇创业和工作。进一步完善特色小镇管理体制，对列入宁镇扬特色小镇协同发展名录的特色小镇适当下放权限，给予与小城镇管理职能相匹配的人权、事权、财权。

*建立协调考核机制，推进特色小镇协同建设。*加强对特色小镇协同建设的组织领导和统筹协调，建立宁镇扬特色小镇协同建设工作联席会议制度，各地分管特色小镇市领导作为召集人，各地发改委、经信委、财政局、国土局等负责人作为成员。建立特色小镇联络员工作交流制度、统计报送制度和监测评估机制。严格按照程序对特色小镇审核筛选、动态管理、验收命名和末位淘汰。一是要把握好数量。要从南京、镇江、扬州各地实际出发，严格标准，不搞数量竞赛，注重小镇长期持续发展，警惕对特色小镇项目过度包装，严格按照评估程序验收小镇建设。二是要注重质量。要加大对特色小镇规划实施效果监督评价力度，建立健全特色小镇建设的动态评估、滚动调整和监督考核机制，重点考核高端要素集聚、特色打造、投资情况、关注度、民生建设等方面内容。三要坚持有奖有罚。借鉴浙江省特色小镇建设考核办法，对于考核处于末位的特色小镇给予淘汰，按照梯度培育模式，对于晋级小镇给予奖励。

立足现实,发挥优势,切实推进江苏农业供给侧结构性改革

张　睿

(南京市房屋征收管理办公室)

摘要:推进农业供给侧改革是由我国目前农业发展的现状所决定的,主要矛盾由从前的总量不足已转变为结构性矛盾,主要表现包括阶段性供过于求和供给不足并存,部分农产品生产与资源环境承载能力不相适应。江苏作为农业大省,推进农业供给侧结构性改革研究迫在眉睫。改革应主要解决三个问题:适应市场需求,改善农产品的供求关系;提高农业的质量和效益,增加农民的收入;促进农业转型升级,提高竞争力。只有这样才能推动江苏农业提质增效,从根本上破解农业发展难题。通过分析江苏农业发展现状,本文具体提出三个发展方向:市场导向,可持续导向,创新导向。三者其实是相辅相成的,以市场需求为导向调整农产品生产,以可持续发展为导向树立长远目标,以创新为导向的技术手段则可更高效快捷地完成前两项工作。由此建立的良性循环,可推动江苏农业的上升式发展。

关键词:农业发展;供给侧改革;市场导向;可持续;创新

2017年中央一号文件发布,文件提出"把深入推进农业供给侧结构性改革作为新的历史阶段农业农村工作主线",同时明确了目标、方向、底线等重大问题。"农业供给侧结构性改革"的概念首次出现在中央部署"三农"工作重点的文件上,此后的中央一号文件和江苏省委一号文件都把推进"农业供给侧结构性改革"作为一项重要内容。

为何要重视农业供给侧结构性改革呢?这是由我国目前农业发展的主要矛盾所决定的。经过多年不懈努力,我国农业农村发展不断迈上新台阶,已进入新的历史阶段。农业的主要矛盾由以前的总量不足转变为结构性矛盾,突出表现为阶段性供过于求和供给不足并存,矛盾的主要方面在供给侧。另外,农产品总量充足,但优质农产品仍然存在缺口。同时,部分农产品生产与资源环境承载能力不相适应,存在着过度开发农业资源的现象,不利于农业的可持续发展。

江苏作为农业大省,推进农业供给侧结构性改革研究迫在眉睫。农业供给侧结构性改革主要解决三个问题:适应市场需求,改善农产品的供求关系;提高农业的质量和效益,增加农民的收入;促进农业转型升级,提高竞争力。只有这样才能推动江苏农业提质增效,从根本上破解农业发展难题。

一、江苏农业发展现状

江苏省农业资源有四个基本特点[1]：一是地形以冲积平原为主，平原占68.8%，水面占16.9%，岗地和低山丘陵仅占14.3%；二是地处中纬度地带，属暖温季风气候；三是位于长江和淮、沂、沭、泗诸河下游，水系发达；四是跨越三个气候带，适宜多种动植物的生长繁殖，生物资源丰富。

2003—2015年的十二年间，江苏省实现了粮食产量的"十二连增"[2]，总产量增加了1 089.5万吨，增幅达44.1%（图1）。其中，粮食作物种植面积增加了1 147.8万亩，增幅达16.4%；粮食单产提高了84公斤/亩，增幅达23.7%。与此同时，耕地数量却在减少，质量退化。苏南地区水质性缺水、苏北地区水源性缺水以及全省季节性缺水仍然存在；土壤板结、地力减弱现象也普遍发生。

单位：万吨

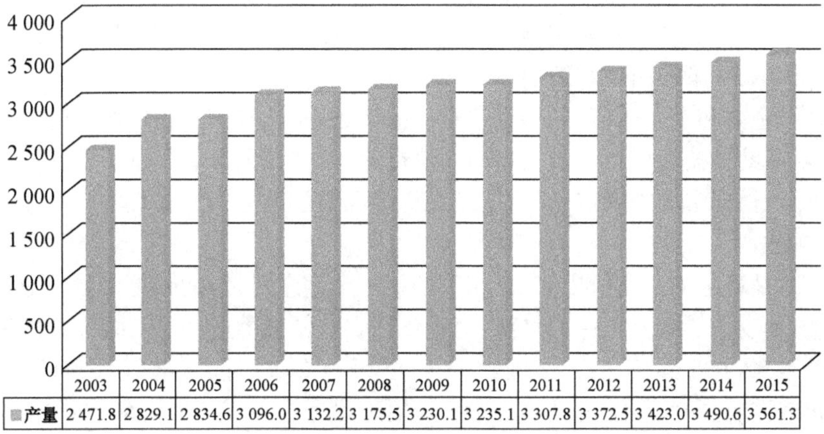

图1　2003—2015年江苏粮食产量图

（来源：江苏省统计局）

农业从业人员不断减少。目前，江苏常住人口7 900多万，城市化率达到65.2%。农业从业人员由2003年的1 230.3万人下降到2015年的747.4万人（图2），降幅达39.3%。与此同时，江苏农村劳动力结构性短缺情况逐步凸显，老人与妇女农业从业现象更为明显。

面对这样的现实，推进农业供给侧结构性改革，是我省现代农业发展的迫切需要，是提高农业发展质量效益和竞争力的必然选择。

二、供给侧结构性改革的突破点

（一）市场需求导向的现代农业结构

在农业供给侧结构性改革中，最主要是加强市场的调节作用，通过引导市场主体行为，促进结构调整。整体而言，部分产品库存量急剧增长，超出负荷，比如玉

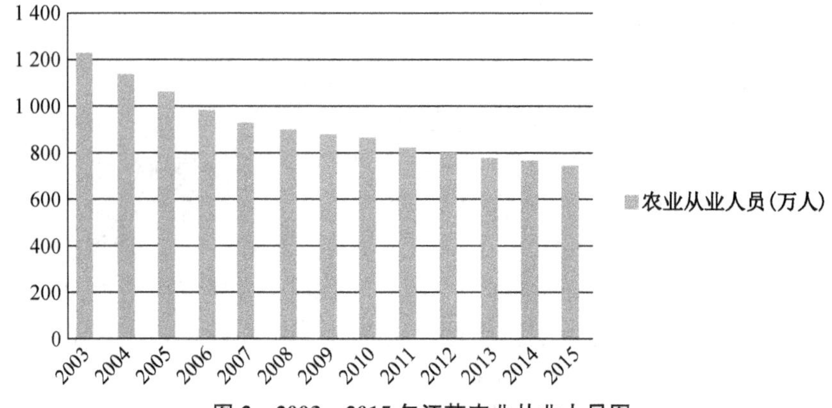

图 2　2003—2015 年江苏农业从业人员图

（来源：江苏省统计局）

米，另一方面部分农产品却存在供给缺口，长期依赖于进口，比如大豆。通过市场价格指导，推进玉米等过剩作物的减产和大豆等紧缺作物的增产，是目前的重要目标，需要宏观政策的引导和控制。

对于企业和个人而言，如何定位农产品市场，防止农产品积压而产生的经济损失，需要借助科技和信息手段。当前的流行趋势是“私人订制”，从消费者的意愿和喜好出发，根据市场来确定生产，是最为有效和科学的方式。那么农产品能否做到“订制”呢？

答案是肯定的。众所周知，我们正处在一个信息时代，能够更快更多地掌握有用信息，是成功的必要条件。目前，信息化在农业领域的应用已具备完备的基础条件。近年来，农业部、工信部等国家部委、各级地方政府以及电信运营和 IT 企业等共同推进农村信息化建设，农村信息化建设呈现出全方位、多层次推进的态势[3]。网络、宽带在我国乡镇的覆盖率已达到 90%以上，计算机在乡镇的普及率也达到每百户 54 台。全国涉农网站已有 18 000 多家，各类大型农业数据库 、乡镇信息服务站不断投入应用。这些条件为物联网农业的发展提供了坚实的基础设施支持和广阔的创新空间。

因此，进一步建立农产品的信息交流平台是完全可行的。可以建立市场和田地之间及时的沟通纽带，通过能够及时发布需求和供给信息的平台，直接将销售端甚至是消费者和农业生产端相连接（图 3）。通过信息反馈，使得供给侧能够及时了解市场的需求和消费者的喜好，从而调整产品。与此同时，加入专业的趋势预测和风险分析信息，通过信息沟通和科学分析，不仅可以消除农业供给侧对于产品选择的盲目性，同时也增强了抗风险性，减弱了信息传播可能带来的滞后效应。而从图中两条不同的反馈途径可以看出，直达田地的信息（粗实线条）能够更快更有效地传递，而传统的层层分销模式（细实线条）由于存在多个环节，容易出现信息滞后，同时也会增加产品积压和长期储存的成本。在此信息平台的基础上，进一步地

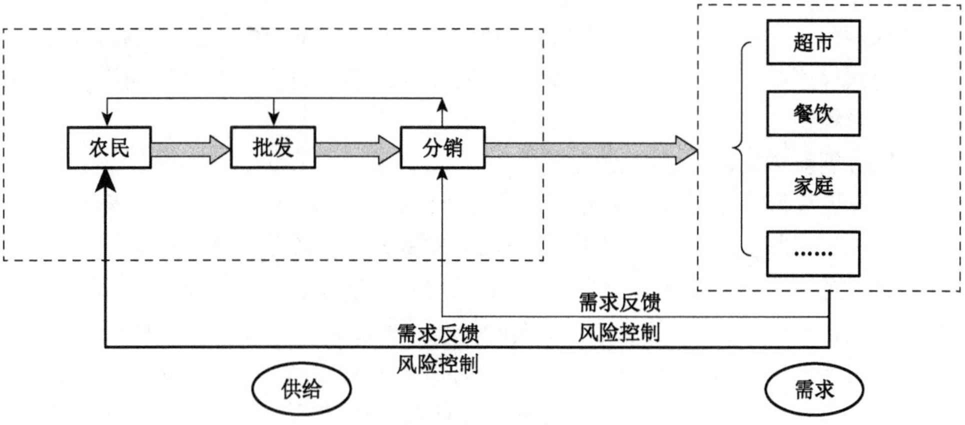

图 3　农业供需反馈信息平台示意图

构建物流平台，可以减少农产品销售的中间环节，保障公平交易，提高市场的及时性和有效性。

（二）可持续发展导向的健康农业结构

相对于工业而言，农业对于环境的依赖性更强，二者之间必须达到良好的平衡才能够获得持续发展。因此，需要进一步推进绿色农业的发展，以“绿色环境”“绿色技术”“绿色产品”为主体，促使过分依赖化肥、农药的化学农业向主要依靠生物内在机制的生态农业转变。可持续发展的农业结构不仅仅是处于环境保护的要求，从市场本身对于绿色产品的重视也有较大的提高。

21 世纪以来，有机产品和绿色产品的理念已经深入人心。随着生活水平的提高，人们对于农产品的选择已不再仅限于价格优惠了，优质健康的农产品往往可以获得更多消费者的青睐。对于供给侧而言，优质的农产品本身具有高增值性，有利于创造更多价值，提高农业从业人员整体收入水平。目前发展前景最为良好的一类是有机产品，有机农产品是根据有机农业原则和有机农产品生产方式及标准生产、加工出来的，在农业能量的封闭循环状态下生产，全部过程都利用农业资源，而不是利用农业以外的能源（化肥、农药、生产调节剂和添加剂等）影响和改变农业的能量循环，利用动物、植物、微生物和土壤 4 种生产因素的有效循环，不打破生物循环链来进行生产。人们对有机产品的消费额在未来将会持续增加，在发达国家，有机食品的市场份额非常大。在瑞典，普通民众对于有机产品非常在意，从食品到日化用品，甚至衣物面料，有机产品均有特别的标注，而且深受消费者喜爱。商家本身也十分推崇有机产品，甚至将非有机的蔬菜和清洁剂等化学产品放在同一货架，提醒消费者有机产品的重要性。

与此同时，城市生活工作的压力不断增加，越来越多的人开始向往田园生活，通过亲自播种耕耘收获来释放压力，这为绿色菜园等新兴消费产业提供了发展机会。通过建立集旅游、优质农产品订购、菜园认领、按需种植、送货上门一条龙的服务，使得农产品可以点对点地直达城市家庭的餐桌，让私人菜地走向千家万户。当然，在农业、旅游业集合发展的过程中，需要尤其注意农村土地的合理利用，切实保障农民的利益。

（三）创新导向的农业从业结构

农业发展取决于创新。创新是提升经济体系生产力、竞争力的重要来源，在创造就业机会，创造收入，减轻贫困，推动社会发展方面发挥重要作用。如果农民、农业企业甚至国家要在变化和竞争中得到不断发展，就必须不断创新。立足当下来看，农业的未来将会是智慧农业，农民的未来则将是职业农民。由于历史原因，我国的农用土地以分散经营为主，农业从业人员素质普遍较低，思想观念、文化水平与现代化农业建设要求还有很大差距。现有农民中 70%的人员只有高中及以下文化程度，一半以上人员未接受过职业培训。与发达国家或地区相比差距明显[4]：日本 75%的农民具有高中及以上学历，台湾 95%以上的农民具有初中及以上学历，德国 53%的农民受过两年以上的职业培训。同时，随着近年来高校农技专业毕业生的减少，农技推广服务人员后继乏人[2]，而现有农技推广人员平时忙于工作，外出参加业务培训的机会不多，存在着人员年龄偏大、知识相对陈旧、创新能力不足等问题。同时，种养大户、家庭农场、农民合作社、龙头企业等新型经营主体，一二三产融合发展，农业产业化经营，农产品精深加工，农业全产业链发展不够。

创新的关键在于人。农业科技的创新必须以相应的条件作保障，包括创新体系的培育、科研经费的投入、科技人才的储备、基础设施的装备、创新平台的建设等等。江苏在科技创新方面依然薄弱，创新机构数量少，科技成果供给总量不足，致使原始创新能力低。但其中最为重要的是农业从业人员的创新能力必须得到提高，通过提高农业从业者的理论和实际水平，创造高层次的产业队伍。江苏的教育水平在全国属于前列，具有优秀的教育资源和基础，因此，可以一方面进一步推广农业从业人员的培训，提高现有从业人员队伍的素质，另一方面，加强对高水平劳动力的吸引力，促使更多新的人才进入从业队伍，从根本上改变从业人员的传统思路，彻底摆脱低效和靠天吃饭的小农经济，转为充分利用现代技术的先进农业。

创新的第二个关键在于资金。江苏的整体发展水平处于全国较高水平，创新产业基地的建设也较为完备。政府可进一步开放投资平台，广泛吸引国内外投资者对于新兴农业、一体化农业等现代农业生产形式的资本投入，这对于推动理论创新和技术创新是十分重要的促进。

对于农业创新而言，教育和推广投资必不可少，但仍然不够。除了强大的研发能力之外，有效地进行农业创新，还需要集体的行动和协调，需要不同农业参与者之间的知识交流，形成良好的伙伴关系，促进企业健康发展。在这个过程中，政府的激励和提供的资源，对于农业创新十分重要。农业创新体系的投资必须具体化且有针对性，在不同发展阶段，能够对国家和农业部门的特定愿景做出反应。需要对投资进行评估和排序，并根据现有需求和挑战，对资源进行调整。因此，需要建立一个良好的创新激励体系，在政府的主导下，有针对性地进行指导，引导农业产品的创新方向，对重点项目和生态友好项目等进行扶持。

综合以上三个方面，把握市场，定位可持续，鼓励创新，将对江苏农业发展带来强大的促进。农业发展的结构调整将是一个长期的、循序渐进的过程，因此更要从当前开始，就找到正确方向，才能保障农业转型的顺利进行。本文提出的三个论点看似是三个方面，其实内在联系十分紧密，以市场需求为导向的目的是及时调整农产品生产，以可持续发展为导向是树立长远目标，同时对产品生产过程进行约束，以创新为导向发展高新技术，则可更高效快捷地完成前两项工作。由此形成的良性循环，将为江苏农业的发展提供源源不断的动力和能量。

参考文献

[1] 李秉柏. 江苏省农业资源利用状况及开发应用对策[EB/OL]. http://www.nriam.com/jssae/Html/ListInfo.asp? textid=57&clsname=%B3%C9%B9%FB%BD%E9%C9%DC; Accessed: April 18th, 2017.

[2] 徐姗姗. 江苏农业发展新动力分析[EB/OL]. http://www.jssb.gov.cn/tjxxgk/tjfx/sjfx/201612/t20161223_296464.html, Accessed April 18th 2017.

[3] 曹摇静，凡摇燕，朱科峰. 物联网应用于江苏农业的发展分析[J]. 江苏农业学报，2010，26(6)：1402-1405.

[4] 农业部农村经济研究中心. 中国农村研究报告[Z]，2011.

学习浙江“五水共治”，建设美丽乡村

苏　鹦

（南京市玄武区市政设施综合养护管理所）

摘要：重点阐述农村生活污水污染现状及污水处理率，污水处理设施选址因地制宜原则，污水处理的自然处理系统和生物处理系统方式选择，以常熟的城乡污水统筹处理为案例，说明城乡污水治理的实践经验；乡村的防洪排涝亟待解决的主要问题；详细说明保证供水源和水质技术，农村节水的措施和方法。

关键词：农村生活污水治理；防洪排涝；保供水；抓节水

2013 年初，浙江多地环保局局长被“邀请”下河游泳事件以及 10 月“菲特”强台风正面袭击浙江，引发余姚等地严重的洪涝灾害，浙江省总结经验教训提出了“五水共治”。

图 1

五水共治是指治污水、防洪水、排涝水、保供水、抓节水这五项。通过农村生活污水治理，让广大农村河水、池塘、洼地变干净，倒逼农村生产方式、生活方式、建设方式的转型升级，建设天更蓝、水更清、山更绿、地更净、空气更清新的美丽乡村。

下面从三个方面阐述农村治生活污水、防洪排涝和保供水抓节水。

一、摸清家底，治污先行

未经处理的生活污水肆意排放，严重污染了农村的生态环境，直接威胁农民的身体健康。生活污水自流到地势低洼的河流、湖泊和池塘等地表水体中，严重污染水源，生活污水也是疾病传染扩散的源头，容易造成部分地区传染病、地方病和人畜共患疾病的发生与流行。

（一）村庄的集中或者分散污水处理方式

1. 城镇周边的农村污水纳入城镇污水管网

对于靠近城镇的村庄或者靠近城镇污水管网的村庄，生活污水集中收集后，送入城镇污水处理厂集中处理。城镇污水处理厂相对运行规范、管理完善，污水处理较为经济，处理效果有保障，有条件的村庄应优先考虑这种污水治理模式。其适用于距离中心城、卫星城、建制镇的城镇污水管网较近（ 5 km 以内），符合高程接入要求的村庄污水处理。

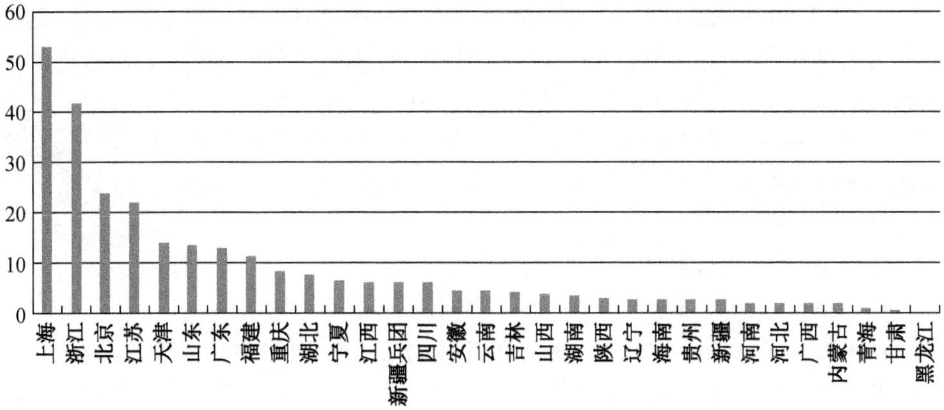

图 2

2. 联村污水集中处理

村庄距离城镇污水管网比较远，或接入城镇污水管网的污水干管投资较大，或高程上不合适需要污水提升，居住集中的两三个村庄采用污水集中收集后，就地建污水处理设施进行处理。

在平原区，如果地形地势上没有限制条件，易采用污水集中处理。污水集中处理比污水分散处理更为经济，也更好管理。居住集中的两三个村庄尽可能协商共同建设一处污水处理设施。

3. 单个村庄建污水处理设施

在水冲厕所普及，用水量大、村庄人口密度较大、远离城镇的农村地区，可以建设以村庄为单位的污水处理设施。

4. 以户为单位的污水处理设施

在水冲厕所普及，用水量大、在人口密度较稀的农村地区建设以户为单位的污水处理设施。

5. 改厕并建沼气池

在仍用旱厕、用水量较小的大部分农村地区，主要做好粪便处理，改厕、建造沼气池，传承并提升粪便资源化的我国优秀传统方式。

(二) 生活污水处理技术

农村污水处理技术充分考虑到农村地区财力状况薄弱、农民实际承受能力较低这一普遍情况，处理工艺的选择着重选用既成熟可靠，又适合农村特点的污水处理技术，优先达到两个目标：一是达标排放或回用；二是注重经济适用，运行成本低，管理维护简单。

目前国内外农村生活污水治理的处理技术比较多，名称多种多样，但从工艺原理上通常可归为两类：

(1) 自然处理系统：利用土壤过滤、植物吸收和微生物分解的原理，又称为生态处理系统。常用的有：人工湿地处理系统、地下土壤渗滤净化系统等。

(2) 生物处理系统:分为好氧生物处理和厌氧生物处理。好氧生物处理是通过动力给污水充氧,培养微生物菌种,利用微生物菌种分解、消耗吸收污水中的有机物、氮和磷。常用的有:普通活性污泥法、AO 法、生物转盘和 SBR 法等。厌氧生物处理是利用厌氧微生物的代谢过程,在无需提供氧气的情况下把有机污染物转化为无机物和少量的细胞物质。常用的有:厌氧接触法、厌氧滤池、UASB 升流式厌氧污泥床等。

(三) 农村生活污水处理实例

1. 人工湿地处理系统

利用现有的农田灌排渠道与附近的荒地、废塘、洼地和沼泽地等,建设人工湿地处理系统。湿地处理系统分自然和人工湿地处理系统,自然湿地就是自然的沼泽地,人工湿地污水处理技术是一种基于自然生态原理,使污水处理达到工程化、实用化的新技术。将污水有控制地投配到土壤经常处于饱和状态、生长有像芦苇、香蒲等沼泽生植物的土地上,利用植物根系的吸收和微生物的作用,并经过多层过滤,来达到降解污染、净化水质的目的,它是一种充分利用地下人工介质中栖息的植物、微生物、植物根系,以及介质所具有的物理、化学特性,将污水净化的天然与人工处理相结合的复合工艺。

湿地处理系统工艺设备简单、运转维护管理方便、能耗低、工程基建低、运行费用低、对进水负荷的适应性强,能耐受冲击负荷,净化出水水质良好、稳定。缺点是占地面积大,易受气候影响,表面径流的臭味比较大。

2. 地下土壤渗滤净化系统

分散的几户或十几户人家适合采用地下土壤渗滤净化系统。地下土壤渗滤净化系统是一种基于自然生态原理,予以工程化、实用化而创造出的新型小规模污水净化技术。是将污水有控制地投配到经一定构造、距地面约 50 cm 深和具有良好扩散性能的土层中,投配污水缓慢通过布水管周围的碎石和砂层,在土壤毛管作用下向附近土层中扩散。表层土壤中有大量微生物,作物根区处于好氧状态,污水中的污染物质被过滤、吸附、降解,所以地下渗滤的处理过程非常类似于污水慢速渗滤处理过程。由于负荷低、停留时间长,水质净化效果非常好,而且稳定。地下土壤渗滤净化系统建设容易,维护管理简单,基建投资少,运行费用低。整个处理装置放在地下,不损害景观,不产生臭气。

3. 好氧生物处理系统

通过风机等设备给污水输氧,培养生物菌种和微生物,通过菌种和微生物把污水中的大部分有机物分解为无污染的二氧化碳、水等物质,少部分合成为细胞物质,促使微生物增长,并以剩余污泥的形式排出,使污水得以净化排放。如 SBR 法,集曝气、沉淀、排水功能于一体,不断地转换,省去了传统的污泥回流设备,大大降低了建设费用;A20 法具有脱氮、除磷功能,还有如生物转盘处理工艺、膜生物反应器处理工艺等。

4. 厌氧生物处理系统

无动力地埋式生活污水处理装置采用无动力厌氧生物膜技术，工艺流程简单，不耗能；全部埋于地下，也无需专人管理。与好氧生物处理相比，无动力地埋式生活污水处理装置技术设备的基建投资略高于好氧处理，无日常运行费用的支出。厌氧生物法目前技术上还存在一些问题，表现在生物处理效率较低，尤其表现为氮磷去除率很低，在一定程度上限制了其应用。

生物处理法和自然处理系统比较，占地面积小，抗气候等外界影响的能力强，建设的地点选择范围大，处理稳定、效率高。但基建投资、运行成本要高于自然处理系统。

(四) 城乡污水统筹处理案例——常熟市

住建部自2010年起，选择江苏省常熟市开展县域城乡污水统筹治理试点，在县城范围内打破行政界限，将全县划分为11个污水管理区，综合治理城乡污水。经验是统一管理、统一规划、统一建设、统一运行，取得了良好效果。

1. 统一管理

资金统筹、实施和监管。

做法1：理顺筹资体制，市财政统筹为主，镇乡财力负担为辅。机制是以奖代补。固源加引流解决资金问题。

做法2：成立专项领导小组，住建部门行业指导，环保负责监督，乡镇负责具体实施。

2. 统一规划

城乡一体化，打破内部行政区划，优化集中处理设施布局。城市(未来人口大于10万)、中心镇(现状人口约3万，未来人口6万～10万)、集镇(现状人口约1万，未来人口1万)，采用污水集中处理，村庄(人口100～3 000)靠近集镇纳入集镇污水管网，其他村庄分散处理。

3. 统一建设

镇区实施由住房城乡建设部门统一建设，建管分离，引入市场机制。

村庄实施以乡镇为建设主体，住房城乡建设部门负责指导统一设计，统一采购，组织批量发包。

4. 统一运行

集中的专业化运行。通过提高集约化水平，降低运行与监管成本。基本做法是委托专业公司负责，定期巡检和事故检修；监管部门制定考核细则，强化过程监管。

5. 制定行业技术指南，规范污水处理厂建设

住建部通过颁布《村庄及镇污水处理厂推荐工艺目录》，制定《村庄及镇污水处理厂推荐工艺设计指南》与《村庄及镇污水处理厂建设质量标准(含设备)》，加强行业能力建设，通过推广适宜技术规范、发展设备制造、运营管理企业，并建立污水处理厂事后评估制度。通过问卷调查，结合现场实测运行结果，评估验证工艺的运行

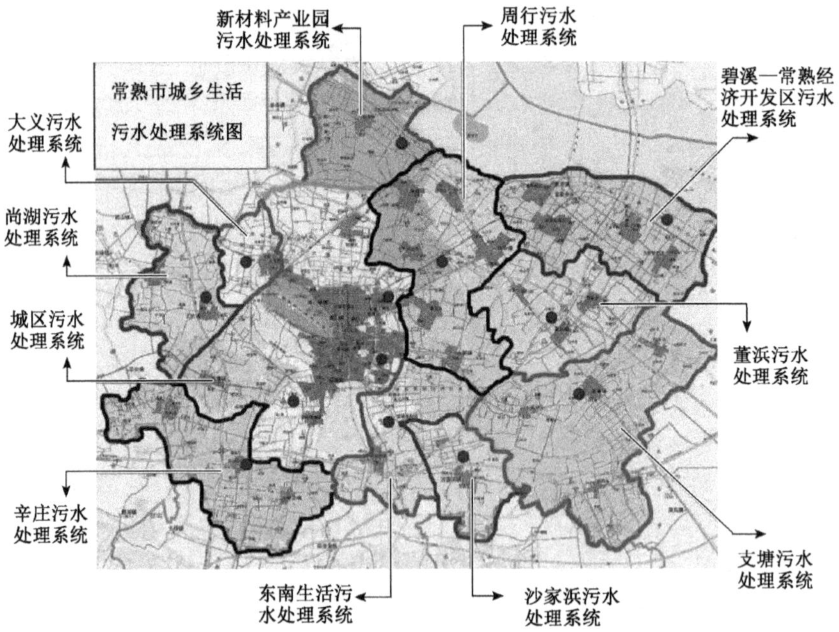

图 3

效果，反馈修改设计。对于效果好的工艺，形成设计技术指南。今后发现问题，继续修改技术指南。

二、防洪和排涝要统筹兼顾

农村防洪排涝标准低，中小河流、中小水库防洪能力比较弱，由于资金和现实因素，很多中小河流防洪标准为 5 年一遇；一些未经除险加固的小型水库，存在溢洪道狭窄堵塞、坝基渗水等现象；一些无人管理的“山塘”，成了汛期头顶的“一盘水”。过去村内、道旁自然形成的蓄水大坑，可以直通河流的排水渠、泄洪沟，很多被建筑废墟和垃圾填平。村民在行洪通道内建房、耕种、倾倒垃圾，造成“人水争地”、行洪不畅，到洪水来时容易形成“人造洪峰”。同时，大量坑洼地、坑塘等被填平利用，路面进行水泥硬化，降低了对雨水、洪水的蓄滞能力。从长期来看，要切实解决“人水争地”问题。要通过《防洪法》《水利法》，加强对土地的管理利用，规范人类活动，防汛设施规划建设要超前规划，疏通直通河流的排水渠、泄洪沟，确保给洪水以出路，加强蓄滞雨洪能力，建立群众互助的群测群防体系。

三、供水和节水要齐抓共管

(一) 做到自来水村村通

距城镇等现有供水管网较近的农村，利用自来水厂的富余供水能力或扩容改建水厂，延伸供水管网发展自来水。人口稠密，水源水量充沛，地形、管理、制水成本等条件适宜时，结合当地村镇发展规划，统筹考虑区域供水整体发展，合理确定供水范围，兴建适度规模的跨村镇联片集中供水工程。水源规模较小，居民点分散时，兴建单村集中供水工程。在制水成本较高的地区，特别是高氟、高砷、苦咸水等难以找到良好水源的地区，采取特殊水处理措施，兴建集中供水站分质供水。

（二）保障供水水质

1. 保护好饮用水源

农村饮水不安全问题，部分由于水源污染造成。必须加大水源保护力度，依法严格实施饮用水水源保护区制度，制定保护办法。禁止在饮用水水源地附近发展高污染工业，禁止在饮用水水源保护区内从事网箱、围网等形式的水产养殖活动，禁止破坏涵养林和水源保护设施的行为，进行水源安全防护、生态修复和水源涵养等工程建设，防止乱打井、乱开矿造成饮用水氟、砷等有害物质超标。

2. 地下水的除铁、除锰新技术应用

我国地下水除铁技术发展中，锰砂接触氧化除铁的研发及铁质活性滤膜催化作用的发现，提出铁质活性滤膜接触氧化除铁工艺，并针对生产问题不断创新，提出"培养滤膜""保护滤膜"、人造锈砂等技术，这些技术已经应用于实践。除锰技术发展中发现自然生成的锰质活性滤膜具有催化作用的现象，并在许多生产实践和模型试验基础上提出了锰质活性滤膜接触氧化除锰工艺，该工艺在生产中得到大量成功应用。

（三）狠抓农村节水

（1）节水灌溉是农业节水的重要举措，其中包括渠道防渗、管道输水、喷灌、微灌、短窄畦灌、细流沟灌等。

（2）加大节水灌溉技术、节水灌溉工程、节水高产耕作技术，节水作物选育、集水农业技术的研究和推广工作的投入，以及加大对作为节水农业和集水农业试验、示范、技术引进、推广、人员培训的综合基地的示范区和示范工程建设的投入。

（3）减小供水管网漏损率，2017 年要求达到 12%，2020 年要求达到 10%。

（4）家中采用节水龙头、厕具，培养节水意识，做到开源节流。

将开展"五水共治"工作的过程，变为让农民群众亲水、护水、洁水意识提高的过程，变成文明新风尚树立的过程。让每个农民兄弟都参与到"五水共治"中，让他们真正成为这场攻坚战的主力军，广大农村水变干净、池塘回归清澈，山清水秀的美丽乡村指日可待。

参考文献

[1] 白春节. 我国村镇生活污水处理途径探讨[C]//2008 小城镇及农村污水处理工程建设与技术应用研讨会. 2018.

[2] 李代鑫，杨广欣. 我国农村饮水安全问题及对策[J]. 中国农村水利水电，2016(5)：4-7.

农业供给侧结构性改革应以农业绿色发展为重点

陈　缨

（九三学社无锡市委员会）

摘要：农业绿色发展，是指充分运用先进科学技术、先进工业装备和先进管理理念，以促进农产品安全、生态安全、资源安全和提高农业综合经济效益的协调统一为目标，以倡导农产品标准化为手段，推动人类社会和经济全面、协调、可持续发展的农业发展模式。在农业供给侧结构性改革进程中，应以优化供给、提质增效、农民增收为目标，以绿色发展为导向，以结构调整为重点，加快推进农业转型升级，提高农业的绿色供给能力，实现农业的可持续发展。

关键词：农业；供给侧；绿色发展

在绿色发展成为国家战略的大背景下，我国农业也正由拼投入、拼资源消耗向生态可持续发展积极转型。2016 年 12 月中央农村工作会议明确提出，要促进农业农村发展由过度依赖资源消耗、主要满足“量”的需求，向追求绿色生态可持续、更加注重满足“质”的需求转变。农业的绿色发展，正是当前我国农业供给侧结构性改革的重要内容。

一、现代化进程中我国农业结构性矛盾日益突出

经过长期的努力，我国的农业现代化进程取得了明显的成就，但其存在的深层次结构性矛盾不仅没有缓解，有些方面的问题还在继续发酵。其突出表现在三个方面：

一是产能透支导致的可持续发展能力下降的问题日益凸显。目前我国农业总产能中，有大量是以透支资源和牺牲生态环境为代价换取的。如过量使用化肥和农药，长期超采地下水，还有利用重金属污染耕地种粮种菜，农用薄膜残留土壤等。这些生产行为虽然增加了当前产量，却导致农业可持续发展能力不断下降。以农药化肥施用为例，最近十年，我国农药施用量增长 25.8%；我国耕地面积不到世界耕地总面积的 10%，但化肥施用量接近世界总量的三分之一；7 个农产品主产区中，只有黑龙江的化肥施用强度低于国际公认的安全标准，其余 24 个省(区)均远远高于国际公认的安全标准。

二是供给和需求失衡的问题日益凸显。在市场机制的作用下，农产品供给和

需求会自发对接,形成相对稳定的匹配关系。但受农业生产特征、托市政策、进口体制等因素影响,我国农产品供需失衡问题较为严重。最明显的就是,2004年以来我国粮食产量实现“十二连增”,但与此同时是产品贸易的“十二连赤”,且赤字额不断扩大,造成产量、进口量、库存量“三量齐增”的怪象。供需失衡的背后是资源错配。究其原因,我国的良种补贴、临时收储等生产扶持政策,和关税配额、国有贸易等进口政策,无法起到资源配置的引导和平衡作用,跟不上国内外农产品市场融合和农业比较优势变化的步伐。

三是生产效率低与监管难度大的问题突出。虽然我国耕地流转率达到了33%,但多数是农户之间的零星流转,小规模农户仍然占绝对主导地位,家庭农场、农民合作社、农业现代企业等适度规模经营主体刚刚起步,在农业生产中所占比重还很低。数据显示,我国有40多万家食品生产企业、300多万个食品经营主体,以及难以计数的小作坊、小摊贩,市场集中度很低。在这种农业经营格局下,一方面难以提高农业生产标准化水平,导致农业劳动生产率低下;另一方面导致食品安全的监管难度增大。

二、提升我国农业绿色发展的建议

一是提升农业绿色发展的科技驱动力。农业供给侧结构性改革的一个重要目的,就是以绿色产能的增长接替边际产能的退出。其实质是用农业生物科技、信息科技等现代技术改造传统农业,使技术创新嵌入农产品生产、加工、流通等各环节并提升全产业链的绿色安全度。因此,一方面,要加大复合型绿色环保农机技术应用的推广,加强生物防治病、虫、草害技术及新型肥料和农药的研发,力求化肥和农药低毒、低残留、高效能,以保护生物多样性,实现生态系统自我调节;另一方面,要加强农业废弃物无害化处理和再利用技术的研发,通过测土配方实施化肥农药使用量零增长行动,实现循环型、清洁化的农业生产,提高农业综合效益。同时,要积极利用农业物联网技术,以实现农产品全生命周期和全生产流程的数据共享及智能决策,从而促进生产要素配置合理化、大幅提升绿色农产品供给侧质量。

二是提升农业绿色发展的市场竞争力。农业供给侧结构性改革的一项关键内容,就是充分发挥市场和政策的调节作用,提高农业资源配置效率,从而提升农产品的市场竞争力。从国内市场来看,必须改革农产品价格形成机制和收储制度,要科学确定主要农产品自给水平,合理安排农业产业发展优先序,按比较优势原则调整农业生产结构,加快农业转型升级步伐。从国际市场来看,要统筹考虑全球农业资源禀赋、农产品供求格局和投资政策环境等因素,分区域、国别、产业、产品确定开放布局,继续巩固和发挥好我国果蔬、茶叶、水产等领域的产业优势,扩大优势农产品出口,推进进口来源多元化,加快形成互利共赢的稳定经贸关系。特别是要加强与“一带一路”沿线国家在农业投资、贸易、技术和产能领域的合作。

三是提升农业绿色发展的规模经营力。农业供给侧结构性改革的一个核心抓手，就是发展多种形式的农业适度规模经营。这是应对城乡人口结构变化和农业兼业化、农民老龄化、农村空心化的必然要求，也是提高农业劳动生产率、控制农产品人工成本过快上涨、增强我国农业基础竞争力的根本出路。当前的重点在两个方面：一方面是要加快推进农村土地“三权分置”改革，探索对通过流转取得的农村承包土地经营权进行确权登记颁证；另一方面要加快构建培育新型农业经营主体的政策体系，大力发展家庭农场、农民合作社、农业企业。

四是提升农业绿色发展的有效监管力。农业供给侧结构性改革的一项重要举措，就是健全产品质量的监管体系。这既是保障和改善民生的迫切需要，也是增强消费者信心、扩大农产品市场空间的必由之路。要提升源头的监控能力，积极探索建立农药、兽药、饲料添加剂等投入品的电子码追溯监管制度，推动家庭农场、农民合作社、农业企业建立生产档案记录和休药期制度。要提升过程的监控能力，建立农产品追溯制度，严格控制“菜篮子”产品农兽药残留超标，利用互联网等技术，建立更大区域之间互联共享的农产品质量安全监管追溯管理信息平台，提高农产品安全溯源和召回能力。同时，结合诚信社会建设，开展农产品生产者信用体系建设，打造农产品生产企业信用信息系统，培育具有区域特色的农产品知名品牌。

关于江苏省农业供给侧改革的思考与建议

朱　明　于力革

（江南大学）

摘要：中共江苏省委在2016年1号文件中首次提出了推进农业供给侧结构性改革，加快转变农业发展方式，走产出高效、产品安全、资源节约、环境友好的农业现代化道路。目前农业供给侧主要表现在"两个不适应"：一是农产品结构没能很好适应需求变化，存在结构性供需失衡的问题，农产品品种、质量、安全性等方面还不能满足消费者需要；二是农业生产不适应资源环境承载负荷，存在过度开发农业资源、过量投入化肥农药等现象，严重影响了农业可持续发展。推进农业供给侧结构性改革，必须针对供给侧存在的问题及产生的原因，从改善供给入手，强化农产品质量监管，打造农产品知名品牌，使农产品在品种和质量上更加契合消费者的需求。同时，大力发展生态农业，主动降低资源环境承载负荷，确保江苏农业的可持续发展。

关键词：农业；供给侧；改革

2007年以来，中国经济结束了长达30年的高速增长，各种需求刺激也无功而返。在2015年11月中央财经领导小组会议上，习近平提出，"在适度扩大总需求的同时，着力加强供给侧结构性改革"。从此，"供给侧改革"概念横空出世。"供给侧改革"以极高的频率出现在政府的各项重要会议和文件上，各种新政也不断出台。目前中国的供给体系，总体上是中低端产品过剩，高端产品供给不足，存在"供需错配"现象。因此，强调供给侧改革，就是要从生产、供给端入手，调整供给结构，打造经济发展新动力。"供给侧改革"，实际就是"供给侧＋结构性＋改革"。其含义是用改革的办法推进结构调整，减少无效和低端供给，扩大有效和中高端供给，增强供给结构对需求变化的适应性和灵活性，提高全要素生产率，使供给体系更好适应需求结构变化。

自2004年以来，中共中央1号文件连续13年聚焦"三农"问题。2016年中央1号文件将重点放在农业供给侧改革上，将农业供给侧改革作为破解农业发展难题、推动农业闯关过坎的关键举措。目前，我国粮食产量已实现了"十二连增"，农产品总量充足，但是农产品数量与质量存在结构性矛盾。随着人民生活水平的提升，我国农产品市场竞争力不强、质量和效益不高的短板愈加凸显，以至于到国外抢"洋奶粉"的新闻不时见诸报端。农业发展面临着国际国内农产品价格倒挂、农业生产成本不断攀升、农业的生态环境系统难以承受当前生产方式等挑战。

在中央农村工作会议上，今年首次提出"要着力加强农业供给侧结构性改革"，以确保“舌尖上的优质”。这既是新形势下提升我国农业竞争力的主动选择，也是农业转型发展中问题倒逼的必然结果。最近，中共江苏省委2016年1号文件中也首次提出了推进农业供给侧结构性改革，加快转变农业发展方式，走产出高效、产品安全、资源节约、环境友好的农业现代化道路。作者分析了江苏省农业发展现状和存在的问题，对江苏省农业的供给侧改革提出了相应对策和建议。

一、江苏省农业供给侧改革的背景与现状

当前，我国农业生产面临农产品价格“天花板”封顶、生产成本“地板”抬升、资源环境“硬约束”明显等新挑战，迫切需要加快供给侧结构性改革，转变传统生产经营方式。2016年中央1号文件首次提出“农业供给侧结构性改革”，将其上升为我国“十三五”期间农业改革和发展的关键举措。农业供给侧改革主要指的是与从过去关注农产品销售市场方面转向更加关注农产品的生产与加工方面，要求生产方提高生产质量，生产出符合消费者需要的农产品。通过自身的结构调整，预防农业产能过剩，使农产品供给数量、品种和质量更好满足市场需要。

农业供给侧改革的重点是去库存、降成本、补短板。去库存主要是针对我国粮食库存总量较大的现状，扩大农产品加工企业的生产，以促进库存粮食的加工转化；降成本则要求尽快转变生产方式，通过发展适度规模的经营、多方入手降低生产成本；而补短板则需要改善农业生产上的薄弱环节，加强农业基础设施建设，提高农业领域的科学技术水平。

江苏省自然条件优越，农业经济总量一直处于全国前列。江苏既是经济大省，也是农业大省，以占全国1%的国土面积，生产了占全国6%的粮食和蔬菜、5%的肉类和油料、9%的水产品，粮食总产占我国第4位，农业经济总量居全国第三位。但是近年来江苏农业发展速度开始趋缓，农业产值占全国的比重已从7%下降为6%左右。同时，江苏省农业产业还一定程度上存在着品种不优、品质不高、品牌不响等问题。

通过供给侧改革，对具有竞争力的特色农业产业的建设. 可使江苏特色农产品在产量、质量、价格、营销网络、物流服务、社会功能等各方面形成真正的优势，这是实现江苏农业结构战略性调整和提高农业效率、增加农民收入的有效途径，也会带动与特色农产品相关的保鲜、储藏、运输、加工等相关行业的发展，从而实现从传统农业到现代农业的转型升级。

二、江苏省农业供给侧方面存在的主要问题及其原因

过去十几年来，江苏省农业发展取得了显著成就，江苏农业在科技创新、农产品质量安全水平等方面走在全国前列。2015年江苏省人均GDP超过14 000美元，全省城镇居民人均可支配收入达到37 000元以上，农村居民人均可支配收入达到16 000元以上，城镇化率已达到66.5%。按照世界银行标准，江苏省居民已

总体上进入了“高收入阶段”，农产品消费已经进入结构转型和质量升级阶段，消费者对农产品产品质量、品质等要求更高，中高档农产品与食品消费市场潜力巨大，农业观光旅游休闲服务产品需求日益增长。

但江苏省在农业供给侧方面还存在诸多矛盾和困难，其主要表现在结构方面：一是有效供给无法适应需求变化。大而不强、多而不优的问题没有明显改观，导致农产品供给出现结构性失衡。一方面是大宗农产品过剩，另外一方面是优质农产品品种与数量短缺。二是不合理供给结构给生态环境带来巨大压力。江苏省人多地少、人均耕田面积低于全国平均水平，不到世界人均耕地面积的三分之一。但江苏省耕地单位面积化肥及农药使用量已经达到世界平均水平的 5 倍与 3 倍。林地、草地、湿地被过度开垦，地下水超采严重，农业面源污染加重，生态环境承载能力越来越接近极限。

江苏省在农业供给侧方面结构性失衡深度原因主要表现在以下方面：

1. 制度要素

当前我国的农业制度既存在供给滞后也存在供给缺失。从家庭联产承包、农业税和农业特产税的取消到补贴政策的实施，许多制度不具前瞻性，并且滞后性明显。虽然补贴对稳定粮食生产发挥过一定的积极作用，但也容易使生产者与市场隔离，扭曲市场运行机制，最终结果是靠补贴维持生产的中低端农产品充斥市场。2004 年以来，我国先后对农民实行了农作物良种补贴、粮食直补、农机补贴、农业生产资料综合补贴。随着我国经济水平的发展，农业补贴的政策效应正在日益递减甚至衰竭，而农业化学品滥用，耕地地力不断下降等负面效果却不断增加。另外，虽然我国已经出台了相关的政策，但在农业公共服务、农村土地产权、农村金融供给、产业资本下乡、农业生态补偿等方面的制度供给却存在明显的缺失，导致许多实际操作缺乏政策依据。

2. 技术要素

农业科研机制缺乏创新，经费投入主体单一且投入不足，对农业科研成果重鉴定轻推广，具有地方特色的新品种以及配套技术开发力度欠缺，农业技术创新并没有为农业生产提供强力支撑。

3. 劳动要素

据不完全统计，从受教育程度来看，我国农村劳动力接受教育的平均年限不足 7 年。农村劳动力中初中及以下文化者占比高达 80%。从科技素质来看，农村劳动力中的 80%左右属传统经验型和体力型农民，真正系统地接受过初级以上职业技术教育或培训的不足 5%。

4. 土地要素

作为我国改革开放标志的家庭联产承包责任制，曾经激发了数亿农民的生产积极性，但在家庭联产承包责任制下，农村土地按人口均分，农田零碎、分散情况极其严重，不利于现代农业规模化和机械化生产。

5. 设施要素

近年来，江苏省农业基础设施不断加强，有力地促进了农村经济的发展。但与发达国家相比，我省农业基础还较薄弱，农田水利基础设施建设还不够完善，农村道路的数量与质量和现代农业的要求相比仍有较大的差距，农业物联网、互联网等先进技术的应用推广还处于起步阶段。

6. 资本要素

因各种原因，目前我国农村金融增量不够、存量未盘活现象非常突出。部分乡镇至今还缺乏银行业金融机构营业网点，对民间资本进入农业也缺乏足够吸引力。

三、江苏省农业供给侧改革的建议

1. 提升农业龙头企业核心竞争力

目前农产品从生产到消费者环节过多，质量管控流于形式，产品品质难以保障，难以适应消费者需求。农业龙头企业是指以农产品生产、加工、销售和经营为龙头，联结农户与市场，具有较强的辐射带动作用的规模型企业。政府应大力扶持农业龙头企业，设立龙头企业发展基金，落实税费优惠政策，创造良好发展环境，鼓励农业龙头企业发展壮大。通过制度创新让市场对资源配置发挥基础作用，促进土地流转的制度创新、在企业与农户的博弈中发挥协调作用、协调农业产学研之间的关系，从而帮助农业龙头企业扩大规模，提高管理水平，在做大做强农产品核心业务的基础上不断延伸产业链。龙头企业可以和中小企业间通过合作营销策略，联合起来共同开发和利用市场机会，提升农业产业区域品牌的知名度。通过龙头企业把产业链延长，实行全产业链对接。这样既可以使农民获得更多的收益，消费者也可以对所购农产品质量进行追溯，买到放心的食品。

2. 提高农业专业人员业务素质

积极开展农业生产企业人员培训，提高农业专业人员业务素质。一方面可组织骨干员工定期到相关专业科研院所进行培训，另一方面，通过人才招聘引进具有一定技术与经营管理经验的人才。加强与高校和科研机构的技术合作，联合组建技术研发团队来突破技术难题。与高校联合建立教学实训基地，对表现优秀的实习生毕业后优先录取。同时建立系统的企业培训体系，对一线员工进行包括农业技术、农业法律法规、生产标准与规范等系列培训，提升企业员工的整体素质。通过由农业科学研究院或大学等机构进行农业教育培训、短期培训班和网络远程培训系统，让更多农民接受现代农业技能和农业知识培训。

3. 加快农产品加工水平的升级换代

江苏科技资源丰富、力量雄厚，农业科技进步贡献率一直稳居全国首位。应积极推进生物技术、现代装备技术在农业上的应用，改造提升农业发展水平。把发展农产品加工业作为推动农村一二三产业融合发展的突破口，加快发展农产品产地初加工，积极推进粮食加工减损增效，加强鲜活农产品和特色农产品产后商品化处理，改造升级储藏、保鲜、包装和运销等设施装备。推进农产品精深加工，推广一批高质量农产品，提升农产品附加值。

4. 推动农业产业国际化进程

通过举办农业国际合作洽谈会和境外招商等形式，大力引进外资，发展农业外向型经济。在对外宣传上，通过组织参加国内、国际农产品展览会，农产品技术交流会等展现江苏农产品的特色，提高农业龙头企业的对外知名度。其次，通过举办农产品出口企业负责人培训班等措施，使企业充分掌握国际规则，充分利用出口补贴等有利规则，提高江苏省农业企业的出口能力和国际化水平。

5. 实施"互联网+"提升农业信息化水平

大力提升农业信息管理服务能力，进一步利用互联网特别是移动互联网技术，提高农业管理服务信息化水平。加强互联网等现代信息技术在农业各领域、各环节的应用，提升现代农业信息装备水平，增强全省农业生产、经营、管理和服务能力，支持引领现代农业发展。大力发展智能农业，建立专家协作推进机制，加强示范基地建设，构建全省互联网农业生产服务平台。

搭建基地与市场连接的载体平台，进一步拓宽江苏地方名优特优农产品销售渠道，促进产销衔接、优质优价。加强品牌农产品宣传推介，加强特色农产品、品牌农产品产销对接，提高直销比重，提升市场品牌形象。要加大对农产品价格信息发布平台建设，增强农产品销售渠道对接，组织开展有针对性农市对接，农超对接等。抓住移动互联网快速发展带来的机遇，搭上互联网零售发展的快车。加快农业电子商务示范基地建设，通过苏宁易购农产品电子馆、淘宝村等示范，带动农民通过销售特色优质农产品来创业增收。

6. 积极培育农业新业态

按照一二三产融合发展的要求，把培育农业新业态作为农业结构调整的着力点。通过延伸产业链、创新供应链、提升价值链，挖掘农业产业增值潜力。江苏休闲观光农业基础较好，与农业产业结合较为密切，在过去为消费者所称道的"农家乐"基础上，可进一步发展多种农业新产业，如最美乡村建设、田园旅游观光、农业文化展示、农业生态科普教育等，带动农产品销售，增加农民收入，促进新农村建设。

7. 改革传统农业生产方式

传统农业生产存在不顾环境生态容量，滥用农用化学品等问题，已对我国农产品质量与信誉，消费者食品安全和生态环境产生了严重危害。与工业等点源污染不同，农业的污染大多呈现面源污染。农业面源污染的种类主要包括：工业及矿业带来的重金属污染，过量施用化肥农药等带来的土壤与地下水污染，工厂化养殖等带来的畜禽粪便污染，塑料薄膜等残留带来的土壤污染。为此，中央 1 号文件提出必须确立发展绿色农业就是保护生态的观念，推动农业可持续发展，加快形成资源利用高效、生态系统稳定、产地环境良好、产品质量安全的农业发展新格局。

因此，应采取切实有力措施，大力发展生态农业和有机农业，提高农产品品质和质量安全，改善农村生态环境。大力发展稻田综合种养、农作物轮作套种等种植模式。积极推广循环利用增效模式，推进农作物秸秆青贮、食用菌菌渣等非常规饲料综合利用，实现农业废弃物资源化利用。对畜禽规模养殖场进行严格管理，建立畜禽粪便集中处理中心，促进生物有机肥加工与利用。全面推广测土配方技术，减少化肥的不合理使用。严格农药生产流通管理，禁止剧毒和高残留农药和兽药生产，限制普通农药生产与使用，积极推广低毒和无毒生物农药的生产与使用。在此基础上加快制定江苏省农用化学品的零增长和负增长的路线图与时间表。

今年1号文件还提出藏粮于地，农业补贴向耕地保护上调整等都是绿色化的具体政策。需要对以往掠夺性使用土地的做法进行制约，将养地的重要政策措施法制化、制度化。同时，要进行日常的检查评估。通过土地休耕制度，把土地复种指数降低到合理区间，使多年超负荷利用的土地得以休养生息。将种粮农民直接补贴、农作物良种补贴及农资综合补贴存量资金用于耕地地力保护，真正改变传统农业生产方式。

8. 打造江苏地域特色的优质农产品品牌

江苏省农业生产条件得天独厚，农作物、林木、畜禽种类繁多，农业生态特征多样，深入挖掘地方品种资源，培育特色优势产业，打造地方特色农产品品牌。实施“放心肉”工程，提升畜产品与水产品质量安全水平。加快推行农业标准化示范区、园艺作物标准园、畜禽标准化示范场建设，示范、引导、推广标准化生产技术，实现生产设施、过程和产品标准化。强化农产品质量安全监管，构建全程可监控的农产品质量安全追溯体系，保障舌尖上安全。

土地整治在农业供给侧改革中的创新与成效

钱春杰

(无锡市国土资源局锡山分局)

摘要：当前，我国进入全面决胜小康的攻坚时期，五大发展新理念逐渐在经济社会发展各个领域落地生根。在全面深化改革尤其供给侧结构性改革的基调下，如何支撑农业供给侧改革，中央党校徐祥临教授认为，农村土地整治是"三去补短板"的最佳结合点。笔者认为，土地整治是基础，根之所在。历史也向我们证明，科学开展土地整治是推进农业供给侧改革的必经之路。

关键词：土地整治；农业；改革；创新

"深入推进农业供给侧结构性改革，保障国家粮食安全，加快培育农业农村发展新动能，推进土地整治，大力改造中低产田" 这是今年政府工作报告重点强调的内容。土地整治从最初偏重增加耕地面积到逐渐重视提高耕地质量，再到建设生态良田，一步一步地推动耕地保护向数量、质量和生态"三位一体"保护转变，可以说，我们的土地整治与耕地保护越来越符合社会发展的实际需求。从发达国家农业发展历史至步入发达国家进程上来看，土地整治起到非常关键的作用。

一、发达国家的土地整治定义与我国土地整治概念的形成

德国，土地整治是指通过全面重新规划土地、整顿和修建道路网、更新村庄、兴修水利以及各种土壤保护、自然保护和景观维护等措施，改善农林业的生产经营条件，合理开发利用土地资源，保护乡村自然环境和景观，促进乡村基础设施建设，改善乡村生产、生存条件，保持进而提高乡村地区对居民有生活价值的吸引力。

加拿大，土地整治是指在一定区域内对土地进行调整和治理，目的是对土地进行重新调整，改进农业和林业生产条件；改善人民的居住条件；进一步改良、开发、利用土地；控制城市范围的过分扩大；调节生态平衡，进行最佳区域性规划，促进各地区经济、文化和工农业生产的发展。

日本，土地整治称为"土地整备、农田整备、田地整备"等，从农田盐碱化治理、围海造田、农业生产基础设施整治，发展到鼓励集中居住及地区整体性规划以及生态保全型土地整治，以改善生产、生活条件，保护生态环境，提高农业劳动生产力，提高农民收入和农村生活水准。

而我国的土地整治概念，源于 1999 年实施的《土地管理法》中提到了"国家鼓

励土地整理”，真正确立这一概念的是《全国土地整治规划(2011—2015年)》。

从土地开发整理到土地整治，不仅仅是概念上的变更，其内涵和外延也发生了深刻的变化。在范围上，已由相对孤立的、分散的土地开发整理项目向集中连片的综合整治转变，从农村延伸到城镇；在内涵上，已由增加耕地数量为主向增加耕地数量、提高耕地质量、改善生态环境并重转变；在目标上，已由单纯的补充耕地向建设性保护耕地与推进新农村建设和城乡统筹发展相结合转变；在手段上，已由以项目为载体向以项目、工程为载体结合城乡建设用地增减挂钩、工矿废弃地复垦调整利用等政策的运用转变；从内容上，已由以农用地整理为主，转向农用地、农村建设用地、城镇工矿建设用地、未利用地开发与土地复垦等综合整治活动。

二、德国土地整治的发展历史与我国土地整治所处阶段

德国，世界上开展土地整治较早的国家之一，已有近300年的历史，相关实践和理论都已经比较成熟，值得中国学习借鉴。德国土地整治最早可以追溯到中世纪，随着经济社会的发展，其土地整治的目标和工作重心不断调整。

从20世纪20年代开始，德国城市化快速发展，为高速公路的修建以及其他基础设施的建设储备土地，为城市基础设施建设打乱的地块重新条理化。进入70～80年代后，土地整治的关注点涵盖到生态保护和村镇改造，同时将土地整治与村镇改造等内容结合起来。1988年德国《巴伐利亚州通过土地整治与村庄更新促进农村发展的纲要》明确提出土地整治的目标[1]：节省农业、林业经营管理的时间和费用；通过粗放的耕作或将农用地转变成其他用地，来避免农业生产过剩；维护和规划农业景观；通过村庄更新和支持基础设施建设，促进农村发展；邀请地产主参与所有的规划和决策。

进入90年代以后，德国土地整治的内容更加综合，村庄改造和生态环境改善成为土地整治新的目标。德国通过土地条块整理、村庄改造建设、生态景观规划、基础设施建设等多种措施，在土地整治的同时全面改善农村的生产、生活条件和周边环境。此外，德国土地整治中开始广泛应用先进的管理方法与信息技术，建立土地整治信息系统，并在国民经济各部门中应用土地整治相关数据与信息。

借鉴德国土地整治历史，我国正处于德国土地整治90年代后期发展阶段，也是全面建成小康社会的决胜阶段。

“十三五”期间，我国明确提出，将原来单一以耕地质量、数量为主的土地整治政策向推动新型城镇化和新农村建设综合治理平台发力，通过土地整治优化城乡建设用地布局，在控制农村建设用地总量、不占用基本农田前提下，利用整治节约的建设用地，促进美丽宜居乡村建设和新型城镇化发展。

《全国土地整治规划(2016—2020年)》更是指出，土地整治要紧密围绕全面建成小康社会的目标要求，遵循新的发展理念，实施藏粮于地和节约优先战略，大力

推进农用地整理和高标准农田建设，夯实农业现代化基础；以促进城乡统筹发展为导向，大力推进城乡散乱、闲置、低效建设用地整理，推动美丽宜居乡村建设和新型城镇化发展；以精准扶贫、精准脱贫为要求，大力推进贫困地区土地综合整治，加大政策、项目、资金支持，助力脱贫攻坚；以保护生态环境为前提，大力推进废弃、退化、污染、损毁土地的治理、改良和修复，促进土地资源永续利用。

三、江苏创新“土地整治＋”，扩大土地整治综合效益

江苏省土地整治聚焦耕地保护和“强富美高”新江苏建设，形成了土地综合整治“六个结合”新理念，即结合农村环境综合治理，结合农业增产和农民增收，结合统筹城乡发展和推进新型城镇化，结合现代农业、旅游农业和新型农业，结合精准扶贫和结合生态文明建设，立足地方实际，打造出新常态下的新型土地综合整治。

2016 年，江苏省共验收各级各类土地整治项目 5 976 个，整治土地总面积 102.07 万亩，实现新增耕地 29.01 万亩（其中可占补平衡新增耕地 18.15 万亩），建设高标准农田 371 万亩，“土地整治＋”综合效能持续放大。如此高效益，得益于江苏省对土地整治深刻认识、科学探索和实践创新。

据江苏省国土资源厅介绍，全省自 2015 年下半年以来，共将 2 000 多万亩高标准农田上图入库，全面摸清了全省高标准农田建设的“家底”，依托省国土资源系统“一张图”工程，在全国率先实现了高标准农田“户籍化”管理。国土资源部在全国推广江苏省利用信息化手段加强高标准农田建设与管理的典型经验，国土资源报 10 月 28 日头版头条刊载了《江苏：让每一块高标准农田都有“户口本”》。高标准农田上图入库和建设项目信息管理系统建设这两项工作，均走在全国前列，起示范作用。

创新社会投资土地整治项目也是江苏省土地整治一大特色。探索省属企业利用自有土地、自筹资金开展补充耕地试点工作。目前，共批准沿海、农垦等省属企业利用自有土地、自筹资金开展补充耕地试点项目 13 个，预计新增耕地 2.07 万亩。截止 2016 年底，共验收项目 4 个，新增耕地 8 235 亩。

在经济薄弱区，如何促进农业供给侧改革，江苏以“土地整治”为突破点，开展精准扶贫工作，项目区基层农民获得了实实在在的收益。2016 年度，江苏对经济薄弱地区（含 12 个贫困县、六大经济薄弱片区、黄桥—茅山革命老区、黄花塘革命老区等）安排省级土地综合整治项目 24 个，整治面积 20.29 万亩，整治资金 6.01 亿元，有效改善全省经济薄弱地区农业基础设施条件。通过省级补充耕地指标交易 11 803 亩，为全省经济薄弱地区提供资金 26.45 亿元。经初步统计，通过实施土地整治项目，项目区耕地质量等别平均提高 1 个等别，亩均新增粮食产能 150 公斤，项目区新增粮食总产能约 3 000 万公斤，确确实实提升了基层农民的获得感。

四、“十二五”期间我国土地整治在农业发展中的成效

“十二五”期间，全国各地进行了大规模土地整治和高标准基本农田建设[2]，促进了农业健康发展。

(一) 大规模开展高标准农田建设，巩固了国家粮食安全基础

2011以来，全国整理农用地5.3亿亩，建成高标准农田4.03亿亩。补充耕地2 767万亩，其中土地开发补充耕地822万亩，土地整理、土地复垦补充耕地1 755万亩，增减挂钩补充耕地190万亩，新增耕地面积超过同期建设占用和自然灾害损毁的耕地面积，全国耕地数量基本稳定；补充耕地70%来源于土地整理复垦，土壤熟化程度较高。据统计，经整治后的耕地质量平均提高1个等级、亩产平均提高10%～20%，提高了耕地生产能力，新增粮食产能373.68亿公斤。同时，通过土地整理复垦，大量零碎、分散的土地得到适当归并，农业基础设施配套建设得到加强，提高了机械化耕作水平和排灌抗灾能力，降低了农业生产成本，增加了农民收入水平。

(二) 调整优化土地利用结构布局，提高了土地综合承载能力

“十二五”期间，通过开展城乡建设用地增减挂钩、工矿废弃地复垦利用、城镇低效用地再开发等，全国共整理农村闲置、散乱、粗放建设用地233.7万亩，复垦历史遗留工矿废弃地936.6万亩，改造开发城镇低效用地150万亩，优化了城乡用地结构和布局，促进了节约集约用地，整理复垦后土地利用率提高了9.83%，为新型城镇化和县域经济发展拓展了空间。

(三) 带动农村投入和农民就业，促进了农民增收、农业增效和农村发展

“十二五”期间，全国各地土地整治累计投入资金5 500多亿元，农民参与土地整治劳务所得合计超过1 100亿元，惠及1.01亿农民，项目区农民人均新增年收入900多元。通过开展增减挂钩，投入农村资金6 000亿元，加大对农村散乱、闲置、低效建设用地整理，改善了农村人居环境，促进了美丽乡村建设。同时，支持贫困地区开展土地整治，100个国家扶贫开发工作重点县被纳入500个高标准基本农田建设示范县范围，有效引导了土地整治项目和资金向贫困地区倾斜，推动老、少、边、穷地区农村脱贫致富。

(四) 加大土地生态环境整治，促进了生态文明建设

“十二五”期间，开展农用地整理，加强农田基础设施建设，建成田间道路886.8万公里，修建排灌沟渠867.4万公里，种植农田生态防护林1.1亿株；采取工程、生物等措施，开展沙化、盐碱化和石漠化等土地治理，治理水土流失面积413万亩；加大工矿废弃地复垦和矿山生态环境治理，土地复垦修复率提高了12.5%。全国通过土地整治修复和保护生态系统，基本实现了生态安全和粮食安全有机结合，有效促进了生态环境质量提升。

(五) 加强土地整治基础能力建设，形成了良好工作格局

建立健全土地整治工作机制；修订完善了土地整治专项资金管理政策措施，建

立完善了土地整治监测监管体系，加快土地整治技术标准体系建设；加强土地整治机构队伍建设，基本建立了国家、省、市、县四级土地整治机构，为土地整治事业发展提供了强有力的支撑。

五、把土地整治深入到农业供给侧改革创新中

3 月 10 日，中央财经领导小组办公室副主任、中央农村工作领导小组办公室副主任、农研院副院长韩俊在清华大学解析了农业供给侧结构性改革，提出要把握四个方面，即“稳”“调”“改”“补”，这四个方面与土地整治充分融合。

（一）“稳”字当头，特别是要“稳粮”

农业结构性改革的基本底线是保障国家粮食安全，不能损害粮食生产能力，要树立大农业、大食物的观念。根据《全国土地整治规划（2016—2020 年）》，全国将大规模建设高标准基本农田。建立完善农业灌溉水源、灌溉输配水和排水等水利保障体系，整合完善建设规划，统一建设标准、统一监管考核、统一上图入库，“十三五”时期确保全国建成 4 亿亩、力争建成 6 亿亩高标准农田，全国基本农田整治率达 60%。

（二）“调”即要调优农业产品产业结构，调绿农业生产方式，调新农村产业结构

农村产业融合发展将成为农民转移就业和增收的重要支撑，返乡创业者是农村产业融合发展的重要带动力量。如何吸引返乡者创业，优质的土地生产资源是基础。通过优化基本农田结构布局，按照现代农业发展要求，形成集中连片、设施配套齐全的优质农田生产环境。

（三）“改”即深化农村改革，重点在处理好政府和市场关系、协调好各方面利益

一是深化粮食等重要农产品价格形成机制和收储制度改革，二是深化农村土地和集体产权制度改革。土地整治坚持政府主导，国土搭台、部门协同、上下联动、公众参与的工作机制，充分调动社会各方和农民的积极性、主动性。

（四）“补”即补齐农业基础设施、物质技术条件、农村人力资源、农村人居环境、农村公共服务等方面的短板

通过完善基本农田基础设施，开展土地平整归并，实施田块集中连片，降低基础设施占地率，增加农田耕作厚度，加强灌溉水源、农田水利设施建设，完善田间套路、农田电网。

综上，从农业供给侧改革角度来说，农村土地整治是一个很好的切入点，而且绝对有效。通过整治，为发展现代农业提供高标准基本农田，让农村成为体现五大发展理念的新农村。

土地整治本身就是一个创造 GDP、税收，安排就业的很好途径，最后用一组数据说话，“如果每年在 1 亿亩中低产田范围内进行高标准基本农田及美丽乡村建设，以每亩投入 1 万元的标准计算，就是 1 万亿元，按照比较保守的 1∶3 投资乘数

效应计算，将创造出3万亿元左右的GDP，相当于2014年全国GDP的5％。日本80年前就采取过这一办法，效果非常好。此外，农村土地整治增加的土地，可作为集体增加收入的固定来源，有利于解决农民组织化难题。”中央党校经济学部教授、博士生导师徐祥临认为。

参考文献

[1] 吕云涛，张为娟. 德国土地整治的特点及对中国的启示[J]. 世界农业，2015(6):49-52.
[2] 国土资源部，国家发展和改革委员会. 全国土地整治规划(2016—2020年)[Z]，2017.

农业供给侧结构性改革背景下创建区域品牌路径研究

胡付照　李　崎

（江南大学）

摘要：现阶段我国农业区域品牌仍处于初级阶段，高质量的产品与诚信是品牌的基础。农业供给侧结构性改革必须要提高农产品质量，以质量创造品牌，品牌提升效益，必须重视区域品牌建设。文章分析了当前区域品牌建设的不足与难点，从主体及客体因素方面提出了相关建设路径，为区域品牌价值提升作了一定的探索。

关键词：农业区域品牌；质量；农业文化；建设路径

2015 年 12 月，中央农村工作会议提出农业供给侧结构性改革的要求，2016 年底召开的中央经济工作会议和中央农村工作会议，把推进农业供给侧结构性改革作为未来农业农村工作的主攻方向。2017 年中央一号文件，对深入推进农业供给侧结构性改革做了全面部署。围绕着农业供给侧结构性改革的目标任务，以及农村全面深化改革的部署，各地纷纷开展了农业供给侧结构性改革实践。推进农业供给侧结构性改革，是当前和今后一个时期"三农"工作的主线。中央提出的农业供给侧结构性改革，主要包括农业产业结构调整、农产品质量提升、产品有效供给增加三个方面。从农业发展战略来看，提升质量，打造品牌是现代农业提升国际竞争力的重要内容。

农业品牌是国家品牌的重要组成部分，是现代农业发展水平的标识。农业品牌与农产品特定的区域密切相关，将区域优势农产品转化为具有竞争力的名牌产品，实施区域品牌经营战略将促进产业集聚、使区域内生产经营者达到协同，从而获得持续的品牌效应[1]。塑造农业品牌，大力推进农业品牌建设，优化农产品有效供给，是农业供给侧改革的重要内容。农业品牌由众多区域品牌构成，各种不同性质、范畴、强度、个性的品牌之间，创新发展，和谐共生，才能逐步做强做大品牌，提升品牌价值。建设农产品区域品牌和推进农业品牌化经营是发展现代农业的重要举措之一。

一、农产品区域品牌的内涵

由于农产品的同质化特征较为明显，受市场经济发展初级阶段的局限，我国有关农产品区域品牌的理论研究与实践活动起步较晚，国内外学者对农产品区域品牌的研究仍处于初级阶段。目前相关理论文献主要从产业集群角度、区域特色角度、品牌拓展角度进行研究，对地理标志产品、原产地标注、集群品牌、证明商标、集体商标等区域公用品牌理论关注较多。国外学者关于区域品牌形成要素的研究有两个基本视角：一是集群促成，二是政府构建[2]。邵建平(2008)等认为，区域品牌是由区域经济、文化、地理和自然资源共同作用与发展的产物，区域自然资源优势、社会资源特色和经济发展特点形成了产品优势和市场优势，从而促使区域品牌的形成[3]。沈鹏熠(2011)认为，集群企业、地方政府、中介组织和农户在农产品区域品牌形成过程中起着主导作用。农产品区域品牌具有公共性、非排他性、外部性、规模效益性、多主体性等多特征[4]。

农产品区域品牌是指以某一特定地域的自然条件和历史文化资源为依托，经过生产加工工艺的长期积淀而形成的具有一定知名度和影响力的区域农产品标识[5]。如苏州碧螺春、宜兴阳羡茶、无锡阳山水蜜桃、阳澄湖大闸蟹等都是基于特定的区域地理环境而长期形成的农产品区域品牌。它由“产业”“区域”“品牌”三大元素构成，具有区域特色性、公共产品的属性。

农产品区域品牌具有公共池塘资源特征，与农业产业集群之间具有密切联系。是农业产业集群发展到一定阶段的产物，对引导集群内的企业协同合作，促进产业集群结构优化发展具有重要意义。

二、农产品区域品牌现状及存在的主要问题

我国农产品品牌的发展经历了简单商品经济时期的农产品品牌自发形成阶段、新中国成立后农产品品牌发展的淡化萎缩阶段、改革开放后的农产品品牌恢复发展阶段以及入世后农产品品牌快速发展的阶段[6]。目前全国性农业品牌发展规划尚未形成，各区域之间发展不均衡，农产品质量水平相差较大，创新度不高，农业品牌竞争力有很大提升空间；还没有形成强烈的农业区域品牌意识，农业生产过度依赖资源环境，不注重农产品的深加工，没有形成紧密的农产品产销环节，农业合作组织和龙头企业发展滞后[7]。

从农产品区域品牌的现状来看，很多省市还存在着的农产品的商标注册数量虽然多，但知名品牌少的状况，大部分农产品的品牌科技含量低，附加值不高。从业者的品牌化意识较弱，品牌运营能力不强。政府扶持政策不到位，实施品牌保护体系保障性不足等问题。

地处苏南的阳山镇是无锡市阳山水蜜桃特色产业聚集区，通过多种方式流转土地，不断完善水蜜桃产业品牌化、规模化经营管理[8]。目前阳山水蜜桃年销量 4 万吨，产值达 4 亿元，阳山水蜜桃已成为具有全国知名度的品牌，2017 年，惠山农林局等相关部门制定了阳山水蜜桃产业提升三年行动计划，以品质、品种、品牌为重点，构建水蜜桃产业体系。政府相关部门、桃农协会等共同努力，不断提高了桃农的质量意识、品牌意识、电子商务经营能力，并通过每年“阳山桃花节”等节庆活

动，大大提升了阳山水蜜桃的品牌影响力。当然，在区域品牌“无锡阳山水蜜桃”品牌管理过程中，尚存在管理水平有待提升及营销能力不强的现实情况。

正视现实，针对当前农产品区域品牌所处的初级发展阶段，提升品牌综合实力尚有很大的空间。

三、农产品品牌建设难点

作为品牌的一类，农产品区域品牌属于公共物品，具有典型的公共物品特征，且具有区域的独特性。由于处在该区域内的涉农企业都可以共同使用同一个农产品区域品牌，且不会相互影响，在维护品牌形象、品牌质量管理方面存在较大的困难。从建设主体方面来看，不同地域区域品牌建设主体有 5 个：政府、准政府机构、行业协会、企业家联盟和龙头企业。区域品牌的“公共品”特性和区域内企业的自利性决策行为，导致无论是在共享品牌的同质还是非同质企业间都存在非合作博弈，诱使“市场失灵”，最终易引发“公地悲剧”，因此强调政府介入区域品牌建设[9]。

从经营的角度来看，不少农业企业缺乏现代企业家的战略眼光，诚信意识不强，对品牌建设重视不够。企业规模小而散，销售范围局限，科技含量不高，产品附加值低，产业化水平低，无法形成规模效益和产业集群，只能走中低端消费之路，尚未适应竞争市场的要求，造成“一等原料、二等加工、三等价格”的不利于可持续发展的局面。

四、提升农产品区域品牌的对策

现代农产品区域品牌的建设培育是一项系统而复杂的工程，需要政府政策支持、深化农业战略调整、提升质量与运营管理、区域文化融合与传播、加强人才建设等诸多方面的协同共建。

1. 政府政策支持与保障

推进农业供给侧结构性改革，关键在于完善体制、创新机制。习近平总书记强调：“改革既要往有利于增添发展新动力方向前进，也要往有利于维护社会公平正义方向前进，注重从体制机制创新上推进供给侧结构性改革，着力解决制约经济社会发展的体制机制问题。”建设区域品牌，离不开政府政策及制度设计的保障，通过相关中介组织，发挥政府的推动作用。政府引导农民集中资源优势着力打造特色农产品品牌，利于发展规模经济，吸引知名企业进驻，提升农产品产业的专业化。区域行业协会在农产品的市场信息、产品技术等方面提供全方位的服务。

“搭建平台，塑造品牌，”二者共同创建了由创新平台、区域营销平台、协作交流平台及政策平台组成的农业区域品牌支撑体系，为建立区域品牌优势提供保障。在政府的指导下，发展各类中介组织和专业协会，多层次地建立农产品品牌信息网络服务，联合社会各类服务机构和整个行业，通过社会各方参与、信息资源整合，形成多功能的社会化服务网络，为农产品品牌整合提供优质服务。应制定区域品牌发展规划，把区域品牌建设纳入到区域发展战略；对农产品品牌保护应提供财政支持，扶持品牌建设。

2. 深化农业战略结构调整，提升农产品综合竞争力

品牌的价值是建立在质量与诚信的基础之上的。必须把农产品的质量提升放在重要的位置上，深入探究市场发展趋势，研究消费者的偏好，做好品牌定位，为市场提供高质量、差异化、富有个性的区域化产品。注重经济效益、生态效益与社会效益的统一，大力发展“三品一标(无公害农产品、绿色食品、有机农产品和农产品地理标志)”的农产品，提升产品质量安全。在农业产业化经营上，降低成本，提升效率，三产联动，创新发展。

3. 加强科技创新，提升产品质量，形成产品品种体系

农业竞争力的提高，其核心在于农业科技的提高，把现代科技技术在生产经营管理中高效应用，改变农产品科技含量低的状况。完善农业科技服务体系，通过地方科研机构加强区域农产品良种培育及栽培技术的创新，提升产品的科技含量，确保区域特色农产品的品质，形成区域产品品种体系，综合提升农业科技水平、提高科技成果转化效果。提高农民质量及品牌意识，加强科学化管理，摒弃传统农业中的陋习，尤其是使用廉价低质化肥、滥施农药等行为，完善从种子到种植、收获与流通等环节的质量管控，保证高质量的农产品供给。

4. 加强区域文化研究，提炼区域文化符号，形成个性化区域品牌

区域品牌创建于特定的区域文化之中。依托当地深厚的历史文化底蕴，给产品赋予区域文化的内涵，品牌有故事，有区域文化特色，才能形成个性化的区域品牌。摒弃传统农业文化中消极的因素，如重经验轻科学，重实用无谋远，自我封闭不开放等[10]。应以国际化的视野，继承区域传统文化的优秀部分，提炼渗透到品牌文化内涵之中，提升文化自信，提高区域文化影响力。

5. 重视互联网技术应用，提升品牌运营能力，提高整合营销传播效果

互联网技术的飞速发展，促进了商业模式的转型升级。现代营销是传统营销和电子商务的融合统一。充分利用互联网技术，重视新兴媒体的信息传播[11](如数字触摸媒体、手机微信、微博、手机短信、数字杂志、数字电视等)，采用多种营销方式，做好整合营销传播。尤其是应积极运用社交媒体营销方式，增强农产品品牌与消费者的互动体验，提高消费者对农产品区域品牌形象的知名度、美誉度和忠诚度。

6. 完善农产品安全追溯体系，确保质量安全

农产品质量安全可追溯制度，是指农产品质量安全出现问题时的责任可追究，即可以追溯到问题产生根源的某个责任承担者承担责任的制度[12]。2016 年《农业部关于加快推进农产品质量安全追溯体系建设的意见》中指出：“建立全国统一的追溯管理信息平台、制度规范和技术标准，选择苹果、茶叶、猪肉、生鲜乳、大菱鲆等几类农产品统一开展追溯试点，逐步扩大追溯范围，力争‘十三五’末农业产业化

国家重点龙头企业、有条件的‘菜篮子’产品及‘三品一标’规模生产主体率先实现可追溯，品牌影响力逐步扩大，生产经营主体的质量安全意识明显增强，农产品质量安全水平稳步提升。”

该意见还指出，要加强监督管理，拓展追溯功能。通过强化开展农产品全程追溯管理，强化监控监管，用可追溯制度倒逼生产经营主体强化质量安全意识，加强内部质量控制，落实好第一责任。“农产品质量安全追溯”是追踪农产品（包括食品、饲料等）进入市场的各个阶段（从生产到流通的全过程），有助于品牌质量控制和在必要时召回产品[13]。在具体的实施时间先后及实施中，在农产品可追溯制度的建设方面不能急于求成，应该在充分考虑地区特点、农产品类型的基础上采用循序渐进的方式展开来。

7. 全面提升从业人员素质

深化农业产业，增效提质，提升从业人员的素质非常重要。应构建多元化教育方式，培养提升人才队伍的综合素质。引导农业龙头企业和高校等联合培养富有创新能力的行业人才，尤其是要加强营销人才的培养，改善农业人才结构不均衡问题。注重农业人才的培养模式，推动区域农产品协会与新型农民专业合作社的联合，鼓励农民参与组织管理和决策，激发农民参与品牌建设的积极性。

结语

当前我国农业“去库存、降成本、补短板”，必须摒弃同质化、低档化的发展模式，发展富有文化特色的高质量、品牌化、规模化、精益化的现代农业，不断满足消费者多元化的个性需求。区域品牌建设是一项长期的任务，在政府政策的指导下，依靠区域内基本主体和参与的各组织协调合作，循序渐进地推进品牌建设工程。在具体实施过程中，在处于区域品牌培育阶段时，区域内企业普遍小而缺乏龙头企业，应重点建设区域品牌。随着区域品牌影响力的提升，可依据“区域品牌伞”策略（区域品牌伞是区域品牌与企业品牌组合形成的复合品牌系统，区域品牌作为伞品牌对伞下企业品牌起到庇护和提携作用，而企业实力优势又是区域伞品牌的构建基础），大力推进区域品牌与企业品牌建设。探索区域品牌与企业品牌相融合的发展模式，促进品牌间的互促发展。随着区域品牌的建设成熟，应逐步向国际化品牌迈进，提升品牌的国际影响力。

参考文献

[1] 郭锦墉. 江西特色农产品区域品牌经营的思考[J]. 中国农业资源与区划，2005，26(4)：51-54.

[2] 赵卫宏，周南，朱海庆. 基于资源与制度视角的区域品牌化驱动机理与策略研究[J]. 宏观经济研究，2015(2)：26-38.

[3] 邵建平，任华亮. 区域品牌形成机理及效用传导对西北地区区域品牌培育的启示[J]. 科技

管理研究，2008，28（3）：133-134.
[4] 沈鹏熠.农产品区域品牌的形成过程及其运行机制[J].农业现代化研究，2011，32(5)：588-591.
[5] 李亚林.农产品区域品牌：内涵、特征和作用[J].企业导报，2010(2)：107-108.
[6] 穆俊峰，穆俊秋.中国农产品品牌发展现状及其存在问题分析[J].吉林农业，2010(8)：15-16.
[7] 陈昭宇.农业区域品牌发展状况分析[J].南方农业，2015(21)：166-167.
[8] 范展智.浅谈无锡市建设美丽乡村、发展休闲农业的实践与思考[J].上海农业科技，2016(6)：1-8.
[9] 倪焱平.基于博弈论的区域产业品牌培育途径及主体问题探讨[J].区域经济，2008(2)：46-48.
[10] 杨旭，曹垣.农业文化与农产品品牌建设[J].合作经济与科技，2016(7)：98-99.
[11] 何柳.新媒体下我国农产品品牌营销研究[J].农村经济与科技，2016，27(20)：139-140.
[12] 冯世超.农产品质量安全法律制度研究[D].北京：对外经济贸易大学，2007.
[13] 王丽杰.我国农产品区域品牌发展对策探讨[J].开发研究，2015，178(3)：81-84.

农产品价格如何走出暴涨暴跌怪圈的探究

李永仙

（江南大学）

摘要：农产品价格的波动是农产品市场供需情况的指示标志之一。面对部分区域的农产品价格的暴涨暴跌现象，笔者通过走访调查部分县域城市，探究其发生的原因，探索稳定农产品价格的对策，抛砖引玉，以供业界人士参考。

关键词：农产品价格；县域城市；对策建议

农业供给侧结构性改革，就是用改革的办法推进结构调整，用结构调整的方式来解决供给问题，最终实现农产品供给数量、结构和质量更加适应资源生态要求、更加契合消费需要，真正形成结构合理、保障有力的农产品供给[1]。无农不稳，无粮则乱。稳定农产品价格是保障农民收入，稳定农业的重中之重。笔者通过对我国部分县域城市的调研，发现农产品价格不稳具有一定的普遍现象。农产品价格的波动受到了市场消费等多种因素的影响，探索其背后的深层原因，积极应对存在的问题，找出解决对策，确保农民收益，完善供给侧结构性改革实施方案，切实体现中央部署要求。

一、我国农业土地所有制及方式的变革回顾

中国是一个农业大国，中国农业具有 4 000 多年的历史。土地所有制及使用方式的变革，极大地丰富了农产品市场。新中国成立前，一直是封建土地私有制，土地属于少数封建地主阶级所有，地主占有生产和劳动资源，并极大地享有非地主阶层的劳动成果。新中国成立后，废除了中国几千年的土地私有制，人民当家做主，打倒土豪，分得田地。农民主要以宅基地、自留地和集体土地三种方式拥有土地所有权或使用权。农业生产活动主要有集体统筹安排，农产品主要为粮油棉麻等产品，农民按劳动付出分配产品，日常食用的蔬菜水果等主要出产于农民的自留地。农村经济主要为集体经济形式。

在集体经济后期，普遍出现农民在生产活动中敷衍、怠惰、出工不出力、出力不出活的现象。“哨响村民聚田间，斜倚锄柄侃大山。出勤表上画个圆，到点匆忙把家还。”就是这一时期农民劳动状态的真实写照。劳动效率低，土地产出少，依靠自己劳动所得无法保障生活，部分困难的村民不断靠国家的救济粮度日。

1982 年国家实施家庭联产承包责任制，由此开启了农村土地使用方式的历史

性变革。实行家庭联产承包责任后,土地的生产经营完全由农民自己做主,农民向国家缴纳一定税费后,享有剩余劳动成果,因此极大地刺激了广大农民的生产积极性和劳动热情,劳动效率提高,土地持续增产增收,实现了生活自给自足。伴随市场经济的发展,农民根据市场需要进行多种经营,实现了农产品的多元化,丰富了农产品市场的价格主体。

二、多地农产品价格暴涨暴跌的频发

随着市场经济的发展,农产品供需的反复失衡,频发农产品价格暴涨暴跌现象。2009 年,随着通货膨胀向普通商品蔓延,首先出现大蒜价格上涨,2010 年土豆、大蒜、绿豆遂即进入涨价狂潮。大蒜价格较之前上涨 40 倍,赛过猪肉价格,大土豆价钱追赶一斤鸡蛋的价格。2016 年,“蒜你狠”卷土重来,大蒜价格最高达到 10～12 元/斤,店主规定半斤起卖。黑豆价格在短短数月内,价格由原来的 3.5 元/斤涨至 18 元/斤,最贵涨至 19.9 元/斤。2010 年生姜价格由原来的 3 元/斤左右涨至 10 元/斤。以上几种农产品价格的上涨同时也带动了其他蔬菜价格的浮动,相反,一些地方的蔬菜、水果等农产品因无人收购,出现滞销,农民任由其烂田间或树上的情况也时有发生。

10 多年前,四川某县鲜嫩水灵的大白萝卜价格 0.02 元/斤(即2 分/斤),一吨萝卜售价不够劳作人员一顿简单的午餐,导致成吨的萝卜被丢弃在田间和沟渠。10 多年后的 2017 年,物价普遍上涨 10 倍以上。然而,在同一个地点,质量最好的萝卜售价 0.1 元/斤。青翠欲滴的菠菜 0.14 元/斤。在部分产地,香菜价格由之前两年的 7 元/斤跌至 0.10 元/斤,然而城市终端销售价格均高过产地价格的数倍甚至十几倍。时下,人们经常可以从网络上看到“蒜你狠”“豆你玩”“姜你军”“油他去”“棉里针”“鸽你肉”等流行语,表达了消费者对物价上涨的不满和抗议。一语“菜贱伤农”又怎能道尽种植户的无奈和辛酸。

三、农产品价格暴涨暴跌的产生根源

1. 产品结构性矛盾突出,造成短缺和过剩并存

市场经济条件下,商品价格主要围绕价值波动,而价格的波动又受供求关系影响。供求关系的平衡决定于生产总量和需求总量。随着城乡收入水平差距的加大,对优质、安全、营养型的农产品需求的数量增加。家庭责任制的实施促进了农业的产量大增,但农民受传统思想的约束,在一定时期内农民秉承维持了农业追求最大产量的惯性思维,导致其市场意识的淡薄,不能及时根据消费结构的改变及时调整农业生产,从而短缺和过剩并存。当农产品供过于求,不可避免导致价格下跌。

2. 农业产业化发展缓慢,农民组织化程度低

家庭联产承包责任制下,生产规模小,组织化程度低的千家万户的生产主体无

法适应千变万化的市场。当今的绝大部分农村,一家一户的作业模式,使得土地种植、经营和管理权的相对独立,部分地区农产品的种植计划完全由单个家庭自行完成,品种的选择主要由市场的需求决定、缺乏全局观和科学的指导。农产品的种植和经营缺乏有效的组织和管理,限制了农业的规模化进程,因此决定了农产品的种植必然过度依赖市场需求,当价格上涨,农民就会盲目扩大其种植规模,相反则缩减其种植面积。农产品种植具有一定的周期,相较市场,具有一定的滞后性,由此导致农产品的供需失衡。如此反复,使农产品价格陷入暴涨暴跌轮回。家庭作坊的形式,也限制了农产品综合加工技术应用和推广,农产品主要以自产自销的简单方式进入市场,容易造成过剩产品的大量积压腐烂,由此降低了农业的抗市场风险能力。

3. 市场信息不对称,游资恶意炒作加剧农产品价格波动

农产品的销售目前主要为两种模式,一是农户自已将产品直接卖给终端消费者,但销售数量和销售速度非常有限。其二是批发给中间商,再经多道环节到达终端消费者手中。对于农产品的价格暴涨,除却天灾造成减产等客观原因,人为是更主要的因素。少数经营者利用农产品产地集中,季节性强、产量下降、市场信息不对称的特点,囤货居奇,哄抬价格,游资大举进入,更严重扰乱市场价格秩序。在农产品价格轮番炒作中,农民并未获得实惠,中间商和游资炒客获得暴利。农产品价格的暴涨暴跌也暴露出农业生产灾害预警机制、农业信息发布、农产品销售网络服务的不健全。

4. 职能部门对市场重管理轻服务问题普遍存在

政府职能部门过度强化市场管理,且方式粗暴简单。在四川某地,政府开放一个具有一定规模的农产品交易市场,供全县的农产品进行交易,所有进入该市场的农户无论产品是否成交都得向市场管理部按车辆计算交纳一定的管理费用,由此频发农户和市场管理人员间的争执和肢体冲突。由于农村道路等基础设施建设的不完善,农户所使用的交通运输工具(如柴油三轮)被道路限行,交警设岗查堵也给农户的产品运输和销售造成困难。

四、解决农产品价格暴涨暴跌问题的对策

为适应当今社会的发展和进步,伴随国内政治、经济和社会的大背景的变化,传统农业需向现代农业转变,并逐步实现集约、高效和可持续发展。根据供求关系、生产目标和增长方式分阶段完成农业的转变。农业在解决温胞、实现农产品供给多元化后,需要调节农产品的供需平衡,提升农产品品质、优化结构,增加农民收入。

1. 稳定农产品价格,政府需积极探索对策

农产品价格波动与市场供需差异关系密切,差异越显著,蔬菜价格波动频率越快、价格变动区间就越大[2]。对于小麦、玉米、水稻等大宗农产品而言,建议剥离水稻、小麦价格的保收入功能,通过目标价格的改革,实现价补分离。用完善的收储

价格和补贴机制，通过补贴生产者的方式，直接补贴给农民，保证农民的收益。同时，恢复市场价格调节功能，让市场机制真正发挥作用[3]。小宗农产品价格由市场供求决定，其需求相对稳定。稳定小宗农产品的种植面积，政府要建立价格补贴，建立小宗农产品储备机制，建立小宗农产品进出口调节机制，完善农业保险，设立小宗农产品期货交易，降低农户和经销商的经营风险，借助期货市场的监管制度来规范和管理小宗农产品的投机行为[5]。

2. 加强合作组织建设，减少农产品种植的盲目性

家庭联产承包责任制下的"一家一户"生产模式在极大刺激农民的劳动热情、土地增产的同时，也给农业的发展带来了制约。在该生产模式下，农民满足于传统农业带来的基本效益，思想保守、观念落后、难以接受新的发展模式，限制了农业生产资源的合理配置；农产品种类和品质也存在很大差异，加大了产品的市场风险。所以有必要大力发展农业合作专业组织，在政策上引导和鼓励在生产和流通环节加强合作，增强农民的自我保护能力和市场竞争力。

3. 合理配置农业资源，保障农产品有效供给

合理配置农业资源，保障农产品有效供给是解决农产品滞销和价格大幅度波动的根本性措施[6]。运用现代管理方式及运作模式，合理有效地配置有限的土地、资本和劳动力等农业资源，积极促进生产要素的合理流动和最佳配置，实现农业增效，农民增收。为此，首先要通过完善农业补贴制度调动农民的生产积极性。在保证粮食生产安全的前提下完成水稻、小麦、玉米和棉花等的全覆盖。其次，加强对农业环境资源的保护。农产品依赖土地资源和自然环境，在保证土地资源的同时，实现田、水、路、林的综合治理。

4. 加强农产品监管，强化公共服务

首先，要从根本上解决农业生产滞后于市场的现象。为避免人为炒作、菜贱伤农，需要国家出台相关政策，提供更完善的公共服务。形成农产品灾害预警机制，建立成熟的农业信息发布平台，健全农产品销售网络，畅通销售渠道。严打商贩造谣、舆论误导、囤积、哄抬农产品价格的行为。其次，及时对农产品市场风险进行评估，避免处于弱势状态的个体农民因菜贱伤农缩小种植面积或盲目追高扩产现象的发生。鼓励农民建立专业合作组织、农产品协会的方式，对种植品种、种植面积早作规划，大范围共享个体农民的零散的价格信息，打破流通商的价格垄断优势，提高农民的整体议价能力。再次，政府部门要切实发挥职能，管理和服务并重，必要的情况下，要走出去、请进来。完善农业基础设施建设，无论在主观还是客观上，为畅通农产品的销售渠道提供便捷和帮助。

5. 利用信息技术，构建区域性时令农产品产销价联动预警系统

积极运用农业信息技术，在建立产销价格联动预警系统的基础上，让农民利用互联网，不再在农产品生产过程中因信息不对称而造成伤害。在系统的构建中，以数量经济学理论为依据，从供求平衡、价格平稳机理角度，以探索供给机制入手，结

合互联网技术、数据挖掘技术、数据撮合、动态仿真预测等技术手段，在关注需求侧的同时更多地将目光对准供给侧，使产销价格联动预警系统通过互联网能为生产者提供高可靠性的生产前期预测，为农业生产决策提供依据[5]。

结语

稳定农产品价格，需要多方位齐抓共管，在现代农业体系下，充分发挥互联网技术，在政府理顺关系，科学制定政策保障，农民组织及直接从事农业的决策者生产者要与时俱进，相信市场、根据市场需求组织生产活动，在不断提升农产品质量的基础上，寻求品牌增值效益，确保农民利益不断提高。

参考文献

[1] 杨军. 农业供给侧结构性改革的内涵、思路与任务[J]. 农学学报，2017，7(2)：96-100.

[2] 李婧. 基于经济学角度研究我国农产品价格波动和供需差异的相关性[J]. 价格月刊，2017(1).

[3] 杜鹰. 当务之急是完善重要农产品价格形成机制[J]. 农村工作通讯，2017(2)：47.

[4] 高小丹. 我国小宗农产品价格波动的规律及原因分析[J]. 农业经济，2017(1)：133-135.

[5] 解心江，黄芳，王翠，等. 区域性时令农产品产销价联动预警系统的构建[J]. 价值工程，2017，36(8).

[6] 侯淑珍，田延国. 农产品价格暴涨暴跌的思考和对策[J]. 山东省农业管理干部学院学报，2010，9(5)：47-49.

新型职业农民培育的瓶颈与发展路径

乔维德

（无锡开放大学）

摘要：新型职业农民是农业产业转型升级发展的主体，对于促进农业供给侧结构性改革和农业现代化起到不可替代的作用。新型职业农民有文化、懂技术、会经营、善管理，具有高素质、行业性特点，但在当前的新型职业农民培育过程中存在机制不健全、内容和形式不丰富、资格认定缺乏统一标准等问题。针对存在不足及制约性因素，从强化政策扶持、优化培育模式、加强认定管理、构筑“三大平台”等方面提出有效对策。

关键词：新型职业农民；培育；瓶颈；对策

一、新型职业农民培育的时代背景

自 2012 年中央一号文件《关于加快推进农业科技创新、持续增强农产品供给保障能力的若干意见》提出要“大力培育新型职业农民”以来，中央先后多次提出加大新型职业农民教育培训力度。2014 年，农业部全面转型升级阳光工程，启动实施新型职业农民培育工程。2015 年中央一号文件《关于加大改革创新力度、加快农业现代化建设的若干意见》又一次强调，要“积极发展农业职业教育，大力培养新型职业农民”。2015 年发布的国民经济和社会发展第十三个五年规划纲要提出“大力培养新型职业农民，打造高素质现代农业生产经营者队伍”。2016 年 1 月，中共中央国务院《关于落实发展新理念加快农业现代化 实现全面小康目标的若干意见》指出：加快培育新型职业农民，将职业农民培育纳入国家教育培训发展规划，形成职业农民教育培训体系，把职业农民培养成建设现代农业的主导力量。2017 年 2 月 5 日中共中央、国务院正式颁布《关于深入推进农业供给侧结构性改革、加快培育农业农村发展新动能的若干意见》，这是新世纪以来指导我国“三农”工作的第 14 份中央一号文件，重点强调要深入推进农业供给侧结构性改革，加大农村改革和新型职业农民培育力度，激活农业农村内生发展动力。目前农业部发布的《“十三五”全国新型职业农民培育发展规划》指出，将新型职业农民培养成建设现代农业的主导力量，到 2020 年全国新型职业农民总量超过 2 000 万人。总之，无论是中央一号文件还是国家重要文件，都连续强调大力培育新型职业农民，这不仅从侧面反映国家和政府对培育职业农民的重视，也直接反映出新型职业农民对农业现代化所起的至关重要作用。目前，我国正处于传统农业向现代农业转变的关键时期，新型职业农民是现代农业发展的核心，只有大力培育优质的“有文化、懂技术、会经营、善管理”新型职业农民，才能从根本上破解今后农业生产中面临的“谁来种地，如何种地”的尴尬困境和现实难题，从而实现现代农业和新农村建设的快速发展。

二、新型职业农民的内涵

2012年国家一号文件首次提出新型职业农民这一概念。与传统意义上的职业农民相比，新型职业农民虽然也务农，但是有文化、懂技术、会经营、善管理，更加重要的是新型职业农民将自己奋斗目标始终放在农村，将其作为自己的事业，对于地区现代农业发展、现代农业新技术应用起到显著的推动作用。新型职业农民是被赋予真正职业化符号和时代内涵的新型农民，“新型”代表适应农业现代化建设，“职业”强调农民的经济属性归入与教师、医生等相提并论的职业队伍，极大提升农民的社会地位。主要具有以下特点：

一是新型职业农民具有高素质。新型职业农民具有现代化管理经营理念，在农业生产时，不再采取过去零散、粗放、效率低的传统方式，而是选择可持续、集约化、标准化、规模化、专业化的方式生产；普遍具备较高文化素养，学习能力强，具备丰富的农业理论知识和敏锐的市场意识；掌握先进的现代农业技术并积极应用；新型职业农民具有较高的经营管理水平，能大面积管理更多土地，准确把握市场经济需求，实现农业利润最大化。

二是新型职业农民具有行业性。职业农民强调的是产业结构中的从业者，从事现代农业生产、经营的新型职业农民具有现代农业发展所需的新理念，他们经过专业技能培训获得相关职业认证，以农业生产、经营或服务作为主要职业，从事相关的涉农工作，包括生产型职业农民、服务型职业农民以及经营型职业农民等。新型职业农民的行业性特点很明确，相对于传统农民来说，新型职业农民需要具备更强的农业生产技能和与时俱进的现代经营理念，表现出职业的稳定性。

三、新型职业农民培育的瓶颈

(一) 新型职业农民培育机制不健全

新型职业农民培育主要依托项目开展短期的集中培训，缺乏统一的长远规划和长效机制。各级政府在开展新型职业农民培育工作时，有的基本没有规划，即使有规划也是比较笼统、不详细。因此，新型职业农民培育工作多数呈现阶段性，不能有效形成常态化和稳定的培育机制。部分地区对新型职业农民培育的财政投入不足，资金来源渠道少，缺少完善的基础设施，上规模的新型职业农民培育基地比较缺乏。各培训组织和机构因受到资金限制，不能很好设计新型职业农民的培训内容，受训人员覆盖面小，从而影响新型职业农民培育工作的常态化。许多针对新型职业农民的培训并不都是由政府支付所有费用，有的仍需参训农民自己承担一定的培训费用,尽管这部分支出不是很多,但多数农民因此而放弃培训机会。新型职业农民培育工作缺乏必要激励机制,监督保障体系不顺畅,还没有形成社会共识。很多地区的新型职业农民培育职责比较模糊,存在多头管理、条块分割、重复培训现象,农业、社会保障、扶贫和职教部门的职业农民教育培训资源没有实现有效整合,相关部门之间缺乏必要协调与沟通,无法做到协同合作。此外,多地政府仍没有将新型职业农民培育纳入统一的农业教育体系,新型职业农民培育缺少快速集成供给的能力和协调整合各类培训资源的机制,新型农民职业教育存在着供不应求、供求脱节矛盾,这在很大程度上制约着新型职业农民培育事业,也阻碍现代农业的发展。

(二)新型职业农民培育内容和形式不丰富

目前对新型职业农民培育内容比较单一。培训内容一般侧重对农业种植、防护等技术层面的学习培训,忽视了对农民文化素养及如何经营方面的培训。有些培训机构受利益驱使,不考虑农民实际需求和区域农业产业发展,不能针对不同层次农民开展针对性培育,培育内容严重滞后。从事新型职业农民培育人员基本上是从职业院校以及涉农部门临时聘请的教师和技术人员,他们往往对某个地区经济发展、农业产业结构以及农民培训需求情况缺乏深入了解,专业知识结构不能很好地贴近现代农业发展要求,新型职业农民的培育质量难以得到保证。农民不仅不能全面实现由传统农民到新型职业农民的角色转换,而且难以适应现代农业发展对于农民的基本要求。在新型职业农民培育中,还应该在道德素养、法律意识等方面加强对农民的教育和培训,然而现实情况是这些往往被忽略。

新型职业农民培育的手段和方式缺少灵活性。大多数培训机构对农民的培训时间固定、场所固定,培训方式相对比较僵化,培训通常采取传统的讲授模式,不能有效利用现代化的信息技术、多媒体以及开放式等教学手段,所以远远不能满足现实新型职业农民培育的多元化学习需求,不能适应不同农民个体不同的接受程度和学习习惯,加之农民的流动性较大,对于培训组织存在一定的困难,这在很大程度上制约新型职业农民培育效果及其进程。

(三)新型职业农民认定缺乏统一标准

对新型职业农民的认定还处于探索阶段,全国各地因为区域不同、涉农产业不同、农业生产力发展水平不平衡等多种因素,很难制定统一的新型职业农民认定标准。农业包括种植业、畜牧业、渔业等行业,覆盖面广,专业性强,制定认定办法必须要有很强针对性和可操作性。2015 年农业部出台的《关于统筹开展新型职业农民和农村实用人才认定工作的通知》指出:建立完善新型职业农民培育制度,加快推动新型职业农民队伍建设,为现代农业发展和新农村建设提供强有力的人才支撑。文件要求新型职业农民认定原则上由县级以上(含)人民政府发布认定管理办法并给予政策扶持。各地政府虽然制定了新型职业农民的认定标准和扶持政策,但有些标准还存在一定的偏差和缺陷,有些政策还不具体,难以落到实处。新型职业农民证书仍缺乏含金量,目前还没有得到社会广泛认可。

四、新型职业农民培育的发展对策

(一) 加大政策扶持

已有的强农、惠农、富农政策专门针对新型职业农民的仍不多。政府积极发挥主导作用,健全完善扶持、促进新型职业农民生产经营和可持续发展的政策体系和制度体系,尤其从教育培养、土地流转、金融信贷、农业补贴、农业保险等方面加大支持力度,保障新型职业农民培育的有序、高效推展。各级政府定期设立新型职业农民培育基金项目,采取一定的激励措施,鼓励和引导社会各界与民间资本加入新型职业农民培育,形成一套全社会共同参与的多元化的新型职业农民培育投资体系。对于取得新型职业农民认定资格证书的农民,要给予他们更多的金融投入和信贷支持,鼓励新型职业农民在农业产业领域创业。目前我国只是有部分法律法规涉及农民教育与培训，但并没有新型职业农民培育方面的专门法律法规。各地政府可以借鉴国外发达国家在农业方面的法律法规,制定适合地区新型职业农民培育的地方性法规,对新型职业农民从政策和经费上加以支持,使新型职业农民培育步入法制化和规范化,从而保障和推进新型职业农民培育工作健康、有效开展。

(二) 优化培育模式

不断丰富优化新型职业农民培育内容,将培育内容与地区的涉农特色产业、主导产业以及农业市场需求紧密联系结合,根据培育对象实行分类培训,及时做好培训资源的优化配置。在培育过程中,做到集中培训与进村入户相结合,理论培训与实践指导相结合,常规培训与观摩交流相结合,农村实用技术培训与农业行业技能鉴定相结合,固定传统课堂与田间课堂、流动课堂、远程课堂相结合,等等。统筹新型职业农民培训资源,加快建设并完善以农广校、农民科技教育培训中心等农民教育培训专门机构为主体,中高等农业院校、农技推广服务机构、农业科研院所、涉农企业和农民合作社共同参与的新型职业农民培育体系,建立新型职业农民培育师资库,提升新型职业农民培训资源的使用效率,最大限度地满足新型职业农民多层次、多形式的培训需求。积极推进政府规划、教育培训、职业认证、技术推广“四位一体”的新型职业农民培育模式。充分发挥新型职业农民培育中政府、农科院、农广校、职业院校、行业协会、涉农企业的功能作用。

(三) 强化认定管理

新型职业农民认定管理是新型职业农民培育工作中的重要一环。新型职业农民的认定要遵循“地方政府主导、农民自愿、公开公平、动态管理、与扶持政策挂钩”的原则,结合农业相关行业特征需求,科学谋划和制定有针对性的认定标准,标准既不能过高,也不能过低，取消目前很多地方惯用的人数和比例限制办法。要切实做好认定管理制度的建立,新型职业农民证书的发放坚持少而精,成熟一个,发放一个,确保证书权威性和含金量。强化对新型职业农民培育督查,将培训与考核、考证结合起来。加大对新型职业农民培育扶持与认定管理政策的舆论宣传，调动农民自愿参加新型职业农民认定的积极性，从而更好促进新型职业农民认定管理工作的正常、有效推展。

(四) 建立“三大平台”

首先，建立针对新型职业农民的技术交流平台。按照地区农业产业特点，成立各类农民科技协会等民间组织，以便组织开展与农业相关的各类交流活动。其次，建立新型职业农民技术服务平台。根据新型职业农民的专业及技能特长，有计划地让其担任一定的农业科技项目，并择优聘任为村级或(乡)镇级农技员、防疫员、水利员、植保员等，充分发挥他们的特长和优势。再次，建立新型职业农民创业平台。鼓励并支持新型职业农民创办农民专业合作社、家庭农场和农产品加工企业，相关部门在项目信贷、土地使用、税费减免等重点给予政策和资金上的倾斜和帮助。

参考文献

[1] 吴骏泽.做好新型职业农民认定管理工作的思考[J].农业开发与装备，2015(9):20.
[2] 窦靖晗，刘娟娟，刘颖.新型职业农民培育研究[J].新疆职业教育研究，2016(4):10-13.
[3] 唐献玲.农业产业转型升级中新型职业农民培育的思考[J].农业经济，2016(1):54-56.

以“六次产业”推动农业供给侧结构性改革路径初探

——以江苏省为例

周　方　陈毅华

（江苏省广电有线信息网络股份有限公司无锡分公司）

摘要：2017年中央一号文件提出，把农业供给侧改革作为“十三五”期间发展的主要方向。本文对当前江苏农业供给侧存在的主要问题进行分析，结合江苏省实际情况，提出以“六次产业”推动农业供给侧结构性改革的思路，并从一二三产业融合和“互联网+”的角度详细阐述了改革的具体路径。

关键词：六次产业；农业供给侧结构性改革；农村产业融合

2015年，中央首次提出“农业供给侧结构性改革”。2016年，中央一号文件提出“必须充分发挥农村的独特优势，深度挖掘农业的多种功能，培育壮大农村的新产业新业态，推动产业融合发展成为农民增收的重要支撑”。2017年的中央一号文件再次聚焦农业供给侧结构性改革，“深入推进农业供给侧结构性改革，加快培育农业农村发展新动能，壮大新产业新业态，拓展农业产业链价值链”。农业供给侧结构性改革的一项重点任务，就是推进农业发展方式转变，着眼提高农业全产业链收益，努力做强一产、做优二产、做活三产，调好调顺调优农业结构。

一、充分认识推动江苏农业供给侧结构性改革的紧迫性

江苏既是经济大省更是农业大省，“十二五”规划以来，江苏省围绕推进现代农业建设、转变农业发展方式、优化农业产业结构等方面取得了较好的成绩。但同时也必须注意到，江苏农业在发展中也存在着一些问题。

（一）农产品出现结构性供求关系失衡

2016年江苏人均GDP超过95 259元，全省城镇居民人均可支配收入达到40 152元人民币，农村居民人均可支配收入达到17 606元人民币，同比分别增长7.5%、8.0%和8.3%。伴随着经济社会发展和人民收入水平的不断提高，居民消费结构升级加快，消费需求更加多样化，对农产品质量、品质以及口感有了更高的要求，农业观光旅游和休闲旅游的需求更是日渐高涨，迫切需要创新农产品供给方式，转变农产品结构，不仅在数量上满足广大人民群众的基本要求，更要在结构、品

种、质量等方面适应消费需求的新变化。

（二）第一产业增幅与农民收益持续下降

近年来，江苏省农业生产受到产品价格“天花板”压顶效应和生产成本“地板”抬升效应的双重制约，农业发展面临着收益降低、农民增收乏力等问题。2012—2016年江苏全年地区生产总值中第一产业的累计增幅分别为4.6%、3.1%、2.9%、3.2%、0.7%，远远低于同期第二、三产业的增幅。与此同时，2012—2016年江苏省农村常住居民人均可支配收入中经营净收入的增长率由10.6%下降至4.7%，其中2015年增幅只有1.7%，农业生产总体效益呈现下降趋势。因此推进农村第一、二、三产业融合发展，大力推动“六次产业”就显得极为重要和紧迫。

（三）农业资源环境日趋恶化

随着城镇化、工业化的快速发展，江苏耕地的数量和质量都在不断降低、退化，江苏人均耕地面积与全国平均相比，低了0.03 hm^2。同时水资源在时空分布上不均匀，全省季节性缺水较为严重，苏南地区主要以水质性缺水为主，苏北地区主要以水源性缺水为主。全省农药、化肥、农膜的使用量也高居全国前列，造成了严重的土壤和地下水污染。目前，江苏省农业面临的污染问题突出，已经出现了资源环境透支，更加需要转变农业发展方式，实现资源节约型、环境友好型的可持续发展。

（四）农业社会化服务体系不健全

推进农业经营体系创新和农村经济发展，实现农业发展方式的转变，离不开社会服务体系的支撑。江苏农业社会服务体系在十二五期间取得了较大的进步，但是仍然存在体系建设不完善、公共服务能力薄弱等问题，具体表现为农业技术服务不能适应时代发展的要求和农民的需求、“互联网＋”的信息服务不到位等方面。更为突出的是，农村农业的部分经营主体依然面临着融资难的问题，直接影响到了农业的规模化发展和抵御市场风险、自然风险的能力。完善多元化的农业社会化服务体系和农业投融资体系，更好地为农业融合发展服务，必将加快江苏现代农业的发展速度。

二、“六次产业”是农业供给侧结构性改革的必然选择

所谓“六次产业”，也被称作是一二三产业的融合发展，取义一二三产业三者数字的乘积为六。农业不仅仅是指农畜产品生产，还包括与农业相关的第二产业和第三产业。六次产业以第一产业的农业为基础，综合发展农产品加工的第二产业和农产品直销、饮食、休闲旅游等的第三产业，形成集生产、加工、销售、服务一体化的产业链条，通过规模经济和区域经济提升农业产业的综合价值。

推进农业供给侧改革，正是以结构性改革入手，全面发力、全面施策。因此，以“六次产业”理论为引导，大力推进农村一二三产业的融合发展，释放农业发展的生产力和活力，把增加绿色优质农产品供给放在突出位置，把促进农民增收作为核心目标，把提高农业供给体系质量和效率作为主攻方向，加快因地、因业制宜融合多

种产业，转变农业发展方式。

（一）“六次产业”是农村产业融合发展的方向

传统意义上的农村产业融合发展，主要是在“农业内部”这个第一产业中进行的，而在实际的产业融合中，农业已经从内部结构的调整向整个产业链延伸，通过新技术、新业态、新商业模式，形成农村一二三产业之间的融合渗透和交叉重组。具体而言，“六次产业”理论引导下的农村产业融合发展包括三个方面：一是产业流程的融合，即农产品的流通、深加工，提高农产品的附加值；二是产业技术的融合，即通过互联网＋、信息技术拓宽农产品的推广和销售；三是产业功能的融合，即立足一产，接二连三，拓展农业的整个产业链。

推进农村产业融合发展，加快农业内部之间、内部与外部之间的融合，促进农业产业链的延伸，拓展农业的多样性，形成农业的新形态，实现农村的产业升级和进化，突出“1＋1＞2”的融合效应。通过农村产业融合发展，还可以利用工业 4.0、“互联网＋”等的成果和优势，推进农业现代化，调整农村产业布局，引导生产要素向农村流动、基础设施建设向农村延伸，促使农村产业融合发展与新农村建设的有机结合，进一步释放农业农村发展新动能。

（二）“六次产业”是拓宽农民收入渠道的重要选择

随着经济发展进入新常态、农业发展进入新阶段，如何在农业领域为“十三五”开好局、起好步，为农民增产增收，遇到了新的机遇和挑战。一方面，稻谷、玉米等传统农产品出现了阶段性、结构性供过于求，国内外产品价格倒挂，市场竞争力低，严重影响到了农民收入的增长。另一方面，随着经济发展增速放缓、结构调整、动力转换，这种情况预计今后一段时间有可能还会持续。农民增收的两大动力趋弱，导致 2011 年之后我国农民收入增长的速度持续下降。实践证明，以“六次产业”理论推进农村产业融合发展符合我国现代农业发展的方向，当然也必须看到，当前农村一二三产业融合发展还处于初级阶段，农业发展的基础还是比较弱，农产品市场竞争力不强，要素瓶颈制约和体制机制障碍没有突破，新型农业经营主体带动能力也比较弱，利益联结机制不是很完善，农村产业融合发展还面临很多困难，需要进一步总结经验，加大政策支持力度，把推进农业一二三产业深度融合发展作为推进农业供给侧结构性改革的重要手段，促进农业现代化发展和农民持续增收。

（三）“六次产业”是推动农业供给侧结构性改革的重要手段

深入推进农业供给侧结构性改革加快培育农业农村发展新动能是我国“十三五”开局之年提出的重大举措，也是促进农业持续平稳发展的关键所在。目前，江苏农业发展中存在比较突出的矛盾，集中体现在结构方面。随着农业生产成本的持续上升，依靠拼人、拼物这种传统的粗放式农业发展方式已经难以为继，部分农产品甚至出现了结构性过剩与结构性短缺并存的现象，农产品质量水平也亟待提高。因此就需要通过“六次产业”来实现农村一二三产业的融合发展，从而倒逼供给侧结构性改革，强化市场导向和需求导向，优化产业结构和生产结构，在延伸农业生产链、创新农产品流通销售模式、提高农产品加工附加值等方面下大力气，在推进农业休闲旅游、农业文化旅游等产业的深度融合上做文章。

三、“六次产业”推动江苏农业供给侧结构性改革的具体路径

(一) 探索具有苏南、苏中、苏北各具特色的农业发展模式

江苏省的农业在自然资源禀赋、地理位置、发展水平等诸多方面存在较大的差异，因此江苏的农业供给侧结构性改革，应当结合苏南、苏中、苏北各个区域的实际情况，突出当地的农业产业特色，立足一产，接二连三，探索不同的发展模式。苏南地区已经进入后工业化时期，资金充沛，技术密集，土地资源紧缺，环境矛盾突出，可以加大高新技术在农业供给侧结构性改革中的含量和比重，优化资源配置，实现高投入、高产出、高效益、低污染的农业发展新模式；苏中地区各个市县具有资源互补的特点，再加上地缘相近、人缘相亲，可以充分利用都市化的田园景观、生态元素等，发展休闲农业、田园旅游等新型业态；苏北地区农业土地资源及劳动力资源丰富，可采用绿色生态农业模式，大力推广规模化养殖，发展标准化生产，同时提高农产品深加工、精加工水平，增加农业及其产品的附加值，有效提升农民收入。

(二) 立足一产，接二连三，扶持农业龙头企业

依托一产，打破产业界限，把产业链、价值链等现代产业组织引入农业。江苏省大力发展和扶持农业龙头企业，全省县级以上农业龙头企业达到 6 200 家，其中国家级 61 家，省级 637 家，龙头企业量质双丰收，成为推动农业供给侧结构性改革的中坚力量。截至 2016 年，698 家省级以上农业龙头企业实现销售额 7 600 多亿元，带动农户 1 290 万户，同比增长 9.7%和 5.9%。徐州银杏生物工程有限公司作为邳州银杏产业的龙头企业，实现了基地、加工、研发等各个环节的深度融合；无锡阳山水蜜桃有限公司带动当地水蜜桃产业，从单一售卖农产品向深加工、旅游度假、文化养生、农村体验等方面全面升级。与此同时，还应引导和支持农业龙头企业与基地农户或专业合作社、家庭农场进行互惠合作，促进整个产业的发展，形成产前、产中、产后有机结合的产业链条，进一步引导农业龙头企业做大做强，让龙头企业在农业供给侧结构性改革中发挥示范带头作用。

(三) 发展二产，前伸后延，建立农业加工集群

农产品加工企业等经营主体向前延伸建立农业加工集群，向后发展仓储物流、标准厂房、公共服务中心，建设现代化农业示范园区。截至 2016 年江苏省投入 762 亿元，创建了 50 家标准型省级农业示范区，聚集了全省近四分之一的规模以上农产品加工企业，营业总收入超过 2 132.9 亿元，创造利润 150.8 亿元，辐射带动周边农户 458 万户，吸纳 35 万人就业，增加农民收入 142 亿元。全省涌现了丹阳粮油加工贸易产业园、海安茧丝绸产业园、高邮鸭油产业园、徐州绿色食品加工贸易产业园等一大批各具特色的农业加工集群，打造了产业融合发展平台，覆盖养殖、加工、商贸、综合服务等产业，有效地支撑了农业供给侧结构性改革。

（四）创新三产，拓展功能，推动休闲观光农业

通过休闲农业和乡村旅游，将一二三产业融为一体，打造农业与生态文化、休闲旅游相融合的新业态。无锡滨湖区雪浪山生态景观园依托良好的生态资源和民俗优势，打造雪浪山薰衣草品牌，全年园区总收入1 300余万元。江苏永鸿巴布洛生态有限公司以12 000亩为核心，着力打造现代旅游观光葡萄产业园、现代都市牧场科技园、现代农业文化体验产业园三大板块，打通了农业观光休闲旅游、智慧生态农业、食品深加工与餐饮、农产品电子商务等领域，2016年产值超亿元。通过把加工业发展、农产品主产区与特色农产品产业带建设和休闲观光农业发展有机结合，推动休闲农业多样化、个性化发展。强化休闲农业经营场所的创意设计，推进农业与文化、科技、生态的融合，提升休闲农业的文化软实力和持续竞争力，增强农业供给侧结构性改革的内在动力。

（五）借力电商，深度融合，培育新型现代农业

江苏省大力实施"互联网＋"的现代农业发展新生态，农业电子商务成为促进农产品流通、带动农业增效和农民增收的重要途径。借助知名电商为农产品搭建营销新平台，依托优势产业打造特色网店，与苏宁云商合作共建宿迁江苏馆，目前已有235家企业、12 000多个农产品入驻。宿迁市发展宿迁农三品网、淘宝、天猫、京东商城宿迁馆等电商平台，全市90％的农产品加工企业入驻平台进行产品销售。睢宁县沙集镇拥有电子商务网店超过1万个，网销额41.6亿元，带动相关从业人员2.6万人。全省形成了无锡水蜜桃、苏州阳澄湖大闸蟹、沭阳花木等一系列集聚性高的电商产业群，有力地促进了农业创业增收。通过"互联网＋"与现代农业的深度融合，不断提升农业生产、经营和管理水平，为农业供给侧结构性改革注入新要素，增添新引擎。

参考文献

[1] 国家统计局江苏调查总队．江苏省2016年国民经济和社会发展统计公报[Z]，2016.

[2] 国办发〔2015〕93号．国务院办公厅关于推进农村一二三产业融合发展的指导意见[Z]，2015.

[3] 刘红岩，朱守银．农业供给侧结构性改革的推进路径探讨[J]．中国农民合作社，2016(6)：14-15.

[4] 江苏统计局．江苏省统计年鉴：2016[M]．北京：中国统计出版社，2016.

[5] 姜长云．推进农村三次产业融合发展要有新思路[J]．宏观经济管理，2015(7)：48-49.

[6] 梁伟军．我国现代农业发展的路径分析：一个产业融合理论的解释框架[J]．求实，2010(3)：69-73.

[7] 李俊超．融合发展农村一二三产业加快推进江苏农业产业化[J]．江苏农村经济，2016(5)：4-7.

[8] 张勇．提高认识找准定位深入推进农村一二三产业融合发展[J]．宏观经济管理，2017(2)：4-8.

释放乡村休闲旅游产业持久生命力重在提高供给侧配套服务

李莉莉

（徐州医科大学委员会）

摘要：在全域旅游思想指导下发展乡村休闲旅游产业为优化农村经济结构，深入推进农业供给侧改革开辟了有效途径。本文探讨了我省乡村休闲旅游产业的现状，拟通过提高供给侧配套服务释放乡村休闲旅游产业持久生命力，以期对我省深入推进农业供给侧结构性改革，大力发展乡村休闲旅游产业提供一定参考。

关键词：乡村休闲旅游产业；全域旅游；供给侧；服务

2017年2月5日，中央一号文件相关要求彰显了中央继续深化“三农”工作的决心和力度。其中，中央倡导利用“旅游＋”“生态＋”模式，推进农业、林业与旅游、教育、文化、康养等产业深度融合，标志着以乡村休闲旅游为载体的大消费成为重要的经济支撑。

国务院总理李克强在政府2017年度工作报告中明确指出，在今年的重点工作中，要“完善旅游设施和服务，大力发展乡村、休闲、全域旅游”。全域旅游是以旅游为优势产业，通过对区域内经济、社会资源进行全方位、系统化的优化提升，实现区域资源有机整合、产业融合发展、社会共建共享，以旅游业带动和促进经济社会协调发展的区域协调发展新理念。这是“全域旅游”首次写入政府工作报告，成为今年两会的热点新词。

2016年7月，住建部、国家发改委、财政部联合下发的《关于开展特色小镇培育工作的通知》明确提出任务要求，“到2020年培育1000个左右各具特色、富有活力的休闲旅游、商贸物流、现代制造、教育科技、传统文化、美丽宜居等特色小镇”。“特色小镇”将成为破解城乡二元结构问题的突破口和促进城乡区域发展一体化的重要抓手。

综上，全域旅游与特色小镇建设的同步推进和由此出现的超叠加效应，将是农业供给侧结构性改革快速有效深入发展的方法和途径之一。结合江苏实际就此展开分析：

一、现状

随着社会的发展，旅游业对经济的拉动性、社会就业的带动力及对文化和环境的促进作用日益明显。2015年，全国休闲农业和乡村旅游接待游客超22亿人次，营业收入超过4 400亿元人民币；从业人员790万，其中农民从业人员630万，带动550万户农民受益；“十二五”时期游客接待数和营业收入年均增速均超10%[1]。其中，我省2015年乡村旅游接待游客总人数2.03亿人次，实现营业总收入632亿元；从业人员总数达30万人，农民直接就业人数24万人，带动200万农民间接就业；从事乡村旅游的农民年人均收入突破2万元[2]。

《2017年江苏省政府工作报告》中指出，2016年我省地区生产总值7.6万亿元，增长7.8%，高于全国6.7%的平均增长水平；城乡居民人均可支配收入分别增长8%和8.3%，均高于全国6.3%的增长水平；居民消费价格涨幅2.3%，也略高于全国平均增长水平。另外，我省2016年城乡环境综合整治成效显著，林木覆盖率达到22.8%；国家新型城镇化综合试点工作有序展开，城镇化率达到67.7%。新农村建设扎实推进，新建改建农村公路4 100公里；民间投资增长6.8%，增幅高于全国3.6个百分点。以上数据充分说明了我省在保持经济运行平稳，提高城乡区域协调性发展，推进生态文明建设等方面均走在全国前列。

不久前公示的《省住建厅、省旅游局关于认定第四批江苏省特色景观旅游名镇(乡)及名村和组织第五批申报的通知》，说明了我省在推动特色小镇建设方面的工作正在稳步持续进行。而浏览江苏省农委的官网也可以发现，打造美丽乡村和打响创意休闲农业品牌也一直作为我省农业的重点工作扎实推进。

根据我省现状，可将乡村休闲旅游发展模式大致分为以下几种：

1. *田园农家乐模式*：农民利用自家庭院、自己生产的特色农产品及周围的田园自然景观、农业生产活动为卖点，以适宜的价格吸引游客就餐、休闲和农事体验，开发林果、花卉、渔业等为特色的旅游活动，是乡村休闲旅游的起源，也是目前乡村休闲旅游采用最多的一种模式。如连云港市赣榆区厉庄镇、苏州市吴中区西山镇等。

2. *民俗风情旅游模式*：以农村风土人情、民俗文化为卖点，开发农耕文化展示、民间技艺、时令民俗、节庆活动和民间歌舞等具地方文化内涵的旅游活动，我省苏南地区水乡古镇多采用此种模式。如昆山市周庄古镇、无锡市锡山区荡口古镇等。

3. *休闲度假旅游模式*：依托山水、森林、温泉等自然资源，以生态的绿色空间结合田园和人文景观，兴建高档齐全的休闲、娱乐设施，为游客提供度假、娱乐和健身等服务。如张家港市凤凰镇温泉度假村、宜兴市湖滏镇竹海景区等。

4. *科普教育旅游模式*：利用农业科技生态园、农业博览园和农业实践基地等，为游客尤其是农业工作者和学生等人群提供了解农业历史、学习农业技术、增长农业知识的旅游活动。如徐州市贾汪区紫庄镇蔬菜基地、宝应县黄塍镇新丰村新农业工程试验场等。

二、分析

城乡统筹为乡村休闲旅游产业带来史无前例的发展机遇，是城乡区域协调性发展最具实效性的路径选择[3]。将农业和旅游业巧妙结合的乡村休闲旅游模式为促进农村产业结构调整和优化、推动城乡区域协调发展、转移和解决农村富余劳动力就业、改善农村环境、加深城乡互动等方面提供了广阔的发展空间，将越来越受到广大城乡居民的认可和追捧。

目前，江苏乡村休闲旅游产业呈现出良好的发展态势，但也存在一定不足。笔者通过多方调研收集的乡村休闲旅游过程中产生的各类不良体验，将成为我省乡村休闲旅游产业发展的制约因素：

(一) 宏观规划指导不足，缺乏科学设计和有效监督

部分地方政府只掌握宏观总体规划，对区域内乡村休闲旅游产业具体经营形式和准入门槛无严格规定，导致该产业目前基本以农民自主开发为主，随意性大，既无市场调查和投资分析，也无产品规划设计[4]。同时，由于无序竞争和经营者之间沟通不利，区域资源无法有效整合。

(二) 服务形式单薄，功能单一，产业同质化严重

经营者文化程度普遍偏低，旅游和管理经验相对贫乏，致使对乡村休闲旅游产业未来前景认识不足[5]，盲目跟风，产品设计类型单一、特色不足，缺乏文化底蕴，严重的同质化对游客吸引力差，重游率低。

(三) 配套设施简单，经营粗放，整体接待能力差

粗放的个体小农经营方式，资金投入的有限能力，低档次硬件设施，难以正常保证的水电供应，以及安全卫生状况都亟待提高[6]。从业人员服务意识差，服务质量不高，宰客现象等不良事件时有发生，整体接待水平较低[7]。

(四) 公共服务体系不健全，"互联网＋"应用能力欠佳

公共交通线路不充裕，配套设施如停车场、加油站不规范或数量少，无法满足游客需求。VI 识别系统不发达，增加游客找寻率。"互联网＋"因素引入和应用能力不足，品牌营销及中下游配套产品运营能力弱。

三、建议

通过分析可见，我省目前乡村休闲旅游产业发展的不足之处主要在于供给侧配套服务的落后。因此建议：

(一) 完善政策保障体系

1. 推进以全域旅游引领的"多规统筹"。使新型城镇化、土地利用、生态环境保护及其他相关产业规划与全域旅游发展规划相互融合。通过政策引导合理进行差异化定位，发挥生态地貌、人文优势，在全域旅游背景下推动特色小镇建设。对统筹重点项目在项目用地、融资贷款、核准备案等方面给予重点支持。完善重大旅

游产业项目所需要的基础设施配套和相关公共服务。

2. 提高主管部门综合管理能力。建立完善旅游安全组织体系，有应急预案、培训、演练方案；有常态化的旅游安全和市场秩序检查及记录，对相关事故和投诉有追踪有改进；有区域综合执法体系，保证旅游市场秩序。

3. 建立旅游数据中心。健全能全面反映旅游对当地经济、社会发展贡献的统计体系，完善旅游统计制度，实施对相关指标的统计监测并及时进行网上公示。

4. 设立发展专项资金。通过财政倾斜，加大对旅游公共服务项目的支持力度。鼓励地方政府设立发展基金，统筹整合相关产业，扩大专项基金使用范围，优化基金使用流程。

(二) 夯实产业服务内涵

1. 注重错位特色发展。实施产品转型和升级换代，加强旅游项目的内涵建设，围绕农业观光和农村风俗两条主线，着力拓展农业生态休闲文化教育功能，提升乡村休闲旅游产业发展核心和灵魂。

2. 加强科技创新驱动。通过科研成果转化，促进休闲农业终端产品品种增加和更新，大力推广绿色生态环境和农副产品，增强游客对系列终端产品的安全感受和体验乐趣。

3. 建立科学合理的人才培养和引进机制。鼓励经营者参与旅游发展规划和决策，组织从业人员参加旅游知识、环境保护、服务技能和经营技巧等方面的培训，提高从业人员整体素质和服务意识。

4. 建立全域旅游公共服务体系。增加乡村旅游综合服务站点，提供咨询服务、集散服务、商品展销、基地配套等服务。增设乡村旅游基地公交专线，增设沿线及站点指示标识。实现乡村旅游基地免费网络全覆盖。

(三) 加大宣传推广力度

1. 发挥当地政府外引内联作用。主动承担本区域乡村旅游项目的形象塑造和宣传推广工作，将旅游宣传与城市宣传相结合，促进政府部门和企事业单位与区域乡村旅游产业结成密切利益共同体。

2. 注重乡村休闲旅游 VI 建设。统一使用形象标识、吉祥物等系列品牌元素，强化外界对品牌的认知。推出个性化旅游主题口号，构建营销体系，加强针对性的策划包装，借助多种宣传媒体和平台，有组织、有计划推出节庆促销活动，拓展对外宣传手段。

3. 充分利用“互联网+”拓展项目服务外延。加快推进农村电子商务服务平台体系建设，做好平台引进和本土电商的培育壮大，培育整合覆盖全产业链的本地行业垂直电商平台。

4. 建立健全旅游产业志愿者服务体系。通过志愿服务扩大品牌影响。引导当地旅行社增加乡村休闲旅游线路推介，通过与体育、医疗及康养相结合，形成多元化的乡村休闲旅游线路和项目，增强体验性和趣味性。

（四）拓展市场主体范围

1. *加强乡村旅游项目投资引导*。扩大项目招商引资平台，定期更新我省旅游项目鼓励投资目录，增加乡村休闲旅游项目入编。完善投资信息发布机制，引导乡村旅游项目科学布局、理性投资。

2. *大力促进乡村旅游投资*。打造有实力、会运作的旅游龙头企业并发挥其投资带动作用；促进在线旅游企业差异化发展，提高企业竞争力；优化政策环境，吸引专业化程度高的民间投资机构合理开发。

3. *加强旅游金融合作*。贯彻落实金融支持旅游业加快发展的各项政策措施，支持发行乡村旅游金融产品，提高旅游业金融服务水平，推进旅游项目投资方与金融机构深化合作，支持符合条件的乡村旅游企业通过资本市场融资。

乡村休闲旅游产业是全球性的朝阳产业，对我省城乡区域协调性发展将起到巨大作用。因此，通过多措并举提高供给侧配套服务，使我省乡村休闲旅游产业的生命力得以持久释放，将进一步推动我省经济的高速运行，为早日实现“两聚一高”的目标，建设“强富美高”新江苏助力。

参考文献

[1] 郁琼源，董小红. 去年休闲农业和乡村旅游火了，接待游客超过 22 亿人次[N]. 经济日报，2016-05-09.

[2] 江苏省旅游局. “十二五”及 2015 年全省旅游业发展情况总结[R]. 2016-05-19.

[3] 温年晶. 城乡统筹视域下吉林省乡村旅游发展研究[D]. 吉林：东北师范大学，2013：1.

[4] 胡坚强，姜辽，郑庆林，等. 乡村休闲旅游技术创新研究[J]. 浙江树人大学学报，2010，10(1)：46-50.

[5] 裘曙洁. 现代化视域下乡村休闲旅游业发展探析[J]. 宁波经济：三江论坛，2013(5)：12-16.

[6] 樊春梅，蔡飞，刘叶飙. 九江城乡休闲产业发展现状及对策研究[J]. 北方经济，2009(17)：54-56.

[7] 聂艳颖，吴曦，李美鸥. 山西省“农家乐”的现状及对策分析[J]. 科技情报开发与经济，2011，21(36)：114-116.

常州推进农业供给侧结构性改革的路径思考

曾　洁　陈　娟

（常州市农业委员会）

摘要：2017年是推进供给侧结构性改革的深化之年，推进农业供给侧结构性改革是其重要一环。面对农业资源、产品效益、质量安全等方面的结构性问题日益突出，今年的中央一号文件聚焦的正是这个问题。这一涉及“国本”的深度体系化改革，在今后相当长期的过程中只有经过诸多重大考验，才能实现从“量”到“质”的转变。常州市自2015年开始，以国家现代农业示范区建设为抓手，强化理念，创新举措，调优体系，深入推进农业供给侧结构性改革，努力开辟常州精品农业发展新路径。

关键词：农业供给侧改革；构筑理念；建立体系

作为国家现代农业示范区，常州肩负着为全省全国农业现代化建设“带好头、领好向”的重要使命，因此，积极探索常州农业供给侧结构性改革的路径具有先行先试的示范意义。

一、推进常州农业供给侧结构性改革具有现实必要性

常州既是经济强市也是农业强市，现代农业发展在全省全国保持领先地位，为全市经济社会大局提供了有力支撑。但当前和今后一段时期农业发展面临的结构性、深层次矛盾仍然突出。

1. 资源约束日益趋紧，生产与生态进退失序。资源环境两道“紧箍咒”越绷越紧，全市耕地面积15年间减少了26.6%，现有耕地人均不足0.5亩（按常住人口计算），农业承载着内外源性双重污染压力，农业发展的物理空间和生态空间遭受双重挤压。

2. 生产经营效益走低，投入与产出比例失衡。农业生产受到农产品价格“天花板”压顶和生产成本“地板”抬升的双重制约，2016年，全市水稻亩均产值同比增0.3%，每亩生产成本（不含土地租金）同比增9.3%，亩均净收益（不含各项补贴）同比减16.3%。如果把每亩750～900元的土地租金计算在内，则种粮承包户基本处于无盈利甚至亏损状态。

3. 消费结构升级加快，供给与需求关系失调。当前，常州早已迈入高收入阶段，粮食和主要农产品生产已经进入结构转型和提档升级阶段。居民消费结构升级加快，消费需求多样，对农产品质量、品质及口感等要求更高，对农业观光旅游休闲服务产品需求日益增长。

4. 经营模式更新滞后，传统与现代形态失当。对照国内外发达地区，常州尚未完成传统农业向现代农业的转型升级。一家一户分散经营和依赖要素投入推动增长的传统发展方式尚未根本改变。农业劳动力老龄化、兼业化、外来化现象比较突出，新型农业经营主体发育不成熟，物质装备技术支撑还不够有力。

5. 农业受灾成为常态，支持与保障机制失灵。农业靠天吃饭的弱质属性还未根本改变，特别是近两年极端灾害天气尤为突出，对农业生产造成了严重影响。面对灾情，缺乏健全完善的风险应急保障机制，农户发展生产的积极性严重受挫。

二、推进常州农业供给侧结构性改革的总体思路

当前和今后一个时期，常州要围绕“迈上新台阶、率先现代化”的总体目标，加快推进农业供给侧结构性改革，奋力开拓富有常州特色的精品农业发展之路。主要目标是“三个持续两个走在前”：即绿色优质农产品供给持续增加，农业生态环境持续改善，农业效益和农民收入持续提升，确保农业现代化建设走在全省前列，确保国家现代农业示范区建设走在全国前列。

1. 坚持“以人民为中心”的发展思想，牢固确立“三心”农业发展导向。把让居民拎上放心的“菜篮子”“米袋子”，让市民走进赏心的“绿园子”，让农民鼓起开心的“钱袋子”，作为农业工作的出发点和落脚点，充分激发现代农业的生产、生态、生活功能，让更多群众共享现代农业发展成果，千方百计满足群众对美好生活的期盼。

2. 坚持创新驱动战略，突出改革创新核心动力，重点实施“集聚资源、集成创新”的“双集”战略，努力提升现代农业发展质态。集聚资源，就是要通过主动整合、主动融合、主动联合，顺势而为、借势发力、造势破局，广泛聚合各方资源投入农业发展，增厚现代农业发展的资源土壤。集成创新，就是要大力推进农业科技研发、推广、应用的纵向整合，加快构建“农科教、产学研”有机结合的协同创新工作格局；大力推进新品种、新技术、新模式、新装备的横向整合，加快形成一批增产增效并重、良种良法配套、农机农艺结合、生产生态协调的农业科技集成转化成果。

3. 坚持开放互动、跨界协作的发展思维，瞄准深度融合着力方向，推动农业跨行业跨领域融合发展。要加快推进产业融合，推动农业生产、农产品加工、农产品销售、休闲观光及社会化服务有机整合。要加快推进城乡融合，大力培育家庭园艺、休闲养生、认种认养等体验农业，把有钱有闲的市民引进广阔田园，让农业形态业态走进城市的万千家庭。要加快推进农信融合，推动信息技术在现代农业的深度应用，全面提升现代农业生产管理效率、市场营销效率和为农服务效率。

4. 坚持有所为、有所不为的工作方式，努力把握“四性”工作重心，加大对公益性、前瞻性工作的扶持力度。要突出生态性，推行以绿色生态为导向的农业补贴制度，提升农业绿色发展水平。要突出基础性，实施“藏粮于地、藏粮于技”战略，加强农业物质装备和公益服务体系建设。要突出创新性，培育一批“四新”经济典型，着力打造一批引领创新发展的主体。要突出示范性，立足农民“看得见、摸得着、学

得会、用得上”，建设提升一批现代农业产业园区、农业科技综合示范基地、职业农民培育基地。

5. 坚持以提高农业供给体系质量和效率为改革目标，致力精品农业的结果追求，扩大农产品有效供给和中高端供给。要以精到创意为魂，把科技、文化、历史、设计等元素融入农业，形成具有常州特色的创意农业品牌；要以精深加工为骨，围绕优势主导产业，发展农产品深加工，提高农业附加值；要以精准管理为干，实现远程监控可视化、管理决策智能化、生产控制自动化；要以精美呈现为貌，做靓产品形态，做深产品体验，做美产品包装。最终培育形成以品质为根本、以品味动人心、以品牌赢市场的常州优质特色农产品，使农业成为既有产出也有效益的“体面产业”。

三、精准发力农业供给侧结构性改革的重点任务

围绕上述发展思路，联系常州现代农业发展实际，农业供给侧结构性改革要重点完成以下任务。

1. 加快构建以产业融合为特征的产业体系。推进农产品加工业发展，加快建设金西农产品加工集中区。大力发展创意休闲农业，争创一批省级以上休闲农业示范点(区)，办好一系列具有地域特色的休闲农业节庆活动，打造一批主题创意农业园。提升开放型农业发展水平，支持农业企业“走出去”“引进来”。加快发展农业电子商务，支持“淘宝特色中国常州馆”建设运营，引导农业龙头企业发展一体化“定制式生产”。

2. 加快构建以先进物质装备技术为支撑的生产体系。整村整镇整区域推进高标准农田建设，加快发展高效设施农业(渔业)，推进农机农艺融合发展。大力开展农业科技产学研活动，研究制定常州现代种业发展意见，切实增强种业产业核心竞争力。着力推进“互联网＋”现代农业发展，加快建成一批智能农业示范基地和农业物联网服务平台。

3. 加快构建以新型经营主体为骨干的经营体系。加快培育新型职业农民，加快家庭农场规范发展和提档升级，引导发展村办农场和村办合作农场。提升农民合作社规范创新发展水平，支持合作社跨区域开展联合与合作。引导农业龙头企业“全产业链”和“全价值链”集成发展，积极推进农业龙头企业上市工作。大力培育主体多元、形式多样、竞争充分的农业经营性服务组织，健全覆盖全程、综合配套、便捷高效的农业社会化服务体系。

4. 加快构建以绿色生产方式为核心的生态体系。实施国家森林城市建设三年行动计划，推进总体绿化与珍贵化、彩色化、效益化发展，进一步提升森林城市建设水平。以“两减六治三提升”专项行动为指针，全力推进种植业清洁化生产、养殖业综合整治、农业废弃物资源化利用以及生态循环农业创建。以创建国家农产品质量安全市为抓手，大力推进农业标准化生产、全程化监管和品牌化建设，确保不发生重大农产品质量安全事件。

5. 加快构建以机制体制创新为引擎的支持保障体系。深化农村土地制度改革和国有林场改革，激活农村资产、资源、资金等各类生产要素潜能。加大对基础性、公益性、引领性、公共类建设的投入，扩大生态补偿范围，提高生态补偿标准。加大支农项目资金整合力度，提高财政资金有序投放的整体效能和使用效益。积极推进农业产业投资基金、银行信贷、信用担保和农业保险等金融支农方式，有效解决农业“贷款难、贷款贵”和抗风险能力弱等问题。

借力 PPP 模式　助推农业供给侧结构性改革

张立莹

（九三学社常州市委）

摘要：近两年中央农村工作会议明确提出要加强农业供给侧结构性改革，农村、农业和农民如何适应发展新常态下的经济形势，切实解决村间公路、污染土地的修复、小城镇的供水及生活污水处理、新农村建设中的乡村小水利及“互联网＋”、畜禽养殖治污设施及农牧结合设施建设等一系列问题，加快发展现代农业，本文阐述了要解决这一系列问题过程中的瓶颈，必须创新农村金融服务体系，并提出借力 PPP 投融资模式，推进农业供给侧结构性改革的五点思考。

关键词：PPP 模式；农业供给侧结构性改革；农牧结合；规模农业；互联网＋

中央农村工作会议把 2017 年确定为供给侧结构性改革深化之年。要有合理的农产品结构，要以“大农业、大食物”为基础，不断“推动粮经饲统筹、农林牧渔结合、种养加一体、一二三产业融合发展”，“既要守住粮食安全的底线，也要充分发挥多种形式农业适度规模经营的引领作用，为农业结构性改革提供支撑和动力”，是我国农业供给侧改革的目标和方向，要形成现代农业新格局，让生产和经营规模化，实现玉米等个别农产品去库存，通过模范经营降成本，补基础设施和生态环境短板。经过“十二五”期间的一系列改革，曾经的土地流转、农村剩余劳动力转移等许多问题已基本得到解决，资金的困惑必将是接下来的较为突出的问题，如何规避改革开放以来因金融投资而走过的弯路，是摆在我们面前值得深入思考的问题。

一、农业供给侧结构性改革必须要解决的问题

推进农业供给侧结构性改革，是 2017 年农业农村工作主线，是我国全面步入小康实现中国梦的要务，必须通过改革解决现阶段遇到的发展问题。

一是农耕用土地问题。农业的未来一定是要依靠龙头企业、专业合作社、家庭农场等规模农业来支撑，那么分散在农户中的土地就面临着流转或以土地合作社、土地入股等形式成为规模农业生产要素改革的必要条件之一。

二是农业劳动力问题。有调查结果显示，留在农村的人，其年龄、文化结构都十分令人堪忧，农村缺少知识、创新和劳动力，这对农业结构调整、农产品品质升级、培育新型农民等非常不利。农业生产呈现劳动力“老年化”特征，平均年龄 50 岁以上，这不仅影响农业生产效率，而且不利于农业创新技术的推广和应用。

三是农产品产量问题。衡量结构性改革成效的重要标志之一是农民增收，让

农民不断分享改革成果，改革才会得人心、见实效。中央谈农业供给侧结构性改革，把“确保粮食生产能力不降低”作为前置条件且必须坚守的三条底线之一，如何提升合理结构的农产品产量又确保质量安全，并处理好二者之间的关系，加强行业自律、从业人员自觉和适当监督等多种形式并举，必将成为农业供给侧结构性改革必须考虑的因素之一。

四是农产品质量安全问题。农业供给侧结构性改革的根本目的是要更好地满足人民群众对农业不断提高的需求，农产品质量安全必是第一要务，如何有效阻止有害物质进入人类食物链，推广高效低毒低残留农药，实施兽用抗菌药治理，从种养生产源头、农产品深加工和流通环节全方位控制质量安全将是一项长期任务。

五是农产品深加工问题。农业供给侧结构性改革本质上是要提高中国农业综合效益、提高农产品国际竞争力，农业二产的发展越来越成为农业进一步发展的助推动力，如何将生鲜食品在第一时通过工业化手段加工，既保持养分不流失，又不失生鲜特质，同时确保质量安全，必将是实现农业三产融合和规模农业从合理规划布局必须首要考虑的问题。

六是农产品销售问题。衡量结构性改革成效的重要标志除了农民增收另一重要标志之一就是有效供给充足，接下来就是如何构建农业三产中的销售平台，并通过理顺生产、加工等各环节形成畅通的农产品销售渠道，通过物联网和电子商务等互联网手段做到信息共享，通过基础大数据的分析获取有效需求信息，通过需求趋势指导一产和二产生产向提供有效供给逐渐趋近。

七是金融借贷问题。农村金融的痛点在于风险大，银行在无抵押无担保的前提下是不会主动放贷的，不能满足“三农”金融需求，各类农业经营主体贷款难的现象普遍存在，常州市几年前普遍推行联保联贷暂时性地曾使问题暂时得到过缓解，但因政策的不尽合理，普遍存在只要联保联贷体中有一家企业资金出了问题，就会有许多与之关联的企业一同进入困境，大大挫伤了农业信贷和农业发展。

八是环境污染问题。绿色发展是农业供给侧结构性改革的基本要求，国务院发布的“水十条”“土十条”及近期国务院印发的《“十三五”生态环境保护规划》都强调科学规划，防治农业污染，如何通过合理规划、种养加结合、规模生产和经营等宏观调控措施，形成农业循环经济有效控制环境污染是必须面临并处理好的问题。

九是配套设施问题。为实现农业可持续发展，应对国际规模农业竞争的挑战，农业的发展方式必须向规模农业调整和转变，而推进规模种养的发展，农业配套设施建设必不可少，如何在设施投入中更加合理有效，是否在PPP模式应用的前提下寻找更有效方式，是否要借鉴制造业中设备租赁等形式，将是值得深入研究的问题。

二、我国已迎来农业供给侧改革中PPP投融资模式的春天

国务院办公厅的文件《关于推进农村一二三产业融合发展的指导意见》，鼓励加快农业结构调整，延伸农业产业链，推进农业与旅游、教育、文化、健康养老等产

业深度融合，强化农民合作社和家庭农场基础作用，支持龙头企业发挥引领示范作用，鼓励社会资本投入。《关于推进农业领域政府和社会资本合作的指导意见》要求：支持社会资本开展高标准农田、种子工程、现代渔港、农产品质量安全检测及追溯体系、动植物保护等农业基础设施建设和公共服务；引导社会资本参与农业废弃物资源化利用、农业面源污染治理、规模化大型沼气、农业资源环境保护与可持续发展等项目；鼓励社会资本参与现代农业示范区、农业物联网与信息化、农产品批发市场、旅游休闲农业发展。

两个政策文件有一定引导作用，但在推进农业供给侧改革中，由于投资回报率和资金周转等因素，各项改革措施推进缓慢、财政及金融政策跟进效果并不理想，《关于推进传统基础设施领域政府和社会资本合作(PPP)项目资产证券化相关工作的通知》文件的发布可以讲为农业供给侧改革中PPP投融模式迎来了春天，文件旨在推动PPP项目融资方式创新，更好吸引社会资本，国家从政策角度为现代农业的发展提供了保障，各级政府只要结合实际，要在稳定投入的同时，更好地厘清政府与市场的边界，改革现有的项目、资金管理机制，注重提高资金使用效能，用财政资金撬动金融保险和社会资本参与，让财政资金起到“四两拨千斤”的导向引领、联动捆绑和聚集放大作用，更好地运用市场机制，形成全社会、全方位、全过程、全要素支持现代农业发展的强大合力，从而推动农业供给侧改革的顺利进行。

随着土地流转、农村剩余劳动力转移及城镇化的进程的加快，逐步拉开了农业供给侧结构性改革的“去库存、降成本、补短板”的大幕，即降低玉米等个别农产品的积压库存，通过规模经营等降低农业生产成本，同时还要补上农业基础设施建设、生态环境保护的短板，在此改革过程中，PPP模式必将为农村的资金需求起到“雪中送炭”的效用。

三、借力PPP模式，推进农业供给侧结构性改革的五点思考

推进农业供给侧结构性改革，加快发展现代农业，确保亿万农民与全国人民一起迈入全面小康社会，着眼提高农业全产业链收益，借力PPP模式，做强一产、做优二产、做活三产，实现规模农业提升国际竞争力，还需我国不断分析和借鉴他国农业发展中的经验，如以色列是1948年建国，其自然资源极度匮乏却拥有世界领先的农业技术，政局不稳定却保持了经济的高速增长，十分值得我们研究，在此列出我的五点思考。

1. *政策支撑，重在总体规划，试点先行。*在我国，农业具有弱势性，要提高农业在三大产业中的地位，提高对跨国公司的竞争能力，一是要政府从政策导向上，引导农业生产者从常规农业向无公害农业、绿色农业、有机农业等现代农业转换，逐步扩大农业生产和经营规模；二是要政府从财政措施上，给予农业方面在符合资源等各要素配置总体掌控基础上的资金支持；三是要政府明确试点区域，如在我省苏南和苏北各设一城市为试点，全面启动以政府为方向主导、民营资本全方位进入

的 PPP 模式推进农业供给侧结构性改革，通过政策引导、规划控制、金融支持等手段，进行农业生产要素与资源的重新调整，使其配置资源的能力更强，完成农业转型。再总结经验并因地制宜地逐步推广，完成农业供给侧结构性改革，向现代农业迈进。

2. 规模生产，重在绿色环保，农牧结合。在农业供给侧结构性改革中，要坚持市场需求导向，注重可持续发展，加强绿色、有机、无公害农产品供给，提高全要素生产率，优化农业产业体系、生产体系、经营体系。发达国家降低化肥、农药、农膜、除草剂、饲料、兽药、动植物激素等的使用量以及禁用抗生素作为饲料添加剂没有降低农作物的产量，也没有出现大量动物患病和死亡的问题，反而通过政策引导培育了农产品生产者的环保意识和农产品质量意识，保护了生态环境，增强了农业发展潜力，提高了农产品质量。因此，政府要以宏观的调控与市场竞争相结合，推行农牧结合，形成种养加一体，引导农业产业布局趋好，实现真正符合环保、生态的农业循环经济。

3. 规模经营，重在量化管理，信息透明。推进农业供给侧结构性改革，就是要围绕人的需求进行生产，使农产品供给在数量上更充足，在品种和质量上更契合消费者需要，真正形成结构合理、保障有力的农产品有效供给。利用"互联网＋现代农业"，发展农产品电子商务、休闲农业、创意农业、森林体验、森林康养和乡村旅游等新业态，培育专业大户、家庭农场、农民合作社、农业企业等新型农业经营主体，培育一批各具自身优势的"特色小镇"，通过大数据的分析，运用反馈信息指导政府政策制定修订。

4. 加强培训，重在技能提升，转移就业。完善政策支持体系，积极发展农业生产性服务业，推进城乡发展一体化，加大农民培训力度，培养职业农民，就地培养更多爱农业、懂技术、善经营的新型职业农民，通过推进规模农业，不断扩大职业农民就业空间和就业规模，逐步形成一支农业产业大军的技农队伍。以色列在研究院和大学设置专门的进行农业教育培训的机构、短期培训班和网络远程培训系统，为农民培训现代农业技能和农业知识。在我国有许多职业技术学校，培养出一批又一批的技术工人，为现代工业发展贡献力量，现代农业也可以通过设立职业技术学校来培养产业人才队伍。

5. 搭建平台，重在人才培育，技术创新。农业供给侧结构性改革，更需要发挥科技的核心作用来保障农产品安全，充分利用各农业大学的优势，培养可以在农业一线技术创新的人才，既注重农业新技术研制，也要培育一支稳定的农业科技推广队伍，不断把新研制出的安全农产品生产技术成果推广到农业生产中去，负责职业农民的实践培训，确保能够生产出安全、高效的农产品。以色列每年用于农业研发的资金投入达到农业总产值 2.5％以上，尽管以色列的人口密度很高，每平方公里 366.2 人，是我国人口密度的 2.56 倍，但以色列农业劳动力的参与率很低，2014 年农业劳动力占人口比重仅为 1.7％，而我国为 36.7％。在创新研发的初始阶段，以色列会投入大量财政资金，主动引导资金流向，为激励创投基金更多支持创新，一是政府主动参与其中，并允许投资者在基金成立当年内，按事先约定的低价购买政府份额；二是采用“政府＋私人投资”模式，政府占总资金的40％左右，以此分担私人投资的高风险，但以色列政府并不干预具体的创新资金运营和决策，只是明确创投基金投放领域，给予资金运作充分的自由，也就是PPP模式，我国完全可以借鉴。

参考文献

[1]《中共中央国务院关于落实发展新理念加快农业现代化实现全面小康目标的若干意见》《“十三五”促进就业规划》《国务院办公厅关于推进农村一二三产业融合发展的指导意见》《国家发展改革委、农业部关于推进农业领域政府和社会资本合作的指导意见》《国务院办公厅关于完善支持政策促进农民持续增收的若干意见》

[2]人民银行滦县支行课题组，曹士刚，蔡熙华.金融支持农业供给侧改革模式探讨[J].河北金融，2016(9).

[3]北京大岳咨询有限公司.城镇化和PPP大岳随笔[M].北京：经济时报出版社，2014.

[4]罗必良.农业供给侧改革的关键、难点与方向[J].农村经济，2017(1).

[5]猪场拆迁大增与猪价上涨共舞“环保”成2017年农业供给侧改革重点[J].北方牧业，2017(2).

[6]环保紧箍咒卡得紧猪场面临资金和配套设施不足两大难题[J].北方牧业，2015(24).

[7]杨丽君.以色列现代农业发展经验对我国农业供给改革的启示[J].经济纵横，2016(6).

弘扬“工匠精神”，助推农业供给侧改革

孙定华

（常州交通技师学院）

摘要：对我国农业供给侧改革的现状、问题及对策进行了研究，从我国农业生产主体素质低下的原因以及农业供给侧和需求侧两个方面存在的问题进行了论述，提出了用“工匠精神”解决中国农业供给侧改革困境的可行方法。

关键词：工匠精神；农业；供给侧；改革

一、引言

随着我国粮食产量连续十多年的增长，国家粮食储备库存量不断增长，而粮食进口量也在不断攀升，三量齐增——我国农业出现了农业史上少有的怪现象。新形势下，人们的消费结构不断升级，不仅要求吃得饱，而且要求吃得好、吃得更加营养、更加健康。因此，农业主要矛盾已经由总量不足转变为结构性矛盾，主要表现为阶段性的供大于求，国内普通品种的农产品生产供应量充足，但卖不上价，甚至积压滞销，时不时出现“价贱伤农”的现象；供给不足表现在高品质农产品，国内生产供给不足，或者供应成本高，许多国内需求漂洋过了海，中高端农产品进口显著增加。新世纪以来，党中央、国务院高瞻远瞩，连续发出了十四个指导“三农”工作的“一号”文件。2016 年年初发出的“一号”文件中明确提出农业要进行供给侧改革，要求进行农业供给侧的结构性改革，要求减少低端供给，增加中高端供给，促进农产品供给品种和质量双提高，进一步满足人民日益升级的消费需要，从而提高农业综合效益和竞争力，使得农业的供需关系在更高水平上实现新的平衡。这将是当前和今后一个时期内我国农业政策改革和完善的主要方向。

如何响应党和政府号召推进农业供给侧改革？全国各级政府及相关部门群策群力，谋划了很多去库存、降成本、提品质、调结构、补短板的改革良方，虽然也取得了一些预期的效果，基本保住了粮食自给能力不降低，农民增收势头不逆转，农村稳定不出问题。但这些仅仅是应急方案，治标未能治本，且可持续发展的问题却远未达到令人满意的水平。

二、农业供给侧改革的主体素质分析

农业供给侧结构性改革，既是一场广泛的生产力调整，也是一次深刻的生产关

系变革。农业生产的目的是最大限度地满足人的食物、衣物、住房、出行等的需求。农业生产的要素是指与农业生产、经营必不可少的物质和非物质因素或条件(资源),如生物、光、热、水、空气、养分、土壤、土地、劳动力、资本、技术、管理等,其中的劳动力要素是农业生产力中最重要、最关键、最具能动性的要素。推进农业供给侧结构性改革不能“见物不见人”,因此我们在进行农业供给侧改革时就必须把对劳动力要素的改革作为首要突破口。

当前我国农业劳动力的现状是:农业人口数量庞大达到 9.5 亿,除去 3 亿左右的农村人口在城市打工外,生活在农村的人口约为 6.4 亿左右,其中除去老、弱、病、残、幼人口,真正的青壮劳动力人口也就 3 亿左右,而且普遍受教育程度比较低。小学及文盲人数占比 50%左右,初中文化人口占 45%左右,高中文化人口占 4%左右,大专文化以上人口不足 1%,农业人口的素质相对低下。马克思主义认为,人是生产力中最富有活力,最富有创造性的决定性因素。只有人的素质提高了,经济才能发展,社会才能进步。有关专家关于劳动生产率的调查表明,以文盲的劳动生产率为 1 计,小学文化程度则为 1.43,中学文化程度为 2.08,大学文化程度为 4。所以世界上发达国家都把提高农民素质放在极重要的位置。德国农民大学、中学毕业的占 67%,日本农民大学、中学毕业的占 59%,英国 80%农民受过良好的职业技术教育。[1]劳动力的素质包括文化素质、技术素质、道德素质、管理素质和身体素质等。文化素质的高低,直接影响着农业技术的学习和应用;而技术素质则影响到农产品的质量和品质;思想素质和管理素质就是决定农业的发展方向和发展前途,对推动农业供给侧改革起着至关重要的作用。

三、工匠的内涵与外延及新时代的“工匠精神”

工匠是从农业人口中分离出来的,是指掌握一门技艺并亲自从事器物制作的人,但文化一般不高,社会地位较低,如木匠、泥瓦匠、铁匠、剃头匠等。美国学者理查德·桑内特在《匠人》一书中说,木匠、实验室技术员和指挥家全都是匠人,因为他们努力把事做好……匠人代表着一种特殊人的境况,那就是专注。[2]他的意思是说,无论你是从事手工业劳动者,还是从事科技工作者,还是艺术创作者,只要你专注于一件事,并力求把它做到极致,就都可以称为匠人。因而工匠的时代内涵则可概括为“专注”“品质”“创新”。所以,凡是致力于创造物质文明和精神文明的技艺追求者都应该在现代工匠的外延所指。如此,可以看出农民也应该是在新时代工匠范畴内,而且农民勤劳、朴实、敬业的精神,也是工匠内涵的基本成分。

“工匠精神”是指工匠对自己的产品精雕细琢,精益求精、一丝不苟的精神理念。3 月 5 日,全国两会上,李克强总理在政府工作报告中谈到如何做好供给侧结构性改革时强调,要努力改善产品和服务供给,培育精益求精的“工匠精神”,增品种、提品质、创品牌。所以“工匠精神”的内涵是:精益求精,追求完美和极致的品质;严谨,确保质量符合标准;专注,不断完善永不停止追求;敬业,心无旁骛、毕生追求。“工匠精神”要求真正把品质放在第一位，静心、专注、一丝不苟、追求创新，想方设法把产品做到极致，对待技术革新，对待产品生产，都要像庖丁那样，手到、心到、神到，真正为用户提供优质的产品，努力为用户提供信得过的满意服务。与“工匠精神”相反的工作态度就是行事浮躁、随随便便、敷衍了事、马马虎虎、得过且过、差不多就行，根本不把消费者放在第一位。

四、用“工匠精神”推动农业供给侧改革

农业供给侧结构性改革的目的是要提高农业供给体系的质量和效率，来满足人民日益增长的生活需求。我国农业供给侧改革需要“工匠精神”来补上“精神之钙”，当前农业生产规模小、产品品种单一急需要“工匠精神”来推进转型。可见，弘扬“工匠精神”可以有力推动和促进供给侧的改革。

1. 调结构、增品种。人民的需求是市场经济运行的出发点和归宿，是调结构、增品种的源泉和动力。所以我们供给侧改革的“着眼点”应在需求端，而“着力点”则应在供给端。用“工匠精神”来优化调整农业的区域结构、生产结构，增加农产品的品种，提升产品的质量与效益，扩大中高端供给，持续满足并引领消费者的健康需求和精神消费，从而实现供给端质的突破，让农业在做大的基础上做强，提升人民的幸福指数。

2. 提品质、增效益。随着我国人民收入的不断增长，人民的消费需求也由温饱型向品质型的方向转化。粗犷的生产方式和产品形象，并不代表原生态，反而是初级产品、大路货的代名词。国内外市场对优质农产品的需求出现了前所未有的旺势，交易价格大大高于普通农产品，优质农产品的价格要高出普通农产品的60％，甚至数倍。所以农产品的质量不仅仅是农业效益的保证，更是农业的生命。此时弘扬“精益求精”“追求极致”的“工匠精神”恰好就能克服这千年流传的陋习。

3. 降成本、补短板。目前我国农业生产的成本在因种子、化肥、农药等的价格上涨而逐年被抬高，表面上看是农业被逼无奈，深层次进行分析就会发现滥用农药、过度依赖化肥，不仅会增加成本，而且造成了严重的农业污染，如农产品的农药残留超标，土壤板结，重金属超标等。农业生产成本畸形增高的背后就是我们急需补齐的短板。只要我们专注于农产品的绿色发展方式，创新培育新型农产品，发扬“工匠精神”，就一定能够补齐短板、降低成本。

4. 兴科技，树品牌。科技是第一生产力，品牌是产品的号召力。种业是农业的基础，农业供给侧改革首先要弘扬“工匠精神”，不断创新，坚持好中选优，采用先进的科学技术来加大农作物、油料、蔬菜和畜禽品种的选育和繁殖。用科学技术和“工匠精神”从种业这个农业的源头上支撑好农业供给侧改革的大业。当前，“绿色”“有机”“无公害”是名牌农产品的前提和保证。农业供给侧改革中科技的力量和专注品质的精神，将会进一步使农药的安全性、化肥的有机性、生产过程的无害性以及环境的友好性得到进一步提高。“互联网＋”及大数据技术，对农业供给侧

改革推动作用非常巨大，它能帮助农业经营者及时获得市场需求的信息，能帮助经营者及时调整供给不匹配问题，还能够让消费者了解到农产品的生产全流程，从而树立消费者的信心，达到提高品牌含金量的目的。[3]育人才，可持续。中国的问题在农业，农业的问题在农村，农村的问题在农民，所以农业供给侧改革的关键问题是如何培育具有“工匠精神”的农业人才。现代农业人才不仅仅局限在农业生产技术上，还需要在农业经营、品牌推广上，更需要有互联网思维和资本运作思维。我国《现代农业人才支撑计划实施方案》提出：到 2020 年，选拔一批农业科研杰出人才，给予科研专项经费支持；支持 1 万名有突出贡献的农业技术推广人才，开展技术交流、学习研修、观摩展示等活动；选拔 3 万名农业产业化龙头企业负责人和专业合作组织负责人、10 万名生产能手和农村经纪人等优秀生产经营人才，给予重点扶持。[4]这充分说明了国家对于现代农业人才培养的重视，也说明了现代农业人才对农业的可持续发展具有巨大的促进作用。

五、总结

弘扬“工匠精神”对农业供给侧改革的助推作用是毋庸置疑的。当前我国农业还处于大而不强的阶段，用“工匠精神”培养新型职业农民，在农业供给侧改革中既保留传统特色、又融入创新元素，让每一个农产品都凝聚匠心、显露精致品质。我们有理由相信在不久的将来我国农业供给侧改革调结构、降成本、树品牌、增效益等方面取得辉煌的成果。

参考文献

[1] 李敏. 论农民增收面临的新挑战及对策 [J]. 中共云南省委党校学报(昆明)，2001(4)：54-57.

[2] 李砚祖. “工匠精神”与创造精致 [J]. 装饰，2016(5)：12-14.

[3] 周蓉. 国家农业科技园区创新能力评价：创新态势现增长活力[J]. 中国农业科技，2016(5)：54-57.

[4] 农业部，教育部，科学技术部，人力资源和社会保障部. 现代农业人才支撑计划实施方案[J]. 农村工作通讯，2011(20).

精准匹配供需　推进农业供给侧改革

王　卿　陆星星

（中国联合网络通信有限公司常州市分公司　江苏赛红科技发展有限公司）

摘要：中央农村经济工作会议指出，推进农业供给侧结构性改革，是“三农”领域的一场深刻变革，关系农业的长远发展。这是对农业供给侧结构性改革做出的重要部署，也是党中央首次在中央农村工作会议上提出深入推进农业供给侧结构性改革。现今虽然我国的农业发展和农业供给侧改革已经取得了很大成就，但是随着改革的深入推进，暴露出了一些新的问题。本文分析了目前农业供需存在的主要问题，并从规划设计、建设、宣传、人才培养等多个方面提出了解决建议以实现供需的精准匹配，进一步推进农业供给侧改革。

关键词：供给侧；改革；供需；精准匹配；农产品；农业

“农，天下之本，务莫大焉。”对一个有着十三亿多人口的悠悠大国来说，重农固本一直是重中之重。能否抓好“三农”问题，对于中国未来发展全局有着重要的战略意义。

2016 年 12 月 19 日至 20 日，中央农村工作会议在北京召开。会前习近平总书记主持召开中央政治局常委会会议时强调：要始终重视“三农”工作，持续强化重农强农信号；要准确把握新形势下“三农”工作方向，深入推进农业供给侧结构性改革。

随后 2017 年 2 月 5 日，新世纪以来指导“三农”工作的第 14 份中央一号文件——《中共中央、国务院关于深入推进农业供给侧结构性改革加快培育农业农村发展新动能的若干意见》由新华社受权发布，这标志着我国农业供给侧改革进入了深化之年。

前期我国农业发展取得了一定的成绩，如 2004 年以来，我国粮食连续 12 年增产，2015 年达到 12 419 亿斤，农业生产能力迈上大台阶。农民收入持续较快增长，2015 年农村居民人均可支配收入 11 422 元，城乡居民收入差距连续 6 年缩小，城乡收入比降到 2.73∶1 以下，农村生产生活条件有了明显改观。但是农业在连续多年发展后，也遇到了一系列前所未遇的问题，如大宗农产品供求结构错位问题，农业改革以行政手段为主，市场手段不足的问题等。当前我国国民经济进入新一轮的高速增长时期，消费需求在不断增加和更新，但是农产品供给的发展则较为落后，一系列的供需问题和矛盾日益凸显。如何解决这些问题和矛盾，实现供给与需求的精准匹配，无疑对农业供给侧改革和整个国民经济发展都有重要的意义。

一、供需匹配存在的问题

(一) 农产品数量和价格供需不匹配

目前我国农业生产存在严重的一窝蜂现象，对于现下需求较大、销量较好、价格具有优势的品种，存在大量的跟风种植现象，造成产量大小年，价格波动较大，最终导致了农业供给品的数量、价格稳定的需求无法得到满足。如 2009 年至 2010 年大批量种植金银花，导致了 2011 至 2013 年期间，金银花价格从最高 360 元/公斤跌至每公斤不足百元，“一窝蜂”带来了供给数量、价格与需求不匹配的问题，导致了产量和价格的大幅波动，造成药农忍痛砍花，从生产到销售亏损严重。

(二) 农产品质量供需不匹配

随着经济的发展，当前消费者对优质农产品的需求大大增加，但是由于过去在温饱线上徘徊时间较长，对农民的认识造成了影响，农业生产者大多只看重农产品的数量而非质量。同时由于目前农业生产还是小规模生产，靠天吃饭的意识还是比较强，因此生产的农产品质量参差不齐，优质产品占比少，造成了农业供给品和市场消费方对优质品的需求无法匹配，大量的次产品销量不好，也影响了农业生产者收入。

(三) 安全放心消费的需求无法满足

当前分散的生产经营方式难以满足标准化的要求，同时生产方式较落后，生产过程现代化、标准化程度不足，如农业生产过程中的农药和化肥的随意使用带来残留污染，农产品加工过程不透明带来添加剂的滥用。对于这些食品安全的隐患，消费者心存疑虑。因此当前农业供给品存在与安全、放心的消费需求不匹配的矛盾。

(四) 精细化的农产品消费需求无法满足

当前农业生产方式较为粗犷，品种较单一，细分品类不足，无法满足多样化需求，经常出现供给品卖不出，消费者精细化、个性化需求得不到满足的矛盾。

(五) 农业及相关产业链配套建设需要加强

随着城市的建设经济的发展，大量农民进城，带来了农业从业人员数量减少和现代化技能素质偏低的问题。

在消费需求信息获取方面，有相关能力的人员比例偏少。另外消费需求快速反馈及匹配后，生产出来的农产品，也需要快速到达消费者，因此农村物流体系的建设重要性不言而喻。目前农业信息化体系和农村物流体系的建设主要面临着系统、道路、末端物流点、相关从业人员等问题。

二、供需匹配的对策与建议

(一) 农业和农产品生产区域进行顶层设计规划

通过气候、土壤、环境、生物等影响农业生产的主要因素进行全面、综合的评估分析，根据分析结果进行全国农产品区域战略规划，各省的区域主要品种进行区分和细分，保证主要农业供给产品的数量和价格相对稳定。

（二）推动农业规模化生产

针对目前农业生产的土地限制，建议加快土地流转，进行规模化生产；同时推动生产标准化，提高农产品质量，增加农业供给品销量，提升农民收入。

（三）加快农业生产现代化建设

加快农业现代化建设，加强生产过程监管，达到全程可追溯，提升生产过程的工艺和标准，提高食品安全性，满足食品安全放心需求，提升销量。

（四）加快农业信息化平台及物流体系建设

1. 加快农业信息化平台建设

建议加快农业信息化平台建设（短期内可依托现有平台进行建设），通过信息化平台缩短需求反馈的环节和时间，实现需求快速响应以及部分可定制生产，达到精准匹配需求、按需生产的效果。

同时通过信息化平台的建设，提供农产品生产、流通环节的全部信息，实现全程可追溯。

比如，以 12316 服务基础为依托，充分整合各个平台的农业气象、农作物“四情”监测、农产品供求、农机作业调度、农产品检测等数，形成农业信息化大数据库，通过云服务，从生产到消费到监管各个环节的人员，可以按照自己的需求进行信息获取、查询、监测、上报、预定、确认、反馈等，这样不仅可以向农业从业人员提供一站式农业信息服务，还可以大大满足不断发展的各种精细化的消费需求，可以进一步推进农业供给侧改革的进程。

2. 加快农村物流体系建设

建议基层政府通过政策引导、整体规划和建设投入，推进道路基础设施建设升级，推进末端物流点的落地，培养、吸引和稳定物流相关从业人员。如在逐步推进实现村村通公路的基础上，依托各快递公司，建立农村物流服务点等，最终建立全面覆盖农村末端的物流体系。相信随着农村物流体系的不断建设和完善，精确匹配后的需求必将能得到快速的响应。

（五）加快新技术应用、成果推广

来自 2014 农业信息化高峰论的数据显示，北京、黑龙江、江苏、天津、上海、安徽、内蒙古、新疆等 8 个省区市先后启动实施了各自所承担的国家物联网应用示范工程和农业物联网区域试验工程，并取得了阶段性重要成果。后续需要进一步推广已成功的试验成果，促进农业的发展，为市场和消费者提供更多、更好的选择，加快推动农业供给侧改革。

（六）加大人才培养力度

1. 通过培训提高农民素质

在不断完善进行农业信息化、现代化、规模化以及基础设施建设的同时，加大对农民素质和能力的提高的培训，可以通过传统的和信息化手段相结合的形式进行。

2. 通过政策引导吸引更多“城归”农民工扎根农业

随着近年劳动密集型产业梯度转移的趋势日益凸显，以及农村城镇化的快速发展，出现了大量从城市回归农村的“城归”农民工群体。这些群体与传统农民相比，眼界开阔、有一定的技能、有一定的财富积累、有创新的想法和意识、更了解当前市场的需求；建议基层政府通过制定相关优惠政策，鼓励和吸引更多的“城归”农民工到农村进行创业，更好地促进农业的生产发展，促进农业供给侧改革。

(七) 加大宣传、提升百姓意识

建议各级政府要加强宣传教育，尤其是优质农业产品和优秀农业创业案例的宣传，提升优质农产品的认可度，提高全社会对农业重要性的认识，更好地推进农业供给侧改革。

三、小结

相信通过政府、政策、市场多方合力，定能大大推动供给和需求的匹配，进而提升农产品的安全、质量，稳定农产品的数量和价格，提升农民收入，稳定农业从业人员，最终进一步推进农业供给侧改革。这对促进农业的长远发展，甚至对促进整个国民经济发展都有非常重要的意义。

参考文献

[1] 周莉. 浅析小规模家庭经营与我国农产品质量安全[J]. 经济研究导刊，2012 (35)：184-185.

发展生态农业面临困境及应对策略探讨

金 叶

（常州卫生高等职业技术学校）

摘要：生态农业以资源的高效和循环利用为核心，以低消耗、低排放、高效率为特征，是推进农业供给侧结构性改革、满足人民群众对农业日益增长的需求的创新之举。目前发展生态农业面临的困境主要是：人多地少、土壤退化、土壤污染、农业科技推广不足及农村年轻劳动力流失问题；应对策略是：严守耕地红线，推广生态农业，加大农业科技的投入，遏止土壤污染和退化，增加农民收入。

关键词：耕地；生态农业；食品安全

生态农业以资源的高效和循环利用为核心，以低消耗、低排放、高效率为特征[1]，不仅产生明显的经济效应，切实保护和改善生态环境，还带来巨大的生态和社会效应，是推进农业供给侧结构性改革、满足人民群众对农业日益增长的需求、增加农民收入、提高农产品品质、走可持续发展的现代循环农业的必由之路。

由于生态农业是在尊重自然、保护环境的基础上，合理开发利用土地[2]，不是借助人工合成的化肥、农药，而是利用微生态的大循环，提供安全的有机或绿色食品，同时改善农产品品质、增加农民收入，是一种农业的绿色可持续发展的生产体系，能够实现经济、生态、社会效益的统一。推广生态农业需要理念、政策、科技研发、财政等各个环节的社会支持和共识。

一、目前发展生态农业面临的困境

（一）土地资源不足，人多地少的矛盾突出

“民以食为天，食以土为本”精辟概括了人类-农业-土壤的关系。土壤是人类的“摇篮”，也是生物多样性的根基[3]；同时由于土壤的形成和石油一样是一个漫长的过程，俗称“千年龟万年土”，因此土壤是稀缺资源，也是一种破坏后难以再生的资源。

我国人均耕地面积只有世界平均水平的三分之一，资料显示长江流域人均耕地面积约 0.073 hm^2，其中浙江、湖南、湖北分别只有 0.054 hm^2、0.059 hm^2、0.06 hm^2，均低于国际上人均耕地 0.067 hm^2（1 亩）的警戒线[4]。目前我国人口与耕地反向变化，加上房地产、建设用地对城郊优质耕地的占用，人地矛盾日益突出，其后果是耕地负荷过重、使用率过高，导致耕地质量下降。加上过度施肥、不合理施肥

均加剧耕地土壤退化，影响农产品品质，制约农业的可持续发展。

(二) 土壤退化、土壤污染制约生态农业的推广

南京土壤研究所的研究员龚子同等[3]指出：由于土壤利用程度高，土壤退化已经影响了我国60%以上的耕地。主要原因有毁林、毁草开荒导致严重水土流失后的土壤侵蚀；土壤荒漠化；土壤盐渍化；施用过量氮肥、有机肥用量减少等施肥不当造成土壤养分贫瘠化。

土壤污染，2014全国土壤污染状况公报中耕地土壤点位污染物超标率19.4%，镉、镍、铜、砷、汞、铅、滴滴涕和多环芳烃成为罪魁祸首；大棚设施蔬菜生产带来的农药、重金属、抗生素等污染物累积的生态问题；酸沉降、施肥和管理不当造成的土壤酸化；工业"三废"、污水灌溉、化肥农药、污水处理厂含有重金属等污染物的污泥、畜禽排泄物及自然灾害频发都破坏耕地质量、污染土壤。

土壤一旦退化或遭到污染，恢复的难度巨大，我国的科研实力和经济基础不可能在短时间内恢复土壤的正常生产能力；这种土壤状况对实施生态农业技术、保证食品安全带来巨大挑战。

(三) 生态农业理念、农业科技推广不足

地球就是一个大的生态系统，微生物、植物、动物和人类都"共生"在这个生物圈之中，生态系统内部各个物种之间存在相互依赖、相互制约的平衡关系，例如野蜂多了，三叶草就繁茂；狼少了，草原的野鼠就猖獗。对淡水、耕地、森林、石油等自然资源进行超出了环境的承载能力的过度消耗和滥用，会威胁人类自身的生存。针对土壤来说，由于人多地少，我国农业生产过度追求农作物产量、不重视土壤的可持续发展，过多使用农药、化肥和杀虫剂等化学物质，干扰土壤的微生物种群，损失有益微生物；导致土壤板结、水分丧失、肥力下降、农作物产量下降，农作物的营养价值也下降。

生态农业的观念必须推广到千家万户，才能有效使用农家肥，让植物、动物及人类的排泄物等有机质最终再回到土壤，实现周而复始的循环，保证农业的可持续发展。

生态农业的基础是微生物学，涉及生物工程或生态工程，既包括研究土壤微生物、昆虫、蚯蚓的活动，也包括发酵技术，畜禽和人类粪便无害化处理技术等，必须有科技的支持才能得到健康的发展，我国农业科技的投入明显不足，制约生态农业的发展。

(四) 农民收入过低导致农村年轻劳动力流失，威胁粮食安全

目前我国农村由于种地不赚钱，土地闲置和撂荒现象普遍存在，农民辛辛苦苦种1年地，收入比不上打工收入，所以农田耕作是"70后不愿，80后不会，90后不提"，这对国家的粮食安全构成严重威胁；有关部门公开数据显示，我国粮食自给率已经降至87%，我国食用油的80%以上都依赖进口原料加工，粮食安全面临极大的挑战。必须通过政策引导，吸引年轻人参与生态农业种植、研发，并且让农民增

加收入、有钱赚,才能真正推动生态农业的发展,生产出绿色、高质量的农产品。

二、发展生态农业的应对策略探讨

由于我国已经连续粮食产量稳定增长,具备了让部分土地轮种,休养生息的条件,这为发展生态农业带来了难得的机遇。针对以上困境,建议采取的应对措施是:

(一)保护稀缺的土地资源,严守各个地区的耕地红线

严禁巧立名目变更耕地用途;严禁以不减少耕地总量名义占“好”补“劣”,占“近”补“远”,占“水田”补“旱地”,导致耕地总体质量下降行为;加大对长期占用土地、违规占用农民土地的惩罚力度,对有关部门的野蛮拆迁行为违法必究、坚决打击;对占用耕地行为开征资源税,用于建立生态补偿机制;为了遏止将房地产作为投资品对土地的占用,尽快对拥有多套住房者收取房产税;严格控制建设用地规模,尽量提高土地使用效率,更多地利用原来建设用地整理改造补充建设用地;从理念、生产、消费等生活的各个环节入手,拒绝奢侈消费,大力倡导低碳、简约的生活方式,降低土壤的负荷。

保护有限的土地资源,才能维持农业的可持续发展,推广生态农业、保证食品安全。

(二)推广生态农业的理念,遏止土壤退化

生态农业能够生产无污染的安全、优质、营养类绿色食品,满足人们对食品安全的需求。根据农业部2014年实施的《绿色食品 肥料使用准则》[5],肥料使用应该遵循化肥减控、可持续发展和有机为主等原则。这就要求增加农家肥料、有机肥料、微生物肥料的使用比例,倡导秸秆还田,减控化肥用量。

长期大量、不合理使用化肥会导致农产品品质下降、农田土壤退化、农业生态环境恶化,达不到提高农作物产量的初衷。例如长期大量单一施用氮肥不仅导致土壤酸化板结、还污染水源,造成水体富营养化、水藻疯长、鱼类等水生生物减少甚至死亡,导致叶菜类蔬菜、特别是大棚内叶类蔬菜硝酸盐含量超标;大量使用磷肥导致水体富营养化,还存在重金属超标和放射性污染问题。

推广生态农业的理念,合理施肥,能够保护现存耕地的品质,推动农业绿色、可持续发展。

(三)加大对农业科技的投入

生态农业虽然在尊重自然的理念上与传统农业有共同点,但是并不等同于传统农业。需要科技支持,需要研究土壤中大量生物、微生物、昆虫、蚯蚓的活动,发酵技术,畜禽和人类粪便无害化处理技术等生态农业技术。政府首先要加大科研院所对生态农业的支持,大力发展低投入、高产出、高质量、高效益、无污染的微生物肥料,将最先进的科技研究成果,及时转化为现代生态农业的生产能力;第二,政府应该增加对农业科学技术的扶植和施肥指导,推广测土配方施肥技术,让农民按

照土地成分合理施肥，既减少农药化肥的浪费和污染、节省劳力和支出、提高农作物产量及品质，又提高农民种粮的收入；第三，通过各种科技投入帮助农民秸秆还田，增加土壤肥力。

（四）控制各种污染源的排放，减少新的污染，开展土壤修复

土壤一旦被破坏，恢复的难度巨大，土壤污染应该预防为主。

目前有些地区人类活动和规模化畜禽类养殖产生的污水、垃圾和排泄物超出了周边土壤的承受能力，导致土壤污染、农产品品质下降，应该提前布局、科学规划，遏止土壤的退化和污染。对已经被污染的土壤加大土壤修复的研发和修复力度。关于控制土壤污染值得特别关注的源头是：

1. 污水处理厂污泥污染

一个中等大城市日处理污水100万吨（按照80%污水处理率），日产污泥就达到800～900吨[5]，按照“十三五”规划，城市污水处理率要达到95%以上，污泥量巨大，处理得当是二次肥料，但是，城镇污泥中含有致病微生物、重金属等杂质，我国污泥处置的主要方式为卫生填埋、堆肥、焚烧等，必须妥善处理，才能减少对土壤的二次污染。

2. 禽排泄物污染

随着农药化肥逐渐替代了有机肥、人们对禽、肉类的消费量日益增长，大规模养殖专业户畜禽粪便的还田率逐年下降，并且由于饲料添加剂、抗生素的使用，畜禽粪便中存在重金属等污染物超标问题。我国超过70%的畜禽养殖分布在东部地区及大城市的城郊，这些地区耕地面积有限，单位面积的畜禽粪便承载力有限，畜禽粪便污染的压力较大。必须适当调整养殖业的布局，人口密集地区不再新建大型养殖场，减少畜禽排泄物对土壤的污染；鼓励利用畜禽粪便、秸秆产生沼气，沼气用于发电和热水生产，沼液利用灌溉设施还田，沼渣作为有机肥料，用于花木种植，实现资源的循环利用。

3. 垃圾污染

我国目前每年产生10亿吨垃圾，三分之二城市被垃圾包围。垃圾分类可以变废为宝，使垃圾成为二次资源。未经过分类直接处理的垃圾既浪费宝贵资源，又污染环境。垃圾直接焚烧增加了污染物以有毒烟雾（二恶英、多环芳烃等）的形式在大气中的排放，更麻烦的是汞、铅、镉等重金属烧不掉，会继续污染地下水；烟雾通过沉降污染更大面积的土壤、农作物、地表水；垃圾填埋也会污染土壤和地下水，必须强调在垃圾减量、垃圾分类的基础上的焚烧或填埋，必须大力推广垃圾分类，早日实现垃圾资源化利用，推动农业和全社会的绿色、循环和可持续发展。

（五）加大全社会对农业的支持，大幅提高农民收入

我国是传统农业大国，新中国成立以来，为了降成本、支持工业快速发展，农产品价格一直偏低，随着目前劳动力成本，种子、农药化肥等生产资料成本的不断抬高，种地更加成为低收入、自然灾害时收入负增长的产业。要加快农业现代化，必

须适当提高农产品价格，并且增加农产品价格中农民收入的份额，而不是都落入了流通环节。

人类生存的食品80%来自土壤，全社会都有责任支援现代生态农业的发展，例如秸秆还田，目前农村在缺乏劳动力、又没有科技支持情况下，只能就地焚烧，政府不能因为空气污染就一禁了之，而是应该协调、帮助农民进行秸秆的综合利用，我国每年产出的秸秆总量约7亿吨[1]，可以混入土中还原为肥料，作为粗饲料喂养家畜，使用秸秆发电，作为造纸和制作手工制品的原材料等。这样既增加农民收入，又实现了资源的循环利用，还解决了秸秆焚烧污染空气的问题。政府有关部门应该推广各项惠农政策，不断增加农民收入，让农业成为有尊严、年轻人愿意从事的职业，才能真正实现农业的可持续发展。

参考文献

[1] 周青，张勇，黄武. 秸秆资源纤维素综合利用实用技术[M]. 北京：中国农业出版社，2015.

[2] 李素珍，杨丽，陈美丽. 生态农业生产技术[M]. 北京：中国农业出版社，2015.

[3] 龚子同，陈鸿昭，张甘露. 寂静的土壤[M]. 北京：科学出版社，2015.

[4] 邓先瑞. 自然地理与资源环境研究[M]. 武汉：长江出版社，2015.

[5] 张新明，张志华. 绿色食品肥料实用技术手册[M]. 北京：中国农业出版社，2016.

发展农业新业态　助力农业供给侧结构性改革

陈　凯　计小良　季　敏

（常州润泰文化有限公司　常州家绿林果园艺有限公司　金坛区农林局）

摘要：今年中央一号文件继续聚焦农业，农业供给侧结构性改革如期成为主题。如何破题农业供给侧结构性改革？笔者把视野锁定在农业新业态。试图通过农业业态发展的成绩与不足，发展趋势的分析，找到发展农业新业态的重点。

关键词：农业新业态；供给侧改革；建议；江苏

在供过于求和供给不足并存已成为我国农业主要矛盾的形势下，推进农业供给侧结构性改革，提高农业综合效益和竞争力，是当下和今后一个时期农业政策改革完善的主要方向。今年中央一号文件决定，把推进农业供给侧结构性改革作为农业改革的主题。未来经济的繁荣发展，品牌、渠道、管理等要素的作用会进一步弱化。未来经济是注意力经济和链接经济，在新的经济发展洪流中，发展农业新业态应该成为农业供给侧改革的重点方向。

一、农业新业态与农业供给侧结构性改革

农业供给侧结构性改革是针对当前的农村发展形势做出的研判，是一种新的提法。但中央对农业结构调整的要求其实从来没有间断过。今年中央一号文件提出的农业供给侧结构性改革，与以前的农业结构调整相比，是既有传承和延续，也更有创新和发展。

农业供给侧改革，首先要把提高农业供给体系质量和效率作为主攻方向，在深层次上从产业和体制两个方面，增强供给体系对需求变化的适应性和灵活性，提高农业全要素生产率。其次，要把促进农民增收作为核心目标，农业经营效益的提升、农民收入的增加，是农业供给侧结构性改革成效的检验尺度和持久动力。改得对不对，市场说了算；改不改得动，农民说了算。再次，要把改革作为根本途径。农业供给侧结构性改革是一场深刻变革，不能只动结构、不动机制，要用改革的办法激发活力、增进动力，要坚持市场化导向，充分发挥市场这只“看不见的手”的作用。最后，要把创新思维作为重要动力，以发展的眼光看当前形势和未来走势，既坚持问题导向，又坚持目标导向。着眼新主体、新业态、新模式、新动能，用城乡统筹的视角，研究城乡关系变化，促进金融、土地、农民工等城乡要素合理配置，用城乡一体化的方法推进改革。

发展农业新业态，不仅可以提高农业供给体系质量和效率，还能增强农业供给体系的适应性和灵活性，提高农业全要素生产率。发展农业新业态，不仅可以提升农业效益，增加农民收入，还能促进体制机制改革，促进各要素融合发展。发展壮大新产业新业态，不仅能拓展农业产业链价值链，还能助力现代农业体系构建。

二、我省农业新业态发展基础与问题

（一）发展基础

我省农业增效、农民增收、农村增绿，粮棉油、肉蛋奶供给充足，农民收入增幅继续高于城镇居民。最具亮点的是农业新业态蓬勃发展。伴随立体种养、农牧渔结合，农村一二三产业深度融合，生产智能化、营销网络化这三大趋势，大农业正加速由理念走向现实。产业结构调新的同时，农业价值链也得以完善。农产品加工业一头连着农业，一头连着工业。规模以上农产品加工企业主营业务收入占制造业比重有所增加，成为带动农民就业增收的基础性产业。休闲农业一头连着农民，一头连着市民。“田园变公园、农房变客房、产品变商品”。农民们利用闲置房屋经营休闲农业，改变了长期依靠传统种养生产的单一模式。以加工业带动“接二连三”，以休闲农业带动“隔二连三”，农业已初步成为“有文化说头、有休闲玩头、有再来念头、有发展奔头”的产业。如今，以农民为主体，社会资本热情参与，各类要素加速回流农村，经营主体更加多元，分工分业更加精细。

值得一提的是我省乡村休闲旅游，特色小镇建设等均取得了一定成效。我省结合城乡一体化和美丽乡村建设，依托农耕文化、自然生态、民风民俗等优势资源，研究制定了促进乡村旅游和休闲观光农业发展规划，积极开发农业多种功能，促进形成布局合理、特色鲜明、功能多元的乡村旅游新业态，全省休闲观光农业与乡村旅游业发展水平普遍提高。

（二）发展问题

随着经济发展进入新常态，我省农业发展面临许多矛盾和挑战，农业比较效益偏低，主要农产品价格高于国际市场，农业生产成本不断攀升，资源环境约束加剧，小而散等问题依然有待破解。今年中央一号文件发布以来，各地出现了一些新问题：

1. 同质化倾向加重。如工业经济一样，农业领域同质化现象也十分严重。“特色小镇”“休闲农业观光旅游”等特色品种遍地开花。仅影视小镇就有几家，有些小镇完全不顾当地的自然和人文要素，凭空臆想，不伦不类。跑马场、垂钓、碰碰车、花海等项目在农业休闲和观光旅游线路上比比皆是。“小而散”变着花样在各地出现。

2. 经营人才及职业化员工匮乏。目前，农村现代化缺的是能把土地、资本等生产要素结合起来的合适人选。人的流向，是社会活力最重要的表征。我国农业面临的成本上涨、价格倒挂、增收趋缓等突出矛盾和问题，一个根本制约是农村适龄劳动力长期净流出，农业经营方式转变滞后。随着城镇化的进一步深入，农业副业化、农户兼业化、农民老龄化问题逐渐浮出水面，培育懂农村、有闯劲且留得住的新型农业经营主体和服务主体，就成了一个迫在眉睫的问题。

3. 信息鸿沟拉大。“信息”这个名词对偏远地区的农民来讲，依然很陌生。农业信息得不到广大农户充分有效的接收和利用，农业信息网络推进到县、乡后，如何进村入户遇到了障碍，信息传递不到农户就不能发挥信息化的作用。广大农民及农业经营者迫切需要准确的供求、价格、未来价格预测及风险预警等方面的信息。目前供给侧尤其缺乏有价值的信息分析和对未来农业经济形势的预测，农业信息对农业的生产经营指导性较差，涉农信息资源分散，服务支撑条块化 ，信息鸿沟拉大趋势明显。

（三）农业新业态发展趋势

1. 水土治理加强。水利是农业的命脉，水土治理是农业的首要问题。中国是世界上 13 个贫水国之一，淡水资源十分匮乏，人均淡水占有量仅为世界平均水平的 27%。中国长江以南 36%的耕地拥有全国 81%的淡水资源，这意味着北方的农业发展面临着更为严峻的缺水问题。我国的有效灌溉面积刚过 50%，更不要说旱涝保收了。眼下最突出的问题就是大力增加有效灌溉面积和旱涝保收面积。就总体而言，应主要抓好四件大事。一是严格控制地下水的开采；二是建设水库，用好地表水，保障生活用水；三是注重发展节水农业；四是净化水资源，严防污染。

2. 二三产业融合发展加快。农业是一二三产业融合发展的产业。美国的农民只占总人口的百分之一点多，而美国为农业服务的服务业就业人数却占美国总人口的 17%～20%，就是一个农民种田后面跟着十多个人为他服务，所以我们的二产、三产，可做文章的地方很多。当前，农民增收最快捷的就是乡村旅游，可以把它定位为“中国农民的第三次创业”。

随着人们收入水平的提高，生活方式的转变，休闲时间的增多，交通通信的发达，乡村旅游已经成为一个世界性的潮流，中国当然也不例外。2014 年底，我国到全国乡村旅游的人次为 12 亿，到 2015 年底达到 22 亿，一年之间增长了 10 亿人次，所以开发潜力非常大。有关方面预测，到 2020 年可能将达到 65 亿～70 亿人次。乡村旅游的前景是越来越好。

3. 智慧农业比重大增。科技对农业的贡献率与发达国家相比还有很大差距，关键就在于农村缺乏掌握现代科技的人才，厌农弃农的社会风气使精英远离“三农”。“三农”的最大问题就是缺乏现代元素，而注入现代元素，固然需要现代设施等硬件建设，但首先要有一个掌握现代知识的接受主体。农民一定要跟上这个时代，特别是新型农民。要解决这个问题，先要把农村教育搞好。农村 5 亿多劳动力，平均受教育时间不足 8 年，抓好孩子的教育是农民的希望、农村的希望、农业的希望。现代元素能够顺畅注入“三农”的根本就在于有一大批能够掌握现代科技的接收主体。

4. 城乡一体化加快。城乡一体化的核心问题就是公共设施和公共服务均等化。公共设施和公共服务，教育和卫生一定要向乡村倾斜。两个公共服务一定要加大改善力度，让农村的孩子智力和体力都能够强起来。城乡一体化也是最大的发展红利，其中最大的任务就是如何做到公平、公正、公开。

三、农业新业态发展重点

1. 培育壮大新型经营主体。实施新型职业农民培育推进工程，立足建立教育培训、规范管理和政策扶持“三位一体”培育机制，强化农民教育培训体系能力建设，健全完善常态化新型职业农民培育制度，提升一批有农业经验、有劳动力的“老农”，吸引一批有乡愁情结和返乡创业意愿的“新农”，引进一批有学历、能创新的“知农”，培育一支爱农业、有文化、懂技术、善经营的新型职业农民队伍。组织实施智能农场主培训，规范家庭农场认定登记，深入推进示范家庭农场创建和项目奖补，积极发展壮大家庭农场。开展农民合作社规范化建设，建立省市县三级示范社联创机制，加强同行业横向联合、产业链纵向联结，组建农民合作社联合社，推进合作社联合发展。深入实施农业龙头企业运行质量提升行动，创新政策扶持激励机制，引导农业龙头企业“全产业链”和“全价值链”集成发展。促进新型农业经营主体、加工流通企业与电商企业全面对接融合；鼓励地方规范发展电商产业园。

2. 加快农业科技自主创新。深入推进农业科技管理体制改革，探索完善科研成果权益分配激励机制，提高农业科研人员创新动力。发挥农业科技创新联盟载体作用，以农业重大科技需求为导向，与国家现代农业产业技术体系相衔接，跨学科、跨部门、跨领域集聚科技资源，培育壮大现代农业产业技术创新团队，建立现代农业产业技术体系。加强部省级重点实验室、农业科学观测试验站、农业科技创新工程中心等创新平台建设，建成一批技术力量强、创新成果多、带动作用大的现代农业科技综合示范基地。围绕现代农业产业发展科技需求，突出种源农业、生物农业、设施农业、生态农业、信息农业等重点领域，强化实用技术集成创新。建设农业科技服务云平台，提升农技推广服务效能。实施农业“三新”工程和农业重大技术推广计划，推进科技特派员农村科技创业行动，加快农业科技进村入户。

3. 发展农业信息化。建立农业物联网技术研究应用产学研协作机制，研发一批实用信息技术和产品，推广一批成熟可复制的农业物联网应用模式，加快推进设施园艺、畜禽水产养殖、质量安全追溯等领域物联网技术示范应用。加强信息资源建设，建立农业信息采集、分析、发布机制，用好互联网＋，提升农业信息服务水平。推进农业大数据应用，加快建立国家涉农大数据省级分中心，开展农作物品种、病虫草害防治、作物栽培技术、畜禽养殖技术、休闲观光农业等农业实用数据库建设。深入实施信息进村入户工程，加强资源整合力度，重点强化村级农业公益、便民生活、电子商务、培训体验服务，切实增强服务能力。加强地理信息系统推广应用，为农作物估产、农业生态环境监测、生产潜力预测等方面提供技术支撑。促进电子商务与农村产业体系的融合发展。

4. 培育农产品品牌。大力实施农业品牌战略，突出关键环节，落实政策措施，切实提升农产品质量，全力打造优质、安全、健康的农产品品牌。积极发展“三品一标”农产品，加强认证后的跟踪管理。鼓励不同市场主体依托地域特色、历史渊源、文化内涵，采取申报农产品地理标志、集体商标、证明商标等手段，保护、挖掘和提高品牌效应，联合培育农产品区域公共品牌。加大农业品牌推介和社会宣传力度，借助现代营销方式增强品牌市场竞争力。引导品牌主体强化自律意识，加强品牌质量保证体系与诚信体系建设，依法经营品牌，自觉维护品牌形象。

5. 发展乡村休闲旅游产业。充分发挥乡村各类物质与非物质资源富集的独特优势，利用“旅游＋”“生态＋”等模式，推进农业、林业与旅游、教育、文化、康养等产业深度融合。丰富乡村旅游业态和产品，打造各类主题乡村旅游目的地和精品线路，发展富有乡村特色的民宿和养生养老基地。鼓励农村集体经济组织创办乡村旅游合作社，或与社会资本联办乡村旅游企业。改善休闲农业、乡村旅游公共服务设施条件，完善行业标准，健全监管规范，支持传统村落保护，实现人与村庄的和谐共生。

6. 培育宜居宜业特色村镇。围绕有基础、有特色、有潜力的产业，建设一批农业文化旅游“三位一体”、生产生活生态同步改善、一产二产三产深度融合的特色村镇。支持各地加强特色村镇产业支撑、基础设施、公共服务、环境风貌等建设。提升“一村一品”水平，发展各具特色的专业村。支持有条件的乡村建设以农民合作社为主要载体、让农民充分参与和受益，集循环农业、创意农业、农事体验于一体的田园综合体，通过农业综合开发、农村综合改革转移支付等渠道开展试点示范。深入实施农村产业融合发展试点示范工程，支持建设一批农村产业融合发展示范园。

深入推进农业供给侧结构性改革
是新的历史阶段农业农村工作主线

陈丽康

（黑牡丹集团股份有限公司）

摘要：当前农业农村出现了许多新矛盾，阶段性的供过于求和供给不足并存；绿色生产跟不上；国际竞争力落后；农业新的动力跟不上农业生产已由总量不足转变为结构性改革。在方向性问题上，改革不能出大的偏差。对策是在品种、区域布局、种植模式 、化库存、优杠杆、降成本、一、二、三产业融洽发展、土地流转、育主体、绿色发展、增功能这 11 个“环节上加以改革”。

关键词：新矛盾；不出偏差；改革对策

2017 年中央一号文件提出，以推进农业供给侧结构性改革为主线，加快结构调整步伐，以此为导向，将实现农业产品结构、产业体系以及生产方式的全面优化。

一、为什么要推进农业供给侧结构性改革

（一）当前农业农村发展的新矛盾新问题

（1）农产品需求升级了，有效供给跟不上，阶段性的供过于求和供给不足并存。

（2）资源环境承载能力已到了极限，绿色生产跟不上。

（3）国外低价产品进来了，国内竞争力跟不上。

（4）农民增收传统动力减弱了，新的动力跟不上。

（5）新形势下农业主要矛盾，已由总量不足，转变为结构性改革。

（6）中等收入群体和中高端消费迅速扩大，原来那些低质产品的产能变成了过剩的产能。

矛盾的主要方面是供给侧。深入推进农业供给侧结构性改革，提高农业综合效益的竞争力，是当前和今后一个时期我国农业政策改革和改善的主要方向，就是要从供给侧着手，在体制机制创新上发力，从根子上解决这些矛盾问题。

（二）农业、工业供给侧改革的不同点

现在是互联网时代，新的商业模式层出不穷，但农业受生物规律和自然条件的影响很大，往往不是单靠主观努力而成，有些方面还是不可抗拒的。

(1) 农业的产业链非常之长，每一环节都需有很专业的人员，所以尽可能地从种植加工、储存、运输、销售等环节与他人合作，才能节省成本，工业可以靠垄断赚钱，农业只能通过合作赚钱。

(2) 要分散风险。做什么行业都要控制风险，但是农业这个风险又有些不同。除了经营风险，还有一些独有而非常重要的风险因素，包括自然风险、病虫风险和市场风险等，一定要认真认识“风险”因素，且要分散风险、分散种植、合理规划。

(3) 农业是一个“慢”行业，投资大，回报周期比工业长，短期的回报可能不太丰厚，但长期的回报却相当稳定，慢慢发展会得到厚厚的积累和长久稳定的盈利。

二、改革成功的标志

农业供给侧结构性改革成功体现在三个方面：

(1) 农业增收；

(2) 农民增收；

(3) 农村增绿。

改革是一个长期的过程，不可能一蹴而就，还可能会经历大的阵痛，付出一些代价，但在方向性问题上，不能出大的偏差，不能犯颠覆性的错误，必须守住三条底线：

(1) 确保粮食生产能力不降低

守住耕地保护红线，保住稻谷和小麦产量总体稳定，要保障全国人民始终有饭吃。为此，要完善稻谷、小麦最低收购价政策，特别要加快划定粮食生产功能区，把口粮生产任务落到地块，落到实处。对此，要求政府政策支持。“要保障全国人民能够到点开饭”。

(2) 农民增收势头不逆转

要稳住二个积极性，即稳定地方政府重农抓粮积极性和广大农民务农种粮积极性。则要完善粮食价格政策，健全生产者补贴制度，同时，要完善生产区补贴机制，重点加大对产粮大县的奖补制度，让地方和农民发展粮食生产不吃亏。

(3) 农村稳定不出问题

实施“两藏”战略，即“藏粮于地”——重点加强高标准农田建设；“藏粮于技”——重点支持粮食科技创新和农业技术集成创新。还要通过机械化来降低粮食生产成本，要给粮食生产插上科技的翅膀。

三、农业结构调整、产品产业生产方式全面优化

农业供给侧结构性改革的主要目标是提高农业供给体系。具体说来，可以归为以下三大目标：

1. 优质量

首要任务是提高消费者对国内农产品质量安全的信心，要把增加绿色优质农

产品供给放在突出位置，这牵涉到：农产品标准化生产；品牌创造；质量安全监管等。

2. 功效——即增强农业多功能性

改革不仅要提高效率，还要在功效上做工作。要调优产品结构，就是要顺应市场需求变化，消除无效供给，拓展高端供给，突出优质专用和特色优势（即使是主粮，在有条件的地方，也要发展一些特优产品，例“五常”米、“高筋面”等优质水稻、小麦品种并扩大生产）。生产供给实现从“吃得饱”向“吃得好”“吃得放心”转变。好的名牌是好的质量，好的包装，好的营销的综合体，缺一不可。农产品要从“种得好”向“卖得好”转变，进而靠“卖得好”倒逼“种得更好”。

除了功能转变外，还要强调是生态的可持续发展，我们现在的农业不但没有生态功能，还成为污染地区环境的祸害之一。

除此之外，农业未来的功能还有文化、健康，要结合政府的鼓励实现市场的价值。

3. 竞争力——即提高农业抗御国际市场冲击的能力

改革开放以来，强调了工业化、城镇化的发展，意味着整个农业是萎缩的过程，农业的比重越来越小，农业大量的优质资源，包括耕地，甚至优质的粮地被占领了，农业劳动力的资源也在逐渐消失。

要通过工业反哺农业，让四化能够协调发展。

当前，“以城带乡”出现了新的问题，农民种的粮食面对国际市场的大量进入，国际化的冲击，如果我们没有战略调整，没有供给侧结构性改革，中国农业可能越来越被动，我认为：中国农业面临的主要矛盾和主要冲击应该是“国际化”。

四、主要任务及对策

主要靠调结构，转方式，紧紧围绕使市场在资源配置中起决定性作用和更好地发挥政府的作用。

粮食生产与市场需求存在脱节现象，部分粮食（例玉米）品种阶段性供过于求，部分农产品品种不能适应消费者需求变化，结构性平衡问题日益严重。

1. 品种的结构性改革

应在保证国家粮食安全这一底线不能变，牢牢守住耕地保护红线这一大前提下，加快形成数量平衡、结构合理、品种优良、功能兼备的有效供给。

近几年，籽粒玉米仓储存量增大，市场需求趋弱，国内外差价大，受进口冲击，加工经营也越来越困难，逼得玉料产业做出了新的调整，李总理在《2017 年政府报告》中提到，玉米种植面积还要继续适当调减，希望今年调减到 4 000 万亩。收储制度的改革会让玉米价格向市场回归。要发展青贮玉米，增加大豆、油菜籽、天然橡胶等生产。

举例如下：

村民赵泽如，从上世纪八十年代就种水果。过去，他种的脐橙品种老，口感差，打不开市场，有一年，连一斤8角仍卖不掉，缺乏市场竞争力，他用了十几年种水果的积蓄，才修起了现在的房子。可眼下，他种的“不知火”桔橙刚摘下来就被发往全国各地，连续多年亩产在8 000斤左右，去年一年要卖6.1元一斤，一年挣的钱，就能盖得起现在的房子。从滞销到畅销，背后是桔橙走过的农业供给侧结构性改革之路。

2. 区域布局

为优化农村产业结构，促进三产深度融洽，我国将推动“三区”“三园”和一体平台建设，促进现代农业发展。

“三区”是指粮食生产功能区、重要农产业生产保护区和特色农产品优势区。

我理解为这是为了保障国家的粮食安全，并使重要农产品能够保障基本自给，同时满足市场的多样化需求，提高我国农业综合效益和竞争力的一个措施。

“三园”是指现代农业产业园、科技园、创业园。

我理解为这将形成现代农业产业集群，打造现代农业的创新高地，为回乡、下乡、返乡创业的人才提供了一个创业创新的平台。

“一体”则是指田园综合体。

我理解为这将支持有条件的乡村建设，以农业合作社为主要载体和让农民充分参加和受益，建设集循环农业、创意农业、农业体验于一体的田园综合体。

期望它成功实施，并加以发展。

3. 种植模式：还耕还林，还草还湿，休耕轮作

生态要美，农民要富，补偿机制是关键。要逐年提高生态公益的补偿，标准是种植模式改变的关键。让老百姓对保护生态环境有更多的盼头，对国家对自己都有好处。只有形成这样的氛围，绿水青山才会得到更多百姓的真心呵护。

4. 去库存

要确保合理储备规模，要让储备“即进又出”的动态调整，粮食企业应加强仓储能力建设。

5. 优杠杆

要改变单一靠财政投入农业的局面，要改变多部门管理农业的局面，要引导金融和社会、民间资本投入农业，农村拓宽投融资渠道。

现今农业投资高度依赖财政，但农业财政投入高度分散，所以必须在两个方面进行突破：一是财政整合；二是改变农业高度依赖财政直接投入的现状。例如成立农业担保公司、农业保险公司、农业投资公司等等，多层次、多形式推进涉农资金整合。

6. 降成本

(1) 降低化学投入物成本。化肥滥用和过量使用的难题要解决，这意味着测土配方要重新加以科学探讨，施肥和水肥也应再进行科学研究和再应用，这三位一

体化技术要加上科学元素。

(2) 大力实施农业节水工程。

(3) 降低劳动力成本。现在种粮食的土地成本过高,需要深化改革。

(4) 加大对新型农业机械设备的购买补贴。

7. 一、二、三产业融洽发展

前述:未来中国农业的发展面临的主要矛盾是国际竞争。因此,未来中国农业结构性改革中,一、二、三产业融洽发展这个方向必须把握住:从上游种植、仓储到后期加工、销售、农业金融、服务要形成一条龙,加快实现“粮头食尾”“农头工尾”。这是拯救中国农业前途光明,且是有可能走得通、走得远的道路。

近期,东北黑土地上出现一件奇事:价格便宜的国产铁犁被很多农民弃置一旁,而价格贵了10多倍的进口“洋犁”却备受“青睐”。

我国一些犁具企业在产品研发上惯于模仿和抄袭。虽能学得了外观,但却抄不到精髓。看似没明显区别,可一使用就显出原形——“翻扣效果、深度效率、使用寿命样样都差了点”。就这么点差距,洋铁犁能在黑土地里冲锋陷阵,而国产犁只能被农民弃置在墙角风吹雨打。

这种差距,不仅体现在发展程度、技术水平上,还是一种发展理念的差距。弃“国犁”追捧“洋犁”,这是需要推进农业供给侧结构性改革的一个缩影。

一个国家要有自己的农机制造业体系,以保证农业生产需要,这样就等于一定程度上保护了国家粮食安全。

农业现代化并不神秘,一、二、三产业融洽发展,隐藏在每项农业技术,每台农机,每件农具,每粒种子,每个农产品中,而这些具体又细微的短板,就是农业供给侧结构性改革的重要着力点,也是在国际竞争中走得通的道路。

8. 土地流转要保护好农民利益

承包地的土地确权工作要做好,要登记颁证,解决农民的后顾之忧。承包户和流入户要有合同,要在农业部门鉴证,双方权益都要得到保障。

9. 育主体

培养新型农业经营主体,包括农村的职业农民、返乡下乡的农民、大学生、科技人员和复员军人。重点是围绕新型职业农民的培育,积极培养适应现代农业发展的各类人才。

返乡创业人员(现已有570多万人)的技术、资金、渠道、经营管理理念上都高出当地农民一等。他们返乡后成立家庭农场、合作社等新型经营主体,通过土地流转,实现农业规模化、精细化,增加农业效益,大大激活农村生产要素,必将成为三农发展的新动力。

大学生下农村倒不是怕吃苦,而是担心政策不落实,发展空间有限,难以施展才能。

(1) 国家应尽早尽快出台更加优惠的政策扶持“双返”(返乡创业农民工和返

乡创业大学生）创业，让他们回得去，留得住，安居乐业，解除后顾之忧。

（2）做好创业服务工作，保证良好的基础设施、信息化等生产条件，让农村成为各类创业者的孵化器。

10. 把绿色发展摆在更加突出位置

（1）一手抓资源保护，一手抓废弃物治理，努力把农业资源过高的利用强度降下来，把面源污染加重的趋势降下来。

（2）开展一些专项活动。例如畜禽粪污治理活动：果菜茶有机肥替代化肥行动；秸秆处理行动；以长江为重点的水生生物保护行动；农膜加厚和回收行动；推进土壤土地整治行动等等。

（3）鸡粪等畜禽粪便中有着丰富的有机质和营养元素，且价格低廉是生产有机肥的好原料。但抗生素、重金属等作为兽药或饲料添加剂并没有被畜禽完全吸收，而是随便排出体外，以此为原料的有机肥往往难以做到去除残留物，这也是导致当前我国农田抗生素、重金属污染的主要原因之一。因此，畜禽粪便不能随意使用，需要通过无害化处理后才能回用，有机肥代表化肥后，果菜茶可减少化肥用量20％～50％。

11. 增功能

发展农村新产业、新业态，例如农产品加工产业、农村电商产业、休闲农业、旅游农业、观光农业、养老农业等，拓展产业链、价值链。

习近平总书记在中共中央政治局第三十八次集体学习时强调："志不求易者成，事不避难者进"。我们一定要树立必胜信念，知难而进，注意发现和研究解决新问题，不能因有困难而不为，因有风险而躲避，因有阵痛而不前，坚定不移把农业供给侧结构性改革向前推进。

参考文献

[1] 唐仁健. 解读 2017 年中央一号文件[N]. 新华日报，2017-02-05.

[2] 韩长斌. 回应热点话题[N]. 新华日报，2017-03-07.

[3] 朱保成. 推进农村承包地确认登记颁证[N]. 新华每日电讯，2017-03-09.

从猪肉价格变化看农业供给侧改革

韩　君

（江苏理工学院图书馆）

摘要：从猪肉价格变化的现状，找出猪肉价格变化的影响因素，探讨猪肉价格变化对经济和民生的影响，引出欧美发达国家宏观调控猪肉价格的各种措施，以及对我国生猪养殖业的启示，最后指出市场经济具有一定的局限性，农业供给侧改革势在必行。

关键词：猪肉价格；价格变化；供给侧改革；影响因素；宏观调控

市场经济，又称为自由市场经济或自由企业经济，在这种经济体系下，产品和服务的生产及销售完全由自由市场的自由价格机制所引导，而不是像计划经济一样由国家所引导，因此受市场调节的商品价格必然在一定范围内上下波动。理论上，市场经济是自由的经济、公平的经济、产权明晰的文明经济，但是在实际上这一切是通过市场交换规则根据市场需求状态作出强制性调整的经济形态，所以在实际操作过程中缺陷非常大。

市场局限性的具体表现为：

(1) 自发性。当产品涨价时，卖方会自发地加大生产投入；当产品降价时，卖方又会自发地减少生产投入。

(2) 盲目性。市场的范围之大使得谁也无法客观宏观地去分析观察，参与者们大多以价格的增幅程度来决定是否参与、参与程度。

(3) 滞后性。生产是一个相对于价格变动耗时较长的一个过程，因此经常会发生一种商品降价后，它的供应量却在上升，反之亦然。

(4) 欺诈性。由于商品种类繁多，不是每次都能在购买时直接看到消费的效果，因而事后使用法律武器维护利益的代价很大。

一、猪肉价格变化的现状

我们知道，猪肉是老百姓生活中的必需品，猪肉价格一头连着民生保障的“菜篮子”，一头连着农民增收的“钱袋子”，因此猪肉价格的稳定与否是关系到民生的大问题。然而，受市场经济的影响，多年来，猪肉价格就像“过山车”一样忽高忽低，牵动着老百姓的心。

图 1、图 2 是从网上下载的价格走势，图 1 是我国历年生猪价格走势图，图 2 是我国历年生猪、仔猪、猪肉价格对照图。

图 1　我国历年生猪价格走势图

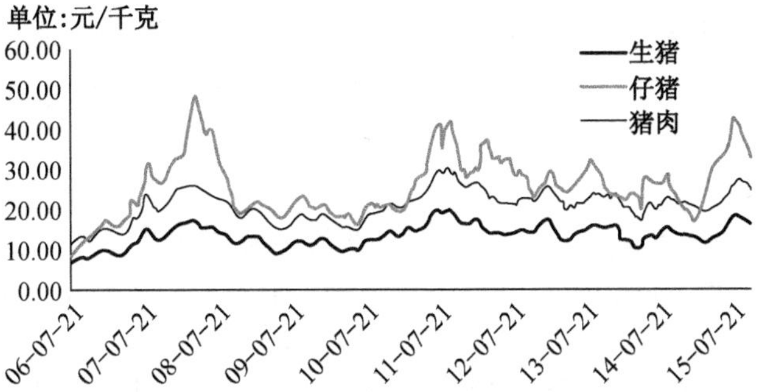

图 2　我国历年生猪、仔猪、猪肉价格对照图

从图 1、图 2 中可见,近 10 年来生猪和猪肉的价格高低起伏,呈现不稳定状态。

数据显示[1]猪肉价格从 2015 年 4 月初开启新一轮上涨,至 2016 年上半年,保持了少有的长期上涨的趋势,在全国范围内都创下了猪肉销售的价格高位。2015 年 4 月为 19.63 元/千克,至 2016 年 3 月上涨至 25.98 元/千克,涨幅近三分之一。然而,进入 2016 年 6 月之后,猪肉市场又一次遇冷,价格再次降至低位。

从 2015 年 4 月的涨价到 2016 年 6 月的降价,可以看到猪肉价格有着自身市场的涨幅跌落规律,而且这个规律周期还很长,经历过一个涨幅期后,必然会进入一个跌幅期。从本质上来说,依然是市场经济的调节在起作用,涨价说明供小于求,降价说明供大于求,这是市场经济的必然结果。

二、猪肉价格变化的影响因素

猪肉价格涨跌的根源在哪里,未来是否依然会造成影响,如何既保障老百姓的生活稳定,又使得养殖户利益最大化?研究猪肉价格变化的影响因素是控制猪肉价格的基础。

1. 季节性特征决定供需变化

影响生猪价格的季节性特征有两方面：一是生猪生产的季节性；二是猪肉消费的季节性。

（1）生猪生产的季节性。冬季仔猪疫病高发死亡率升高，造成来年夏季生猪供应量的减少；秋冬季生猪长速快造成冬季猪肉供应量相对增加。

（2）猪肉消费的季节性。气温升高则居民肉类消费减少，气温降低则肉类消费相对增多。重大节日对肉类消费刺激比较明显。

2. 母猪存栏决定生猪供应量

决定市场生猪数量的一个重要因素是母猪的数量。母猪的存栏基本就决定了未来一年的生猪供应量。

近几年的猪价周期涨跌越来越频繁，生猪价格持续下跌进入亏损后会带来大量的母猪提前淘汰，从而造成产能减少，进而打开猪价的上涨通道。

2015 年 11 月止，全国母猪存栏持续下降，月均存栏相比 2014 年减少 650 万头左右，在每头母猪年提供出栏肥猪数量保持不变的情况下，2016 年可出栏肥猪数同比减少 14%。

3. 国家政策的影响

银行实行的降准降息宽松货币政策，使市场流动性过于充裕，但由于资金没有注入实体经济，更多资金流向了楼市和大宗农副产品市场，无疑也推动了生猪价格上涨。

2015 年，国家对环保问题越来越重视，农业部 2015 年 11 月 26 日发布的《关于促进南方水网地区生猪养殖布局调整优化的指导意见》基本可以明确，未来南方地区养殖区域将会缩减，养殖重心向中西部和东北等地区转移将是必然现象。同时国家环保部门对生猪养殖过程中产生的粪便污染问题会加大控制力度，对养殖场的基础建设会提出更高要求，对申办养殖场相关证件把控更严格。

有些地方甚至实行强制拆除猪场。比如，2015 年 12 月底福建省环保厅、农业厅联合调查数据显示，2015 年以来，福建全省已关闭拆除禁养区养殖场（户）3.09 万家，消减存栏生猪 395.3 万头，完成可养区生猪规模养殖场标准化改造 1 598 家。其中，2015 年下半年，福建全省禁养区关闭拆除猪场近 1.3 万家。环境保护与养殖业的矛盾日益尖锐。

未来几年，这些政策引导的市场变化，会造成养猪行业的进入门槛越来越高，同时现存中小养殖户会大量退出。

4. 进口猪肉冲击国内猪肉市场

我国猪饲料价格高于国际市场，造成养殖成本高出欧美国家成本近一倍；我国的养殖水平也低于欧美国家平均水平，这是我国猪价高于欧美国家猪价的主要原因。

我国是世界猪肉消费第一大国，消费量大、国内价格又居高不下，国际市场上成本更低的猪肉生产商盯上中国猪肉市场。

除了上述季节性、周期性的因素变化之外，夏季的暴雨也对养殖业造成很大的影响，暴雨使得南方很多地区的生产生活中断，运输也成为问题，部分地区的猪肉价格也会小有上涨。

三、猪肉价格变化对经济和民生的影响

猪肉的价格受市场调节而大起大落，当猪肉价格大幅下降时，生猪价就会暴跌，从而引发养殖户抵触观望，第二年放弃养猪或者减少生猪数量，使得第二年因成猪量少，生猪价暴涨，猪肉也暴涨，这时导致养殖户来年又纷纷去加大养猪的数量。这种情况反反复复，使得经济和老百姓的生活受到很大影响。

1. 猪肉价格大幅上涨的影响

猪肉价格涨幅较大，对生猪养殖企业带来好处，可促使养殖企业坚定养殖信心，提高养殖积极性，最终维持养殖规模及市场供应稳定，避免生猪养殖因价格长期低迷而萎缩。

猪肉价格迅速蹿升，使猪肉概念股成为市场热点，相关板块涨幅惊人，给资本市场注入活力，增强民众对股市信心。

但是，我们不能被猪肉价格上涨带来的利好蒙住眼睛，对其负面影响放松警惕。如果猪肉价格疯涨势头得不到遏制，或将引发一连串“蝴蝶效应”。

(1) 推高 CPI 上升。猪肉价格上涨，必然导致 CPI 上行，极有可能诱发温和通胀，使 CPI 达到 3%水平。国家统计局公布数据显示，2015 年 6 月猪肉价格上涨 7.0%，影响居民消费价格总水平上涨约 0.20 个百分点。

(2) 影响货币政策走向。如果猪肉价格上涨过快，央行宽松货币政策调整就成为大概率事件。如此，房地产市场也会再次丧失向好机会。

(3) 加大城乡居民生活成本。猪肉消费占市民菜篮子比重高，其价格上涨会加大城乡中低收入居民生活成本，还会推动其他农副产品价格上扬，导致居民消费总成本出现整体上升。

(4) 影响企业生产经营。猪肉价格上涨会引发居民实际收入下降，进而产生工资调整压力，对不景气的实体经济无异于雪上加霜。

(5) 诱发新一轮“猪周期”。因为猪肉价格上涨，会使部分养殖大户对生猪养殖形势误判，滋生盲目乐观情绪，再次扩大养殖规模，导致生猪养殖产能过剩，成为新一轮“猪周期”诱因。

2. 猪肉价格大幅降低的影响

猪肉价格的疲软和不稳定会严重挫伤养殖企业或养殖户的积极性，使他们丧失信心。猪肉价格持续下降，导致生猪存栏量和能繁母猪存栏量持续下跌，直接影响市场生猪供给，从而会引发新一轮的猪肉价格上涨。

四、欧美国家调控猪肉价格的启示

发达国家从20世纪开始就探索构建猪肉价格稳定机制，在稳定猪肉价格方面积累了不少宝贵的经验，值得我们国家在进行养殖业的宏观调控中借鉴。

1. 资金投入充足

欧美发达国家政府或组织对养猪业给予充足资金支持，包括生猪养殖的基础性资金、养殖户收益补贴、稳定市场猪肉价格和开拓市场促销四个方面，保障了猪肉市场的供需平衡，稳定了猪肉市场的价格。

（1）基础性建设资金投入。例如草场资源保护、厂房建设、疾病防治、优良品种培育等，均可由政府给予一定的优惠政策。德国建立养猪场不仅可享受六年减免税收的优惠，还可享受每头猪大约30欧元的高额政府补贴。法国2014年在养猪场内检测出二恶英含量超标，负责畜牧产业发展的畜牧产业发展联合会立刻向养殖户提供疾病防治的现金支持，同时向市场回收猪肉进行冷冻，等待猪肉价格回升后再进行销售，以稳定猪肉市场价格。

（2）养殖户资金补贴。例如市场供需变化、地震、海啸等自然灾害、传染病等，造成养殖户当年或者一段时间内收入减少，不能进行循环生产，政府根据具体情况进行评估，给予一定的资金补贴。美国法律规定，养殖户每年可投保3.5万头生猪，政府根据猪肉市场的变动可提供18%～50%价格保险保费补贴。

（3）稳定市场猪价的资金投入。日本从20世纪80年代开始，政府就投入足够的资金稳定猪肉价格，例如日本政府针对猪肉市场供大于求时，推出的猪肉回购及冷藏补贴资金投入政策。

（4）开拓促销市场资金投入。例如美国政府投入资金，用于猪肉的市场营销所需要的宣传、广告、人员推销等费用，进行国内外营销公关。欧盟猪肉产品出口宣传包括新市场调研、高层贸易洽谈会，向国外消费者推广质量、营养、安全的猪肉产品。

2. 社会服务保障体系完善

欧美国家养猪业服务保障体系主要由政府组织、技术组织和经济组织三类组成。政府组织的职责是以养殖户利益为核心与政府进行接洽，保障养殖户正常的再循环生产；技术组织的职责是向养殖户进行育种、饲养、防疫、屠宰等各种技术咨询与培训；经济组织的职责是为养殖户提供金融服务、保险服务、销售服务与加工服务等。欧美发达国家正是通过完善的生猪社会保障体系，促进了生猪养殖业整体稳定、健康的发展，为稳定猪肉市场价格奠定了基础。

例如美国，畜牧产品行业协会多达五百万个，为养殖户提供整个肉猪生产过程全面系统的服务。美国的职业兽医不仅为养殖户提供技术服务，还可以代表政府进行强制性兽医监督处理的职能，如养猪场的防疫程序、保健方案、用药处方等。在丹麦，猪肉产品社会服务组织就是养猪和屠宰联合会，有一百多年的历史，主要负责猪舍建设、种猪培育、生猪饲养、检疫防疫、动物福利、屠宰、市场营销等方面的协调和组织工作。

3. 价格预警管理机制有效

发达国家有效的价格预警机制在稳定猪肉市场价格方面发挥了重大作用，如美国畜牧价格保险(LRP)和加拿大生猪价格保险计划(HPIP)，都是依据政府预警管理部门提供准确及时的价格预测数据制定的保险措施，为猪肉市场价格的稳定提供了保障。

丹麦建立了完善的猪肉价格管理机制，每周由专门机构根据市场供需对猪肉的市场价格进行预测与协调，及时发现价格变化，适时启动预警机制。美国生猪生产是世界第二大国，美国农业部下设专门机构，对猪肉的价格波动进行调查与预测，形成专门的价格预警机制，根据需求进行国内与国际的采购，调节价格平衡。

4. 价格保险制度健全

欧美国家普遍建立了生猪价格保险制度，通过多年生猪养殖实践证明，价格保险是保障猪肉市场稳定发展的助推器。

美国国会2000年批准了《农业风险防范法案》，该法案首次将动物纳入农业保险的保障对象，2002年美国联邦农业保险公司(FCIC)先后制定了畜牧价格保险(LRP)和畜牧收益保险(LGM)，规避了猪肉价格周期性波动对养殖户的影响。加拿大2011年在阿尔伯特省将价格指数保险制度应用到生猪养殖户，即生猪价格保险计划(HPIP)，2014年将猪肉价格保险指数扩大到整个西部地区，2015年，又扩展到全国畜牧养殖产地[2]。

从欧美发达国家对生猪价格宏观调控得到启示，猪肉价格的稳定需要政府进行必要的资金投入，完善社会服务保障体系，建立有效的价格预警管理机制，健全合理的价格保险制度，全方位地保障养殖业的利益，以保证猪肉市场的稳定。

也就是说，从猪肉价格变化我们可以看出，农产品价格完全靠市场经济调节是不够的，需要适时去产能、调结构，改善供给结构，推进农业供给侧结构性改革，增强农业可持续发展的后劲。

五、农业供给侧改革势在必行

2015年12月，中央农村工作会议首次提出了“农业供给侧结构性改革”的概念，在众多改革中，党和国家始终把“三农”改革问题作为改革的重中之重，习近平总书记指出：推进农业供给侧结构性改革，提高农业综合效益和竞争力，是当前和今后一个时期我国农业政策改革和完善的主要方向。2016年12月20日，中央农村工作会议提出把2017年确定为“供给侧结构性改革的深化之年”。

农业供给侧改革的核心：通过自身的努力调整，让农民生产出的产品，包括质量和数量，符合消费者的需求，实现产地与消费地的无缝对接。农业供给侧改革的几大举措：调整农业结构，去农产品库存，提高农产品品质，降低农业成本，弥补农业短板，促进三产融合[3]。

我国是全球最大的人口大国，拥有庞大的猪肉消费市场，并且从古至今形成了稳定的猪肉消费习惯，猪肉是我国老百姓饭桌上消费量最大的肉类食品。近年来，我国猪肉价格像“过山车”一样，忽高忽低，价格大幅波动影响了养猪业健康发展与猪肉市场的稳定。

因此，猪肉价格光靠市场经济调节是不够的，国家必须要进行宏观调控，也就是说，农业供给侧改革势在必行。

参考文献

[1] 杨志锦. 猪价上涨刚刚开始：明年或形成阶段性高点[N]. 21 世纪经济报道，2015-07-25.

[2] 俎文红. 发达国家稳定猪肉价格的主要经验及其启示[J]. 价格理论与实践，2016(9)：101-103.

[3] 姜晓伟. 李海锦探究农业供给侧改革之六大举措[J]. 中国农业文摘：农业工程，2016，28(5)：27-29.

试点基本收入制度，促进农业转型升级

代秋声

（九三学社苏州高新区基层委员会博士支社）

摘要：农业现代化是解决三农问题，推进农业供给侧结构改革的必由之路，这需要将农业的土地集中，实现规模化生产，并将富余农村劳动力转移到第二和第三产业。本文介绍了一种基本收入制度，建议在农村试点实施，为实现农村土地快速集中，富余人员平稳转移提供制度保障，并为未来应对科技发展所带来的技术性失业问题积累社会治理经验。

关键词：基本收入制度；农业现代化；供给侧结构性改革

一、当前农业面临的问题

中共中央在2016年12月31日发布的《关于深入推进农业供给侧结构性改革加快培育农业农村发展新动能的若干意见》（以下简称《意见》）中明确指出，我国农业依然面临“农产品供求结构失衡、要素配置不合理、资源环境压力大、农民收入持续增长乏力等问题”，存在着“增加产量与提升品质、成本攀升与价格低迷、库存高企与销售不畅、小生产与大市场、国内外价格倒挂等矛盾”。

毫无疑问，这些问题与我国农业的体制、机制密切相关。新中国成立以来，我国前后经历过三次土地改革。第一次，将土地从地主手中拿走，分给农民。第二次，将土地从农民手中拿走，成立人民公社。第三次，解散人民公社，又将土地以家庭为单位承包给农民。这就是现行的小岗村模式——家庭联产承包制。

家庭联产承包制虽然解决了温饱问题，但是它属于小农经济，无法实现农业现代化。我国农村人口众多，家庭联产承包制将土地条块分割，导致每户经营的地块不大，难于有效应用先进的农业技术进行大规模生产，无法享受规模效应所带来的收益。这使得我国农业的生产效率较低，成本偏高，因此“成本攀升与价格低迷”“库存高企与销售不畅”“国内外价格倒挂”等现象也就成为必然。只从事粮食生产的农民，其一年的有效工作时间一般不超过两个月，在按劳分配的社会主义初级阶段，“收入持续增长乏力” 问题难于避免，无法赶上城市居民。

根据测算，农业要实现现代化，种粮农户的平均耕作面积要到达50亩左右，全国所需要的种粮农户只有3 000万户左右。然而，截止到2015年底，全国2.3亿农户平均承包集体耕地7.8亩，经营耕地10亩以下的农户数量大约有2.1亿户，小规模经营仍是农业生产最基本的经营方式[1]。

因此，当前的农业问题的根源就是中国经济基本完成了现代化，但是农业尚未实现现代化，有些滞后。现在的土地制度已经无法满足现实的生产力发展，更无法实现农业现代化的历史使命。农业供给侧结构性改革更是需要以农业的现代化为基础，否则难于成功。

二、农业现代化的实现条件

所谓的农业现代化，就是用现代工业装备农业、用现代科学技术改造农业、用现代管理方法管理农业、用现代科学文化知识提高农民素质的过程；是建立高产优质高效农业生产体系，把农业建成具有显著效益、社会效益和生态效益的可持续发展的农业的过程；也是大幅度提高农业综合生产能力、不断增加农产品有效供给和农民收入的过程。在这个过程中，土地资源的有效配置是基础[2]。

因此，农业现代化不仅包括农业生产条件的现代化、农业生产技术的现代化和农业生产组织管理的现代化，同时也包括资源配置方式的优化，以及与之相适应的制度安排。

《意见》也指出，“以体制改革和机制创新为根本途径”，通过“优化农业产业体系、生产体系、经营体系”，实际上就是农业现代化，“提高土地产出率、资源利用率、劳动生产率，”解决当前的矛盾和问题。

现在，我国已经基本掌握了农业的先进技术，但是条块分割效率低下的原始农业却在客观上阻止了许多技术的应用。为了将先进技术应用于农业，提高农业的生产效率和有效供给，农业经营规模水平必须要提升，农村的土地必须要集中起来。

三、土地流转中的潜在问题

农村土地的集中需要再次将土地从农民手里转移出来，这是农业现代化的必由之路。

2003 年 3 月 1 日开始施行的《中华人民共和国农村土地承包法》规定：“通过家庭承包取得的土地承包经营权可以依法采取转包、出租、互换、转让或者其他方式流转。”“通过招标、拍卖、公开协商等方式承包农村土地，经依法登记取得土地承包经营权证或者林权证等证书的，可以依法采取转让、出租、入股、抵押或者其他方式流转。”

2008 年 10 月，中共中央十七届三中全会通过的《中共中央关于推进农村改革发展若干重大问题的决定》提出：“加强土地承包经营权流转管理和服务，建立健全土地承包经营权流转市场，按照依法自愿有偿原则，允许农民以转包、出租、互换、转让、股份合作等形式流转土地承包经营权，发展多种形式的适度规模经营。”

据统计，在十二五期间，土地经营权流转面积从 2010 年的 1.87 亿亩增长至

2015 年的 4.47 亿亩,年均增长 19.1%;流转面积占家庭承包耕地面积的比重由 14.7%提高到 33.3%;流转出承包耕地的农户由 3 320.9 万户增加到 6 329.5 万户,占承包耕地农户数的比重由 14.5%增加到 27.5%[1]。根据测算,未来还有近 2 亿农户需要流转出承包耕地。

其中,转包、出租仍是主要形式。转包面积由 0.96 亿亩增加到 2.1 亿亩,年均增长 16.9%;出租面积由 0.49 亿亩增加到 1.53 亿亩,年均增长 25.5%。转包、出租合计 3.63 亿亩,占土地经营权流转面积的 81.3%。入股面积增长较快。入股面积由 1 112 万亩增加到 2 716.9 万亩,年均增长 19.6%。

这说明农民重视自己的土地承包经营权,希望以此获取一定的收入。然而,根据现在的土地租金价格 300 元/亩·年~800 元/亩·年,转包、出租农户根本不可能依靠平均每年 3 000 多元的租金来维持基本生活。

目前,流转入合作社和企业的耕地面积依然很低。流转入合作社的耕地面积由 0.22 亿亩增加到 0.97 亿亩,占比为 21.8%;转入企业的耕地面积由 0.15 亿亩增加到 0.42 亿亩,占比为 9.5%;流转入农户的耕地面积由 1.29 亿亩增加到 2.62 亿亩,占比为 58.6%。

另外,即使农民在土地集中过程中,将土地承包经营权量化为股份,以股份入股的形式参股合作社或者新成立的企业,在企业中享有分红的权利,为自己提供一份长期的收入来源,但是这里面依然存在着问题,隐藏着风险。

第一,企业分红一般是一年一次,在未分红之前,积蓄很少的参股农民将面临着生活困难。

第二,并非每家企业都能经营成功,经营失败的企业没有利润可以分红或者分红很少时,参股农民同样会遇到生活困难。

上述问题的存在,首先会影响到农村土地的集中,其次会影响到承包土地企业的正常运营,第三还会影响到社会稳定。仓廪实而知礼节,衣食足而知荣辱。生活困难的失地农民很容易成为社会稳定的隐患。

究其根源,农业作为第一产业,单位面积的耕地所创造的物质财富有限,特别是在农民众多的情况下,受供求关系影响,它只能够解决当前 6 亿农村人口的温饱问题,无法满足他们更高层次的物质文化生活需求。在农业现代化的过程中,现存的 80%的农村人口,未来需要转移到第二产业和第三产业。

四、基本收入制度

为了加快土地集中的速度,保证农民的利益,维护社会的稳定,我们建议在农村大力推行土地入股的基础上,尝试选取一些乡村,试行基本收入制度。

(一) 国外的基本收入制度

基本收入制度的思想最早起源于 16 世纪的欧洲,到了 20 世纪 80 年得到越来越多人的认可和支持。人们发现,在经济增长过程中,由于技术进步,生产中的资本及技术密集程度增加，人工被自动化设备替代的速率大于就业机会增长速率，因而，对劳动力需求相对降低造成失业增加。这就是新兴科技发展带来的技术性失业。它是人类节约劳动力的速度快于为劳动力提供新工作的速度所导致的结果。于是，人们提出基本收入制度以应对贫穷和失业[3]。

基本收入是指一个政治共同体向其所有成员支付的一项收入，这项收入是以个人为基础的，没有资格审查或工作要求，旨在维持成员的基本生活开销，让他们自愿用其他来源的收入继续补充[4]。

目前，欧洲的一些国家，如芬兰、荷兰，正在选取一些失业者进行全民基本收入试验。这项无条件基本收入政策的目的有两个：

第一，激励失业者去做较低收入工作。目前这些国家的失业保险制度导致许多失业者、低保户都不愿意去做一些较低收入的工作，他们担心税后工资还不如失业金，无条件基本收入将能够激励现在的失业金领取者重新去工作。

第二，测试无条件基本收入制度能否有效降低官僚体系的运行成本。在现有的社会福利体系中，当局需要花费大量人力定期核查低保金领取者的真实生活水平，不断调整低保金的金额高低。而无条件基本收入制度则意味着社会福利发放方式的极大简化。

（二）农村基本收入制度

我们所建议的基本收入制度借鉴了国外的制度，其基本内容如下：

(1) 农户将承包的土地交还给集体，集体不得出售该土地，只能将土地以参股或者出租的方式，进行现代化农业的开发。

(2) 政府为交还土地的农民及其家庭成员提供一份基本收入，按月发放，数额不低于当地最低生活保障标准，每人相同。

(3) 农民可以自由支配自己的基本收入，政府无权限制、干涉。

(4) 农民一旦拥有了获取基本收入的资格，便终生享有，政府无权剥夺或取消。

(5) 基本收入的资金来源由中央政府和地方政府按比例承担。

(6) 土地开发所得的收益或租金，则由集体拿出一部分作为红利分给农户。农户所获得的红利比例则与所交还的土地面积成正比。该红利在家庭成员中平均分配。

(7) 对于享受基本收入制度的农民，当他们在第二、第三产业寻找工作时，可以不受国家最低工资制度的限制。其工资水平由自己和企业协商确定。

(8) 农民的所有子女自动享有上述权利，即上述权利具有可继承性。

该方案在实际操作过程中需要注意以下几点：

(1) 基本收入的发放周期不宜太长。由于它实质是农民的基本生活费，所以最好是按月发放，否则可能造成农民的生活困难。

(2) 基本收入的标准不宜太低，不得低于本地最低生活保障。标准过低，就无法满足失地农民的基本生活需求，容易引起社会的不稳定，而且无法吸引享受最低生活保障的农民上交土地。

（3）基本收入的标准不宜太高，建议控制在本地最低生活保障两倍以内。否则会出现两方面的问题：①财政压力太大，制度将难于持续；②部分农民可能丧失寻找工作的动力，不利于社会财富的创造。

（4）享受最低生活保障的农民，如果获得了基本收入，那么就不再享受最低生活保障。基本收入制度除了引导农民交还土地这个短期目标之外，简化福利制度、降低福利成本则是它的一个长期目标。

（5）基本收入发放对象为个人，而不是家庭，即直接发放到个人账户。法律上需要规定，父母不能代替有生活自理能力的孩子领取和管理基本收入和红利，避免孩子的基本收入遭到父母的剥夺。

（6）基本收入的发放不应增加限制。农民一旦拥有相关资格之后，便终生享有，期间不得再做其他资格的审查。无论其工作与否，都应按时发放基本收入。即使其因为刑事犯罪被剥夺了政治权利，也不可剥夺其基本收入的权利。

（7）中央政府应该承担基本收入制度实施所需的大部分资金。根据我国的税收制度，中央政府拿走了大部分的税收。因此，在基本收入制度实施过程中，中央政府应该承担大部分的资金来源，否则该制度的长期运行将会遇到困难，难以为继。

（8）基本收入不计入个人所得税的纳税基数内。

（三）与国外基本收入制度的差异

本文所建议的基本收入制度与国外的基本收入制度相似，但是又存在着不同。

首先，它是有条件的。国外，获得基本收入的唯一标准就是公民身份。而本文的标准则是除了要求是本地的农民之外，还必须将承包的土地交还给集体，这是关键，目的是引导农民主动交还土地，加快农业现代化进程。

其次，农民除了每月能够获得一份基本收入之外，每年还可以获得一份红利收入，该红利收入不再是人人平等，而是与交还的承包土地面积成正比。这相当于资产性收入。

（四）与我国最低生活保障制度的差异

这项制度与我国的最低生活保障制度也存在着很多不同。

根据 1999 年 10 月 1 日起施行的《城市居民最低生活保障条例》和 2007 年 7 月 11 日发布的《国务院关于在全国建立农村最低生活保障制度的通知》，我国的最低生活保障制度分为城市居民和农村两种，城市居民最低生活保障的对象是共同生活的家庭成员人均收入低于当地城市居民最低生活保障标准的持有非农业户口的城市居民。农村最低生活保障对象是家庭年人均纯收入低于当地最低生活保障标准的农村居民，主要是因病残、年老体弱、丧失劳动能力以及生存条件恶劣等原因造成生活常年困难的农村居民。

从上述文件可知，我国的最低生活保障制度只是面向最低生活保障标准以下的人群，需要进行资格审查，动态管理。生活条件发生改善的居民就有可能在定期审查的过程中被取消资格。

另外，即使在同一地区，城市的最低生活保障和农村的最低生活保障的保障标准也不一样。

在本文所建议的农村基本收入制度中，农民一旦拥有该资格，就不再审查，终生享有。同一地区的农民，基本收入标准统一。而且，该资格具有可继承性，其子女均可自动享有。

(五) 实施该制度的可行性

该制度的实施需要大量资金的支持，而且资金的来源需要具备可持续性，这是该制度成功与否的关键。

从宏观层面看，土地集中之后，将有利于农业现代化的实施。农业现代化之后，生产效率和有效供给将会得到很大的提升，其所创造的财富将远远高于现在的小农经济所创造的财富，这也是科技进步的体现。因此，增加的财富能够满足基本收入制度持续运行所需要的资金。

从微观层面看，国家每年需要向农业提供大量的补贴，集体将土地承包出去之后会收到大量的租金，土地承包者在经营过程中则会创造大量的税收，这些都是基本收入制度实施的直接资金来源。

另外，从农业转移到第二、第三产业的农民，他们的有效工作时间将会从以前的 2 月/年成倍增加，甚至达到 10 月/年以上，这将为社会创造出更多的财富。政府可以从其所在企业的税收中提取基本收入制度实施所需的部分资金。

除此之外，政府还可以从节省的维稳经费和农村治理经费中划拨部分资金进行补贴。

(六) 实施该制度的收益

在农村实施基本收入制度，可以获得以下收益：

(1) 有利于加快实现土地的集中，有利于农业的规模化发展，有利于推进农业供给侧结构性改革，有利于早日实现农业现代化。

(2) 有利于农业人口的快速转移，有利于人力资源的优化配置。农民拥有了生活保障之后，便没有了后顾之忧，敢于去城市选择自己感兴趣的工作。

(3) 有利于降低农村治理成本。最低生活保障制度的实施需要进行资格审查，动态调整，这为权力的寻租留下了空间，在实际的运行过程中也的确出现了很多问题。基本收入制度则不需要进行类似的审查，既节省了人力、物力，又避免了腐败的发生。

(4) 有利于我国社会的稳定。拥有基本收入的农民，无论是继续留在农村，还是去城市打工，由于有了基本生活保障，便能有效减少因为贫穷而走上犯罪道路的比例。

(5) 有利于我国制造业的生存和发展。当前,用工成本太高是我国制造业面临困境的一个重要原因,迫使许多制造业向东南亚转移。农村基本收入制度能够为制造业提供大量的廉价劳动力,有利于缓解当前的用工难和用工荒问题,给我国的制造业的转型升级赢得时间和空间。

(6) 有利于我国第三产业的发展。我国已经进入老龄化社会,从 2013 年开始,劳动力人口在逐渐减少。农村基本收入制度有利于优化现在的人力资源配置,为服务业提供更多的劳动力人口,促进我国第三产业的发展。

(7) 有利于为全国试行基本收入制度积累经验。随着我国科技的进步,人工智能的发展,生产中自动化程度越来越高,技术性失业将不可避免。为了解决这些社会问题,同时降低社会福利的成本,在全国实行基本收入制度将是大势所趋。提前在农村试点实施基本收入制度,将为未来的政策制定积累宝贵经验。

参考文献

[1] 王蕾,张伟民,金文成."十二五"时期农村土地承包和流转情况分析[J]. 农村经营管理, 2016(6):10-11.

[2] 张曙光. 土地流转与农业现代化[J]. 管理世界, 2010(7):66-85.

[3] 佘飞跃,邱伟华. 公民收入——福利国家改革的一种设想[J]. 当代世界社会主义问题,2009(4):113-119.

[4] 菲利普·范·派瑞斯,成福蕊. 基本收入:21 世纪一个朴素而伟大的思想[J]. 国外理论动态, 2008(6):60-65.

秉纲而目自张　执本而末自从

——加快农业大数据与物联网建设，助力农业供给侧结构性改革

李　静

（九三学社苏州高新区基层委员会）

摘要： 农业大数据平台建设是农业供给侧结构性改革的有力保障。长期以来，农业生产决策缺乏足够风向标和参考数据。如果构建农业大数据平台，并与物联网紧密结合，充分应用，实现农业信息化、精准化、科学化、自动化管理，将引领产业转型，引领供给侧的有效供给，有利于加快构建现代农业的产业体系、生态体系、经营体系，以及转变农业的经营方式、生产方式、资源利用方式和行政管理方式，实现智慧农业。

关键词： 大数据；物联网；农业；供给侧；改革

国家农业部在《关于推进农业供给侧结构性改革的实施意见》中指出，推进农业供给侧结构性改革，是当前的紧迫任务，是农业农村经济工作的主线，要围绕这一主线稳定粮食生产、推进结构调整、推进绿色发展、推进创新驱动、推进农村改革。要把增加绿色优质农产品供给放在突出位置，把提高农业供给体系质量和效率作为主攻方向，把促进农民增收作为核心目标，从生产端、供给侧入手，创新体制机制，调整优化农业的要素、产品、技术、产业、区域、主体等方面结构，优化农业产业体系、生产体系、经营体系，突出绿色发展，聚力质量兴农，使农业供需关系在更高水平上实现新的平衡。

一、驱动发展、耦合供需

“秉纲而目自张，执本而末自从”。推进农业供给侧结构性改革，涉及理念更新、体制改革、实践创新等方方面面。越是任务千头万绪，越要抓关键、抓要害，以重点突破带动整体提升。农业大数据平台建设是农业供给侧结构性改革的有力保障。长期以来，农业生产决策盲目，没有博弈风向标和参考，给农民造成极其惨痛的损失。解决以上问题必须构建农业大数据平台，实现信息化、精准化、科学化管理。

农业大数据，是指融合了农业地域性、季节性、多样性、周期性等特征后产生的来源广泛、类型多样、结构复杂、具有潜在价值，并难以应用通常方法处理和分析的数据集合。它保留了大数据自身规模巨大、类型多样、价值密度低、处理速度快、精

确度高和复杂度高等基本特征，并使农业内部的信息流得到了延展和深化。其涉及耕地、播种、施肥、杀虫、收割、存储、育种等各环节，是跨行业、跨专业、跨业务的数据分析与挖掘。农业大数据通过对气候、土壤和空气质量、作物成熟度，甚至是设备和劳动力成本及可用性方面的实时数据收集，可以预测农业产出，并用来做出更明智的决策。大数据将引领产业转型，引领供给侧的有效供给，有利于加快构建现代农业的产业体系、生态体系、经营体系，以及转变农业的经营方式、生产方式、资源利用方式和行政管理方式，大数据的预测预警能力将能惠及农民生产生活方方面面。

二、助力转型、推动革新

数据是资源，应用是核心。

农业大数据应用有五方面。第一是基础研究。精准农业就是用最少的资源产生最大的产量，并且要做到最少的浪费。中国是世界第一大化肥使用国，很多肥料都是浪费掉的。什么时间施肥，施多少为宜等操作，需要大数据支撑。第二是智能生产。一方面是预测和预警模型，另一方面就是优化和控制。第三是农产品市场行情预测与物流。全国这么大，品种这么多，地区差异这么大，消费习惯相差那么大，市场行情各不相同，如何将这么多数据连在一起，让生产布局和订单农业实现最优化，都需要大数据的支撑。第四是农产品质量安全。要保证农产品安全，追溯体系非常重要。要建立追溯的市场准入规则，生产者、市民等各种消费行为数据要联系起来，这将是农业大数据应用很重要的一点。第五是农业资源整合共享与服务平台。中国农业相关部门都有自己的数据系统，但不共享，且数据无法相连、互通，应用效率低造成极大的浪费。

大数据支持下的精准农业，用于测量土壤和周围空气的温度与湿度的传感器遍布田间，卫星图像和无人机拍摄田地的照片。随着时间的推移，图像会显示作物成熟度，加上精准天气预测模型，就可以建立模型并进行模拟，从而预测未来的情况，控制中心实时收集并处理数据，帮助农民在播种、施肥和收割作物等方面做出前瞻性的决策。农业机械必须是智能化的，有卫星导航系统、自动驾驶系统、计算机设备，以及必要的传感器，通过大数据分析软件给出信息并准确执行。从种到收，通过全流程的精打细算，精准农业可以极大地节约化肥、水、农药等投入，让农业生产像工业流水线一样连续地进行，从而实现规模化经营。

适应我国农业现代化的智能农机及大数据应用，主要涵盖农机定位监控与自动驾驶、农机作业参数智能监测与计量、作业环境数据采集与处理、智能设备协同与精准作业、数据远程传输与分析决策、数据共享与应用等领域。通过农业装备的技术进步和产品创新，实现四大功能：

一是智能控制。通过传感器、机电液控制、CAN 总线、GPS/GPRS、辅助基站、云计算、大数据等技术应用，对农机作业位置、零部件工作状态实施动态监控，按照作业需求自动控制，实现围栏管理、远程启停、调度管理、故障预警、自动驾驶（在动力换挡、无级变速、产品电控技术应用基础上)、轨迹行驶、地头管理等功能。二是多机物联。在农机智能控制基础上实现多机物联，拖拉机、收获机械、农机具等多机协同作业，智能优化行驶速度、输出转速和扭矩等作业参数，保证作业效率和效果；拖拉机与农机具自动挂接，机具自动升降、启停，联合智能控制，对作业效果实施监控并动态优化；对耕种管收、收获后处理等成套农业装备进行动态管理，匹配工作效率，实现适时作业调度。三是精准作业。利用遥感、光谱、传感等技术，掌握土壤信息(肥力、湿度等)、作物信息(病虫害、产量等)，通过云计算、大数据信息决策系统，对农机进行智能控制，实现变量施肥、变量播种、变量喷药、变量灌溉等精准作业，对收获机械行驶速度，割台、脱粒等部件作业效率动态优化，降低破损率、掉籽率及收获机械故障率。四是产品决策。利用农机部件作业信息(如拖拉机作业挡位、行驶速度、发动机转速、水温、油温等)、环境信息(如温度、湿度等)、地理信息(如海拔高度、气压、土地比阻、坡度等)等大数据，通过产品分析、决策系统提供产品改进和研发支持，对农机产品进行设计优化，提高产品适应性、可靠性、舒适性，降低作业油耗和故障率；新产品设计输入数据化，根据不同区域、不同用户、不同作业需求，提供差异化产品，提升农机作业效率和作业效能。

大数据在现代智能化农业中的应用，还体现在与农业物联网的结合。

一是农业物联网育种。农谚有“好种出好苗”之说，即作物的质量、产量不仅与种植技术、环境条件有关，最根本的还在于作物品种本身。种子品种的好坏关乎着农产品的质量和产量，通过物联网育种技术，从根本上推动农业生产向健康、优质、高产发展，对推进农业供给侧结构性改革具有重要意义。二是农业物联网生产。农业物联网作为推进智慧农业的重要组成部分，通过在大棚内应用大量的传感器构成监控网络，实时监控棚内空气温湿度、光照强度、二氧化碳浓度、土壤养分水分等各种参数，实现农民通过掌上手机完成作物生长环境调控，同时通过农产品二维码扫描，客户还可以了解整个作物的生长过程、作物成分、药物残留、食用方法、养生因子等多重要素。三是农产品三产融合。通过物联网技术，可实现从土壤维护到大棚种植，从加工包装到冷链配送，从网上销售到自主点菜，从农耕体验到品牌打造，从农业生产到休闲观光，从有机绿色到健康养生，从田间到餐桌的一二三产业融合发展，让农业成为充满希望的朝阳产业。

三、问题导向、聚焦发力

近年来，我国大数据呈现出蓬勃发展的态势。在中央层面，国务院于 2015 年 8 月底出台了《促进大数据发展行动纲要》，这意味着发展大数据已经上升为国家战略。在地方层面，各地招数频出，在管理机构、系统平台、创新载体、数据交易等方面均有一定的发展。

当前农业大数据存在的问题，主要是由于没有自动化的采集手段，条块分割体制，不能有效地将农业各环节数据汇总，而且农业大数据必须分析才能发挥作用。

大数据模型缺乏长期的积累，虽然目前包括大学等科研机构都已经着手做工作，但形成气候仍需时日。农业大数据没有与行业产业结合，农业的大数据不能只在农业圈里，一定要跟商务部、国土资源部等相关产业链共享。农业大数据缺乏必要的规范，所以要加强采集、加强共享和开放、加强平台建设、加强开发利用。要强化信息基础设施、人才、政策法规三大要素支撑，抓好大数据的“政用”“民用”“商用”，实现大数据人人用、家家用、行行用，让大数据既“高大上”，又“接地气”。

信息资源共享是大数据发展的基础。要加快完善宏观制度规定，在已出台的《政务信息资源共享管理暂行办法》基础上，进一步细化、明确公共信息资源开放共享的内容、程序、标准等；要加强大数据共享平台建设，深入实施数据中心大整合工程，积极构建大数据信息共享服务体系。

核心关键技术是大数据发展的支撑。要加快核心关键技术的研发布局，强化海量数据存储、数据清理、数据计算、数据分析、数据可视化等领域关键技术攻关，推动制定相关标准和指南。

在农业机械智能化方面要制定智能农机大数据应用规划。统一数据标准，利用云计算、大数据等技术，将农机作业信息、农业地理信息、气候土壤信息、智能农机决策支持信息等应用数据集成，建立农机行业统一的信息管理平台，实现农业和农机大数据的协同管理和综合利用。加大对农机智能化技术发展和产品研发的政策支持。对智能农机的电子控制单元、机电液控制、传感器技术、3S技术（GPS、GIS、RS）、田间信息数据采集、智能决策系统等应用研究的企业或单位，给予专项政策支持。

四、创新新业态，建设智慧农业

运用农业大数据及物联网技术全面实施智慧农业工程，推进农业装备智能化、信息化、现代化，打造一批智慧农业示范基地。加强农业遥感基础设施建设，实现精准管理。加快推进农民手机应用技能培训，提升农民熟练运用大数据平台进行决策的能力和水平。推进重点农产品市场信息平台建设，通过农村电子商务，推进冷链物流、智能物流等设施建设，促进新型农业经营主体与电商企业零距离对接融合，健全现代农产品生产、消费体系。

拓展农业多功能性，发展观光农业、体验农业、创意农业等新业态。实施休闲农业和乡村旅游提升工程，加强标准制定和宣传落实，开展美丽休闲乡村、特色魅力小镇、互联网+旅游等，实现农业可持续发展。

习近平总书记指出：“当今世界，科技进步日新月异，互联网、云计算、大数据等现代信息技术深刻改变着人类的思维、生产、生活、学习方式”，“大数据是工业社会的‘自由’资源，谁掌握了数据，谁就掌握了主动权”。推进农业供给侧结构性改革，是“十三五”时期我国经济工作的重要内容。新形势下要把发展农业大数据工作作为重要抓手，充分挖掘和利用海量数据资源中蕴含的巨大价值，不断推进农业经济的优化，实现产业可持续发展。

关于加快引进和培育农业科技特派员的建议

施　杨

（常熟理工学院）

摘要：围绕农业科技特派员队伍建设的总体要求，归纳我省农业科技特派员基层选派型、高校援助型、法人参与型、超市依托型、园区集聚型的五种培育模式，提出加快完善农业科技特派员任用机制、集聚机制、利用机制、开发机制的具体对策建议。

关键词：农业科技特派员；农业科技创新；江苏省

农业科技特派员是近年来国家实施支农惠农的具体措施，是农业科技知识有效转化为生产力的主要手段之一。近年来，国家高度重视农业科技特派员工作。2012年、2013年连续将农业科技特派员工作写入中央一号文件。2014年中央一号文件首次明确提出了"推行科技特派员制度"，这对各地加快农业科技服务队伍建设提出了更高要求。2016年，国务院出台《关于深入推行科技特派员制度的若干意见》，进一步明确了推动农业科技特派员的建设任务和建设方向。

全面梳理我省农业科技特派员集聚现状，总结具体做法和成效，提出加快农业科技特派员队伍建设的具体路径，对于加快构筑农业科技服务体系、推动农业现代化进程具有重要作用。

一、我省农业科技特派员培育的主要模式

近年来，我省充分集聚地方特有的科技、经济、文化、人才、平台等优势，以农业科技创新为主线、以农业科技载体建设为支撑，按照"政府推动、市场导向，高校支撑，立足需求、双向选择，校企互动、合作共赢"的原则，持续加强农业科技特派员引进和培育工作。在农业科技特派员培育过程中探索了五种模式，主要包括以下几类：

（一）基层选派型

2007年以来，根据《江苏省科技特派员工作实施方案（试行）》的有关要求，积极引导和支持企业、农业技术推广服务机构等基层单位的科技人员到农业生产一线开展创新创业和科技服务。截至2012年，全省累计选聘6批"送科技下乡、促农民增收"活动科技特派员。这些科技特派员均来自基层农业技术服务一线，有比较丰富的农业技术推广经验。根据对第六批405名科技特派员的统计，拥有本科及以上学历的人员共222人，占总数的54.8%，反映科技特派员整体素质较高，能够有效开展农业技术推广等服务工作。

（二）高校援助型

根据《江苏省科技特派员工作实施方案（试行）》的有关要求，我省积极鼓励高校、科研院所涉农专业教师参与地方农业技术推广。截至目前，全省累计近500名高校、科研院所农业科技工作者投身新农村建设。这些人员农业理论知识丰富，掌握农业发展前沿问题，对基层农业技术推广示范效果明显。与此同时，我省还以常熟市率先开展科技特派员试点为契机，按照省委、省政府统一部署选派9批次高校和科研院所、政府机关人才到基层工作。这些人员以行政挂职的形式参与地方农业建设，能够更有效地调动所在单位的科教资源，深入推进农业产学研合作。

（三）法人参与型

2012年，我省启动法人科技特派员工作，明确提出将从事"农业科研、技术推广、特色产业开发及农副产品加工流通的企事业法人"整体列为科技特派员管理体系。根据有关规定，法人科技特派员分为两种类型：一是由各类高层次人才、科技人员及高校毕业生等领办、创办、协办的企业和专业合作组织（企业）；二是农业企业家联合科技专家创办的企业。目前，全省已选派两期共计422家企业列为江苏省法人科技特派员，涉及设施蔬菜、特色畜禽、特种水产、经济林果、园林花卉、大宗农作物等六大门类。与一般农业科技推广人才相比，法人科技特派员非常熟悉当地的农业特色产业，具有从事农业一线生产、经营和管理的丰富经验，拥有带动周边农民共同致富的独特优势。

（四）超市依托型

2010年，我省在国内率先启动建设"农村科技服务超市"。作为农村科技服务的一种新模式，农村科技服务超市以农业优势特色产业创新发展和农民增收为着力点，开展多形式多层次的综合科技服务。按照有店面、队伍、网络、基地、成果、品牌"六有"的建设要求，农村科技服务超市建设扎实推进。截至2015年，全省已建成农业科技服务超市总店1家、分店100家、便利店201家。为提升超市科技服务支撑能力，我省明确提出将科技特派员纳入科技服务超市专家遴选范围。按照有关规定，总店、分店、便利店分别组建省级高层次专家服务团、专家服务队和专家服务组。根据不完全统计，目前全省农村科技服务超市已拥有5 000余人的农业科技服务队伍，初步建立了三级科技服务专家服务网络，为促进农业持续稳定发展和农民致富提供有效的科技服务支撑。

（五）园区集聚型

近年来，按照城乡一体化发展的新要求，我省以建设现代农业为目标，以推进农业适度规模经营为重点，不断加快现代农业园区建设步伐。截至2015年，全省共建成国家级农业科技园区9家、国家现代农业示范区17家。各地园区也根据自身实际情况，以农业科技特派员引进和培育为抓手，不断加大高层次农业队伍建设。凭借科技特派员的桥梁纽带，可以打通高校院所与地方、企业的合作通道，推动大学、企业、政府三者相互渗透、相互作用，形成"政府-高校院所-企业"三螺旋产学研合作长效机制，合力推动科技创新工作的开展。

例如，江苏省太仓市 2011 年启动建设“太仓现代农业园区科技特派员工作站”。利用现代农业科技园区科技企业多、研发和推广条件好的优势，重点在新兴产业发展、新品种选育、新成果推广、新模式建立、新载体培育这五大方面开展服务，促进高校的技术、人才等要素向园区集聚。目前太仓拥有省级科技特派员 120 名，农技推广机构与基层的挂钩联系机制不断健全。

二、我省农业科技特派员培育存在的主要问题

（一）农业科技特派员制度建设有所滞后

通过调查，现阶段农业科技特派员选派主要涉及科技、教育、农业等多个部门。由于分别来自于不同部门并且隶属于不同派出单位，客观上导致农业科技特派员身份比较复杂。目前尚未建立农业科技特派员统一管理平台，存在人员数据重复计算现象。与此同时，对于农业科技特派员的聘任级别、活动经费、下派类型、工作年限、激励保障没有统一规定，客观上存在管理松散、协调困难等问题。

（二）农业科技特派员选派方式相对单一

目前，农业科技特派员主要来自于高校科研院所、基层农业推广机构。部分地区对于农业科技特派员选派没有充分考虑基层一线的实际需求，与地方农业产业结构匹配度不高，存在流于形式现象。此外，农业科技特派员选择面相对狭窄，尚未有效整合当地农业科技资源，对当地法人科技特派员的重视程度不够，“有经验、懂技术、会管理”的科技人才仍然普遍缺乏。

（三）农业科技特派员服务模式仍显粗放

根据调查，目前农业科技特派员服务方式仍停留在新产品、新技术的简单推广应用阶段，产学研结合不紧密、合作层次不高、载体平台少的矛盾依然突出。与此同时，农业科技特派员与地方金融机构、社会组织、行业协会、就业人才服务机构互动不多，“技术链”“人才链”“服务链”缺乏有效支撑，尚未形成多元主体服务地方农业发展的合力。

（四）农业科技特派员运行机制缺乏活力

目前，农业科技特派员关于知识产权归属、利益分配、成果转化、职称晋升等方面政策仍处于摸索阶段。受身份、经费等多种因素影响，农业科技特派员到基层开展服务积极性不高，仍然处于上级下发通知、下级被动完成任务的初级阶段。尤其是高校、科研院所农业科技特派员对离岗创业、合股创业仍存有顾虑，服务短期性、功利化色彩较浓，以市场运作方式组建的经济利益共同体比例不高。

三、加快我省农业科技特派员队伍建设的主要路径

（一）完善“保障性＋激励性”的农业科技特派员任用机制

深化农业科技特派员管理体系改革，落实政府经费资助、监控跟踪、考核评估、激励培育、退出制度衔接的工作机制，强化相关政策指导。一是强化制度建设。尽快出台地方性农业科技特派员管理办法，按照主体多元化、服务专业化、运行市场

化要求，完善科技特派员社会化管理制度。条件允许的，将农业科技特派员纳入地方科技镇长管理范畴，实行统一管理。二是落实资金保障。认真落实国家、省有关促进农业科特派员制度的相关政策措施，依托星火计划加大各类财政专项资金对农业科技特派员的支持力度。在现有财政体制下，将农业科技特派员经费纳入地方人才专项资金并明确资助比例，对科技特派员实施的短平快科技富民项目给予启动经费支持。三是优化考核评价制度。创新农业科技特派员考评机制，制定科学合理的考核评价制度，完善以能力、实绩为导向的多元考评体系，细化考核指标和标准。建立健全农业科技特派员任用和退出制度，实行动态管理，形成优胜劣汰的长效管理机制。四是完善激励措施。按公益服务、农村创业等不同类型，实施农业科技特派员分类管理。对普通高校、科研院所、职业学校等事业单位从事农村科技公益服务的科技特派员在工资福利、岗位、编制、职务职称晋升等方面予以倾斜。探索农业科技特派员后资助管理办法，对服务绩效突出、带动作用明显、农民认可度高的农业科技特派员，在科技项目申报、成果转化应用等方面予以重点支持。

(二) 完善“本土性＋开放性”的农业科技特派员集聚机制

围绕地方农业发展需要，加大省级农业科技特派员选派力度，进一步扩大区域覆盖面和覆盖比例，夯实基层人才保障。一是突出基层培育。围绕地方农业发展需要，重视挖掘当地优秀人才，积极吸纳优秀基层农业科技推广人员、青年致富带头人、农民专业合作组织负责人、优秀民营企业家、大学生村官加入科技特派员队伍，增加地方农业人才储备。二是扩大选派范围。在原有农业生产、加工领域选派农业科技特派员的基础上，着力在物流体系建设、农产品安全、农业面源污染和畜禽养殖污染防治、农村健康等方面加大选派力度。三是注重柔性引进。积极组建“江苏省农村科技特派员联盟”“江苏省农村科技特派员促进(协)会”，设立农业科技特派员人才库。持续加大省级科技特派员选派力度，支持涉农高校、科研院所在地方设立农业科技特派员工作站、培训实习基地、社会调研基地，增强全面服务基层能力。四是强化载体支撑。根据地方产业和企业发展的需求，充分利用农业科技园区、农业发展研究院、高新技术产业园区、大学科技园、农业科技超市、科技型农业专业合作社等各类载体平台，以科技项目为抓手，以农业科技特派员引进为纽带，促进各类创新要素向基层集聚。

(三) 完善“公益性＋市场性”的农业科技特派员利用机制

面向现代农业科技园区、农业科技型企业、科技型农业专业合作社、农业专业大户和广大农民的实际需求，充分依托农业科技特派员资源，加快完善科研、教育、推广“三位一体”新型农村科技服务体系，提高科技公共服务能力和水平。一是共建技术服务基地。依托专家大院、农业科技超市等平台，支持农业科技特派员面向农村开展农业技术服务。明确将科技特派员提供公益性农业技术服务纳入政府购买范围，加快构建公益性与经营性相结合、专项服务与综合服务相协调的技术服务网络，提高农业生产、加工、储运等整个技术体系的水平。二是共建教育培训基地。借助农业科技特派员所在单位教育资源，以农业信息化、产业化、品牌化培训为重点，以扶智扶能为方向，持续开展农业专项技术、创业辅导、信息技能、生产服务与管理等专项培训，增强农民科技意识和创新意识，加快培育农民新型经营主体。三是共建成果转化基地。借助农业科技特派员在农业生产经营中的信息和技术优势，围绕当地产业和科技需求，重点支持一批具有自主知识产权、重大原创价值、适应本地生产的新品种、新技术、新设施推广应用，切实解决农业科技成果转化最后一公里的问题。大力发展以高、新、特为标志的农业技术贸易，推动现代农业全产业链增值和品牌化发展。

（四）完善“示范性＋带动性”的农业科技特派员开发机制

充分发挥农业科技特派员的引领示范和辐射带动作用，注重将农业科技特派员队伍建设与地方农村发展、农业增产增效、农民创收致富结合起来，带动资金、人才、信息、管理等其他生产要素向农村聚集。一是支持创业示范。以打造各级“星创天地”为抓手，制定出台科技特派员落户创业的优惠政策。依托农业园区、产业基地、科技服务机构、农业龙头企业、高校和科研院所共建创业基地，吸引科技特派员带项目、带资金、带技术到基层创业，支持科技特派员领办、创办、协办农村科技型企业，带动更多农民创新创业。二是强化人才引领。打破地域、身份、行业界限，持续推进人才交流，支持和选派“讲政治、敢担当、有作为”的农业科技特派员采取挂职、研修等方式担任科技村长，大力推进“能人治村”，全面提升村行政领导班子业务能力与综合素质。以培育企业法人科技特派员为重点，提高农业组织化程度，加快现代农业发展和农民就业增收。三是深化长效合作。加快产学研用融合发展，鼓励引导科技特派员采取承包、租赁、入股等多种方式与专业大户、龙头企业建立“风险共担、利益共享”的利益共同体，支持按其生产要素实际贡献份额获取合法报酬，加快构建“科技特派员＋示范园（基地）＋专业协会＋公司＋种养殖大户＋农民”的长效合作机制，推动农业生产经营方式转变。

参考文献

[1] 科技部. 关于贯彻落实中央一号文件精神加快农村科技创新创业的意见[C]，2012.

[2] 国务院办公厅. 关于深入推行科技特派员制度的若干意见[C]，2016.

[3] 张国平. 我国科技特派员制度：一个基于制度经济学的分析[J]. 农业经济，2010(6)：50-53.

[4] 张雨，高峰，刘智敏，等. 科技特派员制度创新模式与机制研究[J]. 农业经济问题，2008(1)：61-65.

[5] 佘学军. 美国农业科技推广经验与中国的创新[J]. 世界农业，2012(3)：17-21.

[6] 杨俊. 高等农业院校应成为农业科技特派员培训的主阵地[J]. 华中农业大学学报(社会科学版)，2015(5)：124-128.

[7] 科技部农村司基层处. 打造科技特派员“三位一体”科技服务新模式[J]. 中国农村科技，2013(2)：24-28.

[8] 科技部农村司. 推行科技特派员制度 构建新型农业社会化科技服务体系[N]. 科技日报，2014-02-07.

加推“互联网＋”现代农业
助力江苏农业再攀新高

苏 勇

（九三学社张家港市二支社）

摘要：根据2017年中央一号文件精神及《江苏省国民经济和社会发展十三五规划纲要》和《2017年江苏省政府工作报告》相关内容，结合江苏省农业信息网数据，通过实地走访，对我省现代农业发展的现状进行分析，拟通过加快推进“互联网＋”现代农业建设步伐，助力江苏农业整体水平发展提供一定参考。

关键词：“互联网＋”现代农业；电商；供给侧结构性改革；一体化；农业物联网

2016年3月，江苏大米“南粳46”在广岛“中日优良食味粳稻品种选育及食味品鉴”会上击败多款日本优质大米，荣获“最优秀奖”，品质走在世界前列；江苏造的猪支原体肺炎活疫苗打破进口垄断，新增社会经济效益60多亿元；江苏的稻飞虱防控研究成果被列入农业部技术方案，年均挽回超百万吨稻谷；2016年度南京白马国家农业科技园区在全国118家同类单位“排行榜”上，“引进新技术”和“企业孵化”两项指标第一，整体创新能力位居全国第四。2016年在全球贸易保护主义抬头，国际市场竞争日趋激烈，国内生产要素成本升高，外贸形势严峻的背景下，我省农产品外贸逆势上扬，全年农产品进出口总额为154.8亿美元，同比增长4.3%，其中出口额为35.9亿美元，同比增长6.6%，分别比全国农产品进出口、出口、进口增速高5.8、3.1、8.2个百分点，几项指标均创历史新高……

江苏农业取得辉煌成绩，离不开全省所有系统人的努力，其中的关键在于信息资源的整合和创新能力的提升所带来现代农业的发展。实践证明，传统的农业生产方式越来越不适应现代农业发展的要求，甚至已成为制约现代农业发展的瓶颈，要实现农业的大发展，传统农业发展模式必须转型升级，随着互联网技术的发展和普及，“互联网＋”正带来传统农业生产经营格局的颠覆性变化。而江苏在这一点上“敢为天下先”，2009年起，江苏省农委所有的行政权力全部网上运行，建成国内首家省级耕地质量数据管理中心并在全国推广应用，农产品质量溯源管理系统、土地确权管理系统、农业科技推广“云平台”等一批智能化系统平台在农业管理服务中发挥了积极作用。通过信息整合驱动创新能力，开展重大公益技术、产业共性技术研究和攻关，产出一批新品种、新技术、新模式，有效提升江苏现代农业发展核心竞争力。

取得成绩的同时，通过分析，我们也清醒地认识到，我省的现代农业发展还存有一定的不足，主要表现在：

1. 农业发展供给侧结构性矛盾依然存在

农产品供求结构失衡、要素配置不合理、资源环境压力大、农民收入持续增长乏力等问题仍很突出，增加产量与提升品质、成本攀升与价格低迷、库存高企与销售不畅、小生产与大市场、国内外价格倒挂等矛盾亟待破解。

2. 农业大数据的建设和应用仍处于起步阶段

还存在统一的大数据平台未建成、数据的数量和质量还不够等问题。在农情、土壤墒情、病虫情、市场行情等方面的数据还存在信息“孤岛”，且数据采集的自动化程度、精准度也亟待进一步提高。

3. 进出口情况存在发展不平衡情况

对外市场目前主要与“一带一路”沿线国家贸易往来活跃，还有大片的国际市场可待开发；出口产品传统优势产业仍占主导地位，综合产业发展还亟需提高；省内存在南北进出口发展不平衡现象。

由此，面对新形势新要求，必须坚持问题导向，调整工作重心，深入推进农业供给侧结构性改革，加快培育农业农村发展新动能，开创农业现代化建设新局面。为实现江苏现代农业快速发展，我们应尽快加强资源整合，以“互联网＋”现代农业为抓手，实现全省农业发展“一体化”。对此，《江苏省国民经济和社会发展“十三五”规划纲要》及《2017年度江苏省政府工作报告》中均指出：“加快推进‘互联网＋’现代农业，是推进农业供给侧结构性改革、提高农业发展质量和效益的迫切需要，也是激发新农民创业创新活力、促进农民增收致富的有效途径”，要通过“大力发展农产品电子商务、直供直销等新型营销方式，支持农产品展示推介和境外促销，强化农业新技术、新品种、新装备创新应用，培育一批网络化、智能化、精细化的现代农业新模式和示范基地。”

由此上溯到2017年中央一号文件《中共中央、国务院关于深入推进农业供给侧结构性改革加快培育农业农村发展新动能的若干意见》，其中更是明确具体了相应要求，提出实践标准。要推进农村电商发展。促进新型农业经营主体、加工流通企业与电商企业全面对接融合，推动线上线下互动发展。加快建立健全适应农产品电商发展的标准体系。支持农产品电商平台和乡村电商服务站点建设。推动商贸、供销、邮政、电商互联互通，加强从村到乡镇的物流体系建设，实施快递下乡工程。深入实施电子商务进农村综合示范。鼓励地方规范发展电商产业园，聚集品牌推广、物流集散、人才培养、技术支持、质量安全等功能服务。全面实施信息进村入户工程，开展整省推进示范。完善全国农产品流通骨干网络，加快构建公益性农产品市场体系，加强农产品产地预冷等冷链物流基础设施网络建设，完善鲜活农产品直供直销体系，推进“互联网＋”现代农业行动。

课题组经过理论结合实践调研论证，认为加快推进“互联网＋”现代农业发展进程中，具体应做好下列工作：

(一) 农业生产智能化

1. 提高农业物质装备和技术水平

通过农业生产基础设施、装备与信息技术的融合，利用现代信息技术改造提升农业，发展精准农业、智慧农业、智能农业，提高农业自动化水平。

2. 加快新技术新产品研发应用

发挥科研、推广、市场等多主体的创新服务作用，鼓励大专院校、科研院所、企业紧密合作，吸引高水平企业到江苏落地，开展农业物联网技术攻关与设备研发，创新一批精准化监测控制技术，熟化一批农业物联网成套设备，制定一批农业物联网应用标准，让智能农业技术成为重要的“藏粮之技”。

3. 推动现代农业载体示范引领

开展智能农业示范基地创建，通过构建畜禽、水产、园艺、作物等多行业农业物联网服务平台，形成一套可复制、易推广的应用模式，引导农业物联网应用向示范区及规模种养基地等现代农业载体集聚，通过整合生产经营主体信息资源，搭建物联网管理服务平台，开展数据采集、监测分析、质量溯源、在线指导等服务，实现农业生产自动化、可控化、智能化。

(二) 产品流通电商化

1. 促进特色产业电商化

积极引导农业市场主体发展电子商务，强化特色产业与知名电商嫁接，促进产销衔接。开展农业农村电子商务示范基地建设，发展优势产业，培育特色小镇。

2. 支持经营主体电商化

鼓励开设网店、微店等，发展农产品网上销售、大宗交易、订单农业等电商业务，引导农业农村电子商务向全省重点集中连片经济薄弱区倾斜，帮扶地方发展特色产业、提高农民收入。

3. 引导需求导向电商化

推动农产品生产由生产导向向消费导向转变，积极打造特色产业全产业链电商发展模式，实现农产品生产、加工、销售全程可追溯，推动农业结构调整，增强农业内生发展动力。

4. 塑造特色电商品牌化

挖掘农产品文化内涵和功能，打造一批富有地方资源特色、品质特色、功能特色和文化内涵，市场知名度高和竞争力强的农业农村电商品牌。通过放大品牌集聚、资源整合效应，培育农村一二三产业融合发展新业态。农业龙头企业对接“一带一路”战略实施，开展农产品跨境电子商务，输出江苏优质农特产品。

(三) 管理服务一体化

1. 农业行政管理一体化

利用移动互联网构建新型工作平台管理模式，加快推动全省农业资源、农技推广、农村“三资”、农业执法、农产品质量、动物和动物产品安全监管、现代农业园区等管理系统建设，构建省、市、县一体的实时化、网络化、智能化农业综合管理系统。

2. 提升为农信息服务一体化

紧密围绕信息需求，加强信息进村入户指导服务，提高农业公益、便民、电商和培训体验等服务水平，推进城乡要素平等交换、合理配置和基本公共服务均等化，为农民群众提供精准化、个性化的信息服务。

3. 大数据共享一体化

充分发挥各类农业信息管理系统的作用，加大信息数据监测、采集和分析运用力度，开展远程监视、监测、监督，在全省范围内建立数据共享一体化，及时发布技术指导、预测预警、防灾减灾、疫病防控等信息，提高管理服务网络化水平。

(四) 专项建设程序化

1. 推进电商基础设施建设

加强农业农村电子商务物流渠道、农村宽带、道路交通等基础设施建设，鼓励建设农业农村电子商务产业基地、物流园、创业园，改善农业农村电子商务发展条件。合理规划物流资源，构建适合农产品电商发展的物流配送体系。鼓励产地经营主体更多应用现有的市场流通基础设施、质量检测设备、产品流通渠道等，发展农业农村电子商务。

2. 推进电商营销体系建设

支持知名电商开设农业农村电商地方特色馆，鼓励电商企业发展农业农村电子商务，加强自营平台建设，有效对接市场需求，拓展农产品、农业生产资料、休闲观光农业等网上营销。促进建立健全服务体系、质量安全追溯管理系统和投诉处理机制，推动农业农村电商加快发展。

3. 推进“互联网＋”保障体系建设

一是通过加大财政支持力度，优化涉农资金支出结构，建立“互联网＋”现代农业专项投入机制，采取财政资金直接扶持、基金支持、购买服务等方式，重点在农业农村电子商务、智能农业、农业大数据、信息进村入户等方面加大投入，加强农业农村信息化示范基地建设。二是建立多方参与机制，完善多元投融资渠道，鼓励工商资本和民间资本投向“互联网＋”现代农业领域。三是通过加强税收减免扶持。支持符合条件的农业电子商务、农业物联网、农业大数据等企业申请高新技术企业认定，经认定为高新技术企业的，按相应比例优惠税率征收企业所得税。

总之，期望通过上述“四化”措施的落实，以加快推进“互联网＋”现代农业发展为抓手，实行农业供给侧结构性改革，在推进农业综合开发，加强农产品品牌创建，大力发展农产品电子商务、直供直销等新型营销方式等方面下功夫，培育江苏网络化、智能化、精细化的现代农业新模式，实现江苏农业再攀新高峰。为早日建成“经济强、百姓富、环境美、社会文明程度高”的新江苏而努力！

关于农业全要素协同中商业模式的构建研究

谢　力

（张家港沙洲工学院）

摘要：分析我国目前农业供给侧存在问题的根本原因，明确农业全要素协同核心要素，按照“内生动力＋方向＋路径”，着手农业总体战略，探索构建农业经营主体的商业模式，将农产品与市场战略落实在具体的商业模式实施上，提高农业综合竞争力，实现农业全面可持续发展。

关键词：农业全要素生产率；技术进步；竞争力；商业模式

一、问题提出

目前推进农业供给侧改革，提出“既要金山银山，也要绿水青山”，在实践中探索出诸如“龙头企业＋”“合作社＋”“家庭农场＋”与“互联网＋农业”等商业模式，使农业劳动生产率大大提高。[1]但如果只注重提高单要素生产率，没有主张提高农业全要素生产率，忽视培育农业“内生动力”，农业就缺乏竞争力，“金山银山”可能变成过剩产品，跟不上农产品需求升级。“绿水青山”可能变成“存量”，而非“增量”资源。

以上问题的解决，总要靠商业模式落实在农业经营主体日常的营运与管理上。因此，在农业全要素协同中，如何构建恰当的商业模式，提高农业综合竞争力，实现农业全面可持续发展就值得研究。

二、农业全要素协同的侧重点与核心

全要素生产率（TFP）是衡量总产出与总投入要素之间的关系。全要素主要包括人力资本、土地、资本投入、技术进步、组织创新、专业化和生产创新等等。TFP是测量所有单位投入要素的产出，对生产率水平进行全面的测量，反映长期整体生产技术变化。

（一）不同时期农业全要素协同的侧重点不同

由于农业生产的特性与功能，不同时期，国家农业战略目标取向和重点是不同的，由此也决定了农业全要素不同时期的侧重点有区别。例如，为了解决“吃饭”问题，农业的重心是用有限的资源来增产。提高产出效率，成了农业TFP增长的最重要驱动因素。

根据《中国统计年鉴》等资料，[2]2001—2013年，在投入的五个要素中，对农业TFP增长贡献最大的依然是劳动力和土地，其次是农业机械、化肥和农药等要素，而非技术进步、组织创新、专业化和生产创新等农业TFP主要指标。

研究指出，[3,4]影响目前农业TFP的主要因素仍然是：农业的人力资本、资本投入、技术进步与制度等。可见，当前农业发展仍然主要靠投入人工与资本。

过于注重农业劳动生产率的结果，必然带来需求升级中的供求不对路、产业结构与环境问题、绿色生产跟不上，农民增收传统动力减弱，新的动能跟不上等。因此，有效地将农业全要素协同起来，解决这些问题应该是当前农业的侧重点之一。[5]

（二）农业全要素协同的核心要素

根据美国农业部2015年7月发布的《美国农业生产率增长报告》认为，技术创新是促进、推动农业TFP增长的最主要途径。[6]从以色列农业现代化经验看，农业真正发展是农业的竞争力增强，落脚点是农业技术进步与组织水平提高，其次是突出市场化的农业产业化。[7]

中国社会科学院农村发展研究所全世文指出，就当前来看，中国农业政策体系调整的关键在于适度弱化粮食产量目标，强化农业的国际竞争力目标。[8]关于区域农业竞争力的影响与决定因素，研究认为，农业区域竞争力决定于农业技术创新、农业生产结构与劳动者素质，但同时又受各区域自然资源、生态环境、基础设施与装备等因素的影响。[9]

根据以上研究，提高农业的综合竞争力是农业全要素协同的核心要素，也给农业经营主体构建商业模式，进行农业供给侧改革指出了方向。

三、从"内生动力＋方向＋路径"构建农业经营主体的商业模式

构建恰当的商业模式，如同让运动员沿规定"线路"完成"马拉松长跑"。

（一）农产品内生动力是构建商业模式的关键。

构建商业模式要使农产品（或产业）有内生动力，如同运动员马拉松长跑要有信心与动力。

研究指出，[10]造血功能不强、多元主体不健全、阶段性项目性任务与新农村建设的长期规划存在一定程度的冲突等问题仍然是困扰农业可持续发展比较普遍的问题。

如何解决这些问题？从发达地区的经验看，要农业全要素协同，培育"内生动力"。例如探索"生态农业""绿色农产品"、走工业化牵引之路、通过"龙头企业＋合作社"创都市田园等等。江苏张家港市永联村是作为当前农业发展的一面旗帜，当年抓住乡镇企业发展机遇，创办了永联村钢铁厂，如今成了中国500强企业。他们培育自己的"内生动力"，村集体拥有永钢集团25％的股份，通过"村集体＋农业服务业"商业模式，农业全要素协同，"工业反哺农业"，有高效基本农田、农耕文化生

态公园、特色产业园、采摘果园、休闲酒店等，农民收入大幅度提高，就地完成了城镇化，全面实现了农村可持续发展。

今天各地乡村都有一定的物质与非物质资源富集优势，怎样去配置这些资源，推进农业与旅游、教育、文化、康养等产业融合值得思考。

例如，目前的"旅游＋油菜花"，各种"园、体"，这些业态种容易被模仿与替代。如大家都搞油菜花节或桃花节，就只能轮流举办。同样，没有解决农产品加工、深加工，产业"内生动力"就缺乏，谈不上增强农业竞争力。没有设法增大"蛋糕"，"分到手里的蛋糕"自然少。

(二) 明确构建商业模式的总体战略

农产品与产业的生产发展要靠商业模式来实施，首先要确定农业企业的总体战略，明确构建怎样的商业模式，保证商业模式有用与盈利。

农业全要素协同，"调优、调绿、调新与调顺"是当前农业企业的总体战略。[11]即做到优化农产品产品结构和农业的产业结构；绿色生产方式；调新农产品与产业；调顺政府和市场的关系，实现激活市场，激活要素，激活主体。

(三) 确定构建商业模式的路径

1. 按"内生动力-技术进步-产品"路径，制定具体的产品战略与市场战略

由于农产品有自身的生产规律和特殊性，如生产环节、产品生长周期与季节、生鲜、农产品供给与需求缺乏弹性等，产品研发与市场开发是农业企业的关键问题。

另一方面是战略实施问题。因为小农经济缺乏长远眼光，管理能力限制，或者种植大户、包括龙头企业由于土地流转期短，特别是产权原因，缺乏持久的利益激励与驱动等，难以制定有长远打算的战略，要明确这些问题极大地影响了农业产业化与市场化。

2. 发展新型农业产业，鼓励"新人"创"新路径"

中央农村工作领导小组办公室副主任韩俊指出，大力发展农村新产业、新业态，农村回乡人士是一支非常重要的力量。[11]

(1) 补农村基层人才"短板"。鼓励回乡大学生和退休官员、教师、医生等各类知识分子、社会能人通过股份合作、订单农业、入园创业就业等形式，"反哺"农业，提升农业技术进步与管理水平。

(2) 商业模式的有用性体现在"新路径"涉及的生产环节、品种、价值链构成环节。

(3) 解决农产品"最后一公里"问题。整合供应链，补物流网络"短板"；创品牌，补产品开发"短板"；构建销售渠道与平台，补市场开发"短板"。

四、商业模式的盈利能力分析

如何通过商业模式的选择，提高盈利能力，要激发农业经营主体的活力，不能

套用制造业商业模式概念。

(一) 农业经营主体的商业模式类型

目前农业经营主体的商业模式主要是:“龙头企业+农户”“合作社+农户”和“龙头企业+合作社+农户”三种传统形式;“家庭农场+合作社”“公司+若干家庭农场”新型合作形式;“互联网+共享平台企业+农户”创新形式。

调研表明,居首位是龙头企业带动型,其次是共享平台组织或者合作的中介组织带动型,再次是专业市场带动型。[12,13]其商业模式的运营也由此产生与决定。

(二) 经营主体的商业模式盈利能力分析

农户、合作社、家庭农场、“龙头企业”与共享平台企业在商业谈判中的地位与行为,决定其对商业模式的控制能力大小,因此经营主体的商业模式盈利能力自然不同。

1. 商业模式的盈利能力取决于对农业生产特性的认识

(1) 纵向一体化的“龙头企业+”商业模式容易体现农产品生产特性

根据农业生产特性,龙头企业联合基地,基地联合农户,或者龙头企业直接面对分散农户,围绕生产的重点环节分工协作,与农户结成利益共同体,优势是控制市场终端(如价格、渠道、品牌等),利用纵向一体化策略,控制“生产原料”端的农户。这种商业模式规模经营,降低了运营成本与市场风险,形成带动效应,容易得到政府的支持。

例如江苏盐城市形成了“公司+合作社+农户”“公司+专业村+农户”与“公司+订单+农户”等商业模式,利用“合同订单、利润返还、股份合作”三种形式,联结利益相关者,提高商业模式的有用性与盈利水平。

(2) 商业模式的盈利能力取决于对农业生产过程的控制

从上游看,农户多是散户,生产率偏低,缺乏统一的组织,由于对市场信息缺乏了解,无销售渠道,必然对下游议价能力差,在利益分配中很难获得满意的收益。如果市场下行,龙头企业势必牺牲农户利益来保障自身利益。上游利益无保障,则农产品生产质量就无法得到保障。[14]

这种“龙头企业+农户”商业模式以契约关系,“反租倒包”,缺陷是难以将农户内化为企业的工人。因为除了价格博弈,对农户几乎无有效的激励机制。

将“龙头企业+农户”换成“合作社+农户”似乎赋予了农户更大的决策权与激励性,并且能提升农业全要素生产率,但是农户与合作社并没有本质区别,根本原因在于大家身份“差不多”。

(3) 观光、休闲与生态农业的商业模式的盈利能力分别在于:门票收入、农产品的衍生产品(服务)的价值与种类是不是得到客户认同

例如,客户参与农产品生产过程的商业模式,可以衍生出其他产品,如乡间度假、租赁等,还可以实现农产品的销售,使得休闲农业有更好的盈利空间。

由于这样的业态缺乏有内生动力的产业支持,因为模仿与替代原因,以及产品

和服务质量等原因，整体盈利情况并不理想。

(4) 创意农业商业模式的盈利能力在于创意农产品的价值增值特性

创意农业是农业和旅游业的深度融合，农业生产、农产品加工、休闲观光都能得到长足发展，有利于传统的农业转变为多元化的综合性产业。问题在于要有文化主题与内涵，品牌效应显著，内生动力有活力。[15]

2. 商业模式的盈利能力取决于价值链整合程度

“家庭农场＋”这种商业模式的市场的交易费用小和市场谈判力量强，避免了“龙头企业＋”与“合作社＋”的缺陷，能够在资源配置、核心技术、分销渠道、品牌与市场等方面整合价值链，控制农业生产“微笑曲线”，即控制了价值链的高附加值区域。

例如，江苏常熟“田娘家庭农场”率先形成了“公司＋若干家庭农场”新型合作发展模式，实现农户由分散经营向适度规模经营转变。关键是要采取措施弥补农户、合作社在产品研发、品牌与市场开发知识方面的缺乏。

3. 商业模式的盈利能力取决于互联网服务平台与共享平台

(1) 服务平台反映“产业链集成”效应

在目前“互联网＋”环境下，“产业链集成”效应能够依托专业、权威的产业服务平台表现出来，盈利靠产业规模节省交易成本。

如“细分市场＋专业农户”，如水果、花卉、粮食等形成“细分市场”，通过“互联网＋”连接专业农户与消费者的商业模式，实行产加销一体化经营，提高运销效率和经济效益。

缺点是为细分市场提供产品的农业资源，处于分散化无序状态，容易演变成同质化竞争。

(2) 共享平台导引主流消费行为

共享平台是表现为客户价值主张的集成，其公平性能够实现分散农户控制生产利润。

从目前的实例看，这种主张在①初始阶段表现为小众、分众的价值诉求，这是价值主张的基本要求；②中间阶段是“共享”，即由原来的“分众(包括小众)”，一部分成为“大众”需求，这是农业企业应该关注的，不能仍然按照“细分-标准化-批量”模式，对客户需求分析；③最后阶段是绝大部分成为“大众”需求。例如，农业目前供给侧的产品过剩，就是大量中低档产品造成的“高库存”，就是事先没有关注中间阶段“共享”需求变化、通过“恰当平台”表现出来。

例如，江苏泰州上膳源有机农场利用“互联网＋”采用会员制订单生产，会员可通过该农场的 APP 自主下单，引入了物联网智能大棚和有机农耕体验区，供需两端发力。

这种共享平台创新了流通方式和流通业态，推进电商与实体流通相结合，促进了农村服务业发展，但目前乡村组织难以有自己的 APP。

五、总结

我国目前农产品与产业相互模仿、替代的情况比较严重，供给侧农产品过剩。主要原因之一是只注重单因素生产率，没有衡量农业的全要素生产率（TFP），造成农业缺乏综合竞争力，产业内生动力不足，影响农业可持续发展。

解决以上问题，要求农业经营主体在日常营运与管理上，明确农业全要素协同核心要素，从“内生动力＋方向＋路径”着手，制定农业企业总体战略，构建农业经营主体的商业模式。

首先根据农业经营主体的商业模式类型，从农业生产特性、对农业生产过程的控制提高其盈利能力。

其次根据盈利能力取决于价值链整合程度，在农业“微笑曲线”上，提升经营主体控制高附加值区域的能力。

最后取决于从互联网服务平台与共享平台提高盈利能力。

参考文献

[1] 秦丽云.南京农业竞争力比较研究[J].农业与技术，2007，27(6)：1-6.

[2] 段海啸.我国农业全要素生产率增长及要素贡献[J].山东农业科学，2016，48(3)：162-168.

[3] 曾先峰，李国平.我国各地区的农业生产率与收敛[J].数量经济技术经济研究，2008(5) 81-93.

[4] 陈卫平.中国农业生产率增长、技术进步与效率变化[J].中国农村观察，2006(1)：18-23.

[5] 唐仁健.农业供给侧结构性改革怎么看怎么干[J].新华月刊，2017，3(5)：4-5.

[6] 郭晓东.美国农业产出迅速增长的关键动因分析[J].粮食科技与经济，2016，41(3)：28-31.

[7] 李文姣.以色列农业现代化成功经验及其对我国农业发展的启示[J].农业与技术，2016，36(14)：153.

[8] 全世文，于晓华.多重目标冲突下的中国农业政策体系选择[J].改革，2016，11(237).

[9] 郑会军. 湖北省农业区域竞争力研究[D]. 武汉：华中农业大学，2010.

[10] 严隽琪.扎实推进农村扶贫供给侧结构性改革[J].求是，2017(5)：5-7.

[11] 韩俊.中国农村改革创新的回顾和展望[N].中国农业新闻网，2017-02-25.

[12] 牛若峰.农业产业化经营发展的观察和评论[J].农业经济问题，2006(3)：8-15.

[13] 张晓山.创新农民经济组织发展现代农业[J].新视野，2007(6)：15-24.

[14] 马强.农业企业商业模式创新探析[J].合作经济与科技，2015(5)：100.

[15] 李翔凌.农业旅游发展演进历程及商业模式研究[J].农业经济，2017(2)：56-57.

运用涉农税收优惠政策　推进我省农业供给侧结构性改革

严红艳

（九三学社张家港市基层委员会）

摘要：农业供给侧结构性改革是我国“三农”领域的一场深刻变革，关系到农业农村的长远发展，其最终目的是满足人民群众对农业日益增长的需求。江苏省地处长江经济带，是全国重要的农业生产区域，科学合理地运用涉农税收优惠政策，能有效促进农业发展方式的转变。本文从江苏省涉农税收优惠政策的现状分析入手，阐述剖析涉农税收优惠政策执行中存在的问题，对完善涉农税收优惠政策提出建议，全力支持和促进江苏省农业供给侧结构性改革。

关键词：税收优惠；涉农企业；供给侧结构性改革

2017年中央一号文件《中共中央、国务院关于深入推进农业供给侧结构性改革加快培育农业农村发展新动能的若干意见》发布。这是新世纪以来指导“三农”工作的第14份中央一号文件。农业供给侧改革是一个难得的既有政策大力支持且又符合产业趋势的主题机会。农业供给侧结构性改革的本质在于以改革推动农业农村发展从过度依赖资源消耗向绿色生态可持续转变，主要满足“量”的需求向注重满足“质”的需求转变。其不仅仅是对应工业供给侧改革，简单去产能去库存，同时也要推进规模化经营，提高生产效率。

我省地处的长江经济带长期以来是中国重要的农业生产区域。如何从国家战略高度，紧扣长江经济带“绿色发展”战略定位，完善税收征管改革措施，制订并充分运用税收优惠政策，全力支持和促进现代农业绿色发展，这是新时期必须要重视且不能回避的一个重要课题。笔者在进行认真分析的基础上，现就这一课题，谈一些粗浅的看法，作一定的探讨。

一、税收在推动现代农业发展中面临的主要困难和问题

良好的税收政策对转变农业发展方式具有双重作用，它一方面可以吸引和鼓励各类主体积极投入和运用现代生产方式、经营方式和管理方式发展农业；另一方面又可以约束各类主体逐渐摈弃落后的生产、经营和管理方式，转向采用先进的生产、经营和管理方式进行农业生产。

通过走访、调查、分析，我国现行相关的涉税政策特别在运用涉农税收优惠政

策来推进农业供给侧结构性改革方面还存在一定的不足和缺失或缺陷，归纳起来，具体表现在以下几个方面：1994 年税制改革后，国家针对农业这一“相对弱势”产业陆续出台了若干涉农税收优惠规定：取消了农业特产税、农业税，直接从事农、林、牧、渔业、农产品初加工基本实行免税、减税，与其相关行业也给予一定的优惠。但我国目前优惠政策的目标比较单一，即只是惠农而已，而没有发挥税收政策的宏观调控功能，另外部分环节、领域出现政策空白，更重要的是优惠政策的安排缺乏前瞻性，特别是没有跟上农业发展方式转变的步伐。

（一）税收优惠政策的引导作用不强

1. 税收没有有效引导社会其他方面向农村、农业投入

农业的发展、农村经济的建设，光靠国家投入是远远不够的，还需要社会其他方面的参与。当前只有“涉农金融业务减计收入”，即“金融、保险等机构取得的涉农贷款利息收入、保费收入在计算应纳税所得额时减计收入”一项促进农业投资优惠政策。这一项优惠政策对于农业的投资需求市场来说是杯水车薪，需要国家制定更多的优惠政策来促进对农业的投资。

2. 税收没能有效促进农产品市场化、产业化的发展

农业产业化存在一条从种（养）植（殖）、收购、初加工、深加工直至营销的链条。而现行税收优惠政策主要集中在生产环节，有关农产品储运、保鲜、批发、零售和深加工的优惠较少，在加工环节，税收政策偏重于农产品简单加工免征增值税，农产品初级加工取得的所得，免征企业所得税，没有形成激励农业产业化企业种养、加工、销售环节全程渗透，没有激励从农产品的初加工向深加工转变和传统规模增收向科技创新型转变的机制，使生产与前后各个环节脱钩，缺少连续性不利于农业发展方式的转变。

3. 税收缺少促进节约资源、保护环境的优惠政策

税收政策多集中在对农业生产的扶持方面，而对农村生态和资源的保护存在政策缺失。这使得农村生态和资源遭受越来越严重的破坏。部分税收优惠的政策导向错误。对农膜、化肥和农药在税费上的减免，会鼓励越来越多的化肥、农药的使用。我国化肥、农药利用率在 30%～40%之间，过多使用化肥、农药等化学投入品，再加上畜禽养殖粪便污染，不仅恶化农业生产环境，影响农产品质量安全，损害居民健康，而且污染土地和水系，带来严重的生态问题。农膜大量使用也会造成严重的白色污染。

4. 现行税收政策不能有效引导现代农业技术企业创新

现行税制将“现代农业技术”列入了可以认定高新技术企业的领域范围，从事现代农业技术企业，符合高新技术企业认定条件的，可按 15%的税率征收企业所得税。但是由于高新技术企业认定的标准较高，没有对不同类型的企业认定高新技术企业标准进行区分，实际中很少有涉农企业享受这一企业所得税优惠。

(二) 现行涉农优惠减税效果不明显

1. 农业生产者实际税负较重

我国税制结构是以税负可以转嫁的流转税为主，农民在消费环节承担了较重的增值税负担。对农业生产投入物资如饲料、化肥、农药、农机、农膜的生产和进口按13%的低税率征税，农民在购置这些生产资料时已交的增值税无法抵扣。农业生产者销售的自产农产品免征增值税，农业生产者事实上承担着大量的增值税税负，增加了农业生产的负担。农业生产资料投入越多，农业生产者的税负会越重。

2. 税收政策没有很好地体现工业反哺农业的原则

我国现行税制，对最主要的农业生产资料免征增值税，目的是使农民从事农业生产基本上不用负担增值税，但由于农业生产资料从厂家到农民手中至少要经过两级批发商和零售商，导致国家对农资企业减免增值税间接补贴农民的税收优惠被中间商侵吞，没有体现工业反哺农业的原则。

3. 增值税存在"高征低扣"问题

销售一般货物适用基本税率17%，购入的农产品按买价乘以13%的扣除率计算可以抵扣的进项税额。如果农产品加工后按工业品出售，即使在本环节没有实现增值，即原价进、原价出，也会额外缴纳近4个百分点的增值税。这就造成农产品加工业的税负高于一般工业品加工业，从而制约了农产品深加工和农业的产业化经营和发展。

4. 农产品出口的退税率偏低，不利于我国农产品参与国际竞争

我国当前部分农产品出口退税率执行的是5%，退税率低，这使得大部分农产品的出口价格中包含尚未退还的间接税，增加了农产品出口成本，削弱了农产品出口的价格竞争力。

(三) 涉农税收优惠政策执行中存在的问题

从涉农税收优惠政策的内容来看，现行各项涉农税收政策分散在诸多文件中，相对较为零散，缺乏具有纲领性的重点政策，每项税收对同一征税客体有不同的规定，而且一些涉农税收政策缺乏内在联系和可操作性，这些问题导致优惠政策往往不能执行到位。

1. 减免税范围界定不科学

农业产品范围界定存在缺陷。一是现行《农业产品征税范围注释》(以下简称《注释》)缺乏对整个农产品范围的基本表述。《注释》中对农业产品的表述为"农业产品是指种植业、养殖业、林业、牧业、水产业生产的各种植物、动物的初级产品"，此表述比较笼统，没有说明什么样的产品为初级产品，在现实工作中对初级产品的解释各不相同，造成地区之间、不同纳税人之间的政策执行及理解差异较大。二是《注释》中农业产品的界定标准不统一。如对原木、原竹的界定方面：锯成一定长度的木段、竹段仍属于农产品，但锯材就不是农产品，两者的区别仅仅是锯的方向不同，横锯适用13%的税率，是农产品；纵锯适用17%的税率，不是农产品。

增值税和企业所得税参照不同的涉农优惠范围。增值税农产品优惠范围是根据《农业产品征税范围注释》，企业所得税优惠范围参照《国民经济行业分类》(GB/T 4754—2002)的规定标准，两个税种参照的标准不同，人为增加了政策的复杂性。

2. 涉农税收优惠政策缺乏可操作性

农产品自产与外购划分难。现行税收政策，自产销售免税、外购销售征税，而在实际经营中，自产销售和外购销售很难划分，税收管理极为不便，给农产品流通经营设置了很大的障碍。

农产品初加工与深加工划分难。农业产品初、深加工界定不明确。税法中的农业产品是指农业生产者生产的初级农产品和通过物理手段简单加工过的可食用和可使用产品，如一些企业在向农民个人收购半熟玉米，经过杀菌、简单包装后作为产品销售，此类产品应作为农产品的粮食还是作为蔬菜罐头就很难区分。

二、完善现代农业税收优惠政策的建议

从目前我国税收政策分析，与农业自身生产经营直接相关的方面国家基本都没有征收税收，都规定了免税政策。如从事农、林、牧、渔业以及农产品初加工，增值税、企业所得税已都实行了免税、减税政策。因此，我们要研究的税收政策主要集中在农资的供应、农业投资、服务、农产品深加工等农业生产外部环节。

(一) 促进对农业投资

资金供给短缺是制约农业发展方式转变的主要因素之一。应从切实保障农业投入出发，建立"政府财政投入启动、信贷投入助推、农户投入为主、社会广泛参与"的多元化农业投资体系。坚持工业反哺农业、城市支持农村和"多予少取放活"的方针。税收政策应引导企业和个人对农业的投资。

1. 税收抵免及退税

企业涉农投资享受税收抵免优惠。企业投资农业基础设施(包括农田水利设施、农村公路建设、饮水安全、能源建设、电网建设以及信息化建设等)或农机设备等，其投资额的10%，可以从当年企业所得税的应纳税额中抵免，当年不足抵免的可在5年内结转抵免。

涉农企业用税后利润投资享受再投资退税优惠。涉农企业用税后利润再投资于本企业，经营期不少于5年的，可退还其再投资部分已缴纳企业所得税50%的税款。

2. 收入减免和扣除优惠

对企业收到涉农补贴款作为免税收入。对国家涉农的补贴款作为免税收入，免征企业所得税，将资金留给企业用于再发展。

企业对农村基础设施建设的捐赠全额扣除。企业捐赠用于农村基础设施建设的资金，可100%全额从企业所得税应纳所得额中扣除。

(二) 促进农业生产产业化

1. 税率调整

调整现行的农产品增值税税率。将农产品增值税税率由13%统一为17%。对农产品加工企业按17%征收增值税，同时按17%抵扣进项税额，以解决增值税在农产品深加工企业“高征低扣”的问题，降低农产品的经营、生产加工行业的实际税负，有效促进农业产业化的发展。对于销售农业产品按17%征收增值税后，实际税负超过2%的部分即征即退。

2. 减征、免征优惠

农业生产者销售外购农产品免征增值税。不划分外购或自产，统一免征农产品流通环节的增值税。

农村休闲项目所得减半征收企业所得税。对在农村旅游、观光农业、休闲农业等新兴产业的项目所得，企业所得税减半征收，以增加农村就业和农民收入。

3. 加速折旧

涉农企业购置的农机设备或者农产品加工设备采用加速折旧的折旧方法。

(三) 促进农村生态环境建设

1. 对农田开垦、保持水土流失企业定期减免

对从事开垦荒山、荒滩等用于农业生产的、退耕还林(草)和防沙治沙的企业，企业所得税可实行“五免五减半”。

2. 从事农村污染治理的项目所得免征企业所得税

对从事治理农村大气、水系、土壤等污染的企业，对其项目所得免征企业所得税，以促进农村经济的可持续发展。

3. 对农村废弃资源的综合循环利用项目所得，减半征收企业所得税

如对农村畜禽粪便资源化利用、农膜和残膜回收利用、秸秆还田的综合利用，生活污水和生活垃圾处理等项目所得减半征收企业所得税。

4. 对受到环保等监管执法部门处罚的企业取消税收优惠

对于生产伪劣产品、污染产品、有毒有害产品等的企业，受到环保、质量、卫生等部门处罚的，取消其相应的各种税收优惠资格，并将已享受的各项税收优惠予以补税。

5. 农业节约型技术的设备投入享受加计扣除

对节地、节水、节种、节能等农业节约型技术的设备投入，可一次性扣除，并可享受100%的加计扣除。

(四) 促进农业科技化

1. 完善涉农高新技术企业科技研发优惠体系

第一，调整《国家重点支持的高新技术领域》范围。高新技术企业优惠主要流向制造业，对服务业涉及较少，不利于万众创新。因此，建议在保持现有高新技术企业优惠政策的基础上，通过对高新技术产业目录的调整，将部分现代服务业纳入

高新技术产业范畴，同时细分《国家重点支持的高新技术领域》分类，鼓励金融、信息等现代涉农服务业发展。

第二，优化高新技术企业认定条件。首先，调整科技人员、研发人员占比，采取加权记分方式对企业研发人力基础进行考量。其次，合理设置研发费用占比。一是将研发费用占比规定调整为超额累退制，消除临界点的不合理；二是对销售额大于2亿元的大型市场成熟期企业，增设销售收入金额级次，对特大型企业适当降低研发比例。

第三，综合考量技术成果转化指标。高新技术产品（服务）收入比例主要用于衡量企业核心技术和研发成果利用情况，建议采取加权记分方式对企业核心技术成果运用情况进行考量。

第四，对涉农研发和技术服务增值税先征后退。为提高我国农业生产的技术含量，鼓励农业科技创新和使用新品种、技术、新方法，增值税可采取先征后退的方法。

2. 积极鼓励扶持中小型涉农企业创新发展

《2017年政府工作报告》建议科技型中小企业研发费用加计扣除比例由50%提高到75%，进一步体现结构性减税力度和效果。此外应单独制定中小型涉农企业科技创新发展的税收优惠政策。一是在核心自主知识产权数量评分上，应适当减少企业知识产权数量要求；二是从资金上扶持小型科技企业，可以引进类似英国的"现金返还制度"，对中小高新企业因研发投入导致亏损的，经纳税调整确认后，可以从企业以前年度已缴税款中获得一定比例的现金返还。

3. 农技推广优惠

增加对农技推广服务的加计扣除优惠。对农技推广的费用可按照100%加计扣除；对农技推广项目所得免征企业所得税。对农技推广的项目所得免征企业所得税，如农业科技服务平台建设，农业科技交易市场网络的建立等，以加速科技成果的转化。

4. 农技培训优惠

涉农企业对员工的农技培训费用可全额扣除。对员工的农技培训费用可在发生当年全额扣除；企业对农民技能培训项目所得免征企业所得税。

（五）减轻农民和涉农企业税收负担

1. 增值税优惠

农业生产者购进的农业生产资料所含增值税税款实行退税，从而形成税收优惠的长效机制，避免税收优惠被其他环节侵蚀；提高农产品出口退税率，降低税收负担，提高生产积极性。

2. 消费税优惠

为了鼓励农业生产者在农业生产的过程中采用机械化作业、推进农村建设中农业机械化的进程，对农业生产用的汽油和柴油暂停征收消费税。为了和工业用汽油和柴油区别开，可根据辖区农业机械的数量，核定年度、季度农用燃油配额，农业机械所有者可以凭农业机械所有权证使用免税燃油。

3. 企业所得税优惠

吸纳农村富余劳动力的非农业企业，支付给农民的工资可享受 100%的加计扣除；农民创业免征 5 年企业所得税；对失地农民自主就业、自谋出路或者农民返乡创业对其生产经营所得，免征 5 年企业所得税。

参考文献

[1] 严德军，刘佑渠，张锦华. 江苏省"三农"税收政策现状、问题及对策[J]. 经济研究参考，2013(45)：70-77.

[2] 李国珍. 借鉴国外农业税收制度经验完善中国农业税收政策建议[J]. 世界农业，2013(8)：73-76.

[3] 邹蓉. 新农村建设中的税收政策取向[J]. 财经问题研究，2011(3)：73-76.

[4] 江苏省国税局政策效应分析课题组. 长江经济带发展战略中税收政策的优化完善[EB/OL]. 江苏省国家税务局，(2016-04-12)[2016-04-12]. http//www.jsgs.gov.cn/art/2016/4/12/art_58_248127.html.

[5] 政府工作报告[R]. 2017-03-05.

加强玉米品种创新，推进农业供给侧结构性改革

陈国清　薛　林　王　进

（江苏沿江地区农科所　南通市农业委员会）

摘要： 玉米是重要的粮饲和经济作物，加强玉米品种创新，对于加快推进农业供给侧结构性改革具有重要的意义。在调结构、转方式的农业新形势下，应科学合理地调整玉米育种方向，加强优质、多抗、广适、专用玉米品种的创新。通过加强种质资源研究，并将分子标记辅助育种、转基因及基因编辑等现代生物育种技术应用到玉米育种中，构建现代玉米高效育种体系，实现育种目标性状的高效定向改良，加速玉米品种创新进程，推进农业供给侧结构性改革。

关键词： 玉米；品种创新；农业供给侧结构性改革

玉米是我国重要的粮食作物之一。2004年以来，玉米产量的增加为我国粮食产量实现“十二连增”做出了积极贡献。玉米是江苏省主要粮饲和经济作物，种植面积接近700万亩，仅次于水稻、小麦，玉米产业在江苏粮食总量平衡、畜牧业发展、加工业和种植业结构调整中发挥了重要作用。自20世纪90年代以来，以“特色、高效”为优势的鲜食玉米（主要包括糯玉米、甜玉米）在我省形成一定的生产规模，随着全产业链各环节的逐步配套完善，得到了长足的发展，种植面积近100万亩，其中鲜食糯玉米约占90%，在全国独占鳌头，已发展成江苏优势特色产业。

当前，玉米产业面临“三量齐增”（生产量、进口量、库存量同时增加）、国内外价格倒挂、市场需求恢复增长缓慢等诸多矛盾和难题，为了加快推进供给侧结构性改革，须着力优化玉米品种结构、转变生产方式，着力提高供给体系质量和效率，针对市场需求，调优、调高、调精，使玉米品种类型和质量契合消费者需要，真正实现从“量”到“质”的转变，形成结构合理、保障有力的农产品有效供给，全面提升农业发展的质量和效益。

一、调整玉米育种方向

目前江苏玉米生产面临的主要问题有：①机械化程度低。生产上缺少适合机械化品种，尤其缺乏籽粒直收品种，收获时籽粒破损率高。②生长逆境胁迫严重。江苏省处于我国南北气候交汇区，玉米生长季节高温、干旱、渍害、风灾出现频率高，各类病虫害高发，玉米的产量和品质受到这些生物和非生物逆境的严重制约。

③资源利用水平差。肥料、农药使用粗放，玉米秸秆有效利用不够，易造成资源浪费和环境污染。④生产成本高。规模化经营中的土地流转成本偏高、农村劳动力转移亦导致劳动力成本增加，导致玉米生产总体成本高，市场竞争力偏弱。因此，在调结构、转方式的当下，应科学合理地调整玉米育种方向，加强优质、多抗、广适、专用玉米品种的创新，针对生产中的突出问题，从遗传改良的途径，为玉米的高产高效、节本增效、提质提效、资源高效以及节水节肥节药和环境友好的可持续生产目标提供科技支撑和增加科技贡献率，改变完全以追求高产为目标的导向。

1. 粒用玉米

“早熟、耐密、适宜机收籽粒”是新形势下粒用玉米品种创新的主导方向。降低劳动力成本、提高劳动生产效率、实施全程机械化特别是机械直收籽粒成为必然趋势。因此，在具备“高产、优质、多抗、广适、易制种”等综合优点基础上，特别要突出熟期适宜、耐密抗倒、脱水快、适宜机收籽粒等特点；同时，品种创新要兼顾水分利用效率高（耐干旱）、肥料利用效率高（耐低氮、耐瘠薄）、抗多种病虫害（农药使用量尽量少）等重要性状，以实现生态环保、环境友好的可持续发展以及节本增效的育种目标需求。

2. 鲜食玉米

鲜食玉米需要在具备“高产稳产、多抗广适”等综合优点基础上，更加突出品质，特别是食用品质和口感、风味等，此外增强其功能营养品质如维生素 A、维生素 E 和叶酸等，增加其价值潜力。同时，应尽量延长其适采期和货架期，并在籽粒颜色、熟期、穗型、粒型等方面满足市场多样化需求。鲜食玉米品种创新亦应兼顾肥水利用效率等重要性状，以实现节本增效的育种目标，使我省区域特色产业发展朝着优生产、绿生态、创动力的方向迈进。

3. 青贮玉米

青贮玉米是奶牛养殖业的饲料基础和支柱。江苏省常年大型牲畜存栏量 34 万头，其中奶牛存栏量 21 万头，规模养殖场主要分布于沿淮地区，发展青贮玉米可有效解决奶牛的饲料供给，青贮玉米发展潜力达 100 万亩。青贮玉米育种除了“高产稳产、多抗广适”外，更要求生物产量高、饲用品质好、制种产量高等。

二、构建现代玉米高效育种体系

针对玉米品种创新中有效种质缺乏、育种效率较低、适合全程机械化生产的品种不足等瓶颈问题，应整合多学科优势资源，以提升品种创新能力和满足生产转型对品种的需求为目标，力求在种质创新、育种技术等共性技术问题中实现新突破，为提升我省玉米品种核心竞争力提供支撑。

（一）加强种质资源研究

种质资源是玉米遗传改良和相关基础研究的物质基础。拥有种质资源的数量和质量，以及种质资源研究和创新的深度和广度，直接影响到种质资源利用效率和玉米产业的可持续发展。引进欧美及热带亚热带的优异种质，通过鉴定改良，培育新的育种材料，建立相关技术材料的动态储备，将是将来一段时间内最基础的研究方向。应不断地引入和利用优异种质资源，使优良性状的基因不断地聚合和积累，不断地创制新的育种材料。在种质资源研究中，应侧重对骨干材料的识别，将静态资源合理改变为有效资源，为优良新品种的选育提供有效的材料支撑，进而达到对遗传脆弱性的预防消除，实现育种技术与材料水平的同步提高。

随着玉米全基因组测序的完成和高通量重测序技术的普及，为玉米种质资源研究提供了跨越式发展的机遇。应充分利用高通量的测序技术和 SNP 芯片技术，在全基因组学水平对玉米种质资源进行系统的基因型鉴定，并在此基础上，开展遗传多样性和群体结构等分析，全面了解玉米种质资源自然遗传变异“家底”；在强化重要性状表型精准鉴定的基础上，发掘能满足未来育种需求的优异种质资源和有利等位基因，设计优异种质及基因资源的利用途径和具体方案，使库存种质资源能得到高效利用。

（二）强化分子育种技术在品种创新中的应用

尽管传统育种技术在玉米遗传改良方面取得了显著成就，但由于其选择效率较低、周期较长，已不能满足当前玉米生产对优良品种的需求。利用基因组学和生物信息学的最新研究成果，开展玉米分子标记育种研究，构建实用、经济、高效的分子育种技术体系，可实现目标性状的定向改良，具有准确的方向性，在一定程度上实现“精确育种”，已经成为玉米品种创新的重要研究方向。

1. 分子标记辅助育种

分子标记辅助选择（Marker-Assisted Selection，MAS）是分子育种的重要组成部分。其利用与目标性状基因紧密连锁的分子标记进行间接选择，是对目标性状在分子水平的选择，不受环境影响，不受等位基因显隐性关系干扰，选择结果可靠，一般可在育种早代进行选择，从而大大缩短育种周期。目前在玉米育种工作中，主要利用 RFLP、AFLP、CAPS、SSR、SNP 和 InDel 标记等技术进行品种纯度和真实性检测、分析遗传多样性、定位功能基因、划分杂种优势群以及目标性状优异基因的转育等。

2. 转基因育种技术

转基因育种技术是根据育种目标，从供体生物中分离目的基因，经 DNA 重组与遗传转化或直接导入受体作物，经筛选获得稳定表达的遗传工程体，并经田间试验与大田选择育成转基因新品种或种质资源。转基因育种技术体系的建立大大拓宽了可利用的基因资源，实现了基因相互转移利用；可对目标性状进行定向变异和定向选择，同时随着对基因认识的不断深入和转基因技术手段的完善，对多个基因进行定向操作也将成为可能，为培育高产、优质、高抗、适应各种不良环境条件的品种提供了崭新的育种途径，大大提高选择效率，加快育种进程。

3. 基因编辑技术

基因组编辑是近年出现的能够精确改造生物基因组 DNA 的技术，有望成为“非转基因”生物育种的一种关键技术。我国在植物基因组编辑技术中处于国际前沿水平，拥有水稻、小麦、玉米三大粮食作物的 TALEN 和 CRISPR/Cas 技术体系及相关多项应用专利。2012 年后，CRISPR/Cas9 系统引发了基因组编辑的研究热潮，迄今已在水稻、小麦、玉米等多种农作物中成功应用。基因编辑技术可实现对受体基因组目标基因进行精确的敲除、删除、修改、替换或定点插入等编辑，成为当前研究热点之一。

加强饲料业科技创新，促进现代畜牧业绿色、健康、可持续发展

沙文锋

（江苏沿江地区农业科学研究所）

摘要： 饲料是养殖业的基础，饲料安全即食品安全，饲料质量直接影响畜禽的生产性能、经济效益、畜产品安全、人类健康、生态环境安全。针对饲料业国家监管趋严、产品结构持续调整、发展模式更趋多样化、饲料企业高速增长期已过、正由饲料大国向饲料强国迈进的新业态，以及畜牧业生产减速、结构优化、质量升级、布局调整、产业整合的新常态，提出了加强饲料业科技创新，促进现代畜牧业绿色、健康、可持续发展的4点发展对策。

关键词： 饲料业；畜牧业；农业供给侧结构性改革；科技创新

今年中央一号文件继续聚焦"三农"，锁定"农业供给侧结构性改革"，明确提出，要紧紧围绕市场需求变化，以增加农民收入、保障有效供给为主要目标，以提高农业供给质量为主攻方向，以体制改革和机制创新为根本途径，优化农业产业体系、生产体系、经营体系，促进农业农村发展由过度依赖资源消耗、主要满足量的需求，向追求绿色生态可持续、更加注重满足质的需求转变，实现农业的绿色发展，保障农业可持续发展能力。

畜牧业作为农业的重要组成部分，也面临着去产能、去库存、降成本、补短板等供给侧结构性改革四方面的艰巨任务。去产能，一是淘汰落后的产能，如小散养殖户自然淘汰，二是调控种畜禽的产能，如压缩生猪、肉鸡的种畜数量；去库存，主要是牛冷冻精液的问题；降成本，主要是生产成本和流通成本；补短板，主要是环境污染问题、草原生态保护、科技问题。

饲料是养殖业的基础，饲料成本占养殖成本的60%～70%。饲料既是畜禽营养需要的来源，也是导致畜禽粪尿污染和畜禽产品有毒有害物质残留的根源。因为最大限度地发挥畜禽生产性能是畜禽饲养者和饲料生产者共同追求的目标。但一般日粮中很不注意饲料中微量的有毒有害物质在畜禽体内的富集和消化不完善物质的排出，更有甚者，有人为了一己私利，公然违法违规，在饲料中添加违禁物质。这造成了一是饲料中的微量有毒有害物质通过食物逐级富集，增强了其毒性和危害；二是向环境排出，对环境造成污染；三是在畜禽产品中残留，危害人体健康，形成公害。饲料安全即食品安全，其在国际相关领域已达成共识，在我国也被

越来越多的人们所接受。饲料安全问题已经成为影响我国畜禽产品出口和畜牧业能否可持续发展的一个关键问题，因此，饲料的质量好差，是否安全、卫生、环保、高效，直接影响畜禽的生产性能、经济效益、畜产品安全、人类健康、生态环境安全。加强饲料业的科技创新、转型升级、提质增效对畜牧业及农业供给侧结构性改革具有重要作用，对现代畜牧业的绿色发展、健康发展、可持续发展具有重要作用。

一、我省畜牧业、饲料业的发展现状

随着农业供给侧结构性改革的深入推进，畜牧业的结构性改革、转型升级也在积极进行中。根据 2017 年江苏省饲料工业协会年会的有关资料，2016 年，我省畜牧业的发展同全国畜牧业发展的形势一样，受到畜产品消费增速减缓、环保禁养限养约束趋紧、国际竞争加剧等多重不利因素的影响，但通过持续推进畜牧业结构调整、转型升级、提质增效，新产业新业态不断涌现，畜牧科技进步成效显著，科技进步贡献率达到 65%，畜牧业绿色发展稳步推进，全省畜禽粪便综合利用率达 91%，保持了持续健康发展的良好势头。2016 年，我省年出栏生猪 2 800 多万头，生猪大中型规模养殖比重达 66%，同比提高 3 个百分点，家禽 7.1 亿只，肉禽大中型规模养殖比重达 84%，同比提高 4 个百分点，蛋禽大中型规模养殖比重达 90%，同比提高 3 个百分点，肉羊 739 万只，年末存栏奶牛 19.9 万头，奶牛大中型规模养殖比重达 91%，同比下降 2 个百分点；全年肉类总产量 345.9 万吨，禽蛋产量 198.5 万吨，牛奶产量 59 万吨。

2016 年，我省饲料行业经受住了畜牧业低速增长、饲料原料价格波动等不利因素的考验，饲料工业保持了稳定健康的发展态势。全省工业饲料总产量 1 100 多万吨，同比增长 9.30%，再次成为全国“千万吨”俱乐部一员。其中配合饲料 1 046万吨，同比增长 8.83%；浓缩饲料 41 万吨，同比增长 26.93%；添加剂预混合饲料 35 万吨，同比增长 5.53%。配合饲料占比连续多年保持在 90%以上，其中，配合饲料、浓缩饲料、添加剂预混合饲料产量占总产量比重分别为 93.2%、3.7%、3.1%。反刍动物料大幅增长 68.37%，总量达到了 12 万吨。添加剂产量增长较快，总产量 45.5 万吨，同比增长 13.5%。这体现了饲料产量稳定增长、企业规模不断扩大、国际化趋势明显加快、特色产品逐渐增多、质量状况总体良好的发展态势。

饲料业今后的发展趋势是，饲料质量首先要安全、卫生、环保、高效，饲料销售渠道通路将缩短成点对点直销或中间环节将缩短，销售将向个性化、技术化、服务化方向发展；预混合饲料产品将向高端、高技术含量的、高浓度、个性化方向发展；配合饲料占市场比例进一步提高，饲料行业整合加速，饲料企业将向大型化、集团化、养殖业集中区设厂方向发展；饲料行业管理将进一步向规范化、法制化方向发展。

二、饲料业存在的主要问题

(一) 安全隐患仍然存在

为了最大限度地发挥畜禽生产性能、增加经济收入，有些人置畜产品安全、生态环境、人类健康于不顾，置国家法律法规政策于不顾，在饲料中非法添加和掺假造假的现象仍时有发生，屡禁不止，屡打不绝，今年央视“3·15”晚会曝光的非法添加的养殖业主和饲料添加剂企业绝非为个案。一些饲料生产企业存在着硬件条件不高，管理能力不高，总体质量水平不高；一些主管职能部门监管不到位，检测标准体系不健全，跟不上形势发展的要求；相关的法律法规政策宣传普及不力等，也是造成饲料业安全隐患仍然存在的原因。

(二) 行业领军企业不多

2016 年末，全国年产量 50 万吨以上的饲料企业达 42 家，100 万吨以上的饲料企业达 25 家，与广东、山东等饲料强省相比，我省的饲料领军企业偏少。我省年产量 100 万吨以上的企业 2 家，生产饲料占全省饲料总产量的 23%，年产量 5 万吨以上的企业 73 家，产量占全省饲料总产量的 63%，1 万吨以下的企业有 250 家，饲料产量 74 万吨，仅占全省总产量的 6.6%，这样的小企业往往不能满足一个大中型养殖场的饲料需求，生产效率低下，产品质量缺乏保障，低水平经营、低档次产品、低层次竞争等问题突出，相当多的小饲料企业产能利用率较低，平均产能利用率仅 40%左右。

(三) 饲料创新的广度与深度不够

创新位列畜牧业五大发展理念之首，我省饲料行业核心竞争力还不强，新技术引进多、模仿多，消化吸收再创新的少。与发达国家、饲料强省等相比，在技术研发与应用、经营管理等方面还存在不小差距。科研开发投入还不足，原始创新的科研成果还比较少；与科研教学机构协作更多地停留在形式上，缺乏激励机制和深层次合作等。

三、加强饲料业科技创新，促进现代畜牧业绿色、健康、可持续发展

科学技术是第一生产力。科技创新是畜牧业、饲料业发展的最核心要素，是饲料业转型升级、提质增效、持续发展的不竭动力。饲料行业应积极、主动地适应国家监管趋严、产品结构持续调整、发展模式更趋多样化、饲料企业高速增长期已过、正由饲料大国向饲料强国迈进的新业态，以及畜牧业生产减速、结构优化、质量升级、布局调整、产业整合的新常态，牢固树立并切实贯彻畜牧业“创新、协调、绿色、开放、共享”的发展理念，坚持保供给、保安全、保生态为目标，加强科技创新和引领，加快行业转型升级，提质增效，提高核心竞争力，为现代畜牧业的绿色发展、健康发展、可持续发展作出应有的贡献。

(一) 加强创新研发团队建设，提高核心竞争能力

科技创新，人才是基础，没有强大的创新人才队伍，科技创新就无从谈起。科

研院所和企业都应当加强饲料专业人才的引进、培养、锻炼的制度建设和激励机制建设，加大投入，改善科研条件，稳定科研队伍，使用人单位不但能招得进人才，而且能留得住人才。要积极创造条件，充分调动专业人才的积极性、创造性，做到人尽其才。要努力打造具有省内著名、国内有名、国际有影响的饲料创新专业研发团队，增强原始创新能力和持续创新能力，推动我省饲料科技创新水平的提高，促进科研成果的产出，提高核心竞争能力。

(二) 加强协作攻关，组建更加紧密的产学研联盟

我省科研院所众多，技术力量雄厚，开展产学研合作有着丰富的优质科技资源。近年来，我省饲料企业与高等院校、科研院所开展了形式多样的产学研合作，建立了多个院士工作站，但到目前为止，全省还没有一个以产业联盟牵头成立的科技资源共享基础平台，联盟产业技术组织体系建设还不适应企业发展的需要，难以提供有效的共性技术供给。因此，科研院所与企业必须进行深度对接，组建更加紧密的产学研联盟，进一步加强协作攻关，把科研机构和联盟企业的技术骨干队伍和工作重点稳定在对产业发展共性技术和关键技术的有效创新上，提高饲料业的科技创新水平，增强发展后劲。

(三) 加强技术和品种创新，提高饲料安全、卫生、环保水平

饲料的安全、卫生、环保水平可以采用行政手段、经济手段等来实现，也可利用营养、加工工艺等技术创新手段来实现，技术创新、产品研发永无止境。

1. *加强基础研究和应用开发研究*。既要重视基础性研究，又要注重新产品开发和推广研究，如饲料安全对食品安全、人类健康的影响规律和危害程度的研究、饲用抗生素、农药等有毒有害物质在畜禽体内及肉、奶、蛋产品中沉积规律的研究、抗生素及某些微生物工程菌对动物肠道细菌耐药性及其向人类转移的机理研究、开发低毒、低残留或无毒、无残留的新型饲料调控剂研究等，特别要重视利用现代生物技术，研究和开发有机饲料及新型饲料调控剂等高质量、安全性能好的产品，从而为饲料安全工程提供坚实的理论基础和技术支撑、产品保障。有关部门应当鼓励并优先支持这方面的研究、开发工作，在财力、物力、人力等方面给予必要的保证，努力推动环保生态型饲料的产业化进程，降低产品成本，提高环保生态型饲料的使用比例和使用范围。

2. *构建精准配方技术体系*。构建精准配方技术体系，实施动物营养系统调控，从而改变、控制可能发生的畜禽产品公害和环境污染，使饲料达到低成本、高效益、低污染的效果，从源头上控制氮、磷、重金属等的排放量和有毒有害物质在畜禽产品中的残留。如，采用“理想蛋白质模式”降低氮的排泄；应用植酸酶降低磷的排泄；应用有机微量元素降低矿物微量元素的用量，减轻其污染；利用生物酶制剂、微生物制剂、中草药制剂、寡聚糖、糖萜剂、甜菜碱、生物活性肽制剂等来替代抗生素；利用畜禽防臭剂来减轻或消除臭味污染等。

3. *饲料加工工艺的创新研究*。要加强清洁饲料加工工艺等新型饲料加工工

艺的技术研发工作，避免交叉污染，使生产工艺实现无残留或低残留混合、输送和储存，使粉尘污染程度降低。别外，饲料加工过程中使用细微粉碎、高温蒸汽制粒或膨化技术，有助于改善饲料的适口性，提高畜禽对养分的利用率，减少饲料浪费，降低成本，同时能减少氮、磷的排泄，减轻对环境的污染。饲料膨化和颗粒化处理还可以破坏或抑制饲料中的抗营养因子、有毒有害物质和微生物，改善饲料的卫生，提高养分的消化吸收率，使粪便排出的干物质减少 1/3。细微粉碎后的饲料粒度降低，表面积增大，有更多的机会同消化酶反应，可提高消化率。

（四）加快科研成果转化，提高科技贡献率

科技成果不能及时推广应用，转化为现实生产力，是科技资源的极大浪费。目前，我们的很多科研成果只注重技术指标的先进性、忽视了市场竞争的需求，科技成果与市场脱节等，产品档次低，高技术产品比重小，这些问题已经成为制约饲料产业能否可持续发展的决定性因素。加快科研成果转化，应发挥饲料企业市场推广优势，调动其技术创新积极性，采取饲料企业为投资主体，科研机构为人才和技术支撑主体的方式，联合建立重大技术成果产业化示范与推广基地，进行技术的产品化、市场化和产业化研究，使联盟组织研发形成的重大成果得以有效转化。加快饲料科技成果转化为生产力的进程，提高饲料科技对畜牧业及农业发展的贡献率。

参考文献

[1] 王雯慧. 权威解读 2017 年中央一号文件：深入推进农业供给侧改革[J]. 中国农村科技，2017(02)：20-23.

[2] 李新一. 畜牧业供给侧结构性改革分析[J]. 中国畜牧杂志，2016，52(14)：39-44.

[3] 李保全，申爱华，周蔚. 江苏省 20 年来饲料行业的变化及趋势[J]. 中国畜牧兽医文摘，2013，29(10)：40-41.

[4] 吴根义，廖新俤，贺德春，等. 我国畜禽养殖污染防治现状及对策[J]. 农业环境科学学报，2014，33(7)：1261-1264.

[5] 何洪政. 饲料安全存在的问题及其应对策略[J]. 饲料广角，2012(9)：22-24.

[6] 龚建刚，赵国先，张一为，等. 饲料安全问题及其控制措施[J]. 饲料研究，2015(11)：9-12.

科技创新驱动农业机械化供给侧结构性改革路径选择及案例分析

徐雷雷

（连云港市科学技术局）

摘要： 农业机械化是衡量农业发展水平的重要标志。“十二五”以来，我省农业生产方式实现了从人畜力为主向机械作业为主的历史性转变，农业机械化的需求结构、供给侧结构和管理方式也正在发生深刻的变化。本文结合具体案例对科技创新驱动农业机械化供给侧结构性改革的实施路径进行了全面调查研究，并针对存在问题提出了优化方案及下一步发展的对策建议。

关键词： 科技创新；供给侧改革；农业机械化

农业机械化是衡量农业发展水平的重要标志，也是实现农业现代化的必由之路。“十二五”期间，我省农业生产方式实现了从人畜力为主向机械作业为主的历史性转变，农业生产已经全面进入机械化作业为主的新阶段。新时期农业机械化的需求结构、供给侧结构和管理方式正在发生深刻的变化，农业机械化工作的对象、内容、领域等也在发生深刻变化。围绕推进农业机械化供给侧结构性改革，科技创新发挥着举足轻重的作用。

一、江苏省农业机械化发展现状

（一）发展历程

农机装备制造业一直是江苏省机械装备制造业的重要行业，也是江苏省机械工业中发展最早的行业。20 世纪 90 年代以前，江苏省农机装备工业在全国同行业中无论是经济总量，还是产品的总体水平，特别是在中小型农用内燃机、小型拖拉机、农用运输车、旋耕机等方面，在全国都处于领先地位。但自“十一五”后期，随着产业结构的调整，江苏省农机装备工业在全国同行业和江苏省机械工业各个行业中的地位有所下降[1]。“十二五”以来，江苏省农机装备水平明显提高，结构得到进一步优化，尤其是农机产业集群化发展逐步出现，涌现出了一批优秀的农机行业企业，如常发农业装备、银华春翔、久保田农业机械等。农机产品集聚区域也逐步形成，出现了常州区域的农用内燃机、拖拉机生产集聚区、连云港的旋耕机生产集聚区、淮安的渔业机械生产集聚区[2]。企业和集聚区的出现为江苏省农机行业注入了活力，也为江苏省农机装备工业的发展奠定了基础。

（二）现有基础

2016年，江苏省农业机械化水平呈现稳中向好的总体发展态势。全省农机总动力达4 906万千瓦，全省农业机械化水平达到82%。粮食生产机械呈现“高、大、上”发展态势，全省新增75马力以上拖拉机1.43万台，新增各类联合收割机1.99万台，向大功率、大喂入量发展趋势非常明显。粮食生产薄弱环节装备加快发展，新增喷杆式植保机2 199台，保有量近4 000台；新增谷物烘干机6 445台，保有量超过1.7万台。农产品初加工、林果业、设施农业（园艺）、畜牧业、渔业（水产养殖）等生产机械得到较快增长，为高效农业发展提供了装备支撑。水稻种植机械化水平稳步提升，水稻机插秧总面积2 486万亩，机插率超过75%；玉米生产机械化实现稳定发展，纯作玉米机播、机收水平分别达到90%、81%；稻麦秸秆机械化还田面积超过4 080万亩，还田率达到52%。薄弱环节机械化水平显著提高，粮食产地烘干能力达到27%。农机社会化服务能力持续提高。全省共有各类农机服务组织1.12万个，农机合作社作业服务面积超过2亿亩次。全省农机服务经营总收入超过300亿元，为粮食丰产、农民增收、农村劳动力转移提供了保障[3]。

二、存在问题

从总体上来看，全省农业机械化呈平稳有序发展态势，但是从结构上来看，农业机械化发展还存在诸多不平衡、不协调、不可持续的问题，产业、地区间机械化发展差距大，农机装备技术有效供给不够，农机经营服务的质量效益还有待提升[4]；从供求关系上来看，“小型、低端农机具过剩”与“中高端农机具满足农艺需求不足”的矛盾依然存在[5]；从细分行业来看，部分农业机械产品科技含量不高、附加值低、竞争力弱，价格波动频繁及部分领域无序竞争等问题依然比较突出。以中国旋耕机之乡——连云港市灌云县旋耕机产业发展为例，该县拥有全国超过60%的旋耕机生产厂家，每年生产、销售全国60%以上的旋耕机，向全国供给的旋耕机配件数量更加庞大。调研发现，还主要存在以下问题。

（一）研发投入严重不足

灌云县农机企业于20世纪70年代起步至今已历经40余年，虽然具有一定基础，但相较国外发展，生产装备和工艺技术水平已经落后。普通旋耕机售价一般维持在3 000～4 000元，部分规模企业每台利润大概200元，毛利率只有5%左右。而绝大多数企业的利润只有80～100元/台，毛利率在3%上下。利润微薄及较低的产品附加值使得企业无力进行研发投入，技术和产品长期在低水平重复严重，很难对引进的新技术进行全面消化、吸收和转化，不能形成自主的知识产权，致使新成果和新产品开发缓慢，投入不足直接造成设备更新和技术改造缓慢，装备技术及工艺水平已满足不了农业现代技术发展的要求。

（二）复合型高端产品数量偏少

整机产品及具备旋耕整地、施肥、喷药、播种以及秸秆还田等多种功能复合型产品研发设计能力不足，距离宽幅、高速、高效联合作业发展趋势尚有不少差距。产品设计缺少与拖拉机的协同，机具研发、制造仍然落后于主机。多数企业只能从事中低端产品制造，低端高耗能产品重复生产，产品功能单一，液压、气动和机电一体化技术综合应用技术少。从旋耕机机械配套情况看，发达国家的机具配套比例高达 1∶7，而国内机具配套比例还达不到 1∶2[5]，与实际需求仍有较大距离。动力机械与农机具配套比例偏低，降低了主机的利用率。机具结构形式也是非折叠式，给田间运输带来诸多不便。

(三) 功耗大、作业效率较低，旋耕深度不能满足部分作物农艺要求

目前现有的旋耕机作业深度一般在 6～18 cm(旋耕旱田在 6～16 cm，旋耕水田在 14～18 cm)，满足不了栽培薯芋类、根菜类作物需要深耕的农艺要求。其次，连年的旋耕将 12～15 cm 的土层处压硬压实，作物根系下扎受阻，影响了水肥吸收，从而影响到作物正常生长。而且，土壤耕层得不到深翻，病、虫源基数增加，加重了病虫害的发生。国外提出了全幅深耕的耕作制度，同时也开发出了幅深旋耕机和间隔窄幅深旋耕机，耕深为 30～60 cm，最大耕深为 90～120 cm，但是加大旋耕深度会带来旋耕播种机的整套机组作业负荷和功率消耗急剧增大、机械强度刚性不足和机组功率不平衡等问题，相关技术亟待攻关。

(四) 产业缺乏公共技术研发平台

受行业特性影响，农机具包括旋耕机的科技和应用技术的研究大多集中在农机具主要应用区域外部的高校院所，面对市场需求具有一定的延迟性，而地方又普遍缺乏共性技术公共研发平台，企业经济基础和应用技术基础研究薄弱，大多不具备自主研发能力，致使研发周期长，优化设计受限。此外，行业管理及知识产权保护意识不足、企业准入门槛低、抄袭仿造严重，极大地挫伤了科研单位和生产企业研发新技术与新产品的积极性，造成长期的低水平重复和竞相压价的无序竞争。农机制造行业工作环境、生活待遇等层次不高，造成技术人员流失，专业技术人才匮乏。

三、科技创新推进农机机械化供给侧改革的思路与对策

(一) 发展思路

供给与需求的对接，是实现农业机械化产值的关键环节，旋耕机产业发展中的不足和问题，固然有着单一产品的特殊性，但也一定程度上反映着我省农机具行业的整体现状，即现有的数量型、产量型的技术体系对于品质型、商品型为主导的供给侧支撑不足。面对现代农业发展新需求、农业转型新变化，需要以科技为引领和支撑，走内涵式农业机械化发展道路，提升全要素生产率、资源利用率和产业竞争力。通过推动技术进步和组织创新，改进资源利用方式和配置机制，围绕市场需求进行生产，扩大有效供给，促进生产及其产品供给结构优化，提高供给体系的质量和效率，使产品供给数量充足，品种、品质契合市场需要，形成更有效率、效益、竞争

力和可持续的农业机械有效供给体系。

（二）发展对策

1. 完善形成政府投入为引导、企业投入为主体、社会参与的多元化投入创新体系。农业机械化是农业现代化的重要组成部分，为农业高效优质高产和实现可持续发展作出了重大贡献，但由于农业机械的使用对象主要是购买能力有限的农民，农机制造厂家的利润空间很小，往往无力投入，政府须通过经济与科技政策导向，加大对农业装备制造业自主创新的资金支持力度，引导企业作为技术创新的主体力量加大研发投入，提升其技术、品牌附加值，着力构建起以农机科研院所为主体的农业装备制造业技术创新研究体系、以农机制造企业为主体的农业装备制造业技术开发体系、以公共和民营两部分为支撑的农机技术服务体系，不断提高农业装备制造业技术进步对农业经济增长的贡献率。

2. 因地制宜，以科技创新为根本牵引补齐农业机械化短板。发展高效设施农业是推进农业供给侧结构性改革的重要内容，也是富民增收的重要手段，农业装备制造企业不能简单把引进技术作为提高农业装备制造业技术水平的主要内容，必须有组织、有系统地提升自主技术创新能力。一方面，充分发挥政策的引导和调控作用，进一步提高农机购置补贴政策效能，重点向粮食作物产前、产后环节及经济作物耕种收关键环节倾斜。合理确定补贴机具品目范围，科学分档测算补贴额，及时整合资金、项目等资源，地方农机化扶持资金要逐步向本地急需和未列入中央、省级补贴范围的高效设施农业机械倾斜，实现主要农作物生产机械化与高效设施农业机械化协同发展。另一方面，要强化科技创新。要着力推动企业提高设计制造水平与管理水平，营造良好的创新创业环境，使企业逐步向自主研究开发投入、开展技术创新活动和应用创新成果的主体地位转变。以科技创新为根本遵循，积极整合农机科研、生产、推广等方面的力量，通过项目带动，引导研发一批高效设施农业急需的“缺门断档”产品，推广一批成熟通用的装备，配套一批特色产业专用机具。最后，还要围绕优势主导产业，在品种选择、种植模式、设施配套等方面强化技术协作与攻关，从农艺要求、农机开发等方面开展技术研究、试验示范，因地制宜制定适合当地机械化作业的技术路线、作业标准和机具配备方案。

3. 提升质量，打造品牌，加大知识产权执法保护力度。农业机械化市场竞争是品牌之争，农机生产企业要想在未来发展中立于不败之地，就必须树立质量意识、品牌意识，加快品牌战略。企业在激烈的市场竞争中，要根据自身情况调整结构，紧盯市场需求，努力增强对未来发展的预见性、主动性、创造性，加强知识产权保护意识，及时为新工艺、新技术、新产品申报专利、商标等知识产权保护。充分发挥行业组织宏观调控、行业风险整体预判作用，推动规模小、产品技术水平低、产品单一企业兼并重组，整合有限资源，淘汰落后产能，完善上下游产业链配套，提高产品集中度、提升产业集聚度。政府有关部门要不断加大知识产权执法、保护与管理力度，打造公平有序竞争环境，让仿冒产品无立足之地，让仿制企业付出惨痛代价。

4. 建立健全农机社会化服务体系，提高农机服务水平。大力发展农机专业合作社、农机服务公司、农机协会等新型农机服务组织，培育壮大农机经纪人队伍，推进农机服务市场化、专业化、产业化。鼓励农业生产经营者进行农机、土地、资金、技术等生产要素的联合，加强“三库一间”(机库、配件库、油库和维修车间)建设，创办有特色、上规模的农机专业合作社。指导农机合作社选择与土地条件相适应的农机装备配置模式，保证农机利用率和作业收益。开展送教下乡、科技入户活动，提高农民与农机人员素质。重点培训农机使用、维修和经营人员，培养一批懂技术、善经营、会管理的新型农机手和农机专业合作社负责人。健全完善农机技术推广体系，拓展推广服务领域，稳定基层推广队伍，增强乡镇农机技术推广机构服务能力，为农民提供农机示范推广、培训、技术咨询、安全教育、信息等公益性服务。

四、结语

推进农业机械化供给侧结构性改革，其根本要义是要加快培育农业机械化发展新动能，展现农业机械化在稳产能调结构、降成本增效益、添绿色可持续等方面的新作用，这就要求我们在今后的发展路径选择上必须更加注重科技创新带动，更加注重农机农艺融合，更加注重农业机械化与信息化融合，只有以科技创新为根本遵循，才能更好更快的推动“机器换人”、加快农业机械化提档升级，从而为农业农村经济发展提供有力支撑。

参考文献

[1] 郭永田，翟雪玲. 降本增效是农业供给侧结构性改革的关键[J]. 农村工作通讯，2016(9)：8-12.

[2] 杨敏丽. 新常态下中国农业机械化发展问题探讨[J]. 南方农机，2015，46(2)：14-19.

[3] 江苏省 2016 年农机化工作总结及 2017 年工作思路[EB/OL]. (2017-01-23)[2017-03-28]. http://www.jsnj.gov.cn/144/jsnjjxxgk/201702/t20170217_247616.html.

[4] 张燕. 江苏省农机装备工业转型升级战略研究[J]. 江苏农业科学，2012，40(8)：3-5.

[5] 宋国栋. 福田雷沃：打造有竞争力的农机供应链[J]. 高端农业装备，2013(5)：38-41.

振兴奶业　改扩建苏北现代奶业基地势在必行

张洪让

（连云港市畜产品检测中心）

摘要：一杯牛奶，强壮一个民族。奶业发展关系民生保障，关系国民体质增强，是农业现代化的标志性产业，是食品安全的代表性产业。发展奶业，提升奶业，振兴奶业，是推进农业供给侧结构性改革的重大任务。江苏奶业，发展历史悠长，但发展规模偏小，现代奶业推进缓慢，诸多弊端待治，是健康江苏建设中的短板，其结构调整已刻不容缓，势在必行。建议：根据苏北现代奶业发展得天独厚的自然条件，加大政府扶持力度，加速改扩建我省奶业基地，为提供优质安全放心的奶制品提供保障。

关键词：振兴奶业；改扩建基地；势在必行

2016年，江苏省的经济总量在全国位居第二，南京和苏州双双进入全国十二强市，毋庸置疑，江苏在全国位居经济强省之列。然而，江苏的奶业产量却排全国10名之后（2015年排名第14），牛奶的年人均占有量仅是全国人均占有量的十分之一。众所周知，一杯牛奶可强壮一个民族。奶业发展关系民生保障，关系国民体质增强，是农业现代化的标志性产业，是食品安全的代表性产业。小康社会不能没有牛奶，十几亿中国人不能没有自己的民族奶业，八千万江苏人民也不能没有本省的奶业。发展奶业，振兴奶业，改扩建基地，是推进奶业供给侧结构性改革的重大任务。江苏省奶业，历史悠长，发展缓慢，诸多弊端待治，其侧结构调整已刻不容缓，势在必行。

一、江苏奶业的发展与变化

我省规模养殖奶业起步较晚，二十世纪八十年代初，全省仅有几千头奶牛。八十年代中后期，全省规模奶牛养殖才开始起步发展，到1991年底，全省奶牛存栏量达40 457头，主要集中在南京、苏州、无锡，占全省总量65%；苏北地区主要集中在徐州、连云港，占全省总量23%。当时，不仅规模小，奶产量也很低，全省牛奶年人均供应量不足1.5 kg。进入新世纪初，我省奶业有了突飞猛进发展，2012年全省奶牛存栏量超过21万头，牛奶年人均占有量达10.8 kg。近几年，我省奶业再度出现滑坡，2015年奶牛存栏量19.7万头，年奶产量为78.67万吨（同期全国年奶产量为3 870.3万吨），牛奶年人均占有量为9.8 kg，不足全国同期人均36 kg的1/3。一方面广大居民迫切需要优质的奶源，另一方面生产却供应不上，我省的鲜奶和乳制品市场一直被省外和国外同类产品所占领。

2008年的问题奶粉事件，使国产奶品业遭受重创，导致了广大消费者对国内乳品质量信任度下降，国外洋奶粉乘机以低于产品的成本价大举入侵中国乳品市场。国内多家乳业集团产业不景气，迫使国内乳制品提高质量和监测力度、许多奶牛散养户淡出养殖圈、国内奶业加速转型升级，也迫使一些地方政府的农牧主管部门，开始真正重视辖区内奶业的快速发展。在经过3～5年的阵痛期后，国产奶业终于迎来快速发展的契机和崭新局面。江苏奶业正是在这样一个全国性奶业大变革、大改组、大发展的大趋势下，发生了历史性改变。

众所周知，奶牛养殖是属于高投入的养殖业，还需要优质的牧业资源，而苏南地区耕地少，人口密集，草资源短缺，不利于发展奶牛养殖这样一个占地面积大的农牧结合性产业。改革开放初期，由于苏南地区经济腾飞起步早，富裕起来的居民，对牛奶和奶制品这一类的高营养品需求量大，加上苏南城乡结合部农民的经济条件好有能力发展奶牛养殖，所以苏南地区的奶牛养殖量一直高于苏北。最近10年来，情况发生了根本变化，苏北地区农民生活水平提高了，养得起奶牛了。同时苏南地区一是耕地严重减少，许多农民手中几乎都没有土地了；二是城市的快速扩大，一些更好赚钱的产业，如观光、休闲、旅游、加工等产业兴起，替代了奶牛养殖业；三是近年来南方许多城市对畜禽进行限养，也是其中因素之一。

随着经济的快速发展，我省奶牛养殖规模由历史上的南大北小转变成了南轻北重。苏南5市(宁苏锡常镇)奶牛存栏量由2005年底的9.79万头，下降为2015年底的4.877 6万头，同比减少4.912 4万头，减少50.18%。而苏北5市(徐淮盐连宿)奶牛存栏量由2005年底的8.01万头，上升为2015年底的12.292万头，同比增加4.282万头，增加53.46%。苏北地区奶牛存栏量已占全省总量的62.38%。一个大产业的兴起和发展，地区内因是变化的基础，但外因的刺激和影响同样是重要因素，由于地理区域性差异及南北经济发展差异，苏北地区土地资源宽松和经济快速崛起，也直接导致产业的转移，形成了全省奶业由苏南向苏北快速转移的新格局。

二、现代奶业发展存在的困境及原因

我省长期以来未能形成大型和永久性的奶牛养殖基地。由于奶牛养殖需要大片土地，需要大批资金，苏北经济长期欠发达，想干又花不起钱。而苏南有钱又拿不出大片土地，缺乏草资源。长期以来苏南奶牛比苏北多，这也是省农牧主管部门在全省奶业发展上长期纠结的重要原因之一。因此，观望、等待和迟疑不决，造成了全省奶业长期得不到快速发展的现实局面。

国家对奶牛养殖扶持力度偏小。长期以来国家对畜牧业的扶持，一直是重猪轻牛，如多年来一直对每头母猪每年财政扶持100元，而对牛的良种补贴，规定每头能繁母牛每年财政补贴10元钱(解决1头份冷冻精液颗粒)。此标准是2005年规定的，至今未作改变。而据调查，当前农村大多由个体配种员给农户牛配种，牛冷冻精液颗粒每头份 20～25 元，一般需配两次才能成功，加上配种员的液氮保管费、交通费、手术费用等，农民配 1 头牛约需 100 元以上。可见对每头母牛 10 元钱的良种补贴根本不起作用，而省里对养牛的扶持几乎没有。

通过对苏北、苏中多家奶牛场和乳品公司实地调查，规模养奶牛远不如规模养猪容易，成本高风险大。据多地实地调查，农户养奶牛多从 5～10 头起步，靠自身力量，发展到 30 头以上往往需要 10 年时间，其间还有相当多农户（半数以上）坚持不下去中途失败或改行，成功者往往不足一半。

近些年来，奶牛散养户加速退出养殖圈，主要原因是：一部分散养户本来就没有养殖经验或养殖能力，大多是一哄而上，盲目上项目造成的，有的离奶品公司太远，卖奶不方便，自家又加工不了；有的散养户对付不了奶牛难产、疾病、鲜奶收购价长期偏低等因素打击，被迫把牛卖掉；有的散养户认为养奶牛不如外出打工挣钱容易，干脆转手。

1 头奶牛现在的价格是 8 000～10 000 元。以建 1 000 头奶牛养殖场为例，加上土建等硬件基础设施建设、相应的配套设施建设共需要 1 800 万～2 000 万元，照此推算，建设一个 10 万头牧场前期的投资额至少 20 亿元。因此，目前省内大规模的奶牛场（1 000 头以上）寥若晨星，万头奶牛场全省目前没有几家。据了解，1 头奶牛需要 24～25 平方米的面积，包括牛舍和活动场地。在清道、污粪处理布局科学、合理的情况下，1 000 头奶牛场大概需要 200 亩左右，依次推算 1 万头奶牛场需要2 000亩，10 万头奶牛需要 20 000 亩地，约 1 332 万平方米。

调研还发现，农村中当前围绕在乳品公司周边的奶牛养殖户（即公司加农户模式），存栏 10 头的散养户多已不复存在，而逐渐形成一些有实力的存栏量为50～300 头的规模养殖大户，而存栏量为 1 000 头的规模养殖大户几乎没有。这些规模奶牛养殖大户实际上形成了一个个大小不一的家庭奶牛场，这是我国多数地区奶业发展的转型所在，也是奶牛养殖格局、养殖形式的巨变。

三、战略性结构调整建议

现代奶业战略调整看苏北。从当前经济发展现状，苏南几家奶业基地只能维持现状，组建万头以上新的奶业基地已不大可能。振兴奶业必须有大型奶业基地和基地群，而在全省组建和创建大型奶业基地和基地群，苏北是最佳选择。

1. *改扩建苏北现代奶业基地有得天独厚的条件。*地理位置和地形地貌在很大程度上决定一个地区农业和种植业的品种，畜牧业也然。苏北地区丘陵山区多，山坡库坡河荡草滩多，能供养年所需的草资源丰富，供散养牛放牧的草地也多。同时，因为旱作物多，能被牛食用的秸秆也多，这类秸秆主要指玉米和花生秸秆、豆类和地瓜类藤蔓，全省能被牛食用的秸秆 90％集中在苏北地区。与此同时，苏北有日益增多的达几十万亩的滩涂，这些滩涂早期的已逐被改良为能耕种的土地，苏北地区的射阳、大丰、东台等县市的滩涂面积正以每年几万亩的速度在递增，这种独特的财富是全国所有省区所无法比拟的。早期的滩涂可以种粮食，中期的可以种草养畜，滩涂地区广袤辽阔，空气清新，是发展奶牛业得天独厚的最佳地域。国内奶业的有识之士有的已发现了这块宝地，辽宁省的辉山乳品集团已在射阳县建立一个10万头饲养量的特大型奶牛场项目，堪称一绝。项目全面运转后，我省的奶牛存栏量则可望翻番。

2. 加速扶持和组建我省奶业基地。积极扶持目前持有30～50头奶牛的中小规模奶农，应该成为各地市县两级地方政府农牧主管部门的当务之急。扶持当前持有300～500头奶牛的个体奶牛场为龙头企业，并通过龙头企业帮助和带领中小规模奶农。政府农牧主管部门要加强引导，在一个县或市培育形成10个左右的龙头奶业公司，并逐步形成10 000头奶牛规模的奶业基地。可见，这也是当前我省农业主管部门对全省奶业战略性侧结构调整决策之一。目前，徐州、宿迁、连云港、盐城等地，已分别具备和正在发展组建这样的奶业基地。

3. 加大胚胎移植推广力度。近些年来，奶牛的胚胎移植速度在放缓，许多地方已基本不搞，主要是缺乏扶持政策和财政支撑。胚胎移植不仅可提高奶牛产犊量(可产双胎、多胎)，而且还可以在母黄牛、母水牛体上实施(借腹产仔)。各级地方政府应充分调动农牧技术推广部门和有关科研部门科技人员的积极性，以点带面，用3～5年时间搞面上胚胎移植，定可大大增加奶牛数量。

4. 加大政府扶持力度亟待有章可循。省政府应该把全省奶业发展纳入重要议事日程，充分认识奶业对于全省经济发展和全省近8 000万人民生活需求的重大意义，以省政府名义颁布实施《江苏省奶牛生产管理办法》，纠正长期以来重猪轻牛的历史，根据养殖1头奶牛相当于10头猪(饲养成本)的实际情况，明文规定地方财政对农民饲养奶牛的补贴费标准(应以目前正在实施的能繁母猪的5～10倍为宜)。散养户和中小规模奶牛场(户)应该作为扶持重点，300头以上的规模化奶牛场应同时享受国家关于养殖小区改造和规模化养殖场建设补贴费。

5. 科学喂养和科学防病、生态养殖相结合。奶牛是食草家畜，发生的疾病主要是消化道病和产科病(如难产和不孕症)，而奶牛又是多室胃的反刍动物，口服西药几乎无效，但用中草药治疗常常效果显著。科研和实践证明，中草药配方和中草药添加剂，可有效促进奶牛的生长发育、泌乳量，防治不孕症和消化道疾病。动物防疫部门应主动指导大型奶业公司的驻场兽医，教会他们加强平时奶牛的科学喂养和科学防病。

所有的大中型奶牛场均应养防并重，注重生态养殖，必须重视生产与治污相结合，落实好奶牛排泄物的无害化、清洁化循环综合利用。

加快推进畜牧业供给侧结构性改革 促进畜牧业健康发展

孙静泉

（淮安市淮安区动物卫生监督所）

摘要：近年来随着经济的快速增长，人民生活水平的不断提高，我国畜牧业已经成为国民经济和社会发展的重要产业之一，但产业结构不合理，低端大众化的产品多，绿色、无公害的产品少，环境污染等供给侧问题日益突出，已成为制约畜牧业健康发展的现实瓶颈，本文就如何加强畜禽养殖管理，推进畜牧业供给侧结构性改革，确保畜牧业健康发展进行阐述，并就自己多年的工作经验，提出了一些具体做法和建议。

关键词：产业结构；畜牧业发展方式；供给侧

畜牧业是农业和整个国民经济的重要组成部分，发展畜牧业对增加农民收入、推进农业现代化，促进经济社会发展具有极为重要的战略作用，但畜牧业供给侧面临的主要问题严重制约着我国畜牧业的发展，“民以食为天，食以安为先”，而“畜牧业供给侧改革”有两大核心内容：一是要提高经济效率，提升产品质量，二是调整经济结构，淘汰落后的过剩产能，最终为广大消费者提供放心、安全、健康的肉、蛋、奶等产品，以满足人民群众日益增长的对于安全、高品质畜禽产品的需求。因此，加快推进畜牧业供给侧结构性改革，促进畜牧业健康发展已是迫在眉睫。

一、我国畜牧业供给侧现状

随着畜牧扶持政策的实施，我国畜牧业生产呈现稳步、健康发展的态势，主要畜产品持续增长，生产结构进一步优化，畜牧业继续由数量型向质量型转变，畜牧业产值占农业生产总产值的比重超过30%。

（一）主要畜产品供给日益充足

据统计，2015年全年肉类总产量8 625万吨，其中，猪肉产量5 487万吨，牛肉产量700万吨，羊肉产量441万吨，禽肉产量1 826万吨，禽蛋产量2 999万吨，牛奶产量3 755万吨，年末生猪存栏45 113万头，生猪出栏70 825万头，许多地方畜牧业已经成为农村经济的支柱产业，成为增加农民收入的主要来源。

（二）养殖规模稳步提升

近几年我国畜禽养殖量不断增加，2014年生猪年出栏500头以上规模养殖比重达到42%，蛋鸡年存栏2 000只以上规模养殖比重达到69%，奶牛年存栏100

头以上规模养殖比重达到45%，分别比2010年提高7个、6个和14个百分点。

(三) 肉类消费比重不断增加

2000年中国肉类总消费量为6 013.9万吨，其中消费猪肉3 966.0万吨、牛肉513.1万吨、羊肉264.1万吨，禽肉1 214.3万吨；2015年中国肉类总消费量为8 625万吨，其中消费猪肉5 478万吨、牛肉700万吨、羊肉441万吨，禽肉1 826万吨。2000—2015年中国肉类总消费量增长43.42%，年均增2.43%；猪肉消费量增长38.12%，年均增2.18%；禽肉消费量增长40.42%，年均增2.76%；牛肉消费量增长36.45%，年均增2.09%；羊肉消费量增长67.05%，年均增3.48%。

二、我国畜牧业供给侧面临的问题

(一) 低品质同质化竞争现象严重

长期以来我国畜牧业一直面临有效供给不足，无效供给较多两大困境[1]：一方面是产能过剩，另一方面是好产品供不应求，目前，猪肉、禽肉、禽蛋等大宗畜产品供应呈现阶段性过剩，牛羊肉、奶类供应不足，普通畜产品相对饱和，优质畜产品短缺，养殖户(场)大部分文化程度较低，只有初中乃至小学文化，为了追求经济效益，在疫病防治过程中超剂量使用兽药、滥用抗生素、使用廉价不安全兽药、不严格执行停药期规定[2]，导致出栏上市的肉品有害物残留大大超标。另外，使用诸如瘦肉精之类的违禁饲料添加剂现象时有发生，从而导致畜产品安全问题日益严重，国人对国产品牌信任缺失，导致国外奶粉在国内需求坚挺，外资几大品牌居然占据国内70%以上的市场份额，国内却发生奶农倒奶事件[3]。

(二) 现有的生产方式导致土地资源浪费严重

我国的生猪生产主体众多，规模分散，目前年出栏50头以上的规模比重达69.9%，而年出栏10 000头以上的市场份额占比不到10%，养猪多以中小规模为主，事实上养猪业因为其投资高收益低的特殊性，猪贱伤农和肉贵伤民的养猪怪圈轮回上演，小规模生猪养殖户极易盲目跟风扩大养殖规模，一旦面临价格风险，往往因为亏本而无法维持下去，纷纷退出养猪市场，笔者在调研中发现我国农村存在许多弃而不养的生猪养殖圈舍，很难盘活，如此造成土地资源的极大浪费。

(三) 现有生产布局导致环境污染严重

我国的生猪生产主体众多，规模分散，全国生猪养殖户数近5 000万个，而1 000头以上的猪场却不到10万个，年出栏10 000头猪场的不到5 000个，大部分养殖场均建于房前屋后的空地或承包地中，因其总体数量大、规模小、布局分散，养殖场不仅对周边地区带来了环境污染，还在许多地方造成了畜禽养殖场主与居民的环境纠纷[4]。据全国第一次污染源普查公报数据，全国畜禽养殖业排放的化学需氧量达1 268.26万吨，占农业源排放总量的96%；总氮和总磷排放量为102.48万吨和16.04万吨，分别占农业源排放总量的38%和56%。

大部分畜禽养殖户只注重养殖增收，不重视环境保护，养殖总量与环境容量不匹配[5]，农牧结合不紧密，废弃物处理利用技术模式滞后，目前全国畜禽粪污年产生量约38亿吨，而全国每年化肥使用量达5 800多万吨，种田用化肥，养殖用饲料，一边是畜禽养殖中的粪水大量排放污染环境[6]，一边是耕地有机质不断流失、农村缺乏清洁能源。实际上畜禽粪便同工业污染源产生的废弃物不同，其含有农作物所必需的氮、磷、钾等多种营养成分，有助于改良土壤结构，提高土壤有机质含量，促进农作物增产，处理得当可转化为宝贵的资源，但由于畜禽粪便既脏又臭，加上农村缺少青壮劳动力，农民使用有机肥的积极性不高[7]，农村目前粪污处理方式尚处于堆积发酵阶段，经过发酵床、沼气池、肥料处理厂加工处理利用的不到10%[8]。

(四) 畜禽养殖技术推广不力

畜牧科技研究和推广存在脱节，长期以来我们的科技研究成果转化率不高，一些地方政府对科研成果的转化工作没有足够重视，许多“高产、优质、高效”的畜禽品种推广只停留在口头上，此外，我国从事畜牧业生产的人员素质普遍偏低，因而畜牧业养殖技术的推广存在一定的困难，一定程度上阻碍了畜牧业可持续发展的进程。

三、加快推进畜牧业供给侧结构性改革，促进畜牧业健康发展

(一) 严厉整治滥用抗生素现象，提高畜产品竞争力

滥用抗生素不仅制约了养殖业的可持续发展，其引发的食品安全问题也不可小觑，亟须下大力气加以治理。各级畜牧主管部门应结合畜牧生产实际和广大养殖户的需求，组织开展多层次、多形式的养殖户科技培训活动，及时提供技术咨询和技术服务，着力提高广大养殖户的科技文化素质，引导养殖户加大科技投入，强化源头控制和全程监管，推进标准化生产和规范化管理。

1. 普及安全用药宣传知识

充分利用媒体、网络、明白纸、宣传手册等媒介，组织开展形式多样的宣传活动，加大兽药法律法规普及力度和宣传兽药安全使用知识力度，让广大养殖户(企业)了解兽药政策法规，了解药物使用标准和药物知识，组织开展兽药安全使用现场咨询和培训活动，解决养殖户(企业)生产用药中最关心、最直接、最现实的问题。特别要加强合理使用抗菌药物的宣传培训工作，确保养殖户(企业)合理用药、安全用药，促进健康养殖。

2. 积极推行兽用处方药管理制度

目前养殖环节用药现状及存在的突出问题在于，养殖户在畜禽疫病防治过程中，长期超量使用抗生素，导致细菌耐药性不断增强，同时农业部已经明文规定的休药期，由于缺乏强有力的监管手段，一些养殖户为最求养殖利益的最大化，无视规定，在畜禽出栏前仍继续使用抗生素。建议加快执业兽医队伍建设，加强对合理使用抗生素技术的培训，积极推行兽用处方药管理制度，明确用药责任主体，对易

产生药物残留和耐药性的抗生素，必须凭处方购买，规范养殖户用药行为[9]。

3. 完善兽药使用档案

养殖户（企业）要建立完善的用药记录制度和兽药使用档案，其内容主要包括兽药名称、剂量、用法、疗程、用药时间、停药时间、产品批号、兽药生产企业名称、处方人、用药人等。

4. 加大技术研究，完善检测体系

国家应加大技术研究，提高兽药残留检测能力，完善兽药残留检测标准，并制定食品中可残留抗生素的种类和含量标准，实行集中整治与日常监管相结合的原则，加强源头治理，扩大兽药残留抽检范围和批次，建立残留超标产品追溯制度，定期发布兽药残留状况报告，尽快在屠宰或销售环节推广兽药残留检测制度并严格监管。

5. 加大处罚力度，提高违法成本

近年来频频发生畜产品安全事件，其中一个重要的原因在于违法成本太低，即使查到处罚也不会太重，相对高利润而言值得铤而走险。因此要加大畜产品安全事件的处罚力度，情节严重的将按危害公共食品安全罪追究刑事责任并处以高额的罚金，使其不敢以身试法。

6. 积极开发抗生素替代品

国家应加大投入，通过政策倾斜等措施支持企业开发出更多绿色环保的动物饲料添加剂替代抗生素，积极推广中草药、益生菌等代替物取代兽用抗生素；加大对不合理使用抗生素危害性的宣传，提醒消费者选择“无抗”食品。

(二) 优化产业布局

根据环境承载能力，优化产业布局，科学规划禁养区、限养区，既不可重生产轻环保，亦不可借施行“水十条”和推动《畜禽养殖污染防治条例》实施为名，实行全面禁养，对于在适养区内的废弃养殖场应及时盘活，尽可能避免土地资源浪费。

(三) 积极推进种养结合，力争促成粪污资源化

加快优化产业布局补齐环保短板。统筹产业发展与污染减排，按照农牧结合、种养平衡的原则，推广有机肥还田利用，促进农牧循环发展，鼓励企业投资有机肥生产。

1. 小规模养殖实行种养结合

传统的畜禽散养户（如生猪存栏 500 头以下的中小规模养殖户），可以考虑土壤的承载力，控制畜禽养殖数量，以土地数量确定养殖规模，实行种养结合，及时消纳产生的养殖粪污。

2. 大规模养殖实行粪污肥料化

大规模养殖（如生猪存栏 2 000 头以上的养殖户）产生的粪污排放量大，周围没有足够的土地消纳，畜禽养殖产生的粪污由可以很好利用的资源变为污染源，可以采取 PPP 等多种模式，引导社会资本参与有机肥产业发展，鼓励养殖户将粪污

卖给有机肥厂实现清洁养殖，推动粪污处理资源化。

3. 转变补贴方式

养殖业的发展离不开种植业，种植业使用有机肥是培育绿色、有机食品的必备条件，而绿色、有机食品又是备受消费者青睐的朝阳产业，转变补贴方式，建立以奖代补的有机肥推广应用机制，对于使用有机肥的农户进行直接奖励，从而推动清洁生产。

（四）加大科技支撑力度，提升科技创新能力

加大科技对畜牧业的支撑力度，加强畜牧兽医科技领军人才培养和创新团队建设，加快畜牧业科技创新和成果转化，建立并逐步完善以养殖场（户）为主体、产学研紧密结合的科技创新体系，提升科技创新能力，完善公益性畜牧技术推广机构为主导的多元化畜牧技术推广服务体系，解决畜牧业科技推广进场入户“最后一公里”问题。

参考文献

[1] 李新一. 推进畜牧业供给侧结构性改革[J]. 中国畜牧业，2016(11)：32-33.

[2] 金铭. 养殖业滥用抗生素：食何以堪？[J]. 生态经济（中文版），2011(8)：14-17.

[3] 刘国信. 供给侧改革：推动养殖业转型升级[J]. 中国农村科技，2016(03)：28-29.

[4] 魏国强. 关于加快农业供给侧结构性改革的思考[J]. 种业导刊，2016(04)：5-8.

[5] 路亚男，秦培浩. 山东省县域农村畜禽养殖污染问题简析[J]. 科技资讯，2016(21)：60-73.

[6] 吴根义，廖新俤，贺德春，等. 我国畜禽养殖污染防治现状及对策[J]. 农业环境科学学报，2014(07)：1261-1264.

[7] 韩永伟. 疏堵结合破解畜禽养殖污染防治难题[N]. 中国环境报，2013-11-27(005).

[8] 马璟. 关于农村畜禽养殖污染现状的调查与思考[J]. 环境研究与监测，2012(01)：49-51.

[9] 马昊楠. 抗生素残留与人体健康——警惕禽类养殖中抗生素的滥用[J]. 首都医药，2014(23)：23-24.

发力供给侧　透视农业转型升级制约瓶颈及解决路径

——以淮安市为例

戴慧婷

（淮安市动物卫生监督所）

摘要：当前农业生产中农业面临供需失衡、有效供给不足、农业现代化水平不高等问题，加快推进供给侧结构性改革目的是使农产品结构更合理、质量更优良、资源环境更可持续。本文以淮安市为例，分析了苏北地区农业发展中存在的制约瓶颈，并基于此，提出了农业供给侧结构性改革发展的解决路径与对策。

关键词：农业供给侧改革；转型升级；发展路径

我国目前约有7 000多万贫困人口，国民收入还停留在中等水平，但截至2015年，中国人已经连续三年成为海外购买力最强的群体。中高端消费需求过分依赖进口严重拖累了中国消费升级。欧美发达国家从20世纪80年代开始持续10余年的供给侧改革，把本国经济从“滞胀”的泥潭中拽出，为其经济长期增长打下了牢固基础。供给侧结构性改革目的是要解决全要素生产率（TFP）提高的问题，扩大有效供给，促进“减量提质”向“量质双升”转变。宏观调控政策需要从总量调控转向结构调控，从“三驾马车”分析转到“结构性”分析，应减少政府干预，激发市场活力，释放改革红利。

一、推行农业供给侧结构性改革的现实意义

农业受自然条件影响很大，和其他产业的关联度很高，牵一发而动全身。基于国家粮食安全及中国人口众多的现实情况，我国农业产业政策长期以产量增长及规模扩大为导向，在很长一段时期内对农业产业产品质量及生产效率重视不足。国家“四大补贴”主要针对粮食作物，粮食产业因此旱涝保收，而其他产业则需要承受较大的市场风险，由此造成耕地等各种资源配置失当。部分产业（如乳品）进口量剧增，低端产品过剩、中高端产品缺口趋大。农产品支持价格政策的初衷是为了稳定农产品价格，但从实际效果来看，支持价格一般高于均衡价格，在某种程度上扭曲了市场价格信号，一定程度上误导了农产品生产者的预期，加剧了农产品过剩危机，导致农产品市场价格下降。此外，农产品支持价格政策也加重了国家财政负担。

2017 年中央一号文件提出要深入推进农业供给侧结构性改革，促进农业农村发展由过度依赖资源消耗、主要满足量的需求，向追求绿色生态可持续、更加注重满足质的需求转变。

二、现阶段淮安乃至苏北地区农业发展中存在的问题

江苏作为经济大省，人均 GDP 已突破 1.4 万美元，2016 年粮食总产 3 466 万吨。但与此同时农民种粮效益却没有同步上涨，农产品供求结构失衡、生产成本过高、资源透支利用等问题突出。2016 年江苏农民人均纯收入仅为 17 606 元，苏北五市更低。苏北农业农村经济发展水平不高，结构性矛盾相对更加突出。在省农业现代化进程监测中苏北五市位列倒数。淮安市虽为农业大市，但农业“大而不强”，2015 年综合得分低于省平均分 4.9 分，倒数第三。

(一) “卖难”问题困扰明显

猪价连续多年低迷，今年随着全国大形势的好转才解套；四大常规鱼价格自 2014 年开始下跌，直到今年年初才开始复苏；粮食增产不增收，粮食产值与其他经济作物相比比重过高，淮安市 2016 年粮食产量约 458 万吨，玉米不足 20 万吨，豆类和薯类只有 5 万吨。农业生产“只顾埋头拉车，从不抬头望路”，与市场需求脱节，对市场开拓力度不大，如“淮安红椒”包装雷同，“淮安黑猪”产业化开发进展缓慢。

农产品持续“卖难”，农业持续增效、农民持续增收的压力增大。农产品处于产业链利益分配最底端，根据相关资料文献实证分析显示，农产品价格的上升对经济产生的影响要比农产品价格下降产生的影响要大。CPI 对 PPI 具有反向拉动作用，但是 PPI 对农产品价格的影响不明显，农产品价格波动会直接或间接体现到经济增长上。

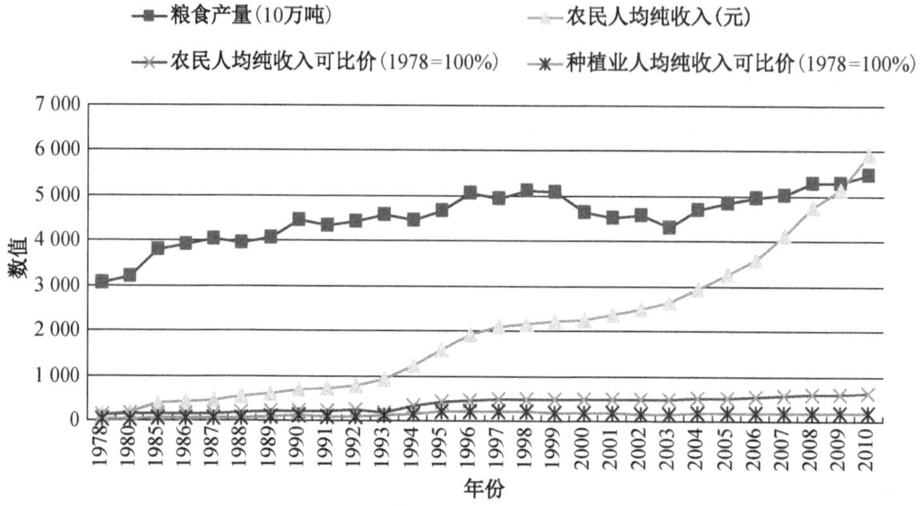

图 1　粮食产量与农民收入

从粮食安全角度看，粮食产量应该随着人口增长而持续增长，甚至快于人口增长，以备不时之需；但农民收入的增加不是由粮食产量决定，只由需求决定；现代农业经济学也有“丰收悖论”之说：粮食市场需求缺乏弹性，提高粮食产量导致农产品价格下降，减少粮食产量会减少成本，人均收入反而可能增加。

表 1　粮食产量与农民收入的关系

年份	粮食产量（10 万吨）	农民人均纯收入（元）	农民人均纯收入（可比价：1978 年为 100）	种植业人均纯收入（可比价：1978 年为 100）
1979	3 047	133	133	15
1980	3 205	191	137	32
1985	3 791	397	147	71
1986	3 915	423	152	74
1987	4 047	462	158	71
1988	3 940	544	175	71
1989	4 075	601	196	78
1990	4 462	686	220	106
1991	4 352	708	223	101
1992	4 426	784	233	100
1993	4 564	921	165	126
1994	4 451	1 221	335	162
1995	4 666	1 577	411	208
1996	5 045	1 926	460	221
1997	4 941	2 090	477	215
1998	5 123	2 162	474	203
1999	5 083	2 210	466	193
2000	4 625	2 253	466	172
2001	4 512	2 366	469	171
2002	4 571	2 475	468	164
2003	4 306	2 622	483	160
2004	4 694	2 936	499	179
2005	4 840	3 254	521	175
2006	4 974	3 587	534	172

续 表

年份	粮食产量(10万吨)	农民人均纯收入(元)	农民人均纯收入(可比价:1978年为100)	种植业人均纯收入(可比价:1978年为100)
2007	5 015	4 140	563	177
2008	5 285	4 760	600	180
2009	5 308	5 153	598	174
2010	5 464	5 919	641	186

资料来源:根据相关年份《中国统计年鉴》

(二)"买难"现象切实存在

苏北地区普遍存在产业区域布局雷同,产品同质化等严重现象。同时,品种上"大众化""大路菜""大路米"等居多,区域特色与资源禀赋优势不明显、缺乏影响力。一方面,本地稻米丰收难以售出,另一方面,市民普遍更爱购买东北"五常大米";洪泽湖、骆马湖虾蟹丰产,市民却又花高价购买"阳澄湖大闸蟹"。笔者在调研中洪泽区水产大市场的不少老板就反映,好品质的洪泽湖大闸蟹被南方客商收购包装成"阳澄湖大闸蟹";在农业科技园区一盘"生菜",运到大酒店可卖至20元,并且还十分畅销。这些都充分说明农产品生产经营未能很好地契合消费者的多元化、个性化需求。尽管各市农产品品牌数量年年创新高,但大多"重创轻用","抽屉品牌"多,没有将品牌价值有效转化为产业价值。品牌、农产品加工、物流等这些新产业新业态,正蓬勃兴起,理应成为新增长极、新亮点,但在现实中发展却严重滞后不前。

(三)资源环境制约增强

随着我省城市化的快速推进,资源环境"硬夹板"日益趋紧,各地耕地面积不断减少,农业面源污染等问题加重。近5年江苏有效耕地面积共减少264万亩,而且减少的主要是靠近城市边缘质量较好的耕地。最近几年粮食和蔬菜生产面积呈恢复性稳定增长,但这都是建立在棉花、油菜、豆薯类等作物面积减少的基础上的,结构性调整增加种植面积的潜力有限。畜禽禁限养区的划定,直接冲击各市畜禽养殖业。农药、化肥滥用现象还存在,土地肥力下降,制约了农产品质量、安全性的大力提升,农产品中低端供给占据当前主流,无法满足消费者品质、口感、安全等更高层次的需求。

(四)生产成本高居不下

农药、化肥、种子等农业生产刚性需求价格持续上涨,苏北地区农村人力成本价格由2014年的每人每天50～60元,上升至当前的每人每天80～100元,务工人员还多是留守的老人与妇女;流转费用每亩每年500～600元,到2016年的每亩每年800～1 000元,生产资料价格"地板"不断被抬升。受农产品产量、库存量和进口量"三量齐增"影响,农产品价格"天花板"下沉,农业收益、农民收入呈现逐年下降趋势，苏北乃至全省现代农业发展的内生动力不足。

(五) 地方涉农投入不平衡性突出

我国农业补贴以价格补贴为主，资金分散，缺乏对农业生产方式的指导，且直接用于改善农业生产条件和农民生活条件的基础设施的投资比例偏小。受各地财力制约，我省南北地区涉农资金投入悬殊，并普遍存在项目资金的利用效率不够的问题，比如淮安市 1 hm^2 地分摊的农林水务财政支出经费只有无锡、苏州的 1/10 左右。从各地农业项目申报情况分析，体量较小、申报较难，使用较分散，新项目多、老项目不补助，淮安市日月洲生态公园就没有形成持续推进、连年做大的效应。部分地方财政在对农业投入和项目安排时，优先考虑的都是高效农业，粮食上的投入基本都靠国家、省级财政支持和农民自身投入，导致粮食生产总体投入不足，尤其缺少粮油精深加工与销售方面的资本。如果这些情况长期存在，将严重制约粮食生产与高效农业的协调同步发展。

三、转型升级路径对策

(一) 创新政策，支持保障“改革推进”

农业供给侧结构性改革是从供给端入手，农业生产方式的变革是关键环节。当前制约现代农业发展的共性问题突出，要坚持发挥市场和政府“两只手”调节作用，应具备变革意识和创新思维，为现代农业发展营造良好政策环境，破解发展中的难题，引导支持农业发展，真正落实好中央和省里的大政方针并取得实效。一是创新农用地政策。出台意见，进一步明确畜禽养殖、农产品加工储存、粮食仓储、经营办公等农业产业相关用地的土地性质，突破用地“顽疾”。二是创新农村金融政策。对社会资本投资农业，予以引导，明确投资的方向、用途，吸引鼓励社会资本投入。修订完善金融支农意见措施，成立市级政策性农业担保平台，着力突破农业“融资难、融资贵”这个“痼疾”。三是创新农业招商政策。坚持“以抓工业招商引资的理念、力度，来抓农业招商引资”，增加考核分值，成立专门机构“全程式”跟踪服务，允许优先采取调剂、整理和置换等办法，安排农产品加工、物流和休闲农业项目用地，以项目强力推动现代农业发展。四是创新农业科技推广体系。建议设立市级农业科技推广奖，激发基层农技推广人员的积极性。全面落实基层农技推广体系“人财物”县区统管，抛弃副业专门搞推广。结合本地产业发展规划，市县区联动招录农技人员，从而改变人员年龄、知识老化问题，争取实现“一村一名农技员”，有效提高农业科技转化率、推广率和应用率。

(二) 调优结构，面向市场“产得出”

面向市场，调整优化产业、品种和区域结构，有力保障粮食产能。落实“藏粮于地”“藏粮于技”战略，守住发展“底线”。苏北地区应结合南北分界线气候特点，突出扩稻压麦，大力推广“高筋、低筋”小麦优良品种，适当调减中筋小麦种植面积，扩大优质稻米面积。突出“种养结合、生态循环”导向，利用本地水体丰富的特点，推进小龙虾、河蟹、鳜鱼、黄颡鱼、青虾、观赏鱼等为特色的设施化、规模化产业带建设，充分挖掘稻渔综合种养增产增效潜力，提高综合效益。应编制年度休闲观光农业发展规划，将春秋两季休闲观光农业推介展示列入工作项目。打造“一日游”“多日游”精品线路，做大做强特色产业，形成竞争优势。

（三）育强主体，切实激发“内生动力”

各类农业经营主体是供给侧结构性改革的动力源泉。应重点围绕规模经营、新产业新业态、“三新”技术模式，开展新型职业农民培训，培养规模种植的骨干力量、带头人，建设一批适度规模经营、种养结合的家庭农场。积极引导返乡农民工、大学生、企业家等从事农业生产活动，拓展新型经营主体来源。培育壮大农业龙头企业，让龙头企业在供给侧结构性改革中发挥龙头作用，在拉长产业链，提升附加值的同时，强化敢于领办、合办覆盖产前、产中和产后“一条龙”的社会化服务组织，强化与农民的利益联结机制，起到带动农业发展，促进农民增收的作用。

（四）优化品质，有力支撑“销得畅”

“产得出”是前提，“销得畅”是关键，产品质量、品质及口感已经成为消费者的第一关注要点。建议大力推广上海松江模式，实行“种粮＋养猪”种养结合家庭农场生产，加快农牧结合，实现自我循环；大力实施“一控两减三基本”措施，开展种植业清洁生产技术示范，建设绿色防控示范区、耕地质量提升保护示范点，“五化”拓展秸秆利用，开展绿肥轮作、深耕休耕试点，促进农田生态环境改善，确保“产地”绿色。加大力度推广一批新品种和新模式、一批“互联网＋”新技术、一批新型农业技术装备，严格按照标准化规程、技术规范生产、销售和检测，确保“产出”高品质。开展农产品质量安全专项整治，构建完善“产前抓投入”“产中抓标准”“产后抓检测”的农产品质量安全监管体系，形成“产出到市场”农产品质量安全监管全覆盖，确保“入市”安全，向市场和消费者多多提供“产地环境良好、产品品质安全”的农产品，满足人民群众日益增加的高层次、多元化消费需求。

（五）提高涉农资金利用效率，完善高效农业运作机制

建议修改农业补贴现行办法，通过补贴的发放来控制农业生产过程中水、肥、农药的耗费，加强对污水、粪便的科学处理，尽最大能力降低农业环境成本，引导环境保护；培育青年农户鼓励他们从事农业经营；按照“价补分离、市场定价”的思路，根据地域特征施行不同的农业补贴政策，分品种推进农产品价格形成机制和农产品市场调控制度改革，发展兼顾农业可持续发展、农产品质量安全和环境保护的农业补贴政策是大势所趋。在基地建设方面，一是改进制度安排，在总量标准不变的条件下，延长项目补贴发放周期，增加发放次数；二是逐渐改变当前政府推动现代农业发展的着力点，将更多精力转向为生产提供综合配套服务如技术指导和农产品的销售渠道建设；三是降低普通农户直接参与现代农业发展的门槛，将具有发展现代农业意愿的农户组织起成立专业合作社，调整现代农业奖补政策，降低农户参与现代农业的规模要求。

参考文献

[1] 杨继国."农业收入衡量"假说与粮食安全和农民增收的矛盾[J]. 中国市场,2012(3):16-21.

[2] 徐文静,吴传万,汪国莲,等. 淮安市农业科技创新发展现状与路径分析[J]. 现代农业科技,2015(14):305-307.

[3] 杨殿闯,严苏桐. 当前现代农业发展实践与对策——基于苏北地区的调查[J]. 人民论坛,2016(2):241-243.

[4] 孔祥智. 农业供给侧结构性改革的基本内涵与政策建议[J]. 改革,2016(2):104-115.

[5] 许经勇. 农业供给侧结构性改革的深层思考[J]. 学习论坛,2016(6):32-35.

[6] 陈锡文. 农业供给侧结构性改革要进行三大创新[J]. 农村工作通讯,2016(8):34.

[7] 杨丽君. 以色列现代农业发展经验对我国农业供给侧改革的启示[J]. 经济纵横,2016,367(6):111-114.

[8] 杨建利,邢娇阳. 我国农业供给侧结构性改革研究[J]. 农业现代化研究,2016,37(4):613-620.

积极培育职业农民　加快现代农业建设

袁夫石

（淮安市淮安中学）

摘要：务农人员数量之少和素质之差成了制约农业现代化的瓶颈，农业现代化呼唤职业农民。职业农民就是以市场运作实现利润最大化为目的、以农业为稳定职业、具有较高素质和社会责任的农民。培育职业农民有五点构想。

关键词：职业农民；农业科技进步；现代农业建设

一、什么是职业农民

《全国农民教育培训"十二五"发展规划》指出，要加快培养一大批适应现代农业发展和新农村建设需要的高素质农民。2017 年中央 1 号文件提出，要以提高科技素质、职业技能、经营能力为核心，大规模开展农村实用人才培训。2017 政府工作报告也指出，深入推进农业供给侧结构性改革，完善强农惠农政策，拓展农民就业增收渠道，保障国家粮食安全，推动农业现代化与新型城镇化互促共进，加快培育农业农村发展新动能。

其中，培育农业农村发展新动能的要素之一就是培育职业农民。

那么，什么是职业农民呢？首先搞清两个概念。

第一，传统农民。根据美国人类学家沃尔夫的经典定义，传统农民主要追求维持生计，他们是身份有别于市民的群体。"面朝黄土背朝天，辛辛苦苦干一年，不如城里人干几天"可能就是对他们最好的写照。如果也要下一个定义的话，可以把他们表述为："农村中依靠传统的方式进行农业生产，综合素质相对偏低，思想观念比较保守，经济实力和收入都较低的农民。"

第二，新生代农民。相对于传统农民，概括起来说，新生代农民是有文化、懂技术、会经营的新型劳动者，他们具备三个明显素质：具有较好的社会素质，自立自强、崇尚科学、诚信友爱、知法守法，讲公德、有道德、重美德、尚文明；具有较高的技能素质，熟悉和会用现代农业技术，熟练掌握一到多项生产技能和技巧；具有一定的经营和管理能力，能充分利用人、财、物和土地等资源进行生产并获得较高的经济收益。

而职业农民归属于新生代农民群体，但又具有后者没有的特质与优势。我国职业农民发展之路走了十几年。2005 年底，农业部在《关于实施农村实用人才培育“百万中专生计划”的意见》中首次提出培育职业农民。该文件指出，农村实用人才培育“百万中专生计划”的培育对象是：农村劳动力中具有初中（或相当于初中）及以上文化程度，从事农业生产、经营、服务以及农村经济社会发展等领域的职业农民。2006年年初，农业部进一步提出招收10万名具有初中以上文化程度，从事农业生产、经营、服务以及农村经济社会发展等领域的职业农民，把他们培育成有文化、懂技术、会经营的农村专业人才。2007年1月，《中共中央国务院关于积极发展现代农业扎实推进社会主义新农村建设的若干意见》首次正式提出培育“有文化、懂技术、会经营”的新生代农民。2007年10月，新生代农民的培育问题写进党的十七大报告。职业农民、新生代农民等概念的提出是当前新农村建设理论和实践领域的重大创新。

新生代农民与职业农民的内涵既有区别，也有联系。新生代农民是从宏观上提出来的一个概念，强调的是一种身份，而不是一种职业，泛指从事现代农业的农民；而职业农民范围较小，主要是从事农业生产和经营，以获取商业利润为目的的独立群体，是对一种职业的称谓，总的来说，职业农民是新生代农民的一个当然范畴。中国农业大学农民问题研究所所长朱启臻教授给“职业农民”下了一个定义：职业农民就是以市场运作实现利润最大化为目的、以农业为稳定职业、具有较高素质和社会责任的农民。如果说这个定义比较晦涩的话，我们可以相对简单地把种植大户、专业大户、养殖大户、农民经纪人、小型农业企业家等理解为职业农民。

中国农民要成为职业农民非常不容易，真正的职业农民比合格产业工人的要求还要高。因为新型职业农民除了是生产者之外，还是农业先进科技的应用者、农业生产的投资者、农业经营的决策者、农业生产市场与自然风险的承担者。

职业农民，要求具备专业特质，这表现在对农业专业知识的把握与运用上，要懂经营、懂管理，真正把农业作为商品经济中一个产业运营，这与老一代农民有着本质的区别。与传统农民、兼业农民不同，新型职业农民除了符合农民的一般条件，还必须具备以下三个条件：一是新型职业农民是市场主体。传统农民主要追求维持生计，而新型职业农民则充分地进入市场，并利用一切可能的选择使报酬最大化，一般具有较大的经营规模和较高的收入水平。二是新型职业农民具有高度的稳定性，把务农作为终身职业，而且后继有人。稳定性是农业特点对从业者的基本要求，以区别于对农业的短期行为。三是新型职业农民具有高度的社会责任感和现代观念，新型职业农民不仅有文化、懂技术、会经营，还要求其行为对生态、环境、社会和后人承担责任。

展望我国农村发展的职业选择，农民将不再是一种身份印记，而是一种新型的职业选择。新型职业农民是发展现代农业的领头羊，也是社会主义新农村建设的主力军。

“职业农民”具有以下特点：

(1) 年龄上，年轻，有力量，有朝气。

(2) 素质上，比较高，学历以初中毕业为主体，还有部分的高中毕业生（或职业高中生）。

(3) 身份上，职业就是农民，像工人、教师、商人一样，从事专业生产。

(4) 创新能力上，有创新能力，敢于创新，敢为天下先。

(5) 助力上，有好政策、高科技等制度与智力支持。

二、为什么要培育职业农民

务农劳动力素质的整体下降难以适应当前农业科技的大变革、现代农业大发展的需要，培育大批职业农民成为当务之急。工业经济历经十几年的较快速度的发展，目前已经明显放缓。而农村经济本身在十几年内没有多大的改观，农村生活条件的改善大多是打工经济的结果，跟农村本土建设关系不大。所以，振兴农村经济应该是当务之急，也是迫在眉睫的事情。培育职业农民，使之成为新农村建设的中坚力量和主导阶层，走共同富裕之路，才是农村的出路和新思路。

(一) 破解三农发展的瓶颈

建设新农村必须走农业现代化道路，而农业现代化建设需要有较高文化素质及市场化的人才来领导和参与。然而，随着中国城市化的不断推进，“打工经济”成为一种潮流，农村素质相对较高的农民相继离开农村，农村人力资源向城市的大量转移致使农村大量优秀人才流失，这对农村政治、经济、社会等方面产生了负面的影响。“村庄空心化、农业兼业化、农民老龄化”现象日益严重，新农村建设面临缺乏农民主体的困境。同时，农业现代化发展、农业技术推广和农业结构调整等，因人力资源短缺受到一定程度的影响，中央的支农惠农政策也得不到很好的落实。在这种特殊的背景下，职业农民将成为建设新农村和实现小康社会的中坚及领导力量。职业农民属于“农村精英”，他们身上有着他们父辈不能比拟的优点，这些优点为新农村建设的良性发展带来了机遇。

(二) 培养职业农民是发展现代农业的基础工程

深化农村改革，加强现代农业建设。加快推进农产品标准化生产和品牌创建，打造粮食生产功能区、重要农产品生产保护区、特色农产品优势区和现代农业产业园。推进土地整治，大力改造中低产田，新增高效节水灌溉面积 2 000 万亩。发展多种形式适度规模经营，是中国特色农业现代化的必由之路，离不开职业农民的有力保障。

我国正处于传统农业向现代农业加快发展的进程中。现代农业是高产、优质、高效、生态、安全的农业，主要体现为“六用”：用现代物质条件装备农业，用现代可持续技术改造农业，用现代产业体系提升农业，用现代经营方式推进农业，用现代发展理念引领农业，用培养新型农民发展农业。而第六用是“六用”之根本，没有新型农民，其他“五用”只能是纸上谈兵，只有且仅有新型农民才能实现“五用”。“培育职业农民”不仅仅是政策问题，更需要制度、教育的支持。培育职业农民将伴随农业现代化发展的全过程，是一项长期的、艰巨的基础性战略任务。要系统谋划、有序推进，特别要尽快进行立法等顶层设计，探索制度安排和政策跟进的有效途径。

(三) 职业农民是农村农业改革与创新的中坚力量

首先，有能力的农民都进城务工了。据统计，进入城市从事二三产业的农民工超出 2 亿，这意味着农业劳动力缺少了 2 亿，而且减损的都是年富力强、素质较高的农民。同时，随着农民外出务工的规模不断扩大，在农村的务农劳动力整体素质就自然会不断下降。

其次，务农群体老化、妇化严重。今天农村留守劳动力主要是“3860 部队”(指妇女、老人、孩子)。30 岁以下的年轻劳力，除非同时有副业，基本没有在家种田的。留守农民对种植业生产过程中最常见的良种、化肥、农药的基本知识和技能，仅有 1/3 左右“知道一些”。留守农业的老年人多是有着几十年种田经验的老把式，导致知识结构固化老化、学习能力差等现实问题。老一辈农民的种植心理和农村劳动力的不足让新技术推广举步维艰。这些传统农民也将一个个地老去，不久的将来，务农“后继无人”。

再次，农技人员队伍建设滞后。以笔者的老家为例，镇里农技人员 10 年前十几个，如今只有三四个，最年轻的都五十多岁了，队伍建设跟不上。

农业现代化人才瓶颈制约明显。遑论科技创新！

三、积极培育职业农民五点构想

培育职业农民不是农村经济腾飞的权宜之计，而是一个可持续发展的话题，只有职业农民才能保证我国的农业后继有人，才能建设好新农村，早日实现全民小康的目标。

(一) 以新生代农民为培育对象，加大力度培育职业农民

职业农民教育培训要接地气，不离乡不离土，将培育内容与地方主导产业紧密结合，围绕各地现代农业发展急需的关键技术、经营管理知识及市场信息等开展教育培训，采取送教下乡、教师进村等农民易于接受的方式，把教育培训办进农村、办进田间、办进合作社和农业企业，实现就地就近培育，不离乡、不离土，农民需要什么学什么，方便、快捷地让农民接受教育培训。

(二) 吸引农村“两后生”学农务农，加大力度培育职业农民

在转化新生代农民的同时，吸引农村“两后生”(即初中、高中毕业后不再升学的学生)学农务农，鼓励大中专毕业生到农业生产一线就业创业，不断壮大职业农民队伍。

在农村，许多初中或高中毕业未升学的学生，这些年轻人是新农村建设的一笔很大的财富。他们宁愿外出打工，也不愿留在农村。如何把这些年轻的后生留住

是一个紧迫的话题。

由高中毕业生申请，县区、乡镇政府财政支付，委托职校、技校培育，一个时期或学成某项技艺后回乡，在镇政府和村委的扶持帮助下，可建大规模的粮食种植园、有机蔬菜园，可建规模较大的养鸡场、养羊场、渔场，等等。这些大大小小、不同内容的园场将会发挥积极的榜样和辐射作用。有规模经营，就需要机械。为此，可从初高中毕业生中挑选并培育了一批机械手，如收割机手、插秧机手、挖掘机手等。

加强培训，让更多的新生代农民提高技能。多设“免费课堂”，组织部分村组干部和致富能人参加涉农专业大、中专的函授学习，提高新形势下农村工作能力，这一点需要财政支持。多设“田间课堂”，这是理论与实践结合的最好途径。组织农技专家走进田间地头，手把手地向农民传授种植和养殖方面的知识和技能。此外，农闲课堂必不可少。在农闲季节举办技术培训班，特别是在春季期间办班，方便返乡农民的学习。

（三）健全农村“双创”促进机制，支持农民工返乡创业，鼓励高校毕业生、退役军人、科技人员到农村施展才华

鼓励年富力强的小伙子归园田居，让他们在新农村建设中体面而有尊严地成家立业。承包几十亩、上百亩农田搞种植、搞养殖。政府应该从土地流转、金融支持与营销组织的对接等方面给予扶助。支持主产区发展农产品精深加工，拓展产业链价值链，打造农村一二三产业融合发展新格局。

吸引人才，为新生代农民拓宽来源。政府决策，营造相对灵活的、适当倾斜的农业人才留用机制，引导和鼓励涉农专业大学毕业生到基层，通过特岗计划等方式鼓励他们从事农业工作。政府还可以设立引进农业人才的专项资金，吸引学习能力强、市场经验丰富的农民工返乡务农创业。

（四）突破全日制和非全日制的界限，让职业农民享受免学费的教育政策

改变职业学校的办学思维。目前，江苏省职业学校全日制学生基本上实现了免费教育，但非全日制涉农教育还没有引起人们的重视，并且非全日制的免费教育还是空白，亟须政策确认。切实将教育优惠政策向职业农民倾斜，在解决农民半农半读、享受国家助学和免学费政策上取得新突破。要加快解决农民免费接受中等职业教育问题，尤其是对种田农民接受非全日制中等职业教育享受国家助学和免学费政策，鼓励他们以半农半读形式，在家门口就地就近接受职业教育。学校教育必须与农业生产相结合，推动过程中对农民必须实行免费，而且必须让农民看到实效。如果没有效果，你给农民发钱他都不会来。

（五）探索免费单招培育职业农民的新模式

积极推进农业高等教育向农村延伸，深化招生制度改革，对农业大户和农业大户子女免试推荐入学，定向招生、定向培育。

综望我国农村发展的职业选择，农民将不再是一种身份印记，而是一种新型的职业选择。新型职业农民是发展现代农业的领头羊，也是社会主义新农村建设的

生力军。

发展现代农业，根本出路在科技，关键在人才，最基础的就是要培育有科技素质、有职业技能、有经营能力的职业农民。培育职业农民就是培育粮食安全和农产品有效供给的未来，就是培育农业现代化的未来，也是培育社会主义新农村的未来，这是实现现代农业发展的必然选择。职业农民是农业科技成果的承接者和使用主体。农民教育培训应定位于农业现代化的基础，定性为公共性、基础性和社会性事业，定向为现代农业发展和社会主义新农村建设的需要。

浅谈我国绿色农业的生态发展

倪 伟

（淮安市市政建设工程有限公司）

摘要：绿色农业是我国目前发展的必然趋势，减少耕地污染，保持生态平衡，扩大绿色植被面积，统筹规划建设，依法保护和改善生态环境，采用标准化管理，把发展绿色农业与生态环境有机的结合。

关键词：绿色；农业；生态；发展

2016年，中共中央国务院发布了围绕“三农”工作的中央一号文件，文件中特别提出“加强资源保护和生态修复，推动农业绿色发展，推动农业可持续发展，必须确立发展绿色农业就是保护生态的观念，加快形成资源利用高效，生态系统稳定，产地环境良好，产品质量安全发展新格局”。在中央一号文件中它指出了农业转型发展的方向，农业发展的路径要调整转向绿色轨道，为农业可持续发展奠定坚实的基础。

2017年，在中央一号文件中明确提出“质量兴农”，强调绿色发展要突出一个“绿”字。通过转变农业发展导向，实施农业标准化战略，推行绿色生产方向，健全农产品质量和食品安全的监管体制等四大措施，推进农业的绿色发展。今年“中央一号文件”中释放了转变农业发展导向的强烈信号，把优质、安全、绿色非常鲜明地放在前面，要求促进农业农村发展由过度依赖资源消耗向追求绿色、生态、可持续发展转变，这次文件中特别增加了“农村增绿”，推行绿色生产方式，实施农业标准化战略，健全农产品质量和食品安全的监管体制。

一、绿色农业概念

绿色农业是指一种有利于环境保护，农产品数量与质量安全的现代农业发展的形态与模式。它是一种全新的经济发展方式，同时，它又是传统农业的一种创新，是摒弃各类农业种种弊端去长补短，内涵丰富的一种新发展模式，绿色农业现代化进程能够保证整个国民经济的良性发展。

发展绿色农业已引起了全社会的高度关注，目前，发展绿色农业以市场为导向，以绿色农产品生产基地为依托，以源头控制为中心，以组织机制创新为动力，以市场监控手段和政府监督为主导，以配套法规建设为保证，以全面提高农产品质量安全水平与市场竞争力为目的。遵循生态学和生态经济学原理，立足于实现经济、社会、生态效益的协调统一，以龙头企业专业合作组织为载体，积极培育绿色农产品品牌，实行基地认证和产品标识管理，促进绿色农业的顺利发展、生态平衡的良性循环。

二、加强耕地保护减少耕地污染

(一) 土地资源利用

1. 土地面积数据

应用马克思的一句名言："土地是一切生产和一切存在的源泉"。我国人口多，人均土地少，耕地资源不足是中国的基本国情，人口众多，在这 960 万平方公里上耕地面积仅 15 亿亩，人均面积约 13 亩，而世界上人均面积约为 41 亩，连世界的人均面积都没有达到。可想而知我国的土地面积是很少的。人均耕地面积更少，仅为 1.4 亩。我国在 1996 年 10 月 31 日进行土地调查结果显示，经过土地整理，我国现有耕地 19.5 亿亩，人均资源却十分有限，而人均耕地面积 1.59 亩，仅占世界人均耕地的 43%，不到美国的六分之一，俄罗斯的八分之一，加拿大的十五分之一，而我国以不到世界 10%的耕地，养活了世界近 20%的人口。

2. 土地利用过程中的情况

我国是发展中国家，在经济高速发展的今天，土地资源消耗也越来越重。在住房改革的今天，房地产行业飞速发展，商品房开发进入了一个快速膨胀的时期，大量的土地被占用。随着城市化和工业化的发展，土地越来越少，因此，土地利用问题是关系到国民生计的大事，需充分地利用好目前现有的土地面积。因此导致土地减少的主要原因是我国进入了新一轮的经济快速增长期。

3. 保持耕地数量改善耕地质量

基本耕地的保护，实行全面的耕地规划，做到合理利用。做到用养结合，严格保护的方针。保护耕地实质上是保护耕地的生产力，以保障农产品的安全，因此，在保护耕地数量相对稳定的同时，要重视耕地质量的保护。

(二) 耕地保护国家给予补助

耕地质量是发展绿色农业的基础，而森林、湿地、草原则是农业生产的生态保障，农业部门大力推广测土配方施肥、水肥一体化，深耕深松来控制化肥和农药的施用量，控制重金属和有机物对土壤的污染，力争到 2020 年耕地地力提升 0.5 个等级，土壤有机质含量提高 0.5 个百分点，畜禽类有机肥资源利用率达到 60%，秸秆资源化利用率、残余农膜回收率基本达到 80%以上。盐酸碱障碍性土壤及重金属污染问题得到有效控制。

1. 物化投入补助

更好地做好耕地保护与质量提升工作。在土壤酸碱化严重的区域，施用土壤调理剂配合培肥技术，提升耕地质量，提高农作物的产量和品质。如：用生石灰、土壤调理剂、秸秆腐熟剂等。

2. 社会化服务补助

对新兴经营主体，社会化服务组织（如：合作社）等开展积制有机肥，秸秆机械粉碎还田，生石灰撒施等服务进行补助。如：畜禽粪便堆沤发酵，积制有机肥，秸秆还田腐熟等。

3. 耕地地力效果监测补助

土壤进行科学检测，根据测试结果，在用于指导施肥时须考虑作物的种类、品种和土壤的其他性质。土壤性质不同，土壤供应营养养分的能力也不同，因此，土壤需符合植物的种植要求，可对田间取土化验效果检测等给予补助。

4. 占用耕地补偿

保护耕地总量相对稳定，经济发展必然导致建设用地对农用地（主要是耕地）的占用，为了保持耕地数量的相对稳定，我国实行占用耕地补偿制度，以限制建设用地对耕地的占用，通过实施非农业建设用地"占一补一"的政策给予补偿，合理引导农业结构，调整实现耕地总量相对稳定的目标。

(三) 减少农田的污染

农田污染主要是农间的治虫农药污染，土壤中的重金属污染，田间的施用化肥污染，村镇的化工厂排放污染，农田使用的塑膜残留污染等。

1. 田间的施肥污染

田间化肥的大量施用和不合理使用不仅会导致农田质量遭受破坏，而且也会威胁人类的健康，化肥的品种不同对土壤污染程度也不一样，随着科学技术不断提高，各种高效复合肥逐步替代了传统的有机肥，耕地大面积施用化肥，日益恶化了土壤的理化性状。同时过量的使用化肥，使土壤胶体分散，结构被破坏，造成了土壤板结、硬化和肥力下降[1]。因此，增施有机肥，施用有机肥能够增加土壤有机质和土壤微生物，改善土壤结构，提高土壤的吸收容量。

2. 施用农药的污染

我国的农药产量居世界第二位，广泛应用在农作物上，我国农药的产品结构不够合理，且质量不高，如：杀虫剂中有机磷农药占 70%，而有机农药中高毒品种占 70%。农田施用农药后，一部分被农作物吸收之外，大部分通过降水、灌溉和耕作进入土壤，造成农田土壤污染，长时间堆积涉及 40～50 cm[2] 的土壤深度。因此，开发研制高效低毒低残留农药，开发研制微生物农药，从而减轻农药对土壤和农产品的危害。

3. 塑膜残留的污染

农业地膜是塑膜的一种，目前农业生产推广的一项新技术，同时农业地膜（简称农膜）的不可降解性也给农业环境污染带来了新的问题。当前，我国每年废弃塑料制品约为 600 万吨，其中，热塑性塑料占 10%，而包装材料又占热塑性的 65%以上，其不可降解。随着农膜在农业生产中的大面积使用，如地膜玉米，蔬菜生产，地膜西瓜，地膜秧池等，老化的农膜随意丢在田间地头，在自然环境条件下，废膜很难降解，造成塑料制品在土地中的残留越积越多，对农田直接污染[2]，以致耕地劣化，土壤通透性差，妨碍农作物的根系正常生长。因此，加强废旧农膜的回收利用，采取相应的措施，减少农膜对土壤的污染。

4. 重金属的污染及化工厂排放污染

村镇为了振兴地方经济，引进了一些污染严重的化工企业。这些企业从发达的地区搬迁到落后的沿海及贫穷的农村地区建厂生产，企业在生产过程中需排放污染物，在经济利益的驱动下违反国家规定，往往是在夜间偷偷地排放，排放的气体、粉尘飘洒在农间田头，排出的废水利用河边沟渠，造成农村环境及耕田的污染。因此，作为政府环保部门要加大督查力度，不达到国家环保标准的排放企业，给予关、停、并转。对偷偷排放的企业，不遵守环保法的给予处罚到倾家荡产。

三、农产品安全从源头抓起

（一）农产品安全从种植把关

农产品生产者应当依照食品安全标准和国家有关规定使用农药、化肥。农作物在生长期严禁使用剧毒农药，对农药的生产销售要加以控制，政府出台相关农药使用政策，由村镇农业科技站根据农户耕种的庄稼长势及病虫害情况，出具购买农药证明，方可购买。确保农民不乱用农药。原则鼓励农民使用高效低毒无残留的农药。在农作物施肥中，确保使用有机肥，长出绿色健康的农产品进入市场。

（二）加强农产品的检测关

农产品源头监管的关键在市场准入关，进入市场的食用农产品要进行检测，建立追溯制度，形成倒逼机制，促使生产者标准化生产。农产品行业标准化及品牌化是食品安全的最大保证，建立安全高效的现代农业从食品链各环节加强技术管控，实现生产标准化，操作机械化，控制智能化。走出一条农业安全高效的必由之路，这才能从根本上解决食品安全问题。

（三）成立民间组织 政府加强监督

1. 成立农产品合作组织

从根源上抓起，这是多年来我国为了提高农产品质量安全的一贯做法，从源头解决农产品质量安全的有效办法，就是大力发展农民专业合作社。以往是与我们千家万户分散种植有关，很多农民种什么怎么种自己看着办，还有撒药、施肥也没有标准规定，所以就形成了超标打药施肥情况。成立合作社后，成员之间互相实行监督，根据种植的植物长势及病虫害情况，在农业科技人员指导下进行合理的施肥打药。

目前，老百姓对于舌尖上的安全的确是心里没有底，谈吃色变，形成了吃动物怕激素，吃植物怕毒素，喝饮料怕色素，能吃啥心中没数的局面。

2. 农产品标准化推广政府监督管理

农产品的质量安全监管，健全法律法规是加强农产品的有效保障。加快农业标准化生产能力建设，须通过大力推进农业标准化来提高农业生产全过程监管能力，加大农业标准化生产环境示范推广宣传和培训工作的力度，积极普及农业标准化知识，引导农产品生产者和经营者按标准组织生产、加工、销售。在强化政府监管的同时注重调动社会力量参与农产品质量监管工作，更新管理理念，创新管理模式，发挥农产品中介组织（合作社）在质量安全管理中的应用，充分调动和发挥社会各方面的积极性。

四、促进农业生态平衡 保护绿色农业环境

农业生态是一种相对平衡，而不是绝对平衡，如：森林应有合理的采伐量，采伐量不应超过生长量。污染物的排放量不能超过环境的自净能力。发展绿色农业离不开生态平衡。如：青蛙是“农田的卫士”，蛇是田鼠的天敌。大量捕蛙、猎蛇必然会破坏农田的生态平衡，导致虫害和鼠害发生。

发展作为绿色农业生态可持续的首要目标，绿色农业生态可持续发展自身是经济效益、社会效益、生态效益三者的有机结合。因此，绿色农业生态的作用不仅体现在单纯的经济价值上，同时它还具备环境保护价值与社会价值。所以，绿色农业生产会极大地提高农业生产过程中对生态环境问题的重视程度，绿色农业的生产过程本身就是一个逐步改善生态环境的过程，它对保持生物多样性，提高植被覆盖率等方面都有长远的重要意义，对生态环境的保护起到了极大的促进作用。

因此，搞好生态平衡，保护绿色农业环境要做好以下几点：

（一）保护绿色农业资源

切实保护好我国的土地耕种资源，建立绿色农业的基本农田保护区，严禁乱占耕地，建立不同类型的农业生物物种资源。

（二）防治农业的环境污染

乡镇工业企业管理好废水、废气、废渣、粉尘的排放，农民在耕种中合理地使用农药、化肥、农膜等农用化学物质，以防止农田污染。保护农业的环境并加以治理，对促进农业和农村经济发展起着一定的作用。鼓励农民将秸秆过腹还田，多施有机肥，合理地降低农药、化肥的使用量，禁止使用高毒、高残留农药。

（三）农业生态环境工程建设

保护农业生态环境，大力提倡推广生态农业建设，做好耕地保护，防止水土流失，建设新农村新能源工程，综合治理，保护和改善农业生态环境。

（四）科技种植立体养殖

绿色农业更好地充分利用空间，采用立体交叉方式来提高农业生态养殖，如林下养鸡，稻田里养鱼、养虾等，采用新科技来种植：无土栽培，省水、省肥、省工。并且发展观光农业，在田间路道上架设走廊种植吊瓜、葡萄等等。

五、统筹规划、循序渐进发展绿色农业

(一) 树立环保生态的意识理念

发展绿色农业经济必须树立环保生态的可持续发展理念，以循环利用为主要发展方式，以保护农业生态平衡为出发点和落脚点，充分地整合农业经济发展的有生资源。

(二) 统筹土地规划循序渐进发展

根据我国现有耕地分布情况，认真研究并制定详细可行的绿色农业经济发展规划，对绿色农业经济产业的发展进行全面规划和科学设计。明确发展绿色农业的指导思想和发展目标。根据区域间不同的生态环境和资源特色，充分发挥区域优势，做到绿色农业产业合理布局，根据规划制定出台相关的推进措施，将任务逐级落实。发挥各级政府宣传引导作用，切实转变农户的传统生产观念和思维方式，充分调动广大农户的积极性和主动性[3]，为绿色农业的发展提供强有力的保障。

(三) 生态循环发展绿色农业

生产与消费之间就表现为一种周而复始的循环过程，农业生产出的农产品进入市场老百姓来消费，这就是循环过程。因此，农业生产中注意保护农业的生态环境，反对急功近利，甚至为了一时的经济利益，而不惜破坏生态平衡。近几年来，不少地区认真吸取过去破坏生态的教训，应用循环原理调整农业生产结构，治理生态环境。由于改变了农村的生态环境，加强自然生态循环功能，必将有利于整个绿色农业生态经济系统的循环发展由恶性循环向良性循环转变，从而获得持久的生态经济效益。

结束语

现阶段随着我国农业经济的不断发展，科学技术水平的不断进步，进而对绿色农业更加重视，发展生态绿色农业的道路也是势在必行的。这促进我国绿色农业的可持续发展再上一个新的台阶。

参考文献

[1] 夏增禄. 土壤环境容量及其应用[M]. 北京：北京气象出版社，1988.

[2] 叶邦兴，唐海明，汤小明，等. 中国农田污染的现状及防治对策初探[J]. 中国农学通报，2010，26(7)：295-298.

[3] 李青原. 浅谈我国绿色农业的发展概况[EB/OL]. www.docin.com/p~763081704.html.

发挥资源优势　发展耐盐农业
走富有盐城特色的农业供给侧结构性改革之路
——关于盐城发展"耐盐农业"的调研与思考

严春华

（盐城市农委）

摘要：2016年中央提出了农业供给侧结构性改革的战略举措，要求农产品供给的重点由"数量"向"质量、效率"转变，这对盐城这样的农业大市提出了新的要求和挑战，也为我市深化农业结构调整、加快农业转型升级带来了良好机遇。海洋和滩涂资源一直以来就是盐城得天独厚的优势，如何发挥这一巨大优势，打造出盐城农业的特色，走出富有盐城特色的农业供给侧结构性改革之路，是一项值得不断深入研究和探讨的课题。本文针对盐城的盐土和海洋资源，提出了变废为宝、化害为利、科学利用的耐盐农业发展构想，以此来助力盐城农业供给侧结构性改革，加快农业现代化建设，促进农业持续增效、农民持续增收。

关键词：农业供给侧结构性改革；耐盐农业；盐城特色

浩瀚的黄海，孕育了广袤的盐阜大地。千百年来，盐城人民经过不懈努力，使一望无际的盐碱荒滩变成了美丽富饶的鱼米乡。从某种意义上说，盐城的农业发展史就是一部盐土开发利用史。随着经济社会和科学技术的发展，盐城另辟蹊径，积极探索发展耐盐农业新路并取得了初步成效，必将对推进我市农业供给侧结构性改革，促进农业持续发展、农民持续增收产生重要而深远的影响。

一、耐盐农业是盐土开发在方向、路径和模式上的重大创新，是推进我市农业供给侧结构性改革的战略选择

传统农业，"盐"是重要的有害因素，千方百计地加以排降；耐盐农业，"盐"是重要的特色条件，想方设法地加以科学利用。耐盐农业具有鲜明的区域特征和丰富的内涵，它一改先洗碱脱盐再开发的传统模式，直接在含盐量高、一般动植物难以正常生长的滨海盐渍土上从事特种种植、养殖及其产品加工、流通等农业活动，是盐土农业的一大创举。我市盐土利用经过了古代的兴灶煮盐，近代的废灶兴垦，当代的大规模围垦发展种养业的历程，每个阶段都创造了巨大的经济效益和社会效益，但同时又具有历史的局限性，造成了资源浪费、环境恶化等不良后果。随着耐

盐生物规模化生产技术难关的逐步攻克和人们对绿色健康食品需求的不断增加，滩涂开发的革命性产业——耐盐农业应运而生，并成为我市沿海农业又好又快发展的战略选择。

1. *发展耐盐农业是我市因地制宜科学开发沿海滩涂的客观需要。*耐盐农业是环境友好型产业，改变了千百年来环境适应农艺的传统做法，直接利用沿海滩涂发展海水养殖业、种植耐盐经济作物、养殖特色畜禽，遵循了大自然的自有平衡原则和内在规律，一方面使自然资源和生态环境得到最大限度的保护，有效地避免和减少了资源破坏、环境污染、生态失衡等负面影响；另一方面由于改变了以往围垦、洗碱脱盐、盐土改良的路子，大大缩短了滩涂开发利用的周期，节省了淡水资源和人力物力，减少了开发利用的成本。

2. *发展耐盐农业是我市发挥资源优势推进农业规模化经营的客观需要。*盐城拥有广阔的滩涂，全市现有 683 万亩，占全国的七分之一，其中，潮上带 270 万亩，潮间带 223 万亩，辐射沙洲 190 万亩，而且每年还以 3 万亩左右的速度向大海淤长，这为发展耐盐农业提供了得天独厚的基础条件。由于在沿海滩涂发展耐盐农业便于实施现代化、工业化的大规模开发和集约化经营，因而，耐盐农业更有利于建设规模产业，使之成为盐城农业一个新的重要增长点。

3. *发展耐盐农业是我市打造优势特色产业提高农业附加值的客观需要。*发展耐盐农业，利用盐土这一独特生态资源，彰显珍稀耐盐生物能在盐碱土壤生态环境中生长，且营养价值高、保健功能强等特性，突破传统农业概念，将其在盐土上大面积种植和养殖并深度开发，生产独特甚至独有的农产品，可以避免在市场上大路货狭路相逢、激烈竞争的局面，形成具有较强竞争力的优势特色产业，大大提高农业附加值。像东台的鳗鱼产业、大丰的紫菜产业、滨海的耐盐蔬菜、响水的海水养殖都在荒滩碱地上达到了高效农业的标准，有的亩效益甚至创造了万元以上的高水平。而且，由于沿海滩涂污染较少，符合无公害农产品、绿色食品和有机食品的环境要求，充分利用这种生态优势，大规模发展绿色健康的耐盐农业，可以明显提升农产品质量和档次，增强市场竞争力，促进我市经济、社会和生态环境的协调发展。

二、耐盐农业是高投入、高科技、高效益、高风险的产业，存在认识不足、思路不清、措施不力、机制不活等问题

1. *耐盐农业产品的独特性决定了耐盐农业开发的独特性。*概括起来主要有“四高”：一是资本投入高。由于耐盐农业是一个新兴产业，各种基础条件十分薄弱，也没有现成的经验可以借鉴，几乎所有的设施设备都要从头建设，没有足够的资本投入是显然不行的。二是科技含量高。耐盐农业特殊的生态环境，决定了其技术要求的特殊性，其中品种是命脉，技术是灵魂，加工是关键，储藏是保障，都必须要以高科技为强大支撑。三是集约化程度高。耐盐农业开发必须摒弃一家一户小生产的开发模式，走企业化管理、规模化经营、集约化开发的路子。四是经营风

险高。耐盐农业与一般农业相比，资金投入大，科技要求高，而且其远离腹地，管理不便，各项基础设施薄弱，面临风暴、潮汐、盐碱等多重自然灾害威胁，经营风险也比较高。由于耐盐农业命题新、典型少、要求高，所以开发面临的挑战也很大。

2. 对耐盐农业的内涵和重要意义认识不足。对什么是耐盐农业概念不清，对为什么要开发耐盐农业认识模糊，对怎样开发耐盐农业心中无数。有的将其等同于滩涂围垦、盐土改良，有的单纯认为就是耐盐蔬菜种植，对耐盐农业的内涵、特点和要求没有全面深刻的认识。

3. 对耐盐农业的发展思路不够明晰。没有全局性的长远发展规划，没有完整清晰的思路，今天看到这个产品好就开发这个产品，明天看到那个产品热就开发那个产品，短期行为突出。开发主体往往根据自身近期利益，盲目开发，恶性竞争，重复建设、破坏环境、浪费人财物现象严重。对耐盐农业开发应坚持什么样的原则、走什么样的路子、确立什么样的目标定位未能形成明晰的思路，制约了耐盐农业的发展。

4. 对耐盐农业关键技术研究不深。耐盐农业研发工作滞后，体系薄弱，技术不配套，缺乏真正的当家品种，无论是种植业还是养殖业科技含量都不高。大部分地方仅仅停留在单纯的技术和产品开发上，没有能上升到产业开发的层次，不注重种养加储销"一条龙"和科农工贸服"一体化"发展，深加工产品和高附加值产品还很少。

5. 对耐盐农业的基础设施投入不多。没有形成有效的投入保障机制，财政支持不足，银行贷款困难，资本投入不多。沿海滩涂道路、沟渠、电网建设滞后，缺少必要的灌溉、防洪、排涝设施，交通运输不畅，机械化程度不高。缺乏配套的激励政策，对资金、人才没有足够的吸引力，难以使耐盐农业进入自我发展、自我完善的良性轨道。

三、加快发展耐盐农业应以创新为核心，以特色为方向，走产业化开发之路

发展耐盐农业要突破传统的先改良再利用的模式，走"海水灌溉，盐土种植"的新路；突破千家万户小生产的模式，走现代化大规模开发之路；突破粗放经营靠天吃饭的模式，走设施化集约化发展之路；突破原料和初级产品的生产模式，走深度加工增值之路。通过产业化开发、企业化经营、规模化生产将我市的耐盐农业建设成有影响的优势特色产业，推动我市由农业大市向农业强市的跨越。

1. 强化科技创新与攻关。加大对耐盐农业新品种、新技术、新模式的研究和推广应用力度，积极引进、选育耐盐植物新品种，试验、示范耐盐植物高产栽培技术，为耐盐农业发展提供科技支撑。积极研究试验已人工种植的海蓬子、海芦笋、红菊苣等耐盐植物(蔬菜)在本地滩涂和自然条件下的高产栽培技术，为大面积推广提供栽培技术条件保证。不断引进、选育耐盐蔬菜、耐盐经济作物、耐盐油料作

物新品种，增强滩涂种植后劲，拓宽滩涂种植利用途径。积极开展野生动物驯化、滩涂特种畜禽、水产品高产高效养殖技术研究，为发展滩涂养殖业提供技术保障。大力突破耐盐农业的加工技术，促进产品精深加工，提高耐盐农业的附加值。

2. *着力培大育强优势特色。*产业根据沿海盐土资源禀赋，以盐为宝，大力实施错位竞争战略，广泛利用耐盐生物。按照将小产品开发成大产业的思路和要求，因地制宜，重点突破，加快建设一批优势特色产业，提高农业的竞争力和综合效益，达到彰显特色、化害为利的目的。一是主攻加工和创汇，积极发展海水养殖业。按照大力发展高涂蓄水养殖和潮间带养殖、积极发展潮下带养殖的思路，以突破贝类、恢复虾类、发展蟹类、开发地方海水鱼类为重点，切实提高名特优新海水产品和出口创汇海产品的比重。二是主攻设施和出口，积极发展耐盐蔬菜。海蓬子、盐蒿菜等耐盐蔬菜因其蛋白质含量高，矿物质、微量元素、维生素丰富，具有极高的营养价值和保健功能，受到市场的广泛欢迎。三是主攻规模开发和成药加工，积极发展耐盐中药材。充分利用独特的资源，大力发展中药材，努力把我市打造成全国重要的沿海中药材生产基地。四是坚持“不与人争粮，不与粮争地”的原则，积极发展生物能源植物。五是积极发展特色畜禽。加强对獐、野兔、野鸡、獭等野生动物的驯化养殖，使其成为特种畜禽养殖新的增长点。六是积极发展耐盐林果业。大力发展耐盐苗木、耐盐林果。七是积极发展旅游观光业。结合沿海旅游资源，充分发挥耐盐农业功能多重性，发展观赏农业、休闲农业、农家乐、农家游，建成具有较高知名度和影响力的独具沿海特色的人文景观、自然景观与沿海农业园林景观。

3. *突出提升产业化经营水平。*摒弃粮棉油、淡水鱼的传统产业和千家万户小农经济的老路，走现代化大规模工业化开发之路。一是突出龙头带动。积极创新生产和经营管理方式，建立农场式、企业化生产经营模式，走企业化管理、集约化经营、机械化作业、社会化服务的新路子。二是突出加工增值。壮大耐盐农业加工企业，扩大加工能力，强化产品包装和品牌创建，瞄准国内外高端市场，开发有竞争力的脱水耐盐蔬菜、特种畜禽产品及海产品，以产品加工带动耐盐农业发展。三是突出一条龙、一体化。围绕优势种养产业，实现种养加储销“一条龙”、科农工贸服“一体化”发展，延伸耐盐农业的产业链，提高综合竞争能力。

四、发展耐盐农业必须大力营造行政推动，政策促动，龙头带动的浓厚氛围

由于耐盐农业是个全新的概念、全新的产业，虽然已经开始了积极的探索和尝试，但是基础还非常薄弱，有许多工作还处于起步阶段，这就要求我们不仅要有新的思路、新的举措，更要脚踏实地地做好基础性工作。

1. *认真制定发展规划。*一是区域规划。针对不同区域的自然环境条件，制定不同区域的耐盐农业发展方向、内容、重点产业和发展目标。二是产业规划。制定耐盐农业种植业、畜牧业、水产业、流通业、加工业、观光业及各内部产业结构总体

发展方向、目标、规模及时空要求，使各业及其内部产业相互促进、协调发展。三是产品规划。制定耐盐农业的重点发展产品、一般发展产品及其发展的数量目标、质量目标、经济目标。四是基本建设规划。根据耐盐农业发展总体规划，明确发展耐盐农业需建设的水、电、路，田、林、厂，闸、涵、桥等基础设施的数量、规格、分布等。

2. 出台优惠政策。一是土地政策。在不违反国家土地宏观政策的前提下，最大限度地出台沿海盐土承包经营的优惠政策。二是财政政策。耐盐农业应享有国家、地方对农业的所有补贴与扶持，在此基础上，一些支农、扶农资金、物资应向耐盐农业倾斜。特别要对耐盐农业的基础设施建设、技术研发、新品种引进、基地建设、出口创汇等环节进行重点支持。三是税收政策。耐盐农业除享受国家、地方对农业优惠税收政策外，还应制定一些税收减缓免政策。从事耐盐农业开发的企业在研究开发新产品、新技术、新工艺所发生的各项费用，应在缴纳企业所得税前扣除。其引进技术和进口设备，符合国家有关税收政策规定的，应免征关税和进口环节增值税。对重点耐盐农业开发企业从事种植业、养殖业和农产品初加工所得，要落实免征企业所得税的政策。四是金融政策。要将支持耐盐农业发展作为商业银行信贷工作的重要内容，及时满足耐盐农业开发合理的资金需求。对耐盐农业开发企业申请贷款，应适当放宽担保抵押条件，合理确定贷款期限。耐盐农业是高风险产业，各种农业保险应优先优惠支持耐盐农业的健康稳定发展。

3. 培育开发主体。一要重点突破一批项目主体。按照“耐盐农业项目化”的思路，重点编制和包装一批区域开发、产业开发、产品开发和技术开发的项目，加大农业招商引资力度，广泛吸引社会资金投入沿海耐盐农业开发。二要大力培植一批企业主体。重点引进一批国内外高层次农产品加工和流通的企业，提高耐盐农业的科技含量和产业化水平。切实加大扶持力度，引导现有耐盐农业龙头企业增加投入、扩能改造，上规模、上档次、上水平，充分发挥加工增值和带动作用。积极推广“公司＋基地＋农户”“公司＋农户”的利益联接模式，促进龙头企业与农户建立紧密的利益联结机制，形成互惠互利的利益共同体。三要培植一批园区主体。按照“政府引导，特色立园，市场运作，企业主体”的原则，围绕发展耐盐农业，针对区域和产业特点，建设一批富有区域特色的耐盐农业示范园区，把珍禽保护区和麋鹿保护区同时建设成沿海野生植物保护区，使之成为更加丰富的沿海生物基因库。四要培植一批科技服务主体。按照农业服务市场化、社会化、专业化、企业化的方向和要求，着力培植一批专业从事耐盐农业新品种选育、新技术研发、产品销售等产前、产后服务的耐盐农业服务实体，努力探索和建立以公益性服务为主导，以企业化服务为主体，以农业科研院所、各类专业性服务实体为补充的新型耐盐农业服务体系。

发展肉类加工业，推动畜牧产业结构高级化

梁 忠

（江苏省家禽科学研究所）

摘要： 我国畜牧养殖业的快速发展导致了肉类产量激增。近年来，肉类增速明显放缓，供过于求，结构性问题突出。产业结构优化的重点就是发展加工业，提升肉类结构高级化水平。但肉类屠宰加工业存在经营分散、利润低、结构不合理、食品安全管控不力，以及消费误区等问题，亟需采取提升产业集中度、发展精深加工、加大食品安全监管力度、加强消费者教育及舆论引导等相关措施。

关键词： 肉类；产业结构调整；深加工

近年来，我国农业供求失衡带来的结构性问题日益突显，畜牧业同样面临有效需求不足与中高端产品短缺的问题。从供给侧调整畜牧产业的结构有两个方向，一是以资源配制合理化为目标，另一个则是以提升产业高级化水平为目标。扩大中高端肉类的供给就是要在产业链拓展上做文章，大力发展加工业，提高产业结构的高级化水平。

一、我国肉类产业发展概况

1. 肉类产量体量大，增速放缓

改革开放以来，我国肉类产业发展迅速，产业规模不断扩大，增速逐步放缓，肉类结构持续调整。2015 年全年猪牛羊禽肉产量 8 454 万吨，其中猪肉产量 5 487 万吨，约占世界猪肉产量的 52%；禽肉产量 1 826 万吨，仅次于美国和巴西，位居世界第三。虽然 2015 年我国肉类产量同比仅下降 1%，但这是三十年来我国肉类产量的第三次下滑，另外两次分别在 1995 年和 2007 年。这三次产量下滑的年份恰好把我国肉类产量增长的三十年划分为三个阶段，在此期间肉类产量快速增加，但增速明显放缓，猪肉比重下降，禽肉和牛羊肉占比上升。资料显示，1986—1995 年肉类产量增速达到 8%，猪肉占比为 78%；近十年增速下降到 2.2%，猪肉产量占比下降到 64%。与此同时，禽肉产量占比由 12.7%上升到 20.9%，牛羊肉产量占比也增加明显。从数据来看，我国肉类产量增长遭遇瓶颈，肉类结构调整的趋势仍然稳固。

2. 人均肉类消费高，供大于求

肉类产量增长提升了我国居民的畜禽消费水平。不包括植物蛋白、水产品、奶

类和禽蛋，2012 年我国猪肉、牛羊肉和禽肉合计的人均消费量达到了 56.5 kg 的水平。《2016 全球粮食政策报告》显示，我国人均肉类消费量约 59 公斤，达到世界平均数的两倍。而根据中国的饮食标准，当前的肉类消费量已经超标。卫生部发布的《中国居民膳食指南(2016)》推荐，成人平均每天摄入鱼、禽、蛋和瘦肉总量 120～200 g，其中畜禽类为 40～75 g，水产类为 40～75 g，蛋类为 40～50 g。据此推算人均畜禽肉类的年消费量在 14.6～27.4 kg。按照均衡膳食的标准，我国肉类供应已经供大于求，肉类产业向中高端结构发展势在必行。

二、我国肉类加工业面临的经济问题

1. 经营分散，产能利用低

随着畜牧养殖业的快速发展，肉类屠宰和加工业规模和产能不断扩大，行业集中度逐步提升。2012 年，全国规模以上畜禽屠宰及肉类加工企业 3 372 家，2014 年增加到 3 786 家。其中，规模以上禽类屠宰企业和牲畜屠宰企业数量均有增长。但我国肉类加工行业“散、小、乱、差”的局面仍然没有根本转变。全国约有 2 万家屠宰企业，全国规模以上屠宰企业的占比仅为 20%，仍以小企业居多。生猪是定点屠宰发展较好的畜种，双汇、金锣、雨润三家龙头企业市场占比不足 10%[1]，美国前三家(Smithfield、Tyson、JBS/USA)肉品加工企业总体市场份额已超过 65%[2]。丹麦是生猪加工设备发展水平较高的国家，其最大猪肉加工企业的加工能力高达全国的 80%[1]。由于小企业居多，市场竞争大，许多企业的产能利用不足。2015 年杭州市 17 家生猪定点屠宰场，实际屠宰开工率仅为 36.5%，产能严重过剩[3]。据统计，2015 年全国生猪屠宰企业产能利用率仅为 30.0%，规模以上生猪屠宰企业产能利用率约为 34.5%。大批屠宰企业“吃不饱”的现象，造成“半僵尸”屠宰企业现象普遍[4]。

2. 屠宰加工利润率低，缺乏动力

调查显示，全国生猪定点屠宰企业营业收入利润率仅为 1.85%[3]，令人大跌眼镜。行业利润率如此低，一方面是分散经营的原因；更重要的是屠宰场的盈利模式单一，对上下游把控力度不够。从国内整个行业看，约有 75%的屠宰场施行代宰制度，仅收取物价部门制定的加工费，而且没有稳定的采购和销售渠道，因此在市场波动时的抗风险能力较差。目前，双汇、金锣、圣农等一体化企业都在上下游整合上有了突破，既有养殖场，又有零售店。数据显示，国内 80%的肉品流通依靠农贸市场，而非条件更好的大卖场。相比之下，欧盟各国现代化超市和大卖场的销售比重为 65%，肉品连锁专卖店和一般肉店为 25%，宾馆和餐厅直供为 10%左右[2]。因此，屠宰加工企业在分销渠道建设上仍有较大的提升空间。另外，对于企业经营而言，有利润才有质量，企业才会有发展动力。从创新驱动的角度看，国内畜产品加工领域缺乏自主技术创新，其根本原因是企业利润率低的缘故。据了解，国内肉品加工科技成果转化率低，估计只有 30%，而发达国家则为 60%～80%。

因此，屠宰加工的低利润也间接拖累了企业创新发展的脚步。

3. 产品结构不合理，深加工不足

当前国内肉类市场鲜肉产量约占 80%，肉制品发展不足，调理品占比更低。数据显示，我国冷加工及冷链物流设施不足，鲜肉中热鲜肉占 60%，冻肉占 20%，冷鲜肉不足 10%，而发达国家的冷鲜肉的比例为 70%以上。另外，国外冷鲜肉已向更加精细加工的调理制品发展。我国肉制品占比约为 17%，低于发达国家 30%～50%的水平。其中，牛羊肉制品占全部肉制品的比重仅为 8.3%，而在发达国家则为 26.4%[5]。国内肉鸡加工率达 60%以上，处于较高水平，但发达国家已超过 80%。从产品结构看，全国鸡肉产品生品（活宰、冻肉等）占 80%，熟肉制品加工占 20%。加工产品以传统酱卤、烟熏、腌腊、盐焗等为主导[6]。这样的产品结构决定了现阶段我国生鲜市场产品差异化和品牌化程度低，附加值不高等问题。

4. 食品安全监管难度大

几年前发生的双汇瘦肉精事件，以及现在的巴西最大的肉类加工企业 JBS 公司卷入的劣质肉事件，都让食品安全的警钟长鸣，必须清醒地认识到加大食品安全监管在任何时候对任何企业都不能放松。我国饲养分散，活畜禽经常跨省调运，而且屠宰场多数实施代宰制度，这些因素导致我国肉类食品卫生的管控难度加大。另外，畜禽屠宰监管任务重，监管机构、人员、经费配备不足，监管能力大打折扣。据统计，全国官方兽医约为 11 万人，仅生猪屠宰厂便达到 1.22 万家。官方兽医不仅要承担屠宰环节的检疫检验，还有大量的工作需要去满足动物疫病防控，因此在人员上显得捉襟见肘[4]。总的来看，我国肉类屠宰加工的食品安全检查面临力度不能放松，但监管对象分散，且监管力量薄弱的窘境。

5. 消费误区导致市场开发不足

产品是基于市场导向的，虽然也有引领并创造市场的个例，但多数情况下消费市场接受程度是供给侧研发和生产的重要参考。一份关于城市消费者对冷鲜肉认知的调查显示，42%的被调查者不知道什么是冷鲜肉。即使对于那些自认为知道冷鲜肉的被调查者，仍有 44%不知道冷热鲜肉有无区别，另有 7%认为两者没区别。那些认为冷热鲜肉有区别的被调查人中，认为在屠宰工艺上有区别的仅为 7.6%、认为在营养价值上有区别的为 34%、认为在卫生安全上有区别的仅为 30.5%[7]。市场的认知程度，决定了我国冷鲜肉的发展前景。除了肉类营养的认知误区外，消费者对肉类安全也有误区。近年来，禽流感问题对家禽产业的影响较大，消费者"谈禽色变"，消费量大幅下滑。"速生鸡""速生鸭"等命名突显消费者对禽类品种的进步存在认知盲区。因此，企业不能只顾埋头搞生产，还要沉下来进行消费者教育。

三、发展肉类加工业的政策建议

1. 着力提升产业集中度

国内生猪定点屠宰的机制相对健全，家禽、肉牛和肉羊尚处于试点阶段。对于生猪屠宰场而言，重点是取缔落后产能，推动兼并重组。对于禽肉、肉牛和肉羊的屠宰和加工，重点是加大新建产能的审批和规划。鉴于目前生猪屠宰产能利用率不足40%的现状，地方政府在屠宰场准入批准上应适度提高标准，形成倒逼机制。既要严控新增产能，又要对现有屠宰场加大安全审查力度，坚决取缔整改不符合相关法律法规规范的屠宰场。在优化产能的扶持上，重点扶持同质化企业和上下游产业链的整合，尤其是扶持养殖、屠宰、加工和销售一体化企业的兼并项目。具体包括：减少企业兼并重组相关行政审批事项，提高审批效率；完备企业兼并重组的金融、财税、土地、职工安置等扶持政策；有针对性地将一些本土企业向国内外龙头优势企业推荐，等等。同时，借鉴规模化标准化养殖场的建设经验，地方政府可尝试标准化畜禽屠宰加工厂的建设示范。

2. 鼓励发展精深加工

重点扶持冷鲜肉、中式熟食肉制品、调理品的建设项目，加大相关技术研发力度。冷鲜肉具有“安全系数高、营养价值高、感官舒适度高”的三高特征，符合人们对食品的健康营养有更高要求的消费趋势，是肉类产业结构调整的重要方向。冷鲜肉的发展空间很大，目前的制约因素包括消费误区、价格和冷链物流等。发展冷鲜肉首先要加大在中高收入消费者群体中的宣传力度，让好的产品卖上好的价格。二是加大农贸市场冷链设备设施的改造，让主流肉类消费渠道具有冷鲜肉的销售能力。三是扶持企业冷鲜肉产能的建设，对于趋势性产品建设项目优先支持。由于中国消费群体的固有习惯，我国肉类深加工产品的开发必须将重点放到传统肉类食品的工业化改造上，加大腌制、卤制肉类等中式熟食制品的研发。中式熟食制品的研发重点是解决现代化加工与传统风味损失的矛盾。另外，中式熟食制品的保鲜和包装仍有待进一步突破，特别是要迎合日益增长的户外消费需求。调理品的目标市场是餐饮企业和家庭消费，研发既保证口感又方便卫生的冷保鲜技术是重点。

3. 加大肉类食品安全执法力度

首先，加强食品安全体系建设，加大检测队伍、快速检测设备投入，壮大常规检查力量，制定标准化检验流程。对于人员配备不足的情况，政府以购买服务的方式，委托有资质的第三方机构飞行检查。其次，建立健全从农场到餐桌的食品安全追溯体系，涉及养殖、屠宰、加工分割、包装、仓储、运输流通、销售乃至到消费者餐桌的全过程，真正做到责任认定清晰。第三，建立常态化联合执法制度，由主抓“菜篮子”的地方领导担任组长，联合农业部门、食安部门、派出所、工商部门等部门建立联合执法小组，采用飞行检查制度，重点整治查处食品安全隐患或是问题多发的企业。目前，大型餐饮企业对肉类供应商一般都执行一票否决制度，政府对食品安全违规的查处力度也要加大。除了法律法规的约束外，无论是常规还是飞行检查，检测结果均纳入企业社会诚信系统，对企业的经营、获取扶持政策和贷款产生影响。

4. 加强消费者教育和舆论引导

肉类生产企业为确保需求增长应加大消费者教育投入。消费者教育是需求开发的有效形式，美国已有近百年的发展历史，逐步形成了消费者行为研究的系统框架。近年来针对家禽消费的“速生鸡”“禽流感”等事件充分表明，我国消费者对于禽产品还处在购物知识的启蒙普及阶段。按照日本的消费者教育三阶段理论，尚处于“聪明的消费者”的第一阶段。企业必须要把消费者教育纳入营销体系，积极对客户进行固定教育投入，不能总抱有希冀别的企业为自己教育消费者的搭便车思想，也不能总幻想持有不同立场的公众媒体减少不符合行业意愿的报道。

政府主管部门和行业组织应通过专项项目建设，依托专业媒体机构开展肉类食品安全的舆情监测和舆论引导。通过形成舆情简报，定期监测舆情热点，为及时化解负面舆情提供决策依据。同时，积极提供专业媒体广泛参与食品安全事件调查的机会，通过专业视角报道引导社会报道走向，尽可能削弱社会媒体的负面影响。

参考文献

[1]《食品安全导刊》编辑部. 从“瘦肉精”事件看我国肉类加工企业面临的“困局”[J]. 食品安全导刊，2011(4)：20-24.

[2] 罗欣. 国内外肉类加工技术的现状和发展趋势(上)[J]. 四川畜牧兽医，2013，39(12)：9-11.

[3] 陈晓明，翁永祥，施利荣，等. 杭州市畜禽屠宰行业现状及存在问题调查[J]. 浙江畜牧兽医，2016，41(6)：18-21.

[4] 高胜普，单佳蕾，马冲，等. 从供给侧结构性改革推动屠宰产业转型升级的思考与建议[J]. 农业现代化研究，2017(1)：46-52.

[5] 阿茹汗. 2020 年我国肉类将有千万吨缺口[N]. 北京商报，2016-11-08(B03).

[6] 王卫，张佳敏，吉莉莉，等. 四川肉鸡产业加工技术发展途径探讨[J]. 四川畜牧兽医，2016，43(10)：13-14.

[7] 佘朝霞，白军飞，刘剑文. 我国城市消费者对冷鲜肉的认知与购买意愿[J]. 中国食物与营养，2015(04)：42-46.

关于发展农村渔光互补推进农业供给侧结构性改革的探索

张 宸 李文静

（扬州供电公司）

摘要：建设生态农业、促进能源供应是我国经济建设的重要命题。"渔光互补"模式以全面落实科学发展观，积极实施可持续发展战略为指导思想，以保护生态环境，提高农民生活水平，培植新兴支柱产业，以实现农业经济可持续发展和生态环境改善双赢、建设新能源为总目标，充分利用水面资源，以发展生态农业为核心，以水产及养殖业为主体，集特色渔业休闲旅游为一体，配套建设光伏发电系统，具有生态、能源、社会多重收益和巨大发展空间。

关键词：渔光互补；光伏发电；生态农业

一、发展渔光互补模式的背景及现状

农业是国民经济基础，能源是国民经济的命脉。继提出并开始执行"资源节约型"和"环境友好型"社会建设任务后，生态农业的发展上升到了空前的高度，如何建设生态农业、促进能源供应成为我国经济建设的重要命题。

当前，"光伏+"模式创造了更加广阔的市场空间，通过光伏与渔业等农产业的融合实现双赢；坑塘水面及排泥区等未利用地建设光伏，实现治理和利用并举；结合风电、水电、生物质发电等进行能源互补利用开发，可创造更高的市场价值[1-3]。在合适的太阳能资源丰富地区，打造光伏发电新型技术示范基地，大力发展光伏项目，不仅符合国家能源发展战略和新能源发展规划，同时促进农业科技创新，有利于缓解相关地区环境保护压力，实现农业经济与环境的协调发展。

二、发展渔光互补光伏发电的优势

（一）促进农业升级发展

近来空气污染呈现逐年加剧趋势，灰霾天数明显增加，城镇环境污染仍有待进一步改善。境内的生态资源优势未得到科学规划和开发利用，还有部分未利用土地亟待改善，实行综合治理刻不容缓。在相关地区如能充分利用当地水产养殖的自然条件，采取渔光互补的新型开发方式，即上层用于光伏发电、下层用于水产养殖，因地制宜地利用土地资源，提高单位面积土地的经济价值，实现农业发展、社会效益、经济效益和环境效益的共赢。

(二) 增加农民财政收入

当地农民可以采取以土地租金入股的方式，当地政府出资投入建设，政府的资金和农民土地租金均以项目资本金的形式入股，农民可享受政府资金及土地入股所带来的收益，大大提高收益水平。

三、渔光互补光伏发电规划原则及选址探索

“渔光互补”是利用鱼塘水面或滩涂湿地，支上光伏组件进行发电。在丰富的养殖水面上架设光伏组件进行发电，形成“上可发电、下可养鱼”的创新发展模式，既能充分利用空间、节约土地资源，又能利用光伏电站调节养殖环境，还能优化地区能源结构、改善环境，并可提高单位鱼塘产量、增产增收，在水产养殖和光伏产业上实现领域共享。结合环境特点，采用“渔光互补”的光伏电站开发方式，目标是将规划区域打造成集光伏电站建设、光伏先进技术示范、特色水产品养殖、特色渔业休闲旅游为一体的综合开发基地。

(一) 规划基本原则

1. 坚持光伏发电规划与国家经济和能源发展总体规划保持一致的原则。2005 年国家颁布了《中华人民共和国可再生能源法》和《可再生能源中长期发展规划》，将太阳能资源作为优先发展的可再生能源，积极鼓励光伏电站的开发建设[4]。光伏发电产业的规划和发展需要与国家经济和能源总体规划保持一致，在可再生能源法以及国家经济和能源发展总体规划的原则指导下，充分开发地区的太阳能，促进国家各区域经济和能源建设的协调发展，避免对地区电网和光伏发电产业发展造成冲击和不利影响。

2. 坚持以资源定规划、以规划定项目，突出重点，兼顾平衡的原则。规划地区需太阳能资源丰富，可开发的光伏电站场址区域基本集中成片，适宜整体集中开发。光伏电站的规划需根据区域太阳能资源条件及其分布情况，按照“有效利用、保护环境、合理布局、有序开发”的思路，坚持以资源定规划、以规划定项目，以人为本，整体规划，分步实施，科学布局，突出重点，兼顾平衡，遵循先规划、后开发的原则，全面协调可持续发展；努力构建资源节约、环境友好的光伏发电站发展机制，走生产发展、生态良好的科学发展之路，积极发展低碳型经济、生态型经济，因地制宜、合理有效地开发利用清洁能源；合理规划光伏基地各项目规模，加快农业能源产业的结构调整，实现能源多样化。

3. 坚持开发利用与经济、社会和环境相协调的原则。光伏发电规划与建设应符合区域土地利用规划、区域环境保护、重要风景名胜保护及不压覆矿产资源的要求，正确处理好资源开发与地方经济发展、资源开发与环境保护、资源开发与土地利用、资源开发与综合利用、资源开发与电网发展的关系。

4. 坚持规模化开发与产业发展互相促进的原则。渔光互补以新型城镇化为

引领，紧紧围绕建设美丽中国深化生态文明建设，加快建立生态文明制度，健全城乡国土空间开发、资源节约利用、生态环境保护的体制机制，实现农业经济可持续发展和生态环境改善双赢。同时注重与周边地区的产业和交通相衔接；注重控制合理的环境容量和确定科学的建设标准；注重保护生态环境，大力加强生态文明建设，坚持节约和集约利用资源。

(二) 渔光互补模式选址

光伏电站的站址选择应根据国家可再生能源中长期发展规划、地区自然条件、太阳能资源、交通运输、接入电网、地区经济发展规划、其他设施等因素全面考虑；在选址工作中，应从全局出发，正确处理与相邻农业、林业、牧业、渔业、工矿企业、城市规划、国防设施和人民生活等各方面的关系。光伏电站站址选择应利用非可耕地和劣地，不应破坏原有水系，做好植被保护，减少土石方开挖量，并应节约土地，减少房屋拆迁和人口迁移。综上，光伏电站站址的选择原则主要包括：

(1) 优先选择太阳能资源条件好的区域；

(2) 优先选择电网接入系统条件较好且电网可吸纳的区域(附近有变电站或输电线路)；

(3) 优先选择适宜成片集中开发的区域；

(4) 优先选择交通便利，附近有公路、港口或者火车的地方；

(5) 避开有地下光缆区域以及集中居民点；

(6) 不影响重要的自然保护区、风景名胜区、军事敏感区和文物保护区；

(7) 不压覆已查明的重要矿产资源；

(8) 避开空气经常受悬浮物严重污染的地区，以及危岩、泥石流、岩溶发育、滑坡的地段和发震断裂地带等地质灾害易发区。

四、渔光互补生态园区规划探索

渔光互补光伏发电规划思路主要基于以下几点：

(1) 按照科技先行、规划引领、有序开发的策略，构建全产业链的现代化、综合性、高层次、高水平的现代渔业示范区。

(2) 以生态优先为理念，科学规划空间布局。以工业化设施养殖和工程化池塘综合养殖模式为主要途径，应用不同生物间隔养殖方式，进行空间布局，阻断病害的传播路径，实现生物营养与能量的共享，达到环境友好的效果。

(3) 立足于现实条件，量水定产。依据当地的产业现状、气候、环境和淡水资源条件，对滩涂资源要素进行有序的开发和高效利用，调整养殖产业结构与布局，实现可持续发展。

(一) 开发方式

渔业园区通过采取“渔光互补”开发方式，在丰富的养殖水面上架设光伏组件进行发电，形成“上可发电、下可养鱼”的创新发展模式，既充分利用空间、节约土地资源，又能利用光伏电站调节养殖环境，提高单位鱼塘产量、增产增收，在水产养殖和光伏发电方面实现领域共享。渔业养殖宜采用围网养鱼、网箱养鱼和散养鱼相结合的方式。养殖种类可以选择当地市场比较畅销的四大家鱼，也可考虑喜阴的名特优养殖品种，如青虾、河蟹等。

(二) 政农双赢

光伏基地距离周边村镇较近，经过治理后生态环境质量好，适合打造休闲渔业园区，发展休闲渔业和观光渔业。以渔业、渔村、渔民为依托，以渔业生产、渔村风貌、渔村文化和民风民俗等为资源，为旅游者提供观赏渔业田园、体验渔耕生活、感受渔村文化、品尝渔家美食及其他娱乐休闲服务的休闲旅游场所。

将渔民的生活方式和工作方式与旅游结合起来，通过对渔民的家居和渔船进行改造，让游客真正贴近渔民生活，享受一种自然古朴的渔家风俗。在休闲渔业区结合渔业设备、渔业生产的场地、渔法渔具、渔业产品、渔业经营活动及当地人文资源，规划设计分级垂钓台、光伏景观湿地、渔家乐、驾船划艇等休闲娱乐项目。休闲渔业把观光、垂钓、餐饮等休闲活动与渔业有机结合起来，同时，光伏基地可以作为旅游景点进行综合开发，实现第一、二、三产业的结合配置，以增加渔业收入，提高光伏示范基地的综合价值。

五、渔光互补模式社会效益

目前，太阳能发电是在技术上和经济上最具开发价值的能源利用方式之一，发展光伏项目可以节约常规能源，减少常规能源（主要是火电）消耗带来的环境污染和生态破坏，优化能源结构，增加财务收入，提供劳动就业机会等，具有较高的社会效益和环境效益。

(一) 优化产业结构

随着近年来社会经济发展的电力需求，能源发展也面临着环境保护和节能减排的压力。太阳能等清洁可再生能源的开发，不仅有利于适当缓解局部地区的能源短缺危机，而且由于其显著的减排效益，有利于环境保护，也有利于推动地区装备制造业的快速发展，促进国民经济的健康持续发展。同时，随着光伏开发技术日益成熟，国家政策的大力扶持，光伏电站建设成本的大幅降低，适时建设光伏电站，不仅可作为地区能源供应的有效补充，也有利于相关地区的能源结构优化调整。

(二) 改善投资环境

(1) 光伏电站的开发可以直接促进电力开发上下游企业参与地方经济建设。光伏电站建设是技术含量高的建设工程，可以作为地区经济发展标志性象征，有利于吸引外来投资、促进与相关企业的外部投资环境，增强他们的投资意向。

(2) 项目建设可以改善光伏电站规划场址周边的基础设施，扩大地区的知名度和影响力，这些条件的改善将进一步地促进资本集聚，带动经济发展。同时，规模成片的光伏阵列，将为地区提供另一道景观，从而促进旅游业的发展，而旅游业的发展也会吸引外来投资。

(3) 光伏项目的开发建设可以促进当地居民转变思想观念，改善软环境，吸引投资。项目建设将引进大量高级人才，为当地带来专业化和现代化的设备与高素质的建设队伍。电站建成以后，也将为当地带来现代企业制度，为当地企业起到示范作用。因此，将有利于当地形成市场经济环境，为吸引外部投资创造条件。

(三) 促进地方经济发展

光伏电站的开发建设可以促进当地财政收入的稳步增长。在工程建设期，按照国家有关财政税收法律法规，光伏电站以建筑安装工程为征税对象的营业税，及城市维护建设税、教育附加的全部及其他一些税种的部分税收收入，交工程所在地地方税务部门，增加地方财政收入。同时，工程建设所需的水泥、钢材、木材、油料以及施工用电、用水等均主要从当地或附近相关企业采购和运输，从而带动当地经济发展。

六、结论与建议

渔光互补光伏发电项目规划符合国家能源政策的要求，不仅可以减少化石资源的消耗，有利于缓解环境保护压力，实现农业与环境的协调发展，而且对于带动地方经济快速发展将起到积极作用。只有立足农业，才能推进“渔光互补”模式的积极健康发展。“渔光互补”模式在增加农村缺能地区的能源供应量，降低农村生产、生活用能造成的环境污染，在提高农业生产力的同时促进农民增收、增加就业机会等方面将会发挥更大的作用。为更好地促进渔光互补模式的发展，根据本文探索提出以下建议：

1. *政策激励* 我国对光伏产业特别是渔光互补模式还没有出台相关的针对性政策，不利于调动养殖从业者的积极性，需要提前制定激励政策。

2. *提高农民环保投资意识* 光伏发电在城市已经和常规电器一样随处可见，节能、环保、稳定收益的模式已经深入人心，而在农村，农民由于这方面受的学习较少，对渔光互补模式存在较大疑虑，这就使得水面光伏无法顺利推广，需要大力宣传。

3. *银行及政府基金扶持* 分布式光伏电站初期投入比较高，如果全靠农民自己投资显然不现实，这就需要金融机构提供低利率贷款支持或乡镇政府机关给予政策上的协助。

4. *加快光伏材料技术研究，进一步提高光电转换率* 这是制约光伏产业发展的一个重要瓶颈，需要在技术方面实现突破增加农民效益。

参考文献

[1] 刘汉元，钟雷，谢伟，等.“渔光互补”在江苏地区发展前景及应用思考[J]. 当代畜牧，2014(11):94-95.

[2] 韩世成,郭常有,蒋村义,等.工厂化水体 LED 光照沉水植物对氨氮的吸收[J].水产学杂志,2013(4):47-50.
[3] 龙昌."渔光互补"破解光伏电站用地困局[N].中国电力报,2016(1):22-31.
[4] 王康红.浅谈渔光互补光伏发电项目总承包现场管理[J].科技与企业,2014(3):65-71.
[5] 陆冉.渔光互补电站站址选择的要点[J].太阳能,2015(5):16-21.

江苏种植业供给侧结构性改革的对策思考

朱新开

（扬州大学农学院）

摘要： 本文对江苏种植业供给侧结构性改革的思路进行了系统梳理，并从文化建设、地方特色、产业升级、扩大供给等角度对江苏种植业供给侧结构性改革提出了若干对策。本文对推进农业供给侧结构性改革，提升江苏农业产业的生产力和市场竞争力有参考作用。

关键词： 种植业；供给侧结构性改革；产品升级

2016年中央提出“供给侧结构性改革”，2017年发表了《中共中央国务院关于深入推进农业供给侧结构性改革加快培育农业农村发展新动能的若干意见》，从农产品生产、加工、储运、营销的全产业链条角度提出了农业供给侧结构性改革的方案，全国各地均根据中央指示和要求，开展了农业供给侧结构性改革的探索，并取得了初步成效，推出了一批典型。江苏十二届人大五次会议提出了“聚力创新、聚焦富民、高水平全面建成小康社会”的“二聚一高”主题，这是重点落实中央进行农业供给侧结构性改革要求的具体体现。针对江苏农业生产实际如何进行种植业供给侧结构性改革，需要各地在实际工作中，理清思路，发挥特色，通过不断探索、创新，从一、二、三产业联动角度，强力推进农业供给侧结构性改革，综合考虑提升江苏农业产业的生产力和市场竞争力。

一、江苏种植业供给侧结构性改革的思路

农业是最古老的职业，也是社会发展的最根本的动力。现代种植业已不简单是这种机械、单一的种与收的关系，更需要关注市场缺什么、消费者吃什么以及缺多少、吃多少的问题（陈锡文，2017；http://news. xinhuanet. com，2016）。种植业供给侧结构性改革，是与“需求侧”相对应开展的结构性改革，即通过改革的办法推进结构调整，提高产品供给侧结构、数量与质量，达到与产品需求侧的要求相适应的水平（张红宇，2016），其改革的核心是通过自身的努力调整，让农民生产出的产品，包括种类、质量和数量，符合消费者的需求，实现产地与消费地的无缝对接（郑风田，2016）。目前我国生产的农产品中，大宗农产品特别是粮食作物的数量基本满足国内需求，但质量尚没有达到消费者的期望值，甚至还存在一些不良的品质，使得我国粮食呈现生产量、库存量、进口量“三量齐增”现象，出现了“边进口、边积压”“洋货入市、国货入库”等现象，造成了我国农民收益与成本收入、产品产出不

成比例、甚至种粮亏本的现象，而一些特色、特用产品不能满足市场需要。可见，种植业供给侧结构性改革，就是要通过对种什么、怎么种、种多少以及收获的东西怎么加工、卖给谁等问题的解决，来实现对市场规律的重视和遵循，从而有效提升我国农业的综合效益和竞争力（http:// news. xinhuanet. com, 2016）。因此，针对我省种植业实际情况，当前种植业供给侧结构性改革的立足点一是根据“需求侧”的特点与需求、农民种植习惯、特色农产品分布与需求等合理规划不同类型作物种植规模，拓展市场农产品供应种类；二是适度调整作物种植制度与作物布局，发展作物“多元化”的生产结构，保证农产品在不同季节的供应数量；三是提升农产品关键品质指标的质量，特别是安全品质和食味品质，促进农业农村发展由过度依赖资源消耗、主要满足“量”的需求，向追求绿色生态可持续、更加注重满足“质”的需求转变；四是着眼于产业，一、二、三产业联动运行，有序推进，实现绿色发展、可持续发展。因而农业供给侧结构性改革过程中关键是国家和地方政府要调控好整体发展与调控规划，同时需要农民把控好自身生产的作物种类、质量和规模，并积极与加工产业链联合，提升整体效益。整体实现“用现代科技改造农业、用现代工业装备武装农业、用现代产业经济思想指导农业、用现代市场经济组织来管理农业”。

二、江苏种植业供给侧结构性改革的对策

1. 结合文化建设，提升广大农民精神文明层次与文化追求

任何改革的实现，首先在于思想的转变与提升。广大农民对农业的认识程度、思想觉悟层次以及农民对现代农业科技的掌握水平、应用能力与采用态度，直接决定了农业供给侧结构性改革的实现。因而，需要确立“富农先富民”“知识是第一生产力”的思路，要转变农民的生产方式、经营思路，提升广大农民的精神与文化素质。一是提高基层农民精神、文化层次，处理好“国”与“家”的关系，不能将农业生产中出现的问题全看成是国家的事，更不能为追求经济效益而违规使用农药、化肥、生长调节物质及其他有毒、高残留的农业物资，降低了产量质量；二是提高规模种植户、家庭农场主、合作经营主体的思想素质、社会责任意识与服务意识，不仅自己发家致富，更要成为带动大家富、全民富的带头人、排头兵；三是要强化农耕文化建设，做好农耕文化的宣传与传承工作，通过农村农耕文化园（乡、村）等多种形式，教育新一代有“立志从农”的意识，培育新一代有文化、有知识、有抱负的农民。

2. 围绕地方特色，打造与拓展特色农产品、名优产品，提升产品价值，拓宽农产品供给层次，增加农民收益

一村一品在我国发展已有近 20 年，具有广泛的适应性和旺盛的生命力，已越来越多地被广大农民群众认识和选择。江苏多年来一直致力于打造地方特色农产品与名优农产品，2008 年全省 16 858 个行政村中，就有近 1/3 村有了自己的特色农产品，县级年产值 10 亿元以上的优势特色产业达到 62 个（http://www. jsagri.gov.cn/exposition/files/499114.asp)，在带动当地农业经济发展中发挥了极其重要的作用。近年来，习近平总书记也多次指出，要因地制宜发展现代养殖业、林果业、园艺业，发展一村一品、多村一品、一乡一业、一县一业优势主导产业；近几年的中央1号文件也反复强调，扶持发展一村一品、一乡(县)一业，壮大县域经济，带动农民就业致富。这些均证明特色农产品、名优产品在现代农业生产中的地位与作用。

因而在当前种植业供给侧结构性改革中，应充分发挥地方特色农产品、优势农产品的示范、带动作用，根据市场需求，合理规划生产面积和供应规模，加快建立自然条件好、生产规模大、产业基础强、区位优势明显的优势农产品生产基地，不断放大优势农产品的辐射带动能力。在此基础上，结合地方特色资源优势和生态优势，引进与筛选其他特色资源，形成新的特色农产品产业链，树立“人无我有、人有我优、人优我特、人特我绝、人绝我转”的理念，实现种植业持续稳定发展、长期确保农产品有效供给。云南省总结提出云南高原特色现代农业发展思路为：“精”扎根、“特”当家、“优”为本，“绿”发力、“早”活路、“热”增色，“精特优”是云南农业供给侧结构性改革和高原特色现代农业健康发展之纲，“绿早热”是推进云南农业供给侧结构性改革和促进高原特色现代农业较快发展之目(郑宝华，2017)，这对江苏农业供给侧结构性改革有一定的参考价值。

3. 依托地方特色产业，一、二、三产业联动发展，打造精深加工产业链，推动产品转化和产业升级，提升产品质量和等级

产品的效益一方面受制于生产能力(数量供应)，另一方面受制于产品质量，而质量受制于产品的消费水平(数量与需求)，且生产能力与质量也受市价格波动的显著影响。由于传统农业与其他产业关联度小，现代农业则是大生产、大市场、大流通条件下的高商品率农业，存在着多个相关联的环节(廖凌，2017)，与其他相关产业必须结成“共生共赢”的产业体系，才能实现持续、高效。目前江苏省县域产业结构已经形成两个分别向高水平和低水平演变的趋同俱乐部，产业结构日益优化(纪小美，付业勤，2017)，但尚不能完全满足需求侧要求。

因而在当前种植业供给侧结构性改革中，在规划好地方特色农产品供给侧结构性改革、提出特色农产品发展思路的基础上，应根据市场的有效需求，按照社会化大生产的要求，整个生产、营销、流通、加工等各环节合理规划，通过建设专业特色市场、搭建物流平台、强化市场对接等手段，实现产、供、运、加、销一体化，实现“种类、数量、质量”有机统一。为实现这一思路，需要做好几个方面的工作。首先要做好产业链中产品需求侧的工作，即产品的销路，以销定产，保证市场供给需求。二是在市场销售趋于饱和时，合理进行产品的转型升级，如提供的初级产品数量处于供过于求时，可通过延长产业链，由提升初级产品向提供次级产品，甚至精深加工产品转变，从而有效控制市场的供给量，减少市场价格波动，以最大化地实现农业生产效益，同时占领新的市场，拓展产品新收益。三是将产品开发与乡村产业发

展联系起来，利用乡村自然环境、田园景观、村落保护、农耕文化、民俗文化、农家生活、农村牧渔业生产、特色市场等资源条件，进行一、二、三产业联动开发。

4. 发展作物“多元化”的生产结构，扩大特、新产品的种类供给，拓展新产品的市场供给

长期以来，我国形成了“粮食作物-粮食作物”的一元结构或“粮食作物-经济作物”为主的二元结构，对解决我国温饱问题发挥了重要的作用。随着消费结构的改变，畜禽产品的需求量急剧上升，造成饲料作物的生产与消费增长很快，但平原地区的多元化的种植结构、农林业或农林复合系统等一直未能很好地形成，造成粮饲争地、争资源等矛盾突出，部分农牧结合区甚至出现了过度放牧的情况。2017 年中央 1 号文件指出：“按照稳粮、优经、扩饲的要求，加快构建粮经饲协调发展的三元种植结构。”从目前种植的作物结构看，江苏主体结构“水稻-小麦”“玉米-小麦”的复种轮作模式，种植的作物类型还偏少，其他类型的作物如棉花、油菜因用工多，面积逐渐减少，一些特用作物如蚕豆、大豆、荞麦、马铃薯等因消费量低而种植面积受到制约。因此，需围绕种植业供给侧结构性改革需求，结合特色产业、特色农产品、名优产品等，发展“粮食作物-饲料/肥源/药用作物等”多样化的二元或多元化的种植结构，形成复合生产体系，适合市场对多元化产品的需求。目前一些地方已形成了不同的生态模式，如“粮经-绿肥”无公害农产品生产模式、作物“间套轮”种植模式、“粮饲-猪-沼-肥”生态模式、“猪-沼-果”生态模式、“林果-粮经”立体生态模式、“林果-畜禽”复合生态模式等，均对我省的农业生产新模式的构建有一定的借鉴作用。

同时拓展作物的应用功能，要从某一作物的“单一或少量”功能向多元化功能发展。以小麦为例，以往小麦多作为食用（面粉和面制食品）、少量饲用（籽粒或皮作为配合饲料）或工业用（酿酒原料），目前正在开发出鲜食用（小麦苗）、工业或深加工食品用（提取麦绿素、小麦苗茶、麦胚食品、膳食纤维、编织品、秸秆漆画等），这样产业链得以延伸，供给产品的范围得到扩大，有利于整个产业的发展。

5. 推进现代农业生产技术普及，大力提升资源利用效率，降低生产成本，提高单位面积农产品数量与效益

传统农业的发展主要是靠资源、劳动和经验为主要手段进行生产，是自给自足、满足温饱的封闭型农业，农业运作空间狭窄、交易方式简单，而现代农业是在市场经济条件下依靠科技、装备、资本和改革创新来追求商品利润的效益型农业，最终要靠农业科技的支撑，靠科技进步和创新。同时我国很多地区为追求农产品数量的不断增长，农业生产中使用大量的化肥、农药、农膜、除草剂、饲料、兽药、动植物激素等农业投入品，成为影响食品安全的重要因素；加之农业供给侧的生产者欠缺培训，综合素质远不适应安全农产品供给的需求（田永胜，2017）。

因而从事现代种植业生产的农民必须提高科技文化素质、信息接受能力和市场经营水平，提高农产品品质、质量和竞争力，降低农业生产成本，合理开发资源，

提高资源利用率，实现高效益。一是需要提升广大农民的科学技术水平，提升接受新事物、新技术的能力；二是要掌握现代种植业生产科技，特别是现阶段规模化生产经营背景下，通过优化土地、劳动力、资本、技术四大要素组合方式，要掌握机械化、精简化、高效化的生产技术与技能，降低生产成本，提高农业全要素生产率；三是提升规模种植大户（农场主、经营主体等）创新思维能力，特别是市场化条件下的产业协调供销、产品深度开发、"互联网＋"的信息化营销能力，形成现代农业与其他相关产业结成"共生共赢"的产业体系，实现中高端农产品有效供给，提升农业发展的质量和效益。

参考文献

[1] 陈锡文. 论农业供给侧结构性改革[J]. 中国农业大学学报(社会科学版)，2017，34(2).

[2] 马晓河. 供给侧结构性改革的理论基础与实现途径[J]. 机械工业标准化与质量，2017(1)：12-14.

[3] 田永胜. 以农业供给侧结构性改革保障食品安全[J]. 中国党政干部论坛，2017(2)：68-71.

[4] 贺强，王汀汀. 供给侧结构性改革的内涵与政策建议[J]. 价格理论与实践，2016(12)：13-16.

[5] 郑风田. 关于推进农业供给侧结构性改革若干问题思考[J]. 价格理论与实践，2016(12)：10-12.

[6] 杨军. 农业供给侧结构性改革的内涵、思路与任务[J]. 农学学报，2017，7(2)：96-100.

[7] 胡冰川. 开放条件下的农业供给侧结构性改革：形势、目标与策略[J]. 理论学刊，2016(4)：67-73.

[8] 张红宇. 牢牢把握农业供给侧结构性改革的方向[N]. 学习时报，2016-12-29.

[9] 云南省社会科学院《高原特色农业现代化路径选择研究》课题组. 推进云南农业供给侧结构性改革的对策建议[N]. 云南日报，2017-03-15.

[10] 廖凌. 改革的生态图谱及相关标的[J]. 股市动态分析，2017(5)：11-12.

[11] 纪小美，付业勤. 江苏省县域产业结构的时空演变及影响因素分析[J]. 山东农业大学学报(自然科学版)，2017，48(1)：139-145.

农业电子地图建设探析

张云松

（扬州市工商局）

摘要：农业电子地图作为一个为农业服务的智能数据解决方案，它是产生于互联网应用技术的日益普及和智能通信工具手段的广泛运用基础上的，只有更多的农民参与到数据的采集和运用中，最大程度地加大数据的收集，才能更准确地为农民解决“卖粮难”的现实困境。

关键词：农业；信息化；数据；公示；共享

记得上中学的时候读课文《多收了三五斗》，是讲解放前丰收谷贱，农民卖粮难的问题。前些时候看新闻，发现有农民卖玉米难的报道，有记者问官员如何解决卖粮难的问题，答曰：“不要找政府，要找市场。”我看了有些迷惑，从新中国成立至今已六十多年的光景了，几代农民都在找市场，市场到底在哪里？从经济学的角度来说，市场是建立在对农业海量信息的收集、分析、研判的基础上的，市场分析是一个非常专业化的分工，这是专家的事，不是一个面朝黄土背朝天的农民所能干得了的活，当然哪个农民能干得了这活，他也不会当农民。从我们调查的情况来看，农民对市场的认识往往是基于往年这个农产品好卖，或者看到乡邻、熟人种了某个作物利润空间大，便一窝蜂似的跟着种这个作物，可想而知，第二年肯定是市场供过于求，又出现卖难的问题了。所以，找市场是应该的也是必要的，这个命题不错，但是如何才能找到市场？通向市场的路有许多条，哪一条才是捷径？这是本文所要探讨的。

有人提出订单农业，订单农业是指农民、农民群体代表作为一方，企业或中介组织包括经纪人和运销户作为另一方，双方签订农产品订购合同、协议，也叫合同农业或契约农业。订单农业理论上是指农民只管生产，订单中规定的农产品收购数量、质量和最低保护价，使双方享有相应的权利、义务和约束力，不能单方面毁约。但订单是在农产品种植前签订的，是一种期货贸易，所以订单农业具有市场性、契约性，但也具备不可预期性和风险性。订单履约有一段漫长的生产过程，双方都可能碰上市场、自然和人为因素等影响，所以有一定的风险性。但比起计划经济和传统农业先生产后找市场的做法，订单农业则为先找市场后生产，可谓是一种进步。从我们的实际调查中发现，订货方抗风险能力较低、诚信度较差、对市场的认识不足和误判等现象大量存在，最终损害的是农民的利益。由于订货方的对市场行情的预测不能建立在一个科学数据的基础上，往往会出现市场预期的偏差，在出现某种农作物供大于求的情况下，订单农业也不能从根本上解决消化过剩农产品的问题。实际上在整个农业领域，无论是作为农业生产者、还是农产品的收购方，都存在着不能准确把握市场，缺乏预测市场趋势的信息支撑的问题。因此，我们认为解决农业问题的最佳效果是追求一种供需平衡，当然完全的供需平衡是不可能实现的，但作为一种理想状态即无限地接近供需平衡是必要的，而达到这种状态的最佳途径是农业的信息化。

对于农业信息化实现途径，我们认为可编制农业电子地图这样一个海量信息的智能数据平台，或者说一个共享的数据云。我们认为在这样一个电子地图上，全国每一块耕地的自然差异、天然禀赋，作物的种植情况都能直观地在三维动画中看到。它建立的根本目的是收集能够使每个农业生产或销售个体都能解决实际问题的数据子集，通过市场数据的模式化分析和运用而服务于实体的农业实践。其实，农业电子地图的智能数据解决方案的主体部分可分为三个环节：

第一，智能数据的收集和获取。这些智能数据应该有哪些特点呢？我们认为它的特点有三个：

一是公示性。公示性有两个层次，第一个层次来自政府和有关部门的关于农业的方针、政策以及关于市场行情变化的动态预测。第二个层次是农民将自己的种植作物的品种、数量、规模、长势情况等自己上平台公示，这种自我公示可分为生产前预公示和生产中公示两种。

二是共享性。因为这是一个共享经济的时代，每一个单一个体想要获得海量信息服务的支持，首先要成为这个海量信息的一部分，所以就要求每一个单一个体都把自己的信息上平台公示出来，他不仅是资源的享受者，同时也是资源本身。

三是可预测性。对市场行情的准确预测是建立在数据真实性的基础上的，因此公示、共享的数据一定要真实、可靠，这是最起码的要求。

第二，智能分析。我们设想农民在种田之前，先通过智能手机或电脑上网登录平台，把自己想要种植的作物品种、数量、规模等数据填报上去，或者在平台上所显示的全国耕地电子地图上找到自己的耕地位置，标示上必要的信息，通过数据平台的运算分析，就能得出自己所种农作物是否在一个市场预期的需求量或社会总的采购量之内，或者通过电子地图上所显示的运输距离的远近、土壤与气候的差异等推算出所种农作物的差异化情况。同样，通过在农业电子地图上的比对，还可以找到市场需求量大但供应量小的、适合自己个性化生产的农作物品种进行种植。

第三，智能数据应用。我们认为农业电子地图所提供的信息数据不仅对农业种植与收购有用，还对农业服务产业的发展起到推动作用。比如，因为这个平台提供了准确的农业种植数据，为农业机械收割服务者、粮食烘干企业、粮食收储者、农技服务队伍等提供了信息保障，提高市场服务的精准性，避免了盲目性。

总之，农业电子地图作为一个为农业服务的智能数据解决方案，它是产生于互联网应用技术的日益普及和智能通信工具手段的广泛运用基础上的，只有更多的农民参与到数据的采集和运用中，最大程度地加大数据的收集，才能更准确地为农民解决“卖粮难”的现实困境。我们常说找市场，找市场是什么意思？找市场就是找市场信息，而农业电子地图就是提供的全方位的市场信息服务。

怎么样搞好这样一个农业电子地图，我们认为需要解决好以下几个问题：

第一，认识的问题。有了这样的数据平台提供的数据分析，很可能基于市场供需方面的变化，得出不适宜种某种农作物的结论。我们认为种庄稼就应该有所为，有所不为。与其种出来亏损，“谷贱伤农”，不如不种，不种庄稼不是说撂荒，而是休耕，现在的耕地普遍性地存在超越土地应有的承载能力在使用的情况，休耕是对土地修复的一个必要措施。

第二，宣传要到位。“要种田先上网，边种田边上网”这样线上线下相结合的种田模式挑战了原先“靠地吃饭，靠天收”的耕作模式，农业的变革需要的是思想的开放，需要相关部门大力地宣传，同时榜样的力量是无穷的，如果能树立一些典型就能收到事半功倍的效果。

第三，平台的建立与运作。这个方面的事情需要政府主管部门统一去做，这样才能保证平台数据的权威性、真实性、服务性。农业电子地图实际是一种政府、农民的信息公示平台，可以借鉴工商部门的“全国企业信息公示系统”平台的某些做法。

第四，扶贫首先要信息扶贫。现在农村中的某些贫困是因为盲目种植导致亏损而引起的，所以对于这类扶贫工作而言，信息扶贫显得尤为重要。信息扶贫是在农业电子地图建立的基础上，为贫困农民提供上平台的客观上的物质条件和主观上应用方法的学习。

第五，农技、农业服务机构的职能转变。农技、农业服务机构和队伍在基层农村大量存在，他们服务在田间地头和农业技术推广第一线，与广大农民群众有较为密切的联系，应该让他们认识到信息服务也是农业技术服务的一部分，积极地进行职能转变和工作方法的转变，为广大农民群众自觉运用数据平台提供帮助，为提高农业信息化助力。

农业电子地图的编制和平台的建立与运用是信息化农业的必然趋势，是大数据运用和共享经济时代的必然要求。

推动农业供给侧改革　促进粮食增产增效

王　敏

（扬州市邗江区农委）

摘要：随着市场化改革的不断深入，我国的农业和农村经济发展取得了令人瞩目的成绩，但也面临着增产量与提质量未能同步、卖粮难与高库存矛盾凸显、浅层次与深拓展存在差距等问题。本文从解决好粮食在产供销方面存在的突出问题出发，以体制改革和机制创新为根本途径，以推动农业供给侧改革为主线，针对上述问题提出了若干应对措施。

关键词：供给侧改革；种植结构；粮食流通；激活市场

近年来，随着市场化改革的不断深入，我国的农业和农村经济发展取得了令人瞩目的成绩，粮食生产也打破了“两丰两平一歉”的规律，实现了“十二连增”。然而，在这喜人形势的背后，农户特别是种粮大户却普遍反映“丰产不丰收”，“卖粮难”的恐慌情绪一度蔓延，使得近年来市场稳定且热情不断高涨的情形受到一定冲击，粮食规模化种植前景令人堪忧，农业供给侧改革已被提上议事日程。

一、当前面临的严峻形势

——从生产看，增产量与提质量未能同步。一是品种结构单一，绿色优质粮油供给不足的问题依旧突出。目前扬州种植的粮食品种比较单一，低端“大路货”多、高端精品少，而随着收入水平和生活水平的提高，民众对于绿色优质粮油产品的消费需求日趋旺盛，如何实现从“吃得饱”到“吃得好”的“华丽转身”值得探讨。二是过度追求增产，透支资源与环境的现象依然存在。尽管粮食生产喜获“十二连增”，但这往往是以透支资源与环境为代价的，从田间到餐桌的粮食质量安全体系还很不健全，重金属超标、农药残留、霉烂变质等粮食质量安全问题时有发生。

——从流通看，卖粮难与高库存矛盾凸显。一是国有粮企仓容不足。因为连续多年启动小麦和水稻最低价收购，“政策市”的主导使得国内外粮食价格倒挂严重，粮食拍卖价格高于市场价格，导致在库粮食难以顺价销售，不能及时出库。“国粮入库、洋粮入市”的格局下，各粮食企业“仓满为患”。二是粮食烘干设施缺乏。随着农机购置补贴政策的落实，我市插秧机、耕翻设备、病虫防治机械等其他农业机械保有量不断上升，而粮食烘干设备及配套设施却严重滞后。种植大户因农业设施用地手续问题难以自己配备烘干设备、国有粮食收储企业的粮食烘干线建设未能及时跟上。即使有少量私人投资的烘干设施，但烘干费用偏高，农户难以承受。三是粮食售购标准差距大。由于缺乏足够的烘干设备，部分粮食种植户只能选择人工翻晒，既费时费力，又得到处找晒场，还得“看老天的脸色”。而且由于翻晒时机械损伤会造成部分稻谷谷壳破裂，还会掺入部分杂质，难以达到粮食收储部门规定的质量要求，被粮食收储部门拒收的风险进一步增加，有时只能按低等级稻谷的价格出售给粮贩或卖给地方小米厂。

——从加工看，浅层次与深拓展存在差距。一是初级加工产能过剩。现有的粮食加工企业设备落后，科技含量低，生产经营方式粗放，还停留于依赖资源投入的数量扩张阶段，附加值低、经济效益差，难以实现健康可持续发展。二是精深加工能力不足。目前，我国真正意义上的农产品精深加工企业不超过15%。大多数的粮食企业仍然存在对科技创新投入少、自主创新能力弱、产品研发能力低下、粮食深加工力度不够等方面的问题，精深加工产品少，副产品综合利用差。三是把脉市场能力不够。一些粮食企业对市场的分析研判能力不足，满足于生产“老三样”，不能根据市场需求及时调整产品品种，生产的产品不能满足人民日益增长的健康和便捷的需求，不能及时转型升级，实现从“粮”到“食”的跨越。

二、应对的具体措施

要有效解决好粮食在产供销方面存在的突出问题，需要我们紧紧抓住供给侧改革主线，以体制改革和机制创新为根本途径，激活市场、激活要素、激活主体，让“无形之手”更好地引领市场，导航供给，矫正资源错配，优化粮食产品结构，提升粮食综合竞争力，实现高水平的供求平衡。

1. 深化粮食种植结构调整，增强可持续发展能力

一是优化粮食品种结构布局。受惯性思维影响，种粮大户多年来一直通过追求高产来增收，但随着人们越来越重视农产品质量安全，更为优质健康的农副产品开始走俏市场。因此，农业部门应积极引导种粮大户改变常规的种植模式，通过与粮食加工企业共同合作，种植无公害、绿色甚至有机大米，做优供给侧，扩大优质稻生产能力和面积，满足不断升级的消费市场需求。

二是推动农业适度规模经营。积极鼓励土地流转，扶持粮食规模化种植，引导农民以土地参股各类农业新型经营主体，转变农业发展方式，促进土地适度规模经营，解决“单家独户”生产模式带来的机械化生产率不高、社会化服务难以适从、标准化生产执行不到位、农业监管难度大、农业生产成本高等问题，进而实现农民增收。

三是强化粮食品牌战略。鼓励企业实行订单生产、订单收购，选取优质稻谷品种，打造生产、储存、加工、销售一条龙的产业链，走品牌发展之路。按照“政府搭台、企业唱戏，互惠互利、共同发展”的原则，支持和鼓励企业与主销区充分发挥各自优势，以经济利益为纽带、以市场需求为导向，建立形式多样、长期稳定的粮食产

销合作关系。

四是试行耕地轮作休耕制度。治地治水治环境，退耕休耕保地力。农业可持续发展，要充分考虑农业资源和生态环境的承载能力，而轮作休耕，不仅可以缓解粮食收购压力，平衡粮食供求矛盾，而且可使得土地在长期高负荷运转后，让土壤得到休养生息的机会，有利于农业可持续发展。

2. 深化粮食流通改革创新，增强粮食安全保障能力

一是统筹推进仓储设施建设。财政应进一步加大专项补助力度，以优化布局、调整结构、提升功能为重点，改建、扩建和新建粮食仓储设施，提高机械化、自动化程度高的仓型比例，加大对粮食烘干、整理和质检设施设备的投入，将粮食收储能力保持在合理水平。同时积极推动粮食仓储管理能力现代化建设，大力提升管理水平，绷紧安全储粮之弦，建设绿色生态智能粮库，力争不坏一粒粮。

二是充分挖掘仓容资源。鼓励多元主体进入粮食收储市场，鼓励农户、农民合作社、龙头企业参与粮食收购。允许种粮大户充分利用有限的农业设施用地搭建临时库房，增加自身仓储能力；激励农村周边有条件的企业利用空厂房、空仓库帮助种植大户临时储存粮食；鼓励农户自储部分口粮，缓解种粮大户仓储难题；试点以粮抵租的行为，减少种粮大户资金流转压力，多措并举挖掘仓容。同时，可给予粮食加工企业采购临储稻谷一定的加工补贴，鼓励加工企业采购临储稻谷。

三是严格执行收购政策。政府部门要维护好公平的粮食收购秩序，督促督查收购企业做到以质论价、优质优价，切实把强农惠农政策落到实处。要加大对粮食收购秩序的治理整顿力度，规范粮食收储部门的收粮行为，坚决杜绝强行插队售粮、卖“人情粮”及吃拿卡要、违规收费等违法违规行为的发生。自觉接受售粮群众监督，确保收购工作平稳有序进行。

四是发展新型粮食经营业态。积极发展“互联网＋粮食”，鼓励粮食经营企业创新营销方式，加强“线上线下”融合的电商平台建设。鼓励粮食批发市场、连锁超市、放心粮店等开展电子商务，加快发展粮油网络经济，有效拓宽粮食营销渠道，提高供给效率。政府可搭建平台，组织粮油企业参加农产品展示展销活动，注重品牌引领，放大如“双兔大米”等知名农产品的品牌效应。

3. 深化粮食产业转型升级，增强企业市场竞争能力

一是打好健康牌，做到“啥好做啥”不缺位。现有的粮食加工企业要满足现有的城镇化消费升级的新需求、新期待，不仅要在安全绿色、优质营养上下工夫，更要增加适口方便、层次丰富的有效新供给。积极发展绿色全谷物、有机食品等中高端粮食产品，不断增加针对老年人、婴幼儿等特定人群的粮食产品供给，着力推动风味小吃和地方特色食品的工业化生产。

二是把好市场脉，做到“吃啥有啥”全方位。增加多元化、定制化、个性化粮食产品供给，加快推动主食产业化，适应家务劳动社会化要求，加快推进馒头、包子、米饭、米粉等传统米面制品的工业化、规模化、标准化生产，提升主食产品社会化供

应能力，为广大城乡居民提供便捷、安全、营养、可口的主食产品。

三是亮出创新牌，做到“需啥供啥”有特色。传统粮食产业要一改以往粗放式的生产经营模式，从管理提升上下功夫，在创新驱动上做文章，创意新产品，嫁接新业态，向“专、新、特、精”方向发展，把产品做出特色、做出口碑，让传统企业“老树发新芽”，用市场化手段真正打造培育一批实力强、影响力大、带动力强的龙头企业，发挥其龙头引领作用，做大做强地方食品经济。

应用现代信息技术推动农业全产业链改造升级

丁长华

（镇江市发改委国民经济综合处）

摘要：互联网及信息技术正成为现代农业发展的重要支撑，“互联网＋”农业正成为世界农业发展的潮流和标志。论文在分析“互联网＋”农业发展现状、存在问题的基础上，提出了五点建议和思考。

关键词：“互联网＋”农业；现状；问题；建议

中共中央、国务院2017年2月5日正式颁发的《关于深入推进农业供给侧结构性改革加快培育农业农村发展新动能的若干意见》中指出：“全面实施信息进村入户工程，开展整省推进示范。完善全国农产品流通骨干网络，加快构建公益性农产品市场体系，加强农产品产地预冷等冷链物流基础设施网络建设，完善鲜活农产品直供直销体系。推进‘互联网＋’现代农业行动。”

互联网及信息技术正成为现代农业发展的重要支撑，“互联网＋”农业正成为世界农业发展的潮流和标志。当前经济发展进入新常态，实现创新驱动，加快农业经济转型升级是实现农业持续发展的内在要求，加快互联网和现代信息技术在农业生产、经营、管理、服务各环节的应用步伐，才能促进现代农业建设迈上新台阶。

一、发展现状

近年来，我省各地积极推进互联网及现代信息技术在农业各领域的应用，取得了明显成效。市、县各级农业部门都建设了农业网站，普遍开设微博、微信。绝大部分县（市、区）建成“四电一站（电脑网站、电视、电台、电话、乡镇信息服务站）”农业综合信息服务平台。信息进村入户试点工作取得阶段性成效，农业信息化覆盖率超过50％，保持全国领先水平。农业电子商务加速发展。“网上开店、在线交易”“自建平台、同城配送”等模式竞相发展，并建成一批农产品电子商务示范基地。

二、存在问题

虽然“互联网＋”农业面临良好发展机遇，但我们也深切地认识到，其发展还存在不少问题和挑战，突出表现为以下几方面。

一是重视不够。“互联网＋”是一个新概念，其发展处于起步阶段，农业部门和广大农村干部、农民对“互联网＋”农业的认识总体上还比较粗浅局限，对其推动

"三农"发展的重要性认识还不足，对"互联网＋"农业的内涵的理解还不清晰、不到位，对如何推进"互联网＋"农业缺乏应有的重视。各地"互联网＋"农业发展不均衡。

二是基础条件不完善。农村电脑及智能手机等终端的普及率相对较低，部分农村交通不便，物流配送终端大都不到村，冷链体系尚未建立。农业生产经营相对比较分散，农产品标准化程度相对较低等。

三是人员技能不高。目前我市务农人员信息化知识尚缺乏，获取信息的能力不足、技能较低，特别是农业市场主体电子商务、智能化生产的技能不高。既懂农业技术又懂信息技术的人才匮乏，农村普遍存在人才短板现象。

四是配套政策不完善。"互联网＋"农业需要在基础设施、设备、通信、网络营销等方面有较大投入，但目前各地普遍缺乏相关扶持政策，导致资金投入不足、信息共享困难，难以满足新形势下"互联网＋"农业发展的需要。

三、思考和建议

应用物联网、云计算、大数据、移动互联等现代信息技术推动农业全产业链改造升级，是农业经济发展的关键因素，也是推进农业供给侧结构性改革的主要要素。为此建议：

1. 加强组织领导。要高度重视"互联网＋"农业发展，牢固树立互联网思维和技术引领支撑现代农业发展的理念，把"互联网＋"农业摆到突出位置。切实加强机构建设，整合农业部门内部资源，配备必要的人员和手段，健全机制，明确职责，加强统筹协调，形成工作合力。要结合实际，明确"互联网＋"农业建设的发展思路、工作目标，制定项目建设绩效评价指标，加强日常监督考核，保障"互联网＋"农业各项工作落到实处。

2. 发展智能农业。加强全市农业物联网发展顶层设计和建设，强化技术应用，加快在省、市级农业园区推广成熟的农业物联网应用模式。在畜禽养殖领域，重点推广应用畜禽养殖环境调控、定量饲喂、发情监测、防疫标识、粪便清理等环节个性化、智能化、精准化控制系统。在园艺生产领域，重点推广应用温室大棚肥水一体化自动喷滴灌、生产环境监控和病虫害预警系统、食用菌工厂化智能化生产系统。在水产养殖领域，重点推广应用高附加值水产品养殖水体溶解氧智能控制、养殖尾水监测和定量定时饲喂系统。在大田种植领域，重点推广应用水稻、小麦等主要农作物及花木、桑茶果的精量施肥、灌溉、病虫测报和自动防霜系统。在农产品加工领域，重点开展"智能车间"创建，实现生产加工环境控制、产品搬运自动化、管理数字化，提高企业管理效率和水平。在农产品流通领域，重点推广应用产品标识化和监控技术，实现农产品质量安全信息可追溯，保障农产品品质。

3. 推进农业电子商务。一要加强品牌产品开发。积极推广宿迁"一村一品一店"经验，大力发展农业特色优势产业，开发、培育一批具有较强知名度和网络营销竞争力的农产品，实现农产品生产由生产导向向消费导向转变，做好现有农产品特别是优势特色加工产品的上网营销，发展品牌农资网络购销、农业休闲观光在线订购，扶植农业电商品牌。强化农产品标准化、精深化、差异化加工和包装设计，充分发掘农产品文化内涵和功能，提升农产品档次。二要加强电商平台和电商服务体系建设。支持农业生产经营主体在知名电子商务网站开设农产品营销网店、特产馆，鼓励应用微博、微店、智慧农业手机 App 等现代新型电商平台。重点支持有条件的企业建立农产品网络直销平台，开展农产品同城配送业务。积极利用阿里巴巴、京东、苏宁易购的电子商务服务中心和基层站点，推动“千县万村”计划落实，加快建设县域农业电子商务服务中心、乡镇电商服务站和村电商服务点，初步建立县乡村三级农业电商服务体系，加快解决农民电商相对分散、各自为战，缺乏影响力的问题。

4. *加快农业大数据建设*。数据是农业现代化建设的重要资源，也是“互联网＋”的核心价值所在，现代农业生产、经营、管理、服务均需要大数据支撑，必须予以高度重视。在生产方面，重点建设粮食和重要农、畜产品生长发育全过程营养供给、环境因子等方面的数据采集，形成农业生产大数据，在此基础上，分析形成专家决策模型，用以指导生产，实现精准农业，降低自然风险，提高农产品产量和质量，有效保障农产品供给。在经营方面，重点建设农产品供求、价格变化等大数据，分析预测农产品市场趋势，指导农民按照市场需求安排生产，降低市场风险。在管理方面，重点建设农业资源环境、农产品质量安全、动植物疫病防控、农村经营管理等大数据，全面把握农业基础情况和动态变化，实现科学决策、指挥调度。在服务方面，重点建设 12316 惠农短信、动植物种养殖技术、国家农业科技服务等大数据，为广大农民提供全面、科学、有效的信息服务。

5. *加大政策支持力度*。一是积极试点灵活应用扶持政策。确定一批县、乡在互联网农业不同领域进行试点，对探索成功的经验迅速推广。二是加强“互联网＋”农业相关地方立法，为“互联网＋”农业发展创造良好社会法治环境。三是实施互联网农业人才培养工程，培养各类互联网农业技术实用人才。四是建设乡村冷链物流体系工程，建成区域冷链物流中心。五是探索互联网农业资金渠道多元化。设立政府产业引导基金，通过财政支农、税收减免、价格支持等多种手段，带动更多社会资本参与投资基础设施、设备、通信等，引导和激励互联网农业各相关产业及经营主体快速发展。

依靠科技创新　推进农业绿色发展

谢金学　吴金书　洪素娣　孙明珍

（丹阳市农业委员会）

摘要：农业绿色发展是农业供给测结构性改革的重要举措，是保障我国食品安全、生态文明、经济社会可持续发展的必由之路，农业绿色发展必须依靠科技创新、科技进步。本文阐述了近年来农业绿色发展取得的成绩，分析了农业绿色发展存在的制约因素，提出了科技创新的对策措施。

关键词：科技创新；农业；绿色发展

一、农业绿色发展取得的成效

1. 绿色农业技术快速推广

丹阳市围绕农产品质量安全示范县建设，大力发展、推广粮食绿色高产高效创建、病虫草绿色防控、专业化统防统治、测土配方施肥、耕地质量提升、机械化秸秆还田、防虫网栽培、稻鸭共作、稻绿轮作等绿色农业生产技术和生产模式，大力推广低毒低残留农药、生物农药、性诱剂、缓释肥、生物肥、商品有机肥等新农药、新肥料，绿色农业技术快速推广。2015 年，稻麦优质新品种推广覆盖率 95％以上、测土配方施肥技术推广面积 90％以上、专业化统防统治面积达 62％，农业科技进步贡献率 64.6％（全国 56％）。和 2010 年相比，化肥使用量减少（折纯）6 087 000 kg、减 28.3％，农药使用量减少 164 000 kg、减 14.4％。

2. 农业产业化水平显著提高

截止 2015 年，丹阳市拥有农业龙头企业 101 家，其中国家级 3 家、省级 11 家、镇江市级 32 家，总资产 201.79 亿元，从业人员 2.3 万多人，实现销售收入 257.5 亿元。江南生物科技有限公司、丹阳市正大油脂有限公司、江苏嘉贤米业有限公司、江苏吟春碧芽股份有限公司、江苏丹和醋业有限公司等一大批食品生产、加工企业生产规模、效益稳定增长，辐射带动作用不断增强，综合竞争力日益提高，绿色生产观念进一步加强。和 2010 年相比，全市农业龙头企业增加 40 家，销售收入增加 121.6 亿元。

3. 农业产业结构渐趋合理

“十二五”期间，丹阳市农产品布局进一步优化，种植业内部结构渐趋合理。表现为粮食生产基本稳定，2015 年全市水稻种植面积 35 449.8 km^2、小麦 32 584

km^2，和 2010 年相比，面积基本稳定；品种结构进一步优化，以主要追求数量增长逐步向更加注重质量、效益转变，食口性好、深受消费者喜爱的"南粳 5055""南粳 9108"等优质稻米面积不断扩大，2015 年占比达 30%；蔬菜园艺产业快速发展，2015 年蔬菜播种面积 9 085 km^2、茶园 952 km^2、果园 784.7 km^2，比 2010 年分别增加 991.2 km^2、240.1 km^2、289.9 km^2，增长 12.2%、33.7%、58.6%。

4. 农产品"三品"建设卓有成效

"十二五"期间，丹阳市以创建省级农产品质量安全示范县为契机，加快农业标准化示范区、农产品质量检测体系建设，农产品质量安全水平明显提升。2015 年末，丹阳市通过认证的"三品"210 个，其中有机食品 10 个、绿色食品 26 个、无公害农产品 174 个，拥有中国名牌产品 3 个、江苏省名牌产品 6 个。嘉贤大米、丹和香醋、吟春茶叶、杏虎水蜜桃等品牌在当地及周边地区具有较大影响。

二、当前农业绿色发展中存在的突出问题

1. 资源环境压缩日趋加大

(1) 耕地数量减少。丹阳市 2005 年耕地面积 54 440 km^2，2015 年耕地面积为 51 453.3 km^2、人均不足一亩，10 年耕地面积减少 2 986.7 km^2。

(2) 土壤环境质量下降。耕作层变浅、土壤酸化板结、养分非均衡化、重金属超标、有机物残留等已显现，严重制约绿色农业发展。据丹阳市土肥站资料，2015 年丹阳市土壤 pH 值平均 6.3、比 1982 年下降 0.6 个单位，土壤有机质含量 24.6 mg/kg、属中等水平，速效 P 25mg/kg、较丰富，速效 K 83 mg/kg、偏低，Si、Zn、B、Mo 等中微量元素相对匮乏。南京地质调查中心的"丹阳城镇地质环境综合调查——土壤环境质量及特色农业调查评价报告"指出：全市农用地无公害区域面积占全市农用地总面积的 50.13%，AA 级绿色食品产地区域面积占比 36.82%、A 级绿色食品产地区域面积占比 39.05%；表层土壤 Cd、Hg、Pb、As、Cr、Ni、Cu、Zn 八种重金属元素综合环境质量评价结果为一级土壤面积占比 21.6%，但三级以上，可能影响正常农业种植安全的土壤面积占比达 12.9%，应引起各级政府和社会各界高度重视。

(3) 农业面源污染加大。长期以来，农业生产以高投入追求高产出，大量的使用化学肥料、农药、农膜、抗生素、添加剂，尤其是集约化养殖场畜禽排泄物造成农业面源污染。朱兆良先生对我国农田中化肥氮的去向进行了粗略估计[1,2]。他指出我国化肥氮的当季利用率约为 35%，损失率约 52%。黄新宇等也研究认为，氮肥的当季利用率为 30%～35%，磷肥约为 10%～20%，钾肥约为 30～50%[3,4]。丹阳市多年的试验也表明，化肥氮的当季利用率约 30%左右。农药的利用率平均约 35%。按化肥当季利用率 30%、农药利用率 35%计算，丹阳市 2015 年化肥总用量(折纯)15 399 000 kg、农药总用量 971 000 kg，其中约 4 619 700 kg 化肥、339 850 kg 农药被吸收利用，其余大部分进入环境。

(4) 产地水气环境堪忧。除上述土壤环境，农业灌溉水、空气质量也制约绿色产品生产。刘华良等研究，苏南河网地区小城镇水环境污染源主要包括农村电镀工业排水、镇区生活排水、农村生活排水、农村农田氮磷径流、镇区地表径流，污染物指标包括总氮、氨氮、总磷和COD，四种污染物排序为COD>总磷>总氮>氨氮。小城镇工业水污染是否严重，主要与其支柱产业类别有关，电镀企业对水体造成的污染相当严重，其中六价铬超标最严重[5]。高速公路、国道等主干道沿线汽车尾气排放的铅对农产品有一定影响[6]。

2. 科技支撑力薄弱

(1) 绿色生产技术研发滞后。绿色生产限用或禁用化肥、农药、生长调节剂等化学投入品，对产地环境也有严格的要求，这对农业科技提出了更高、更新的要求。现阶段绿色生产的科研和技术推广较为薄弱，适应绿色食品生产、并易于被广大农民接受采用的高新技术仍较缺乏，特别是随着气候变暖，病虫害发生的不确定因素增加，极端灾害性天气时常发生，亟须科技创新和科技支撑，在关键技术上进行突破，如抗病虫品种选育、高效生物农药新型肥料研制、抗逆栽培、有机废弃物无害化处理、土壤修复及培肥改良、新型种植模式及种植制度等。

(2) 科技成果转化应用不高。改革开放以来，我国农业取得了举世瞩目的成就，粮食生产实现十二连增，科技的贡献功不可没。尽管如此，我国农业科技成果转化率还较低，与发达国家相比还有较大差距。据报道，我国每年有6 000～7 000项农业科技成果问世，转化率仅30%～40%，而发达国家达60%～70%。

(3) 生产经营者科学文化素质偏低。根据洪素娣等对丹阳市粮食适度规模经营的调研，种植大户中年龄在50岁以上的大户占56.1%，初中及初中以下文化的占69.6%，呈明显的年龄结构老化、知识水平低下。所以他们受传统农事观念影响较深，接受新事物的能力较弱，对新品种、新技术往往持观望态度[7]。

3. 绿色生产消费观念淡薄

农业绿色发展首先要树立生产者、消费者以及全社会的农业绿色发展理念。目前各级政府、农业部门、社会有识之士已经意识到农业绿色发展的重要性、紧迫性，并采取了相关措施，做了大量工作。但基层农民和普通消费者绿色农业意识尚未形成，观念比较淡薄，对传统农业可能带来的资源过度消耗、环境恶化、农产品质量低下等问题认识不足。绿色食品的生产过程比普通食品复杂，对产地环境、投入品使用、生产管理技术要求更高、更严，这就使得绿色食品的生产成本比普通食品高，而我国的绿色食品价格体系尚不完善，还不能体现优质优价的市场原则。现阶段，绿色食品的消费群体主要集中在较高收入水平的消费者，对普通消费者来说，基本还是模糊的，更缺乏积极消费的理念，影响绿色生产者的生产积极性。

三、推进农业科技创新 为绿色农业发展插上翅膀

“十三五”乃至今后，坚持绿色发展理念，围绕解决农产品生产效率、质量安全、

环境可持续发展等问题，推进农业供给侧结构性改革，实施科技创新和藏粮于地、藏粮于技战略，推动生物技术、信息技术、材料技术等在良种培育、高效生产、食品安全、资源利用和装备制造等领域广泛应用，为农业绿色发展提供强有力的科技支撑。

1. 加快推进农业科技领域的创新突破

在农产品短缺时代，农业科技创新的主攻方向是提高单产。当前要围绕农业绿色发展的新要求，把保障农产品质量安全、促进农业可持续发展作为农业科技创新的主攻方向。要引导科研人员按照资源节约和环境友好的方向培育新品种，加大缓控释肥等新型肥料、高效低毒低残留农药的研发，加大农业面源污染防治、农业废弃物资源化利用和农产品产地污染治理修复等实用技术研发力度。要加快科研体制改革，推动资源整合，打破部门、区域、单位和学科界限，大力开展农业科技协同创新，争取尽快取得突破性成果，为发展现代绿色农业提供有效支撑。

2. 加强农业创新科技成果的推广应用

农业绿色发展科技创新成果能否转化为现实生产力，关键在推广。针对当前农业科技推广投入不足，基层农技推广机构专业人员流失、人员老化、推广能力不强的问题，要强化基层公益性农技推广服务，切实提高农技推广人员待遇水平，加速推广农业绿色发展的科技成果。农业绿色发展的公益性更强，其成果的推广应用更要充分发挥国家农技推广机构的主渠道作用。同时，要发挥农业科研机构和农业院校、农业龙头企业和农民专业合作社在农技推广中的作用，形成多元化的推广体系，着力解决农技推广“最后一公里”的问题。

3. 加快农业科技创新人才队伍的培养使用

农业科技创新需要依靠农业科技创新人才来实现，因此，加强农业科技创新人才队伍建设，有效培养和激励农业科技创新人才，是农业持续稳定发展的重要保障。通过高校、农业企业、社会化服务组织等形成多渠道的农业科技创新人才培养体系。引导高校面向农业发展实践，积极培养农业科技创新人才；引导农业企业加大科研投入，逐步成为农业科技创新人才培养的主要平台；引导社会化服务组织培养和使用农业科技创新人才，加强农业科技服务。以此稳步提高农业科技创新人才的数量和质量，更好满足推进农业科技创新的需要。要配套落实相关激励政策，激励优秀农业科技创新人才在农业绿色发展中发挥积极作用。

4. 培育发展绿色农业的主体力量

当前，各类规模经营主体正在兴起壮大，他们也是农业绿色发展的主体力量，要强化对他们的技能培训和农业绿色发展理念的教育，使他们成为有文化、懂技术、会经营、晓政策、讲文明的新型职业农民。要改变他们单纯把追求产品数量和效益放在第一位的落后观点。充分利用各种宣传形式、舆论阵地，多层次、多形式、全方位地开展教育宣传，努力增强现代农业生产经营者的绿色发展理念。尤其是要针对当前涌现的各类专业种植户、养殖户、营销户等，要发挥科研院校和国家农技推广机构的人才技术密集优势，增强新型职业农民培育实效，让农民共享现代物质条件装备，广泛运用农业科技成果，掌握推进经营方式转变的本领，形成持续推动农业绿色发展的力量源泉。

5. 加大农业科技创新的投入

加大农业科技投入，夯实农业发展基础。农业是安天下的基础产业，同时又是弱质产业，推进农业绿色发展中更离不开政府的支持和财政的投入。要按照国际惯例支持农业绿色发展，优化财政投入结构，加大对农业科研和推广的投入力度，努力构建财政农业科技投入稳定增长机制，稳定支持农业基础性、前沿性、公益性科技研究，逐步提高科研机构运行经费保障水平，大力支持农业科技成果转化和技术推广，着力推进农业技术社会化服务体系建设，为增强科技对农业农村发展的支撑能力提供有力保障。

参考文献

[1] 朱兆良，文启孝. 中国土壤氮素[M]. 南京：江苏科学技术出版社，1992.

[2] 朱兆良. 中国氮肥的使用现状、问题和对策[M]//李庆逵，朱兆良，于天仁. 中国农业持续发展中的肥料问题. 南京：江苏科学技术出版社，1998：2-51.

[3] 黄新宇，徐阳春，沈其荣，等. 不同地表覆盖旱作水稻和水作水稻水分利用效率的研究[J]. 水土保持学报，2003，17(3)：140-143.

[4] 杨安中，牟筱玲，李孟良，等. 喷施细胞分裂素类物质对滴地膜旱作水稻防衰及增产效应[J]. 水土保持学报，2005，19(2)：199-200.

[5] 刘华良，等. 苏南河网地区小城镇水环境污染源分析研究——以丹阳市新桥镇为例[J]. 农业环境科学学报，2006，25(4)：1050-1054.

[6] 赵健，冯金飞，张卫健，等. 沪宁高速沿线土壤和水稻铅含量空间分布差异分析[J]. 江苏农业科学，2010(4)：366-369.

[7] 洪素娣，吴金书，等. 农业现代化进程中的适度规模经营——丹阳市粮食适度规模经营的调研//九三学社江苏省委员会. 科技创新与促进江苏农业现代化建设[M]. 南京：东南大学出版社，2015：185-191.

我省农业绿色转型发展的对策建议

葛红英

（镇江丹阳市城管局）

摘要：十八届五中全会确立了“创新、协调、绿色、开放、共享”的发展理念，让农业“绿”起来，加快农业转型，已逐渐成为发展趋势。本文结合当前具体情况，深刻分析了推进农业绿色发展过程中面临的相关问题，有针对性从绿色农产品、职业农民、农村金融、制度创新和互联网＋等方面提出了相应的措施。

关键词：新常态；绿色转型发展；新格局

农业绿色转型发展是新常态下我省实现农业供给侧结构性改革的重要内容，也是实现农业发展与水土资源及其环境之间协调发展的有效措施。2015 年 3 月 24 日，中央政治局会议首次提出“绿色化”的概念，这是十八大对“新四化”概念的进一步提升，是对“新型工业化、城镇化、信息化、农业现代化”的有效补充。2015 年 10 月 26 日，党的十八届五中全会首次将“绿色”作为“十三五”规划五大发展理念之一，将生态环境质量总体改善列入全面建设小康社会的新目标，这既与党的十八大将“生态文明”纳入“五位一体”总体布局一脉相承，也标志着生态文明建设被提高到了前所未有的新高度，表明中国未来发展将通过绿色引领走向可持续。反观我省农业领域，与时俱进树立绿色发展理念，加快农业转型发展已是摆在农业工作者面前十分重要的现实问题。

一、推进农业绿色转型发展所面临的问题

近年来，我省认真贯彻落实党中央、国务院的决策部署，以科学发展观为指导，调整产业结构，扎实推进现代农业绿色发展和可持续发展，取得了显著的工作成效。但也要看到，传统农业增长模式面临的资源环境透支、生产成本上涨、价格严重倒挂、农业专业技术人才短缺等问题日益突出，迫切需要转变发展方式，提高可持续发展能力和市场竞争能力。当前我省推进农业绿色发展面临的主要问题：

1. 绿色技术不系统。绿色农业是一种复杂的系统工程，需要包括农学、林学、畜牧学、水产养殖、生态学、资源科学、环境科学、加工技术以及社会科学在内的多学科支持。目前我省涉农科研还不适应这一要求，无论是科研院所还是高等院校，往往开展单一学科研究，对这些组分之间的相互作用缺乏探索，还没有形成系统的指导理论。在实际应用中，基层干部和群众没有足够的理论知识和经验对这一复合系统进行科学的设计，往往简单照搬另一个地方的经验，种养结合、循环利用、节

本增效等绿色发展理念还未牢固树立起来。

2. *投入机制不完善*。在投入环节上，环境、生产、营销方面都需要投入，但投入生产环节的多，在环境治理、农产品商品化处理与储藏等方面投入少，特别是在面源污染、城镇污染治理、工业“三废”达标排放等需要大量资金投入。在项目管理上，存在重建轻管现象，加之项目建设标准偏低，地方财力配套压力大，项目建好后难以达到设计目标。在投入来源上，农业、发改、财政、国土、水务等多个部门都有涉农资金，虽然地方进行了整合，但由于项目要求标准不同，项目投入额度和建设重点不一，难以从顶层设计上对资金进行整合，难以实现资源共享、达到共同促进绿色发展的目的。

3. *产品营销不畅通*。宣传意识不强，一些地方、企业对优质农产品的宣传广度和深度方面都做得很不够，对参加各类农交会、农博会不积极，认为“花费不小、作用不大”。品牌意识不强，一些新型经营主体对创建品牌不积极，而没有品牌，就难以将优质农产品在市场上树立口碑，就难以实现优质高价。产品质量鉴别难，同样种类的农产品，靠消费者自身难以鉴别优劣，加之当前消费水平下优质农产品的市场容量有限，高品质农产品要大幅度占领市场份额短期内难以实现。

二、加快构建现代农业绿色发展新格局的措施

农业绿色发展是推进我省生态文明建设的重要组成部分，是一项长期系统性的工程[5]。建议新常态下，从以下几点着手，确保农业绿色转型发展工作取得实效。

1. *培育绿色农产品，全面提升农产品质量安全水平*。坚持用养结合，推进耕地质量保护与提升，探索实行耕地轮作休耕试点，因地制宜开展生态型复合种植，采用间套轮作、保护性耕作、增施有机肥等方式，促进种地养地结合[4]。根据各地不同的自然条件和市场需求结构变化，因地制宜、因势利导地培育适合当地特定环境的新型优质特色农产品、绿色有机食品，提升农产品层次。要在种养结合、清洁生产、废弃物循环利用等关键环节，建立合理的补贴制度，打造一批知名绿色农业品牌，加快成熟技术与先进模式的推广，从终端产品带动前端绿色生产。按照高产、优质、安全、生态的要求，大力推进绿色化生产，加强产地环境保护，确保各类食品绿色有机无公害，不断满足人们从吃饱到吃得健康、从生存到生态的多层次需求变化。制定严格的农产品生产标准，大力推广病虫害生物绿色防治工程，实现农产品的绿色、生态、安全、无公害生产。建立安全追溯机制，落实生产经营者责任，发现问题从源头抓起，杜绝产品生产安全问题，严厉打击违法犯罪行为，从源头上保证人民的饮食健康[3]。

2. *强化农业科技创新，培养新型职业农民*。推动农业走上绿色发展道路，让农业尽快“绿”起来，根本出路在创新。①加强机制创新。创新农业科研组织方式，建立江苏绿色农业科技科研小组，进一步整合我省农业科研院所、高校、企业的资源和力量。建立按技术属性和专利保护程度分类的绿色农业成果转化机制[8]。培育农业企业成为经营性农业技术研究和成果转化的主体，鼓励农村中的龙头企业

和现代化的农业园区建立专业的专家工作小组或科技服务中心，以企业研发带动农业创新，进而推广到条件合适的农村，促进当地农业向新台阶发展。②推进科技创新。改革农产品品种审定办法和评价标准，引导科研人员按照资源节约和环境友好的方向培育新品种。加大缓控释肥等新型肥料、高效低毒低残留农药的研发和推广力度，大力发展滴灌、喷灌等节水灌溉技术，推广水肥一体化、农作物病虫害绿色防控等新技术，为实现化肥和农药零增长提供技术支撑。加大农业面源污染防治、农业废弃物资源化利用和农产品产地污染治理修复等实用技术研发力度，开展秸秆收储运及产业化技术研发、地膜残膜资源化利用、低成本易推广可降解地膜研发等科研攻关。加强农业节水灌溉新模式的研究，建立健全农业节水技术体系，提高灌溉水的利用效率。③强化人才培养。大力发展农业高等教育，培养绿色农业、生态农业、循环农业方面的技能型人才。重点发展农业职业教育，注重"新型职业农民"培养，提高农民节约资源、保护环境的意识，着力打造和培育出一批具备绿色发展理念的"新农人"。大力推进农业科技推广人才技术培训，提高基层农技推广人员发展绿色农业的水平和能力。

3. *加大财政支持力度，深化农村金融体制改革。*①加大财政投入。各级政府应设立农业绿色发展专项资金，加大面源污染、环境污染治理投入，并纳入本级年度财政预算。对于绿色农业基础设施建设、生态环境保护、重要生态功能区保护等社会公益型项目，以政府投资为主体，实施多元化投资。重大的绿色农业建设项目应优先纳入国民经济和社会发展计划[6]。②设立引导资金。各级财政应加大对农业绿色发展项目建设的支持，吸引社会资金投入，扶持农业绿色重点建设项目，并使社会资本对农业绿色发展项目建设投入能取得合理回报，推动绿色农业、生态农业的社会化运作。2020年前基本建成以绿色生态为导向、促进农业资源合理利用与生态环境保护的农业补贴政策体系和激励约束机制，进一步提高农业补贴政策的精准性、指向性和实效性，促进农业可持续发展。③拓宽融资渠道。充分发挥市场配置资源的决定性作用，鼓励引导金融资本、社会资本投向农业资源利用、环境治理和生态保护等领域，构建多元化投入机制支持绿色农业重大项目进行设备融资、发行企业债券和上市融资，调动全社会资金投入的积极性。[7]要进一步深化农村金融改革，创新现代农业的金融保险支持体系，制定专项的信贷扶持政策，引导更多信贷资金和社会资金投向绿色现代农业的发展中，提高信贷、保险为我国农业发展服务的能力。

4. *完善农业法律体系，促进制度改革与创新。*①建立健全农业法律法规体系。在修订完成《江苏省实施〈中华人民共和国农业技术推广法〉办法》的基础上，重点出台《江苏省农民教育培训条例》、修订《江苏省农村土地承包经营权保护条例》《江苏省节约能源条例》《江苏省动物防疫条例》《江苏省耕地质量监测管理办法》《江苏省饲料添加剂和添加剂预混合饲料产品批准文号管理办法》等法规，为农业绿色发展提供法律保障。②建立健全农业执法监督体系。加强执法能力建设，力争用三至五年的时间，全省农业系统基本形成对违法行为的快速反应和打击能力。坚持开展农资执法打假专项治理行动，强化对种子、农药、肥料、饲料、兽药、农机具等农资产品的市场监管和依法查处各类农业违法案件的力度[9]，净化农产品质量市场，保障农产品质量安全。建立健全化肥农药行业生产监管及产品追溯系统，严格行业准入管理。以县为单位推进农业废弃物资源化利用试点，探索建立可持续运营管理机制[1]。

5. *借力"互联网+"，努力打造"智慧农业"*。充分运用各种网络平台，积极引导农民牢固树立科学合理的绿色发展新理念，改变以牺牲环境和资源为代价的粗放发展方式，创新"绿色+特色"的发展新模式，为构建现代农业发展新格局打造一个良好的发展环境。推进美丽农村建设，加速"硬件"配置，推进农村信息化基础设施建设，提高相配套的公共服务水平，实现基本公共服务城乡均等化。推进互联网、云计算、大数据、物联网、移动通信等现代技术与农业结合，创新农业发展方式，优化产业结构，改造农业生产环节，提高农业生产的生态化、标准化、精细化水平。运用互联网技术管控农业生产经营全过程，以确保农产品质量安全。发展农村电子商务，创新农产品营销方式，打通农业的生产、加工、销售等各环节，减少流通环节，促进一二三产业融合发展，加快构建农业发展新格局。

6. *实施重大生态工程建设，增强农业可持续发展能力*。良好的生态环境是安全农产品有效供给的前提和保证，也是农业可持续发展的重要基础。要根据各地实际，加强湿地普查和调研，建立湿地保护制度，进一步实施湿地保护修复工程。启动长江经济带重大生态修复工程，把共抓大保护、不搞大开发的要求落到实处。重视各地野生动植物和珍稀种质资源基础调查摸底工作，建立相应资源信息库，进一步加强储备林基地建设，加大野生动植物和珍稀种质资源保护力度，推进濒危野生动植物抢救性保护及自然保护区建设。

参考文献

[1] 新华社. 关于深入推进农业供给侧结构性改革加快培育农业农村发展新动能的若干意见[Z]，2017.

[2] 财政部，农业部. 建立以绿色生态为导向的农业补贴制度改革方案[Z]. 2016.

[3] 樊凯. 生态农业——农业发展的绿色之路[M]. 北京：中国社会出版社，2009.

[4] 都时昆，陈天乐. 论绿色农业特征与市场定位[J]. 商业经济研究，2008(1)：84-85.

[5] 翁伯琦，张伟利. 试论生态文明建设与绿色农业发展[J]. 福建农林大学学报(哲学社会科学版)，2013，16(4)：1-4.

[6] 刘濛. 国外绿色农业发展及对中国的启示[J]. 世界农业，2013(1)：95-98.

[7] 胡雪萍，董红涛. 构建绿色农业投融资机制须破解的难题及路径选择[J]. 中国人口资源与环境，2015，25(6)：152-158.

[8] 严立冬，孟慧君，刘加林，等. 绿色农业生态资本化运营探讨[J]. 农业经济问题，2009(8)：18-24.

[9] 王盛桥. 湖北省农产品质量安全监管面临的形势与对策[J]. 农产品质量与安全，2012(1)：28-31.

关于增加农民收入的几点思考

贺丽娟

（镇江市丹徒区政府）

摘要：推进农业供给侧结构性改革，以增加农民收入、保障有效供给为主要目标。本文结合丹徒区当前农民收入的情况，分析了目前农民增收存在的问题，就找准农民增收的新突破口，提出了探索农民增收的新举措。

关键词：农民增收；存在问题；突破口；新举措

中共中央、国务院《关于深入推进农业供给侧结构性改革 加快培育农业农村发展新动能的若干意见》中提出："推进农业供给侧结构性改革，要在确保国家粮食安全的基础上，紧紧围绕市场需求变化，以增加农民收入、保障有效供给为主要目标"。而当前，农民增收发生了一些新的变化，有机遇，有压力，更有挑战。下面，我结合镇江市丹徒区的情况就促进农民增收问题谈几点个人的想法：

一、丹徒区农民收入的情况

2016 年前三季度，丹徒区农村居民人均可支配收入为 14 312 元，同比增长 8.6%。具体收入分析如下：

一是工资性收入增速呈回落态势。2016 年前三季度，农村常住居民人均工资性收入 9 148 元，增长 7.3%，增幅比去年同期下降了 3.5 个百分点。主要原因是受经济下行压力影响，部分建筑业、制造业和产能过剩行业持续低迷，企业新增用工缺口收窄；农民务工工资水平在经过前几年快速提高后，已处于较高水平，农民工工资水平增幅趋缓；受劳动力成本上升的影响，机器代人的现象加剧，企业新增用工意愿降低。

二是经营性收入仍然保持较好增长。2016 年前三季度，丹徒区农村常住居民人均经营性收入 3 354 元，增幅 8.4%。主要原因是生猪、瓜果、鱼类等农副产品价格上扬，特别是茶叶和蔬菜价格涨幅较大，其中茶叶价格与去年同期相比，平均上涨 65%，蔬菜价格比去年同期增 80%以上，农业经营效益好转。各地在休闲旅游观光采摘体验等方面开展的新的尝试和探索，也有效地带动了农副产品的销售和农家乐的兴起，带动了农民增收。

三是财产性收入增速最快。2016 年前三季度，农民收入中财产性收入达 357 元，增幅 16.8%。出租房屋收入、储蓄性保险收益，外加互联网经济时代各种网络理财平台的兴起，进一步丰富了城乡居民理财投资渠道，带来家庭财产的增值收益，对农村家庭而言，村集体分红以及承包经营权转让租金等，使得农村居民家庭的财产性收入更为多样化。但地区差异较大，如新城附近、工业园和大学城附近农民财产性收益较多，其他地区的农民财产性收入增长不明显。

四是转移性收入增幅较高。2016 年前三季度，丹徒区农村常住居民人均转移性收入 1 453 元，增幅 15.6%。农村转移性收入增幅较高，主要原因是从去年七月份开始起，丹徒区在全市率先对 2012 年前土地征用的对象调高发放标准，惠及全区 18 000 多名被征地农民，直接抬高了今年丹徒区转移性收入的增幅。

二、目前存在的问题

农业和农村经济发展在当前阶段的一个重要特征是，农业和农村经济结构与消费需求结构都在不断变化，而且农业和农村经济结构将朝着逐步适应消费需求结构的方向演变，即向供给侧演变。在这个阶段，主要依靠农产品增产和提价、劳务输出和企业发展的“数量速度型”农民收入增长方式，已经完全不能适应农产品供求关系发生根本变化、人民生活水平由温饱转向小康以及农业发展主要受市场需求约束的新形势，必然要对农民收入的增长产生明显的制约作用。比如，从面上看，大多数农产品的市场价格已高出国际市场价格，例如小麦、玉米等大宗农产品价格已经高于国际市场价格 60%以上，通过提高产量和价格来增加农民收入已无余地。再比如，农业结构不尽合理，名、特、新、优产品不够多，供不应求，一般农产品却供过于求，农民货币收入很难实现。在农业产业结构中，种植业所占的比重过大，而水产养殖业、畜牧业等比重较小，农民收入来源面比较窄。农业结构的调整直接影响了农民增收。还比如，丹徒区农民收入结构中的工资性收入、农业经营收入较高，财产性收入不高，结构不尽合理。今年苏州农民人均收入约 3.6 万元，其中三分之一是财产性收入，即集体经济组织的各类分红。自然灾害的影响也在不断加剧，导致受灾区农民收入下降。

由于农民收入增幅减缓，农村市场开拓受到限制。农村消费的结构中，农村居民的生活消费支出约占总支出的 65%左右。在生活消费支出构成中，食品支出占 53.43%，衣着占 6.17%，居住占 15.07%，医疗保健占 4.28%，家庭设备用品及服务、交通和通信、文教娱乐用品及服务等其他支出只占不到 12%。由此可见，全面实现小康难度增大。

三、找准农民增收的新突破口

深入推进农业供给侧结构性改革，以提高农业供给质量为主攻方向，以增加农民收入、保障有效供给为主要目标，要在尊重农民主体地位、发挥市场机制基础作用的前提下，着力强化制度创新和深化改革，建立起有利于农民增收的制度环境和内生机制。重点要在以下几个方面寻求突破：

一是深化农村土地制度改革。农村土地制度改革是制度创新和政策创设中的核心问题，对增加农民收入意义重大。作为这项工作的前提是，必须按时、保质保量地做好农村经营承包土地确权登记颁证工作，给全区农民吃上“定心丸”，让农民放心大胆地流转土地，提高土地资源的配置效率，增加来自土地的财产性收入，提高收入预期。

二是加快农业经营制度创新。在坚持农户家庭承包的基础上，发展家庭农场、合作社和各种各样的产业化经营组织，提高农业生产专业化水平，增加务农的主业收入。继续加大扶持力度，帮助小规模农户解决实际困难，引导他们通过共同使用农业机械、开展联合营销等方式发展联户经营，增加技术、资本等生产要素投入，提高经营效益。引导各类新型农业经营主体相互交织、良性互动，构建起紧密、平衡的利益联结和分配机制，共同组成立体式复合型新型农业经营体系，通过新型农业经营主体的发育和新型农业经营体系的不断完善，发展现代农业，增加农民收入。

三是人力资本创新。职业化农民的培养，核心是要培养一批有文化、懂科技、会管理的高素质农民，让职业化的农民获得人力资本溢出的收入效应。加强职业农民教育培训，以生产经营类新型职业农民培育为重点，对农业基础经营者、获证农民、农业后继者和农业服务人员实行分层培养。实行职业农民准入制度，积极探索新型职业农民认定管理制度和农业行业准入制度。建立高素质人才回流机制，从政府补贴、项目扶持、金融服务、土地流转、职称评定等方面创新制度和政策，以稳定的收入保障吸引农村有志青年学习农业、投身农业。日本政府规定，只要年轻人愿意务农，政府确保其必有经营的土地。在当前农业劳动人口严重老化的情况下，这个做法值得我们学习。

四是农村集体资产权能改革。改革的目标是增加农民财产性收入。改革的手段是建立边界清晰、权责明确、保护严格、运转流畅的机制。改革的范围是农村集体经济组织内的资产、资源、资金，包括经营性资产、公益性资产和资源性资产。通过股份合作发展壮大集体经济，通过农民经营权入股发展壮大集体经济，通过国家对集体的投入发展壮大集体经济，通过重构集体经济积累新机制发展壮大集体经济，增加农民从集体经济发展中获得的收入，通过农民群众的自发性监督，保障村集体资产的安全。从实际出发，因地制宜，落实承包地、宅基地、集体经营性建设用地的用益物权，赋予农民更多财产权利，增加农民财产收益。

四、探索农民增收的新举措

一是强化农民工技能培训，提升务工收入。工资性收入是目前全区农民收入的最主要来源，要适应经济发展新趋势，围绕农村新产业、新业态，整合各种培训资源，加快培育技能型农民工，促进农民稳定转移就业，稳定提高工资水平。特别要抓好农民工返乡创业，做好返乡农民工初创培训、创业辅导和创业技能提升培训工作，推动返乡创业优惠政策落地见效，实现农民工就近就地就业。

二是加大农业供给侧结构性调整，实现农业转型升级。鼓励引导社会资本进入农业，加强农产品生产基地和龙头企业建设，培育壮大特色优势效益农业，有效带动农民收入的增加。坚持以市场需求为导向，以资源优势为依托，依靠科技进步，重点优化品种结构和布局，促进农产品品种扩展和品质提升，提高市场竞争力。加强农产品质量安全检测，做好三品认证的挖新、扩项和续展，争取全区种植业“农三品”认证产量占种植业产品总产量百分比达到41%以上。

三是扶持新产业新业态发展，多渠道增加农民经营收入。依托丹徒农村绿水青山、田园风光、乡土文化等资源，大力发展休闲度假、旅游观光、养生养老、创意农业、农耕体验等，包括民宿、农家乐等，使其成为繁荣农村、富裕农民的新兴支柱产业，带动农民增加家庭经营收入。特别是农家乐和办节庆两项工作，农家乐并未过时，关键在于提升品质，丰富内涵，浙江办特色小镇，并没有排斥农家乐，反而推动了农家乐的兴旺；刚刚落幕的2016丹徒旅游文化节使全区新增接待游客约50万人，带动农民人均增收2 000元，今后还要创造条件继续举办。要加快农产品批发市场升级改造和农产品加工技术创新，完善流通骨干网络，加强粮食、水果等重要农产品仓储物流设施建设。继续大力发展电子商务，促进农业产加销紧密衔接、农村一二三产业深度融合，推进农业产业链整合和价值链提升，让农民共享产业融合发展的增值收益，培育农民增收新模式。

四是切实抓好农业农村大项目建设，提升农业农村持续发展能力。以新一轮全国小型农田水利重点县建设为抓手，切实抓好以农田水利为重点的基础设施建设，大力改善农业生产和农村生活条件；抓好现代农业基地(园区)建设，推进农业产业集聚、集约、规模发展；抓好新农村、村庄环境提升、生态建设等重点工作，持续改善农村面貌、提升发展能力。

五是着力抓好精准扶贫，千方百计破解制约瓶颈。发挥好区、镇两级的统筹功能，大力推进“强村富民”达新标行动，引导各种资源和力量向经济薄弱村倾斜、向贫困户聚焦，认真谋划和争取实施一批基础性、公益性、民生性建设项目，不断提高帮扶工作的针对性和实效性。强化社会帮扶，有效利用好部门结对、村企挂钩、村村帮扶等措施，增强经济薄弱村的自我“造血”功能，带动经济薄弱村特色产业发展，破解发展瓶颈，多渠道增加低收入户经济收入。

六是增加在粮食收储方面的投入。目前丹徒区托市收购的储藏能力不够，仅1.5万吨左右，农民卖粮卖不出好价钱，对收入影响较大。以今年的稻谷为例，市场价每斤比托市价低0.2元，每吨低400元，全区年总重量扣除托市粮后约有15万吨，农民卖粮总损失6 000万元，按10万户农户算，每户损失600元。如果增收3万吨的托市收购，每户能增加120元的收入，3万吨的粮库建设投入约1 500万元左右，带动农民增收的效果却是显著的、长远的。所以还是要想方设法扩大库容，提高托市的能力，带动农民增收。

刍议解决农户贷款难问题的思路与对策

孙　凯

（九三学社镇江市委员会）

摘要：农户贷款特别是弱势农户贷款难是长期困扰农村发展的一个突出问题，也是制约农民发展生产、脱贫致富的一个重要瓶颈。为了缓解农村贷款难问题，政府和农村金融机构应通过一系列改革以适应新形势下农户小额信用贷款的需求变化以更好地服务“三农”和新农村建设。

关键词：农村征信；农户贷款；对策

随着农村经济发展迅速，加上国家政策的大力扶持，农村金融市场前景广阔，近年来呈现爆发式发展。但是，现阶段农村金融的发展并不均衡，农户贷款作为农村金融的重要组成部分，在发展过程中出现了一系列问题，突出表现在银行支持农户贷款业务力度不足，农户贷款总量不足、供需不平衡、无法满足农户需求等。解决好农户贷款难的问题，对农村经济和农村金融机构的发展具有重要意义。

一、农户贷款现状

目前农户贷款总量小，供需矛盾突出。中国目前有 2 000 多个县、9 亿多农民，农户贷款需求很大，但农户贷款的总量偏小。央行的统计显示，截至 2015 年底，全国农户贷款余额为 5.4 万亿元，相比于同期小微企业贷款余额 23.6 万亿元总量偏小。《农户信贷报告》的调查显示，在农村地区，有正规信贷需求的农村家庭占比为 19.6%，而全国农村地区的正规信贷可得性仅为 27.6%，远低于全国的 40.5%，有超过 40%的受访农户认为贷款难，农户的贷款需求远远没有得到满足。

农户贷款对农信社、村镇银行收益水平提高的作用较小，农村金融机构对农户贷款发展的积极性不强。出于自身风险等因素，农村金融机构更倾向于放款给小微企业、农民合作社，而农户贷款较为困难。

二、农户贷款难的原因

造成农村居民贷款难的问题主要因素包括：

（1）农业生产的特点决定了行业风险高，抵御风险能力弱，收入很难保障，同时农业的生产资金运转周期长、资金的内部积累少，使银行或信用社对于农业贷款收回没有信心。相对于第二、三产业，农业生产的低回报率，也使金融机构对此类贷款没有兴趣，机会成本较高。

(2) 农户缺少传统的“房车券”等“硬”质抵押物，金融机构对于农村借贷者的抵押物如农房、农地承包权、林权等难以量化，同时农户的抵押品在发生贷款违约之后，将会被送往市场拍卖，由于农村流转市场的不发达，致使抵押品变现困难，这使金融机构更不愿贷款。农户中农村非农经营户的情况好一些，即使是缺乏抵押物的情况，他们也有可能组成联保小组、找保证人等各种形式获取融资支持，而对于从事农林牧渔业直接生产的农户来说，贷款将更为困难。

(3) 农户信用体系不完善，贷款违约风险较高。目前我国征信系统不够完善，没有把大量的农村地区融入其中。数据显示，截止 2016 年底，超过半数的农户在在人民银行的征信系统中处于无信用记录状态。金融机构出于规避信用风险考虑而不愿意贷款给农户。

(4) 融资成本高。农户遍布于乡镇，如果是比较发达的地区还好，基本上有道路相通。如果是欠发达地区或者是基础建设尚不完备的区域，上门调查的成本将大大增高，而且种养殖基地通常与聚居区有一定的距离，车辆、人员各方面的支出会大大增加。

三、对策与建议

解决农户贷款难的问题，需要政府发挥其职能的作用来扭正农村金融市场的市场失灵，使得农村金融能够平衡发展以促进农村经济的发展，最终实现帮助农民增收的目的。要在充分考虑到农业的天然属性基础上，从政策角度向农业和农村金融倾斜，为农户贷款搭好平台，定好游戏规则。可以从创新质抵押担保方式、完善农村征信体系，引入声誉机制等几个方面着手，降低农户贷款门槛，减少农户融资交易成本：

1. 扩大农户质抵押担保范围

各地农信社和村镇银行在创新农户贷款质抵押担保方式上作了很多探索和尝试。如苍溪试点承包土地的经营权抵押贷款；扶绥以土地上附着物的未来收入质押方式进行授信；惠山以农户租赁土地经营权为抵押授信贷款；沧州试行林权质押贷款。但现在对于实行土地承包经营权抵押和转让在法律上还存在模糊，各地试点行为只具有政策意向而无法律依据，做法不一，存在隐患。同时，在实际操作过程中，农村土地承包经营权的价值难以认定，机构大多交由第三方公司等评估认定，处于弱势地位的农户权益难以保障。建议：

① 在总结前期各地试点工作的基础上，在法律层面对农村土地质抵押行为进行明确，对农户质抵押贷款中全过程进行规范，根据土地质量等指标制定土地质押的标准。

② 联合现有的社会化土地流转平台开展政企合作，建立农村土地质抵押综合服务平台，负责农村土地质抵押的确权、评估和流转，并对流转后的土地使用进行

监督。

③ 在政策上向农户和合作社倾斜，在农户贷款担保上采取降成本、免保证金、拓渠道等措施，最大限度地降低农户融资成本，使农民受惠。

2. 完善农村征信体系

农村地区现阶段由于征信基础较弱，收集、整理、核准评估、查询农村信用信息比较困难，同时大量的农户信息散落在农委、林业、扶贫办等各个涉农部门。要破解农村"贷款难"，促进农村金融持续发展，就需要做大量基础性的工作，加快征信体系建设，逐步实现信用的城乡一体化。建议：

① 建立统一的农户信用档案，根据农村经济特点，合理设计涵盖农户基本信息、生产经营、主要收入来源、住房结构等信息的农户信用信息指标，建立一个适合全国的统一信用评估指标体系。充分整合分散在农委、林业、国土、扶贫办等涉农相关部门的农户信息，建立统一的农户信用档案。

② 开展农村信用评价工作，建立覆盖农商银行、村镇银行、农信社及邮政储蓄机构等农村金融机构的征信机构主体，加大开展农村征信活动的力度，设立深植农村的征信岗位，严格依据有关规定加强原始信息的收集、调查、整理、保存，建立健全自身信用评估体系。

③ 征信体系与信用奖惩制度相挂钩。建立村集体、农户信用动态考评机制，综合不良贷款清收、农村产业发展等情况，定期评选信用村集体，对信用水平高、信誉好的农户和村集体在贷款时提供更低的利率和更便利的贷款条件。对失信农户和信用状况不佳的村集体，提高授信门槛乃至拒绝给予授信，并在农业财政补贴、信贷优惠等方面予以惩罚。

3. 引入声誉机制

声誉能在借贷双方之间建立信任关系，可以弥补抵押物缺乏的不足，且对违约风险有抑制作用。农村是小圈子熟人社会，农村金融评估对象具有所处环境封闭性、经营业务简单性、金融风险单一性等特点。声誉亦即熟人信用在农村金融中能够发挥重要作用，目前很多农村自发组织的互助合作小额借贷模式发展得很好，而且违约率低。最近的一项研究表明，把声誉机制引入农户贷款模型，能够有效提高农户特别是中低收入农户贷款可贷得性，降低融资交易成本。由此可见，农村信用体系建设一定要和声誉机制相结合。建议：

① 引入熟人评价体系，将族人（村里能人为主）评价、村委会评价、行为道德、兴趣爱好（是否赌博）、家庭状况、同村建设等指标纳入信用评级工作中，同时在村中进行公示，接受大家的监督，并定期对征信数据进行更新。

② 将声誉惩罚纳入到失信惩罚之中。结合村集体治理工作，将信用建设纳入到乡规民约之中，通过村委会对失信农户进行公示，从而加强对失信农户的惩戒约束。

③ 鼓励农村资金互助合作模式发展，尽快制定合作金融相关政策法规，明确

其法律地位。加强扶持力度，免征农村资金互助社的税金、金融监管费用等相关费用；支持和鼓励财政支农资金通过农民资金互助组织转贷给农民，支持商业银行、信用社与农村资金互助社开展合作，促进城市资金回流农村。

参考文献

[1] 中国人民银行. 中国农村金融服务报告[R]. 北京：中国金融出版社，2015.

[2] 范香梅，张晓云. 农户贷款中抵押与声誉机制的作用差异及贷款合约设计[J]. 浙江财经大学：财经论丛，2013，173(4)：42-49.

[3] 费玉娥. 新疆农户小额信贷发展研究[M]. 乌鲁木齐：新疆人民出版社，2009.

[4] 王倩倩. 农户小额贷款模式比较研究[J]. 大观周刊，2013(49)：116-118.

全面整顿农村资金互助合作社助推农业供给侧结构性改革

——以丹阳市为例

虞伟林

（江苏省丹阳市审计局）

摘要：今年的中央一号文件，明确提及“严厉打击农村非法集资和金融诈骗”，而当前，农民资金互助合作社出现的种种乱象已到了非解决不可的地步。整顿农民资金互助合作社、防控风险以力促农业供给侧结构性改革，进而推动农业增效、粮食增产、农民增收以及农村的社会稳定，这是摆在各级政府前的一道严肃课题。

关键词：农村；资金；合作社；发展；供给侧改革

2004 年至 2017 年，中央连续 14 年发布以“三农”（农业、农村、农民）为主题的中央一号文件。2017 年 2 月 5 日，新华网发布的 2017 年一号文件，其中，关于“农村金融创新”的内容有所改动，增加了“严厉打击农村非法集资和金融诈骗”，而《人民日报》头版刊发了《开局首季问大势——权威人士谈当前中国经济》一文，直言“让老百姓储蓄泡汤，那就要命了”，可见中央对农村非法集资和金融诈骗的关注程度。由农村非法集资和金融诈骗引起的风险如果管控不好，极有可能引发“骨牌效应”，给农业供给侧结构性改革带来巨大困难，并为农村稳定和农业发展埋下严重隐患，国家曾对这类活跃在农村的非法集资组织（农村合作基金会）进行过专项处理，几乎全部被取缔，而今却在农村却死灰复燃，造成严重后果，理应引起各级政府深思。

一、当前的现状

当前，极易引起农村非法集资和金融诈骗最普遍、最典型的就是农民资金互助合作社，它是国家金融改革政策鼓励，由农民发起、吸纳农民社员资金并面向“三农”的新型民间融资机构，是民间资本进入金融体系的一个新的渠道，它能够为纯农户提供便捷、低“门槛”的金融服务，所以又称“穷人经济学”中的“草根银行”。

农民资金互助合作社（下简称合作社）在我省兴起已有数年，2009 年 6 月，丹阳市乡镇成立了全市第一家农民资金互助合作社（下简称“合作社”），到 2011 年 9 月，该市先后有合作社 15 家，每个镇（区）各 1 家，截至 2016 年 6 月底，全市合作社总共有 10 家、社员 6 900 人，注册资本总额 7 244 万元，吸纳互助金余额 35 404 万元，对外投放资金额达 47 087 万元。

二、存在的问题

合作社是属于农民自己的资金互助合作性组织，它通过吸纳农民基础股金和农民闲散资金，投放于农民创业与种植业、养殖业，有益于农业增效、粮食增产、农民增收以及农村的社会稳定。但其在运行中却出现不少问题，各地合作社运行情况普遍不乐观，2012 年，丹阳市原后巷镇合作社因违规经营关闭，2014 年以来，先后又有 4 个镇等 4 家合作社因涉嫌违法违规造成资金链断裂而无法正常经营，主要问题有：

(一) 部分未经政府审批

一些合作社违反国家法律规定、未经有关部门批准，非法吸收非社员资金的行为构成犯罪。部分发起人为吸收更多的存款来发放贷款赚取利息，在未经有关部门批准的情况下，借助该合作社的合法平台，以张贴或滚动字幕形式发布含有高息和分红等内容的告示，违规发放宣传单、搞抽奖盘以引诱农民存入互助金，并私下与他人签订存款协议，从而造成合作社发展失控、资金损失等恶劣后果。

(二) 擅自改变资金用途

合作社作为自愿联合、民主管理的互助性经济组织，应当以所在乡镇的农民为互助成员，其资金来源于成员，也以成员为主要资金服务对象。虽然合作社的资金不能投向非农产业，只能投向本区域内的农业。但事实上，这一现实版的“穷人银行”已经走偏，严重脱离了原本设计的为农民服务的轨道。

合作社的资金用途是与农业生产资料或者与农业生产经营等有关的需求，按照相关规定，农民资金互助合作组织支持农民创业，融借小额资金，应在资金互助合作组织的经营服务范围之内，资金来自社员，在社员内相互拆借，而且不追求营利，可现在很多合作社打着资金互助幌子，进行不规范经营，背离互助本质，甚至假借资金互助名义大肆诈骗，圈钱挥霍；以合作社名义筹资，用于自身企业发展，涉嫌非法吸存、非法集资等，如某镇假借“合作社”之名非法吸收公众存款，通过农民资金互助合作社的合法平台，从事非法吸收公众存款、高利转贷，最终导致合作社资金链断裂、民众血本无归。

(三) 内部经营管理不善

合作社在营业过程中存在运作混乱、经营机制尚未建立、规章制度不健全等问题。如入社行为不规范，对单个社员向农资社入股，其持股(社员股金和互助金)比例超过农资社注册资本的 10%；内部风险控制体系形同虚设，按规定投放资金逾期率必须控制在 10%以内，但一些合作社逾期率达 28.3%，远超控制标准；部分合作社没有按规定提足呆账准备金，从而加大了潜在财务风险；另外，合作社的资金投放保证方式单一，缺少抵押、质押的保证形式，从而增加了资金投放的风险，等等。

(四) 缺乏必要监督控制

合作社内部控制不完善，一些合作社暗地里做了两套账，账内资金应付检查，账外资金流向了非农领域。一些合作社为谋取暴利，将资金违规投放到和农业生产无关的其他领域，而主管部门监管不到位，监管缺位，缺少有效手段，放任自流，从而导致不良后果，一些合作社内部控制流于形式，未建立健全资金稽核制度，或者虽已建立相关内部稽核制度，但缺少执行力，内部稽核形同虚设，未发挥应有作用。

三、原因及风险分析

新形势下，农业主要矛盾已经从总量不足转变为结构性矛盾，主要表现为阶段性的供过于求和供给不足并存。因此，通过改革，提高农业综合效益和竞争力，以实现增加农民收入、保障有效供给，农业供给侧结构性改革成不成功，要看供给体系是否优化、效率是否提高，更要看农民是否增收、是否得实惠。

农民致富融资难、融资贵是制约农民实现增收的一大障碍，因为农村的投资渠道仍然狭窄，而正规的金融机构并没有将服务下沉，而合作社具备贷款额度小、借贷期短、手续简便等优点，故颇受农民青睐，其产生根源为有农民想要借钱做生意，但农民难以通过正常手段便捷融资；而一些农民想要“让钱生钱”却无“生财之道”，缺乏理财投资的好渠道，少数合作社通过名誉包装和媒体宣传等手段吸引农民群众并以“高收益”为诱饵来吸储，这对合作社的畸形发展起到推波助澜的作用。

值得注意的是，2017 年一号文件首次提出要严厉打击农村非法集资和金融诈骗，积极推动农村金融立法，其中提出非法集资的问题，这说明高层对此的关注程度。农民的钱没有地方去、金融知识欠缺，一不小心就会陷入非法集资乃至诈骗的陷阱，尤其是以合作社为幌子的诈骗，部分不规范融资平台却将黑手伸向了农村，因而屡次出了不少相关的恶性事件。在部分人眼里，合作社已异化为一个融资平台和牟取暴利的工具，农村的钱不断被吸纳上来，大量流向非农产业，这显然违背了它成立的初衷，俨然沦为少数“聪明人”赚钱工具，一些合作社老板不断“跑路”，部分合作社出现的倒闭及引发的挤兑风波，可怜农民的血汗钱、养老钱、保命钱被骗得血本无归，经常上访闹事，严重干扰了金融秩序，严重影响了农业生产，损害了农民的利益，破坏了农村的稳定，严重阻碍了农业供给侧结构性改革。

四、有关建议和意见

(一) 有序控制缩减规模

狠抓合作社经营规模的缩减，进一步继续控制和缩减合作社社员互助金规模和社员人数，动员合作社继续加大对外投放资金的清收，逐步降低合作社经营规模和经营风险，争取通过几年努力，使合作社平稳退出，政府主管部门要做好缩减工作，限期整改存在的问题并通过合作社票据使用等控制合作社业务；同时，全面叫停新审批和登记合作社，有计划地取缔不合格的、尚未登记的合作社。

（二）妥善处理后续矛盾

除进一步督促各个合作社加大投放在外资金回笼力度、不允许合作社新增对外投资外，对到期不及时归还资金的“老赖”社员，采取派专人跟踪催要或向法院起诉等手段，促进资金归位。

对已出险的合作社，属地政府自觉做好信访维稳、资金兑付等各项处置工作，帮助合作社加快对涉案资金的追缴和资产的处置，积极调度资金，按照兑付方案进行兑付，防止发生群体性上访事件；对已起诉的投放资金逾期不还案件，在各项举证到位情况下，建议法院开辟绿色通道，坚持“快立、快审、快执、快结”，帮助合作社追回投放资金。

（三）审慎规范经营运行

现有合作社应树立忧患意识，审慎经营，进一步规范合作社运营行为，深化其服务“三农”的水平，以防范区域性、系统性金融风险的发生。

加大合作社内部治理力度，强化互助金存入、资金投放和稽核的基础工作，推行股份制，改变“一个人说了算”家庭管理模式，避免不受约束的投资冲动，确保资金在本区域内按短期、小额、比例控制原则投放并封闭运行；提升风险控制手段，提足坏账准备金，探索灵活多样的担保方式，尽量减少逾期还款现象的发生；定期举办关于金融法律、风险管理等方面的知识培训，提升从业人员的业务素质，等等。

（四）强化政府监督管理

（1）强化对合作社的监管力度，政府是合作社监督管理、风险防范化解处置的第一责任主体，应明确责任，指定专门部门承担监督管理职能。目前，农村资金互助合作社由城乡统筹委主管，但城乡统筹委非金融监管部门不擅金融业务，金融风险把控能力相对有限，建议政府明确由金融办牵头负责，配备懂金融业务的专业监管人员对合作社进行专业监管。

（2）健全完善打击非法金融活动的监管执法体系，完善动态预警监测信息平台，对合作社的业务开展情况进行实时动态监管，随时了解合作社的资金进出情况，发现异常，及时通报相关情况并采取应对措施；实行常态监管，对合作社开展调研检查，了解掌握合作社运行情况，同时要求各乡镇农业服务中心督促各合作社开展自查自纠，针对存在问题现场整改；另外，重视合作社审计工作，并将其摆在重要地位，通过专项审计以摸清家底、揭露揭示问题，从而确保资金安全运行。

（3）注重诚信体系建设，建立健全完善失信惩戒制度，加大对合作社“圈钱、骗钱”失信者的打击处罚力度，人行、金融办、民政、财税、公安等部门应加强信息沟通、资源共享，形成监管的合力，除依法处罚外，还应将失信者列入“黑名单”，使之无路可逃。

（五）积极开展宣传教育

强化宣传引导，增强农民的风险防范意识，相关部门要联合有关媒体积极开展金融法律常识方面的宣传和普及，帮助其树立正确的投资观，规范经营场所，清理合作社在营业场所非法广告，增强社员对合作社的了解和风险防范，引导农民和广大社员自觉远离非法集资；另外，还要加大对反面教材的宣传力度，充分利用相关案例，让农民从中受到经验教训，从而促使他们对于类似诱惑保持警惕。

（六）大力扶持农村金融事业

解决合作社问题根本在于突破瓶颈，消除非法集资的滋生土壤，为农民提供更多金融服务，引金融之水、解农业供给侧结构性改革之渴，政府应积极与金融机构积极协调，建立合作社信用评级系统，对小额贷款通过农户信用贷款的联保机制给予满足，对于大额资金需求，可组建政策性农信担保公司为合作社提供信用担保服务，帮助金融部门建立风险防范屏障。还可以推动开展“两权”抵押贷款试点，探索建立健全正向激励、风险缓释等配套机制，调动乡镇、银行、农户等各方积极性，尝试开展农村承包土地经营权、农民住房财产权、农村建设用地抵押贷款试点业务，深化农村金融的综合改革；积极推动普惠金融发展，综合运用普惠金融发展专项资金，充分发挥财政资金杠杆作用，积极鼓励和支持“双创”、小微农业企业等普惠金融发展，为地方经济发展提供全方位、多元化的金融服务。

另外，积极扶持农村金融事业，拓宽农村投资理财渠道，鼓励银行开发适合农民的投资理财产品，先在经济发达、农民投资意识强的地区进行尝试，再在别的地方逐步推广经验，引导农民稳妥、理性投资，让农民享受到优质、高效和便捷的投资理财服务。

参考文献

[1] 张庆宁. 80 亿！农合社庞氏骗局[N]. 经济观察报，2015-02-07.
[2] 赵永平. 农业供给侧结构性改革，怎么看怎么平[N]. 人民日报，2017-02-06.
[3] 本报讯：我市某镇合作社资金链断裂，民众血本无归[N]. 丹阳日报，2014-10-25.

农业供给侧结构性改革应充分发挥涉农民营企业的作用

周晓峰

（江苏一夫科技股份有限公司）

摘要：中央关于加强农业供给侧结构性改革意见中提出，要充分发挥多种形式农业适度规模经营在结构性改革中的引领作用，而目前农业的规模经营主体，绝大部分涉农的企业均是中小型民营企业，要实施农业供给侧结构性改革，就必须充分发挥涉农民营企业作用。

关键词：农业；供给侧改革；民营企业；作用

深入推进农业供给侧结构性改革是整个供给侧结构性改革的重要一环，也是我国农业农村自身发展思路的一个重大转变，对于加快建设"强富美高"新江苏和建成高水平小康社会具有重要作用。中共中央、国务院于2017年2月5日正式颁布实施的《关于深入推进农业供给侧结构性改革加快培育农业农村发展新动能的若干意见》提出，要"通过发展适度规模经营、减少化肥农药不合理使用、开展社会化服务等，降低生产成本，提高农业效益和竞争力。要充分发挥多种形式农业适度规模经营在结构性改革中的引领作用，农业支持政策要向规模经营主体倾斜。"而目前农业的规模经营主体无论是从事种植、养殖生产的专业大户、家庭农场、农民合作社还是从事农产品加工、销售环节的农民合作社、农产品加工企业甚至龙头企业等，绝大部分涉农的企业均是中小型民营企业。那么，所谓的充分多种形式农业适度规模经营在结构性改革中的引领作用，也就是发挥民营企业在农业供给侧结构性改革中作用，更通俗一点的说，要实施农业供给侧结构性改革，必须让民营企业充分发挥作用。

可是从目前我省从事农业经营的民营企业却普遍存在一些问题，主要表现在：一是植根于农业的民营企业普遍规模较小，很多是以家庭作坊的形式经营，不利于推进农业供给侧结构性改革。二是由于农业生产周期性强、周期长、土地不能抵押贷款等问题，农业企业融资更是比一般小微工业企业难。三是农村青壮年都倾向于去城里打工，剩下的老弱病残加剧了农村企业用工难的问题，很多新技术、新应用难以推广。四是尽管每年大学毕业生很多，但是即使是农业专业毕业愿意从事农业工作的也很少，导致大量农业企业缺乏科技创新能力，缺少科技研发人员。这些问题严重制约了民营农业企业在农业供给侧结构性改革中的作用的发挥，也必将延缓农业供给侧结构性改革任务的完成，有碍农业供给侧结构性改革目标的实现。

因此我们建议：

1. 完善相关激励政策。尽管近年来政府出台了一系列关于涉农民营经济发展的政策，但与国有企业相比，涉农民营企业在税收、用地政策、项目审批政策等方面，相关文件并未具体落实。政府应进一步改善营商环境，尤其应改善政商关系，整合涉农项目资金和创新财政扶持政策，因地制宜，加大示范联合体的基础设施建设、信用担保、税收优惠、融资风险补偿、政策性补贴等支持力度，重点解决融资难融资贵问题。再次，认真落实国土部、农业部关于进一步支持设施农业健康发展的意见，对引领联合体发展的龙头企业所需的建设用地，应优先安排、优先审批，按规定享受土地规费相关优惠政策。同时应进一步改善金融服务，并在资本市场的发展包括金融产品的创新上迈出更大的步子。尤其是国家要研究、探索、制定一些更有突破性、创新性和实效性的政策，释放供给侧结构性改革的红利，进一步减轻企业税负，降低企业社会综合成本费用，让企业有更多的利润去支撑提质增效和创新发展，化解企业背负的压力，能轻装上阵参与国际市场竞争。

2. 培育大型龙头农业企业。龙头企业是加快推进农业产业化发展的重要载体，是推动特色农业、现代农业、生态农业发展的关键力量。因此，政府应引导龙头企业在优势地区和重点产区建立生产基地，延长产业链，打造供应链，拓展价值链，提高全产业链收益，加快一、二、三产融合发展，培育一批自主创新能力强、加工水平高、处于行业领先地位的大型龙头企业，建立大型龙头企业为主、中小型龙头企业为辅、多元带动的龙头企业群体，并以完善利益联结机制和保障农民分享二、三产业增值收益为核心，强化龙头企业联农带农机制；应进一步完善扶持政策措施，促进龙头企业做大做强，创建农业产业化示范基地，促进龙头企业集群发展；应支持符合条件的农业产业化龙头企业和各类农业相关企业通过多层次资本市场筹集发展资金，支持龙头企业通过兼并、重组、收购、控股等方式组建大型企业集团。应按照国家金融政策的有关规定，适时成立农业品牌发展扶持基金，做大规模，支持帮助农业品牌建设，根据地方特色打好有机牌、绿色牌、生态牌、特色牌。

3. 加快要素支持平台建设。一是搭建人才支持平台，加强农业、科技等相关部门与民营企业结对帮扶，鼓励农业科研院所和大专院校与民营企业开展合作共建，建立实训、研发基地，提升民营企业的发展能力。二是搭建融资服务平台，推动金融机构与新型农业经营主体建立融资合作长效机制，对民营企业统一核定授信额度，打包授信、分户使用、随用随借、按期归还，逐年增加对新型农业经营主体的授信额度。三是搭建信息服务平台，政府相关部门建立信息资源采集、整理和定期发布制度与平台，为新型农业经营主体提供强农惠农政策、新技术应用、农产品供求、金融保险等信息服务，支持民营企业的信息网络建设，鼓励民营企业运用互联网技术，对生产经营过程进行精细化管理。

4. *加强新型职业农民教育*。牢牢抓住产业、市场和农民这“三个需求”的导向，根据农业产业发展需要，分类、分产业开展培育，深入调研我省农业生产资源禀赋、主导产业和特色优势产业发展情况、农业规模化和组织化发展情况、农业从业人员结构数量和素质等情况，有针对性地开展培训。针对当前农业一、二、三产业融合发展和农业供给侧结构改革的需要，大力开展当前市场急需的经营管理、电商物流、质量安全、品牌建设、精深加工、观光农业、乡村旅游等新产业、新业态培训，切实帮助新型职业农民适应市场需求。

5. *加快推进“互联网＋农业”*。出台对互联网农业发展的扶持政策，制订扶持奖励办法，对互联网农业项目加大奖励扶持力度。积极发挥政府的引导性作用，动员和配置更多社会性资本进入互联网农业，通过设立互联网农业专项资金，引导更多的创投基金、天使基金为互联网农业创业提供资本支持。积极推动我省互联网农业企业上市，通过资本市场壮大互联网农业发展，通过“走出去”和“引进来”，鼓励进入互联网农业企业来我省落户。要强化科技创新，加大新产品、新技术开发应用，延长拓宽产业链，发展精深加工、连锁经营和电子商务，不断提高标准化、信息化、产业化水平。

6. *加大农业社会组织的培育力度*。农业社会组织可以为农业生产经营主体提供服务和支撑，自身经营活动也是农业生产经营中的一部分。改善服务供给，可以提升社会化服务对现代农业发展的支撑作用。鼓励农业社会组织把新产品、新技术、新装备导入农业生产的过程，发挥专业化、规模化优势，推行标准化、绿色化生产，提高先进科技和物质装备运用水平，帮助生产主体减轻劳动投入、缩短对新技术新装备的摸索过程，降低成本、提升效率，提高推进供给侧结构性改革的能力。引导企业建立以同一产业品牌为市场导向，集生产、加工和服务为一体化的新型农业经营组织联盟，实现农业产业延伸的一、二、三产业各主体的内在联合，使具有同一属性的企业或组织集合成社会承认的规模程度，完成从量的集合到质的激变，从而提高优质农产品供给、促进农业增效和农民增收。

完善政策　改革体制　创新机制 实现农业供给侧改革目标

赵俊华

（九三学社镇江市委员会）

摘要：深入推进农业供给侧结构性改革意见的颁布实施，标明以农业供给侧结构性改革为主线的农村变革正式开始实施。而要实现农业供给侧改革目标，需要不断完善政策，着力培育新动能，需要不断改革体制，促进农业转型升级，需要不断创新机制，突出一个“变”字。

关键词：农业；供给侧改革；政策；创新；机制

2017 年 2 月 5 日，随着《关于深入推进农业供给侧结构性改革加快培育农业农村发展新动能的若干意见》，这是新世纪以来，党中央连续颁布的第十四个指导“三农”工作的一号文件，标明中国农业正在酝酿的千年变局正式开始，以农业供给侧结构性改革为主线的农村变革开始打苞。

深入推进农业供给侧结构性改革，是整个供给侧结构性改革的重要一环，也是我国农业农村自身发展思路的一个重大转变。它不同于以往的结构调整，不是简单的少种点什么、多种点什么，或寻求总量平衡、数量满足，而是涵盖范围广、触及层次深的一场全方位变革，是一场广泛的生产力调整，更是一次深刻的生产关系变革。其主要目标是增加农民收入、保障有效供给，最终目的也是为了让城市消费者和农民实现双赢。其主攻方向是提高农业供给质量，以市场为导向，紧跟消费需求变化，在让公众吃饱、吃好的同时吃得健康、吃出个性，在满足公众对优质农产品的需求的同时，满足对农业观光休闲等体验性服务性需求，满足对绿水青山的生态化绿色化需求，拓展农业多种功能，不断提高农业综合效益和竞争力。

但农业供给侧结构性改革是一个长期过程，不可能一蹴而就，只有不断完善政策，着力培育新动能，才能完成农业供给侧结构性改革目标；不断改革体制，促进农业转型升级，才能达到农业供给侧结构性改革目的；不断创新机制，突出一个“变”字，才能掌控农业供给侧结构性改革方向。

一、不断完善政策，着力培育新动能

尽管农村深化改革为农业结构调整和农业发展方式转变提供了重要动力，但近年来，受市场不利因素等影响，出现了农村土地流转成本偏高而农业收益下滑的新情况、新问题，严重影响了农业投资的积极性，一些地方的种植大户甚至出现了退地弃耕现象，只是农村承包地三权分置等改革办法的出台，抵消了部分市场低迷的不利影响，促使新型农业经营主体加快成长，新型农业经营体系加快形成。这说明了在我国农业市场越来越国际化的背景下，没有政策支持，没有政府有效干预，农业结构调整的可能结果是农业不断萎缩，就像国产大豆一样。所以，深入推进农业供给侧结构性改革，意味着不能完全延续过去的农业支持政策，必须对现有的农业支持政策措施有留有舍，并作进一步修订，也就是必须不断完善政策，培育新动能。

在粮食收购价格上，在继续执行最低收购价政策的同时，还需充分体现出优质优价，尤其对于不再实施托市收购和没有实施托市收购的农产品，政府要积极推动品牌建设，设定严格的标准；

在农业经营扶持方面，政府应重点支持有实力的农业产业化企业、农民专业合作社等新型农业经营主体和新型农业服务主体，对企业代耕代种、联耕联种、土地托管、土地流转等专业化、规模化经营模式给予重点扶持；

要出台激励政策，加快推进农村电子商务发展，形成线上线下融合、农产品进城与农资和消费品下乡双向流通格局，并着力提升农产品质量安全水平，提高消费者对农产品供给的信任度；

要针对供求关系、市场信息不对称，农民对市场的估计不正确以及市场信号失灵等问题，建立信息发布制度，多到田间地头提供市场信号和价格信息，引导农民调整种植结构；

建立完善农业保险制度，针对弱势产业和弱势群体加快建立农业保险，让农民有防范市场风险和灾害风险的意识的同时，减少因自然灾害、信息不对称而引起的损失；

要加快实施都市生态农业发展工程，大力发展休闲观光、创意农业等新型业态，推动农产品加工业向具备优势资源和相应产业基础的地方靠近，延长农业产业链和价值链，增加农民全产业链收入；

要进一步完善农业补贴政策，全国范围内的粮食直补、农业生产资料综合补贴和良种补贴归于农民，同时也让适度规模经营新型农业主体能够成为农业支持保护补贴的主体，让农民和农企共享发展红利；

要积极探索农业结构调整新途径和发展方式转变新突破，促进农产品初加工、精深加工及综合利用加工协调发展，深入实施特色农业产业化集群培育工程，加快促进农产品加工业转型提升。

二、不断改革体制，促进农业转型升级

首先，要优化农业生产，充分发挥各地由市场力量和资源禀赋决定的竞争优势，大力发展特色优势农产品生产，推动特色农产品优势产区建设；要充分发挥农

业龙头企业的优势，加大政策扶持力度，建设好粮食功能区和主要农产品保护区，保证公众的粮食与农产品供应；充分发挥好农业补贴在绿色发展方面的作用，激励地方更好地运用补贴手段为农业结构调整优化服务。

其次，要加大力度推进农产品价格形成机制改革和粮食等重要农产品收储制度改革，进一步完善最低收购价政策，尽可能缩小最低收购价范围，拉开不同品种最低收购价水平的差距，充分发挥价格在资源配置中的决定性作用，更多地使用“价补分离”手段，推进农业标准化，促进品牌建设，实现优质优价。

再次，要深化涉农投融资体制机制改革。要以财政支农体制改革为突破口，进一步整合涉农财政资金，增加最终使用者自主实施权；要发挥财政吸引金融资本和社会资本投入“三农”领域的杠杆作用，解决农民贷款难贷款贵和农业农村投入不足难题，切实提高财政支农效能；要坚持把农业农村作为财政支出的优先保障领域，确保农业农村投入适度增加；要积极探索实行“大专项＋任务清单”管理方式，从源头上，多层次、多形式开展资源整合，并将有限的财政资金用作“药引子”，吸引金融和社会资本更多投向农业农村。

第四，应深化农村土地制度改革，鼓励多种形式流转农民承包地发展适度规模经营，切实解决农村土地流转成本过高难题，把农业的无效成本降下来。应发挥农业机械社会化服务作用，调整农机购置补贴政策，减少无效农机购买，降低农机作业成本，促进农机对人力的替代。

三、不断创新机制，突出一个“变”字

加强农业供给侧结构性改革，必须在“变”字上做文章。因循守旧没有出路，只有创新改变，才能实现改革目标。我国农业基础设施薄弱，科技支撑能力不足、农机装备水平相对较低、抗灾减灾能力不强，粮食安全问题远没有解决，因此，农业尤其需要科技创新，只有通过科技创新才可能推出优良品种，降低生产成本，提高农业效率。

第一，要加强农业基础性、前沿性科学研究，加快创新步伐，抓好生物技术特别是粮食作物优良品种培育，着力突破粮食生产的良种良法配套重大关键技术，从个性化、高端化、品牌质量等方面提高农产品的供给能力和水平，实现供给和需求的“无缝链接”。

第二，要加强农业科技创新基地与平台建设，以此为依托，组织实施重大自主创新项目，吸引和凝聚高水平人才，推动项目、基地、人才的有机结合。特别是在建设现代农业产业园，形成现代农业产业集群的同时，应加强科技园建设，打造现代农业创新高地，加强创业园建设，为各类人才在农村创新创业提供扶持和服务。

第三，要建立健全农业科研与高新技术开发、推广与生产应用相结合的管理机制，改进和完善成果鉴定制度，以先进实用为评价导向，保证鉴定质量。

第四，应注重农业科技成果转化的问题，探索解决处置手续繁琐、定价方式不

明确、技术入股风险较高的新方法，尽快建设全国性的农业科技成果交易平台，遵从市场定价，挂牌交易原则，加大股份激励力度，让成果转换成股份，让研发人员能不断地受益，形成一个长期性的、永久性的、可持续的创新平台与机制，尤其应改变科研院所以文章为王的局面，走出一条教学、科研与产业化相结合的新路。

第五，要继续加大农业科技成果转化的财政扶持，建立多元化投入机制，为农业科技成果转化提供资金保障。陈瑞爱则建议，要破除创新政策措施落地的障碍，尽快实现科技研发与市场需求的链接，让科技创新真正转化为现实生产力，成为农业供给侧结构性改革的发动机。

第六，要充分发挥以培育农业实用人才为主的农业职校承上启下实现农业科技成果有效对接优势。向上对接科研院所与高校，甚至是农业科技企业的优秀科技成果；向下依托学校走向农村，同粮食生产经营主体合作，进行有关成果与种植技术推广。

第七，要完善科技特派员联动机制，加强科技特派员与高校科研院所、下派干部队伍、行业科技服务组织和行业协会等合作，整合农村科技推广资源，建立“宝塔型”农业科技传导网络，增强科技特派员的整体服务功能。

四、不断调整种植结构，实现提质增效目标

在强调农业科技创新的同时，种植结构也要不断调整。但种植结构的调整，不仅是面积的增多减少，更是质量和能力的提升，只有着力在“调、提、联、拓”上下功夫，才能实现提质增效的目标。

“调”，就是调优产品结构，调减非优势粮食作物，调增优势粮食作物，消除无效供给，增加有效供给，减少低端供给，拓展高端供给，大宗农产品要突出“优质专用”，其他农产品要突出“特色优势”。

“提”，就是提高农业附加值，加强农业科技研发，强化农业科技推广，创新农业技术体系和技术路线，完善农业科技创新激励机制，适应农业由量到质转变的大趋势，提高产品质量，提升产品效益，实现农业“全环节升级、全链条升值”。

“联”，就是推进农牧结合，种养一体，推进农业产业化经营和农村一二三产业融合发展，延伸产业链，实现提档升级，着力发展农村新产业新业态，大力发展乡村休闲旅游产业、农村电商、现代食品产业等。

“拓”，就是拓展农业发展空间，推行农田综合种养，推广间套复种高效种植模式，大力发展现代种养业，积极发展农产品加工流通业，培育发展新型农业经营主体和服务主体，建设现代农业产业园。补齐农业农村基础设施和公共服务短板，增强农业农村发展后劲。

江苏互联网农业现实挑战与发展路径研究

朱菊萍

（江苏省社科院泰州分院）

摘要：当前农业生产经营中应用互联网思维及技术，实现从生产、加工、销售、金融等诸多环节升级农业产业链，提高效率，改变产业结构，成为克服传统农业种种弊端的新型“互联网农业”，其催生出的新业态、新模式正成为推进我国农业现代化进程的新引擎。本文认为，江苏在既有的现代农业发展优势基础之上，应充分利用互联网这一新型动力与工具，理清现代农业发展新思路，走出一条具有江苏特色的农业现代化之路，为此，从组织领导、基础设施、重点环节等方面提出一系列对策建议。

关键词：互联网农业；挑战；路径；江苏

自 2015 年 3 月李克强总理在政府工作报告中首次提出“‘互联网＋’行动计划”以来，全国各地都在积极推动新一代信息技术与传统产业跨界融合，“互联网＋农业”引发广泛关注，其发展风起云涌，催生出的新业态、新模式正成为推动我国农业现代化进程的新引擎。当前江苏正处于推动现代农业迈上新台阶的关键时期，认真贯彻国务院提出“互联网＋”行动计划，推动互联网农业发展，可以大大提升农业生产智能化水平，有利统筹国内外两个市场、两种资源，提高农业生产效率，推动大众创业、万众创新的新局面，对走出一条集约、高效、安全的现代农业发展之路具有十分重要的意义。

一、江苏农业互联网发展概况

“互联网＋农业”是指充分利用移动互联网、大数据、云计算、物联网等新一代信息技术与农业的跨界融合，创新基于互联网平台的现代农业新产品、新模式与新业态。目前为止，互联网农业主要有三种模式[1]：一是以互联网技术为导向的农业物联网模式。以物联网技术促进智能、精准农业发展，2010 年北京、黑龙江、无锡分别在设施、大田作物、水产养殖等方面获批国家发改委物联网试点项目；二是电商模式。2014 年阿里推出农村淘宝千县万村计划、京东启动“乡村代理人”招募和“京东帮服务店”，探索农村市场双向流通模式；三是互联网与农业相互融合的产业链模式。联想的云农场在农产品生产、营销、云端服务方面最终让传统隔离的农业形成完备的产业链。三种模式既呈现梯次推进的状态，也反映互联网农业发展的三个阶段。以“互联网＋农业”驱动，可以帮助解决信息不对称、农产品质量难以保证、农户贷款难等阻碍现代农业发展诸多难题，形成“信息支撑、管理协同，产出高效、产品安全，资源节约、环境友好”的现代农业发展升级版。

近年来，江苏互联网农业发展迅速，各级农业部门积极应用互联网和信息技术，切实加强农村综合信息服务平台、农业信息服务平台建设，组织引导各类农业经营主体应用传统互联网、移动互联网、云计算、大数据、物联网，创新农业发展模式、发展农业新业态，加快推进农业现代化。一方面，特色优势农产品电子商务蓬勃发展，如南京盐水鸭、阳澄湖大闸蟹、沭阳花木等特色农产品网上销售火爆，涌现出以沭阳颜集、睢宁沙集为代表的一批全国闻名的农村电商集聚区，有效促进当地农产品流通和农民增收。惠生活、食行生鲜、淘豆网、亚夫在线、乡旮旯网等农产品电商平台企业相继出现。据不完全统计，2015 年江苏利用网络营销农产品销售额达 220 亿元以上，创建农业电子商务示范基地 114 个。另一方面，农业物联网应用快速推进。江苏各地着力推进先进的物联网技术在农业生产经营领域的运用，涌现以常州康乐农牧、如皋裕康牧业为代表的畜禽智能化养殖，以南京汤山翠谷、常州家绿、无锡台创园等为代表的智能温室，以宜兴、高淳、泰州为代表的水产智能化养殖，以灌南、泗阳等为代表的食用菌智能化生产等农业物联网应用示范基地，农业物联网技术的应用大幅节约劳动力，降低生产成本，提高生产效益。2015 年江苏规模设施农业物联网技术应用面积占比达 13%。

二、江苏互联网农业发展存在问题分析

(一) 现有基础设施难以支撑互联网农业的发展

推动互联网农业的，需完善的宽带网络、交通、物流配套设施，但目前江苏特别是苏北地区在这些方面存在缺陷。一是信息化基础设施落后。信息服务的“最后一公里”问题非常突出：农村光纤入户工程推进较慢，目前农村宽带接入能力为 12 M，只有城市的 1/4；农户计算机拥有率较低，全省网民数达到 4 000 多万人，互联网普及率为 51.7%，但农村网民只有 1 000 万人，占总体网民的 25.1%。二是农村道路交通亟待提档升级。江苏农村交通虽然加大投入改建农村公路和桥梁建设，乡村道好路率达到 80%左右，但农村公路总体上仍处于以通为主的初级发展阶段，农村公路通达深度不够，路网密度不高，技术等级低、路况较差，通畅问题还未解决。三是物流基础配套薄弱。农村物流基础设施建设落后，尤其是缺乏物流资源集聚基地，运输组织固有场所较少，难以实现物流资源的聚集，物流成本居高不下，物流服务效率低下，服务水平不高。农产品专业化物流产业发展严重滞后，物流设施和技术落后，冷链物流系统发展仍处于起步阶段，规模化、系统化的冷链物流体系尚未形成。

(二) 农业从业人员素质不高

“互联网+”的发展和应用需要人员具备一定的信息知识结构和网络应用、信息处理使用等职业技能。目前，农村有现代知识和具有创新精神的年轻人多数进城打工，农业劳动者普遍年龄较大，据统计，全省专业务农农民平均年龄 58.6 岁，

持专业证书农民比重只有8.3%，高中及高中以上文化程度的不到5%，小学及未上学的占56%，受教育程度相对较低，接受和学习新知识、新技术的能力较弱，使用电脑和互联网的比率较低，普遍缺乏互联网知识和电子商务操作技能，成为制约互联网农业发展的关键瓶颈。既懂农业经营管理又懂电子信息化的复合型人才和服务机构数量的不足，往往使一些创业者坐失创业和发展的良机。

（三）互联网农业资金投入需求量较大

一方面，互联网农业依托农业智能装备，需要投入巨量资金，回报周期长，加之农产品电子商务物流成本较大，往往导致技术设备提供商和农业企业特别是家庭农场主、种粮大户等分散经营主体望而却步。另一方面，江苏大多地方没有安排农业信息化专项资金，现代农业建设项目中的信息化资金偏少、比例偏低甚至没有，加之农业生产经营和IT企业等市场主体投入不多，农业信息化投入与实际需求相差较大，难以满足新形势下"互联网+农业"发展的需要。

（四）互联网农业推广服务机制不健全

目前，全省各地互联网农业发展迅猛，但仍是"星星点火"，尚未形成"燎原之势"，推广服务机制不健全是其原因之一。在物联网应用方面，缺少统一的应用标准，导致不同区域、产业、主体间的物联网应用系统互不通联，"信息孤岛"和重复建设现象同时存在。互联网农业多处在现代农业园区关着门搞试点、示范阶段，在家庭农场、种粮大户等经营主体间推广应用不足，"最后一公里"的互联互通问题远未解决，缺乏科学有效的推广模式。

三、推进江苏互联网农业发展的路径思考

（一）加快布局实施农村互联网基础设施建设

认真贯彻落实《加快高速宽带网络建设推进网络提速降费的指导意见》，配套"宽带中国"战略实施方案，制定中、长期基础设施规划，尤其要明确时间节点，为互联网农业提供完备的硬件支持。按照各地经济发展水平差异，加大实施力度，加快推进江苏光纤进村入户工程，基本实现宽带村村通。设立省、市、区县、乡镇、农业园区、农民专业合作社和农业企业的农业信息网络互联中心，建立技术先进、安全可靠、功能强大和性能完善的江苏农业信息网络，实现农网资源整合和资源共享，为江苏农业信息化建设奠定网络基础。鼓励企业加快研发和推广适合农民特征的低成本智能终端，提高综合网络信息服务水平。建立"联席会议制度"，加强涉农部门之间、政府与企业之间、企业与企业之间的信息交换与共享机制，加快数据流动性，发挥对农业生产的指导性作用。加强农业信息数据库建设，依托市和市县现代农业园区建立农业大数据研究与应用中心，覆盖农业大数据采集、加工、存储、处理、分析等全信息链，全方位开发利用信息资源。把农村电子商务配套设施纳入新农村建设整体规划统筹考虑，利用电商企业等社会资本，催生各具特色的"淘宝村"。

(二) 突出重点环节抓住发展重点

1. 推进农业生产智能化

加快推进物联网、云计算、大数据、移动互联网等信息技术在农业生产领域的应用，利用信息化推动农业产业升级，提升现代农业发展水平。推进地理信息系统(GIS)、遥感技术(RS)等技术在大田作物生产上的应用；推进在线监测、远程控制、远程诊断、报警联动等技术在设施园艺生产上的应用；推进电子耳标、智能识别和无线传感等技术在畜牧养殖上的应用；推进在线监测、智能增氧、智能投饵等技术在水产养殖上的应用；推进全球定位系统(GPS)或北斗系统、电子地图等技术在农机作业中的应用。

2. 推进农业互联网体系服务化

建立国内有影响力的电子商务平台，创新商业运行模式，构建涵盖农场、乡村服务站、服务员、乡间货的等全新服务理念、全新服务方式的云农场服务体系，为农业、农村、农民提供从生产、加工、销售到物流的全产业链服务，实现个性化定制、集约化、规模化、全产业链的农业生态服务。

3. 推进特色农产品营销电商化

一是加快推进特色农产品电子商务。在引导各地培育特色农产品、打造知名品牌的基础上，鼓励扶持涉农企业、农民专业合作组织、家庭农场、农产品批发市场等市场主体上网发布供求信息，在淘宝、京东等知名电商平台开设农产品营销网店。二是发展农产品同城配送。扶持引导农产品批发市场、现代农业园区、家庭农场、农产品生产基地等有实力的农业市场主体自建网店，开展同城配送，满足不同层次的市场消费需求。三是创新农产品网络营销模式。探索利用移动互联网、物联网等最新信息化技术成果和现代物流体系，创新最快速度、最短距离、最少环节的新型农产品流通方式，实现农产品市场流通的快捷、高效、安全。

4. 推进农业管理信息化

一是强化农业信息资源开发利用。加强物联网、移动互联、遥感遥测、北斗导航系统、地理信息等信息技术，加强涉农数据的采集、监测、统计、分析能力，实现数据自动采集存储、数据挖掘分析。重视物联网等新型信息技术应用产生的农业生产环境及动植物本体感知数据的采集、积累及挖掘。建成集农业产业分布、耕地资源管理、测土配方施肥、农资监管、土地流转、农机作业调度、农业项目管理等于一体的江苏省农业大数据中心，建立市—市(县)—乡镇—村的服务体系。二是加强农业安全管理信息化。建立健全农资监管、种子监管、动物防疫和检疫、生猪等畜禽准出管理、病虫害疫情监测、农产品质量安全监管和追溯等信息系统，推进二维码、远程监控、手持终端等技术在农业安全监管中的应用。强化宣传指导，扩大信息系统应用面，不断完善农业投入品管理数据库，提高农业生产和农产品质量安全监管水平。

（三）整合资源推动互联网农业做大做强

1. 网络平台整合工程

围绕农业生产，通过信息流打通包括农资供应、农业金融、农业生产以及农产品流通加工消费等环节在内的农业产业链，形成一个完善的农业互联网生态圈，提高农业产业链效率。整合全省范围内政府或民间成立的农产品网络营销平台，建成影响力和辐射力较强的开放性平台，提升互联网拉动农业发展的效应。

2. 乡村冷链物流体系建设工程

健全完善农产品“绿色通道”政策，确保农产品快速、高效通行。充分发挥现有农产品批发交易市场体系流通仓储功能，在全省选择 20 个临近路港、方便集散的园区，配套提升冷链设施水平，建设区域冷链中心。鼓励多方投资兴办冷链运输，共同建设完善的冷链物流体系。

3. 乡村道路交通升级工程

贯彻落实近日交通运输部印发的《关于推进“四好农村路”建设的意见》，全面规划，从建设、管理、养护、运营等四个方面重点发力，落实各级政府责任，使原先仅供小型车辆通行的农村路桥为大型交通工具“出得去”“进得来”，真正建成覆盖县、乡、村三级的农村物流网络。

4. 乡村休闲体验旅游工程

农业本身具有生产、生活、生态、文化的多功能性，利用互联网方便、快捷的作用拓展衍生农业的多重功能，从休闲娱乐、参与体验等角度去挖掘乡村本土特色与文化。依托各地特色资源，积极开发专项体验之旅，凸显乡村观光、生态休闲、文化体验、养老健康为特色的乡村旅游精髓。同时，策划“互联网＋乡村旅游”订票、住宿、购物、观光、体验等“一揽子”服务项目，发展高端增值农业。

（四）加大政策支持力度

1. 积极试点灵活应用国家政策

利用商务部、农业部等部委出台的关于电子商务进村、信息进村、物流业发展等政策机遇，积极争取试点，制定相应的配套政策，用足用活利好政策。同时，全省要确定一批市、县、乡在互联网农业不同领域进行试点，对探索成功的经验迅速推广。

2. 实施互联网农业人才培养工程

一是实施学校教育工程。鼓励高校以及职业技术学校开设相关专业，注重学以致用，将互联网技术运用到农业生产和发展中，培养各类互联网农业技术实用人才。二是实施农业从业人员提升工程。设立互联网农业培训专项资金，与相关企业或大、中专院校合作，采用“走出去”与“引进来”相结合的方法，传授最新的互联网农业理念，培养职业互联网新型农民。

3. 构建互联网农业资金渠道多元化

一是设立政府产业引导基金。设立产业引导基金撬动社会投资，推进物联网、云计算、移动互联、3S(遥感技术、地理信息系统、全球定位系统)等现代信息技术和农业智能装备在农业生产经营领域的示范应用。对从事农业互联网信息技术、网络技术、数据库技术、云计算技术、数字分析技术、实时处理技术、遥感技术、营销网络等研发企业,以及促进互联网在农业上应用的农业龙头企业、农业专业合作社等给予适当资金补贴和税收等方面的政策倾斜。同时,通过财政支农、税收减免、价格支持等多种手段,引导和激励互联网农业各相关产业及经营主体快速发展。

二是制定农村金融的“互联网+”计划。众筹融资、网络销售金融产品、手机银行、移动支付等互联网金融业态为农村普惠金融体系的构建提供新的方向,涉农金融机构可以借助互联网金融的云平台,突破农村网点少、距离远、服务项目不全等限制,通过POS机、手机银行和网上银行等方式向客户提供存款、支付、授信等一系列电子化的金融服务,降低农民获取金融服务的门槛。同时,通过互联网技术为涉农金融机构建立信用评估等基础性金融服务,运用大数据、云计算等技术,将分散的农民和农企的各类信息进行整合处理,解决信息不对称问题,创新信用模式并扩大贷款抵质押担保物范围。

三是支持建立以农业龙头企业为核心的农业互联网金融平台,为全产业上下游提供投融资、网上支付等服务,使农业互联网金融这个全新的服务方式贯穿于农资销售和购买、农业生产、农产品销售的全过程。

参考文献

[1] 魏延安.互联网农业的三大模式[J].高端农业装备,2014(2):54-55.
[2] 付云.互联网对农业的五大改造[J].经理人,2014(3):34-37.

探究泰州新型职业农民培育与农业供给侧改革新模式

黄康伦

（泰州市九三学社）

摘要：随着泰州市农民培训工作的深入开展，2016 年泰州市农民培训在数量和质量上取得了长足进步，但是离中央一号文件提出来的农业供给侧改革的要求还有一定距离，在培训主体、对象、政策制定上存在诸多不合理的方面，针对这些问题，从师资队伍建设、制定考核机制、加强经费管理等寻找农民培训供给侧改革中的“药方”，在结合泰州市农业实际发展的基础上，着力化解供给侧改革中产生的问题。

关键词：供给侧改革；农民培育；经费；产业

2017 年中央一号文件对涉及供给侧改革的新型职业农民培训提出：重点围绕新型职业农民培育、农民工职业技能提升，整合各渠道培训资金资源，建立政府主导、部门协作、统筹安排、产业带动的培训机制。探索政府购买服务等办法，提高农民工技能培训针对性和实效性。优化农业从业者结构，深入推进现代青年农场主、林场主培养计划和新型农业经营主体带头人轮训计划，探索培育农业职业经理人，培养适应现代农业发展需要的新农民。鼓励相关培训机构开设电商培训、农业法律法规等相关专业和课程，培养一批专业人才，扶持一批乡村工匠。

泰州市 2016 年共完成部省级和地方培训任务共计 279 期 36 727 人次（部省级任务 11 264 人次，地方任务 25 463 人次），达到年初预定目标的 144%，其中全年泰州市累计培育新型职业农民 38 479 人次（含中职学历教育）。培训人数虽多但结合泰州市农业供给侧的现状，面临只重“数”不重“质”、强调结果而忽视过程、培育层次低与初始培训的后续跟进乏力或缺位，未能有效建立长效机制，因此泰州市将围绕特色优势产业，科学规划，合理布局，打造科技综合示范培训基地，促使新生代职业农民综合素质上新台阶，从而打造出泰州新型职业农民培育的新品牌[1]。

一、泰州市新型职业农民培育的问题

要解决这个问题首先要了解何为新型职业农民。新型职业农民是指具有科学文化素质、掌握现代农业生产技能、具备一定经营管理能力，以农业生产、经营或服务作为主要职业，以农业收入作为主要生活来源，居住在农村或集镇的农业从业人员。而泰州市虽然农林牧渔从业人数较多，培育程度较高，前几年的例如资金和政策方面的部分问题[2]已经得到妥善解决，但是从培育主体、实施对象、培育政策落实程度、考核激励机制等多方面仍存在不少问题，从而阻碍农业供给侧改革发展。

（一）培育主体方面

1. *部省和地市级资金扶持力度较大，使用起来却捉襟见肘*

2016 年中央一号文件曾经提出“逐步实现免费中等职业教育；积极发展农业职业教育，大力培育新型职业农民”。从 2012 年开始省级培训主体农广校对农民培训和涉农中职教育不再收取任何费用，全部由地方财政支持，并且随着重视程度提高和纳入农业考核指标，经费得到了充足保障。由图 1 可以看出，泰州市三市三区 2016 年全年其中涉农资金经费投入累计达 16 497.8 千元，继 2015 年的基础上再创新高（2015 年约 15 000 余千元），单人培训经费达到每人 450 元/次，对于一直以来经费短缺的各家农广校来说无疑是雪中送炭，但是随着经费到位后暴露出不少新问题：①经费沉睡：受省级涉农资金项目管理办法和验收督查制度日趋完善，各级审计和财务部门要求专款专用，农民培训资金同样要求符合预算—报账—支付—验收审核等严格管理模式，虽然一定程度规范了项目经费管理，使得农民培训项目管理者不敢触碰高压线，但另一方面导致各市区报账方面变得十分棘手，不敢大胆放心使用培训经费。②奖补资金力度过小：虽然财政资金支持力度逐年增大，但是用于奖补方面占比十分有限，涉农资金重视培训过程却对培训主体的奖补力度不足，从而导致部分培训实施单位和专职教师积极性无法得到有效激发。

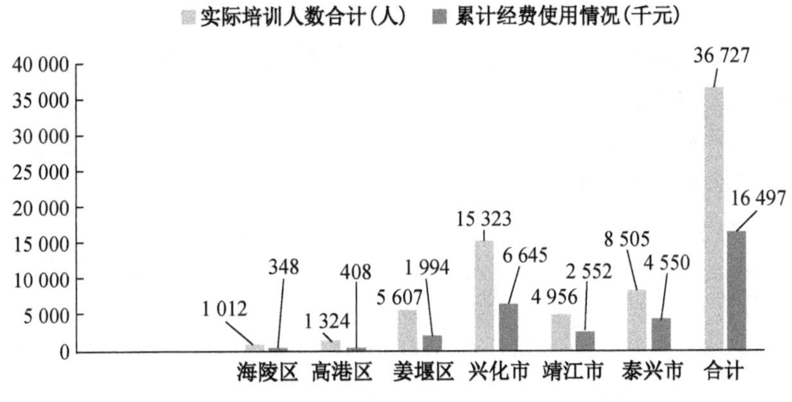

图 1　泰州市 2016 年农民经费使用情况

2. *老师结构层次存在不合理*

目前泰州市农干校专职教师年龄结构老化现象严重，教师的平均年龄在 45 岁以上，面临着知识陈旧，远离生产一线的困境，这无疑对农业供给侧改革中的技术服务带来了新的挑战。与此同时，基层农广校专职教师的学历和职称问题始终成为制约供给侧改革发展的拦路虎，从表 1 来看，21％教师的学历在本科以下，61.4％的专职教师职称在副高以下，并且绝大多数使用的课件都是十年前甚至是

20世纪的产物，授课仍然遵循“填鸭式”教学，很难满足新型职业农民培育需求，阻碍了农民技术水平的提高。

表1 泰州市三市三区农广校专职教师职称学历分布情况

项目	内容	人数	比例%
职称	正高	3	5.3
	副高	19	33.3
	中级	23	40.4
	初级	12	21.1
学历	硕士及以上	2	3.5
	本科	43	75.5
	大专	10	17.5
	中专及以下	2	3.5

3. 宣传力度有限，产业紧密性和实训程度结合有限

通过泰州市组织的了解基层的“大走访”“大落实”活动中，有不少农户坦言对于新型职业农民培育不甚了解，缺乏对于农民培训的信息渠道，走访基层中也了解到部分村级在选择学员的时候并不是往培训用户务农需求的角度去执行的，农民培训的“供”与“给”两方面出现了错位：地方培训中的村级单位负责人一般是选择关系较好的熟人、亲戚、朋友而真正需要培训的家庭农场主、合作社、种植大户却往往得不到培训方面的青睐，错失较多培训机会[3]。

（二）培育对象方面

1. 农业从业人口结构化衰退

随着人口红利的消失，泰州市与大多数东南沿海城市一样，也陷入了人口发展的瓶颈，从图2和表2可以看出2012—2015年农林牧渔从业人员总数和占比都呈现出下降趋势，从2012年市（区）农户学历基本情况来看，小学、初中文化程度占80.58%以上，农民具备科学素质比例仅为1.7%，远低于全国6.2%的平均水平[4]，留守农户中绝大多数以老年、妇女居多，2015年泰州市务农农民平均年龄已达57岁，从业人数、学历基本情况、年龄结构等基本情况让人堪忧。

表2 泰州市2012—2015年农林牧渔从业人员变化趋势

年份	2012	2013	2014	2015
乡村从业人员合计(万)	210.25	211.64	211.48	211.37
农林牧渔从业人员(万)	46.21	45.64	44.3	43.75
农林牧渔从业人员占比	22%	21.57%	21%	20.70%

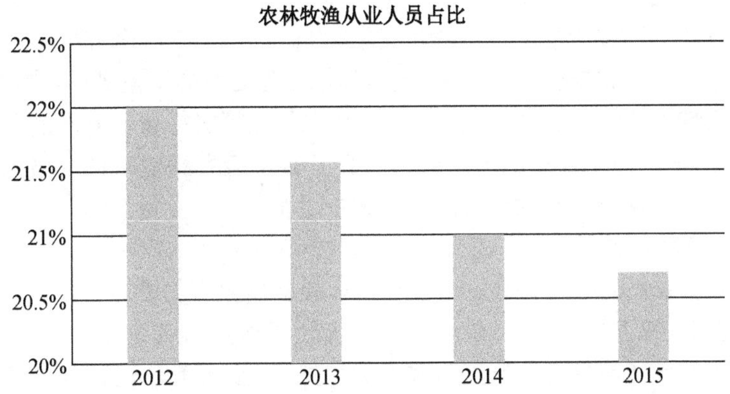

图2　泰州市2012—2015年农林牧渔从业人员占比趋势

2. 学员积极性不高

泰州市现在目前随着工业化进程的快速发展，从农业生产转移的农民工数量与日俱增，务农农民尤其是青壮年农民急剧减少，而且前来培训的不少农民对培训课程不感兴趣。通过对于农村新生代“农二代”的了解，农村新生劳动力普遍认为从事农业收入低、没面子、技术含量不高，往往选择“跳龙门”等方式离开农村，适龄农村劳动力产生断层。

(三) 政策方面

1. 数据考核机制的困境

新型职业农民培训已纳入省、市级的考核任务中来，一方面体现了各级政府对农民培训的重视，但另一方面却缺乏长效化和有效化考核机制，只能通过上报培训人数进行评估，自上而下的聚焦点都集中在培训人数和新型职业农民培育度等考核数据上面，但却忽视了农民培训的初始目的，对已经认定的新型职业农民后续教育、享受政策扶持等工作滞后，陷入了“为培训而培训”的怪圈。

2. 部分基层政策落实度不高

俗话说政策“制定易、执行难”，农民培育工程初衷是为了让受训者实现由人力资源到人力资本的飞跃，从而使得新生代农民跟上农业发展的步伐，但县(区)分配到各个乡镇的地方任务无论是从培训时长、培训效果、培训人数都打了折扣，尤其参观实训基地这一环节部分乡镇未能保质保量的进行，“最后一公里”在基层戛然而止[5]。

二、农民培育所带来的问题分析

泰州市农民培育工作存在的诸多问题主要由多方面造成的：

(一) 培育主体(农广校)方面

一是随着经费支出和项目查账的日趋规范，第三方审查要求趋向严格，对项目使用的合法性、合理性、真实性开始引起关注，因此部分责任主体人因害怕担责而对培训项目产生畏难情绪。二是教师队伍总量不足，机制健全程度不够，，部分教师都是从各市（区）农委进行抽调的，也是其他业务处室的中流砥柱，参加系统培训教学研讨很难100%保证，并且受机构编制限制，统筹安排授课有时受限。思维定势还维持在“教师当主角农民当配角”中，教育教学能力相对较低。培训机构与师资的力量完备化成为农业供给侧改革的重中之重。

（二）培育对象方面问题

培育对象农民受年龄偏高、文化素质低、接受新生事物慢、自主学习意识有限，学习较为被动，缺乏积极性；另外受泰州市青壮劳动力的流失和家庭财力的增加。而通过调研了解到现阶段土地流转成了大趋势，大量土地被流转到种养殖大户手中，如何寻找合适的新型职业农民来进行培育成为摆在面前的最大难题。

（三）政策方面问题分析

现在培育问题中的一些政策的制定与落实难以贯彻到基层，一方面政府将农民培育与考核机制的结合以及育农项目经费的下达让农民培育制工作有了抓手，对县乡一级的农民培训工作开展起了一定的提升作用，但是另一个方面，名目繁多的考核给基层也带来了一定负担，不完成部省级培训任务数就不发放经费。同时交织着经费使用不规范等因素，导致基层育农政策的落实成为农业供给侧改革的关键问题。

三、破解供给侧改革大环境下的农民培训问题

当前针对两聚一高新局面，农民培训是解决好农业供给侧改革的核心问题，随着泰州市社会经济文化的飞速发展和农业供给侧改革的提质增速，在农业培训方面，政府和培训机构也应该更多地关注本地农民、农业、农村的最新变化，了解真正的培训需求，开发出地方性或个性化的培训项目，从组织领导到实施方案，从集中培训到制度保障，从政策支持到跟踪服务，各个环节精益求精，才能推动农业产业转型升级发展，从而破解困扰农业供给侧改革的难题。

（一）强化“三个优先”，加强服务进取意识，做好“店小二”的同时也做好“大当家”

1. 优先师资力量提升

培训师资是泰州市精准培训的关键，可以说新型职业农民培育质量从根本上取决于师资队伍建设，应该根据泰州市农业发展特点建立起高效精干、多类型多方向的新型职业农民师资库，健全泰州市选聘管理制度，同时加强考核激励机制，对于教师建立起定期培养模式，不断更新教师的知识储备，引导受训农民投身现代农业。

2. 优先指导创业孵化

在泰州市众多农业科技示范基地建设的基础上，将全市最新的“创业富民”政

策与农民培育结合起来，既要接受培育也要享受例如贴息贷款和保险优惠等政策“红利”，同时从财政拿出一部分作为扶持创业的项目资金、开展结对帮扶指导，确保涉农项目优先支持农业产业发展，让受训农民得到帮助[6]。

3. 优先机制改革创新

农民培训是一个长期系统的工作，应该突出针对性、适用性、时效性，紧紧围绕本地产业发展，在培育机制和考核目标上应该摒弃过去依靠数量考核的固有思维，而更多的将培育对象集中在需要培训的家庭农场主、种植大户、农业合作社、农业技术人员等方面。依托泰州市牧校等涉农院校的教学资源，整合扶贫、农业、人社等部门新型农民培训项目，提高培训资金的使用效率。

(二) 突出“二个完善”，把握改革方向位置，当好“排头雁”的同时也当好“督管人”

1. 完善政策督导落实

在各市区均已经出台了相关培训工作的意见基础上，省市级培训主体应该在之前的基础上加强对于各农广校年初计划、年中培训、年底台账、年后效果开展多方位的检查，针对各培训机构在农民培训中的不足及时指出相关问题并督促整改，让各培训机构落实到位，真正将政策的“最后一公里”完善到位。

2. 完善“互联网+”导向

目前江苏省和泰州市已经根据农民培训打造了双互联网平台模式，接下来我们将围绕平台的建设和发展，鼓励培训学员围绕农业方面的技术、政策、奖补等多方面从平台挖掘学习热点，并且同时向平台多提建议，更多地制定出结合本地实际发展的农业技术视频、咨询、信息，并将培训学员所担心的产前政策落实、产中技术寻求、产后产品销路等问题落在实处，将农业互联网信息平台打造出符合培训要求的农业网络社区。

(三) 巩固“双精准”，明确主攻方向，在培训模式方面做好“引领者”的同时也做好“探索者”

1. 精确学员信息入库

对培训对象统计精准、由县农广校牵头，统一布置，县乡村联动、利用冬春农闲时间进村入户开展农业从业人员调查研究，摸清泰州市培训对象，建立培育对象信息库，将入库学员分成生产经营、专业服务、专业技能型进行精准培育。同时，积极调动涉农人员的培育积极性，加大对培育人员的资金扶持力度，对于培育过程表现突出的农户实施物质与精神奖励。

2. 实训基地无缝衔接

摒弃过去农民培训完全依托书本的窘境，更多地依靠实训基地和农业农头企业，在培训周期中应该带领参训农民多参观农业创业示范典型，结对帮扶，并让适宜的培育对象入驻基地内，结合农时开展培训。形成课内课外都让学员有学习的机会，另一个程度对基地建设和产业发展都有了一定的帮助。

科教兴农、人才强农、培育固农，新型职业农民培育是一个长期而漫长的过程，关系着农业发展与农业供给侧改革命脉，在改革中起着中枢的作用，需要各方齐心协力，让职业农民培育工作为供给侧改革提供源源不断的人才。

参考文献

[1] 罗国仕. 基于供给侧改革的新生代职业农民工职业培训策略研究[J]. 成人教育，2017(1)：55-58.

[2] 潘迎辉，黄康伦，武二忠，等. 泰州市农民培训实效的提升策略[J]. 安徽农业科学，2016(12)：304-305.

[3] 钱明，武二忠. 对粮食种植类家庭农场的分析和思考[J]. 农民科技培训，2016(1)：30-33.

[4] 张桃林. 解决好谁来种地的问题[J]. 农民科技培训，2016(23)：38-40.

[5] 臧志军. 农民培训需要供给侧改革[J]. 江苏教育(职业教育版)，2016(1)：74-75.

[6] 耿墨浓. 基于供给侧改革的新生代农民工职业培训策略研究[J]. 农民科技培训，2016(5)：32-33.

以农业供给侧改革引领水产养殖业可持续发展

唐金玉

（江苏省农业科学院宿迁农科所）

摘要：本文以农业供给侧结构性改革为引领，系统分析了我国水产养殖业存在的问题，并以农业供给侧结构性改革为抓手对现有问题提出解决方案，以期为促进我国农业供给侧结构性改革，保障水产养殖业可持续发展及主要水产品的有效供给、提高农业综合效益、增加农民收入、提升竞争力及改善农业生态环境提供决策参考。

关键词：供给侧结构性改革；水产养殖；可持续发展

党的十八大报告中将促进新型工业化、信息化、城镇化和农业现代化同步发展作为新时期国家发展的基本战略方向。尽管“十二五”期间我国农业现代化水平快速提升，但其发展过程中面临一系列问题，这些问题主要表现在：一方面，我国农业在发展过程中存在以牺牲生态环境为代价换取农产品产量增加的农业发展方式，如过度依赖化肥、农药、薄膜，农产品重金属和农药残留超标等，造成生态环境的恶化和农业资源的趋紧；另一方面，与其他国家相比，我国劳动生产率低、人工成本高、生产规模小等导致我国农业竞争力弱。再者，长期以来，我国粮食安全战略单纯以农产品产量来衡量农业发展，忽略了农产品供求在品种结构和安全质量上的平衡（傅晋华，2016）。因此，只有大力发展绿色生态农业，采用环境友好型的生产技术与生产方式，确保农产品品质，提升农业的非价格竞争力，才能确保我国现代农业快速稳步的发展（叶兴庆，2016；冉亚清，2016）。

2017 年《农业部关于推进农业供给侧结构性改革的实施意见》指出：农业供给侧结构性改革是我国农业农村经济工作的主线，要围绕这条主线稳定粮食生产、推进结构调整、推进绿色发展、推进创新驱动、推进农村改革。要把增加绿色优质农产品供给放在突出位置，把提高农业供给体系质量和效率作为主攻方向，把促进农民增收作为核心目标，从生产端、供给侧入手，创新体制机制，调整优化农业的要素、产品、技术、产业、区域、主体等方面结构，优化农业产业体系、生产体系、经营体系，突出绿色发展，聚力质量兴农，使农业供需关系在更高水平上实现新的平衡。根据《意见》，我国农业现阶段需稳定粮食生产，巩固提升粮食产能；推进结构调整，提高农业供给体系质量和效率；推进绿色发展，增强农业可持续发展能力；推进创新驱动，增强农业科技支撑能力；推进农村改革，激发农业农村发展活力；完善农业支持政策，千方百计拓宽农民增收渠道。大力推进供给侧结构性改革是破解“三农”发展新难题、转变农业发展方式、加快农产品消费结构升级、提高农业竞争力和农业效益，增加农民收入和改善农业生态环境的迫切需要(韩长斌，2016)。

根据《中国渔业统计年鉴》，2014 年我国水产养殖面积 8 386 khm^2，养殖总产量 4 748 万吨，其中池塘养殖产量占水产养殖总产量的 71%以上。池塘养殖已经成为我国水产养殖的主要形式和水产品供应的主要来源。然而，我国池塘养殖存在以下问题：①大部分池塘修建时缺乏科学规划，无独立进排水系统，缺乏规范的路网、电网，池塘基础条件差，设施、设备落后，塘基崩漏、坍塌淤积严重；②养殖户缺乏科学发展观，过度追求经济效益，盲目增加养殖密度和产量，使养殖废物不断累积，造成养殖环境恶化；③生产粗放、水资源浪费、养殖污染等问题严重制约池塘养殖业的发展；④养殖品种未经定向人工选育和遗传改良，引发养殖品种种质退化，抗逆性和抗病性差，生长周期长；⑤养殖模式与养殖产量不协调，导致病害严重，养殖过程中滥用鱼药和饲料中添加违禁成分，造成水产品安全隐患增多，水产品药物残留事件屡有发生，直接威胁到消费者的食用安全；⑥水产养殖业以家庭承包经营方式为主，产业化程度不高(吴锐全，2006；刘兴国等，2011)。以上问题严重制约我国水产养殖业的可持续发展。改变生产方式、优化水产养殖业的产业结构，建立生态高效、产品安全、资源节约和环境友好型的现代水产养殖业成为社会的共识。

推动水产养殖业供给侧结构性改革，需适应养殖业经济发展的新常态，以创新、协调、绿色、开放、共享的发展理念，以市场需求为导向，注入科技创新和制度改革的要素，转变水产养殖业的发展方式，聚焦调整结构、提升品质、加强融合、降低成本，使产业结构合理，创新能力突出，质量效益改善、供给能力增加，可持续发展能力提升的新局面(孙吉和，刘伟，2016)。

我国水产养殖业供给侧结构性改革，不仅要求调整产业结构和转变生产经营方式，不断改善供给结构的适应性和灵活性，促进全要素生产率的提高，又具有农业的特殊性和改革重点，即要围绕市场需求进行资源优化配置，扩大有效供给，着力增强供给结构的适应性和灵活性，使水产品更加契合消费者需求，促进优势资源发挥作用和生态环境的保护，努力形成效率更高、效益更好、结构更合理、保障更有利的农产品供给体系(祝卫东，陈春良，2016)。

推进水产养殖业供给侧结构性改革，实现水产养殖业的可持续发展需从以下方面进行：

1. 以市场为导向，优化品种结构

水产养殖业供给侧结构性改革要在确保供给数量充足、质量安全的前提下，对农业生产资源、生态资源、空间环境资源和农村资源等进行综合配置、多产业发展、多功能开发、多价值点培育，从而形成与市场需求相适应的水产养殖业结构和区域布局，提高养殖业的综合效益。如综合经营水产养殖业、种植业、畜牧业、农副产品加工业等生产方式的综合养鱼，可充分利用水陆资源与废弃物，提高产品质量，节省能源。要以市场需求为导向，在“大农业、大食物”理念指导下，开发名优特水产养殖种类，促进消费结构升级。优选市场需求较大的优质品种合理化布局，加强优质水产品种选育，特别是消费者认可度高、养殖大户和农民喜欢的优质品种的推广，建立优质水产品养殖基地，以高质量的优质水产品满足国内市场需求，从源头上推动水产养殖业转型升级，提升水产养殖业的效益。

2. *以科技创新为支撑，改善生产方式*

推进水产养殖业供给侧结构性改革离不开农业科技的创新。农业科技的创新能够推动农业发展由依靠物质要素投入驱动向依靠科技进步驱动转变，提高全要素生产率，进而实现农业发展方式的转变(路燕等，2017)。要加快推进水产养殖科技自主创新，整合力量进行重点技术攻关、研发具有重大生产应用潜力的养殖模式，提高单位面积产量，实现水产品稳产增产。同时，要加强配套生产技术研究，实现节本增效。积极开展绿色高效技术集成模式攻关和试验示范，强化科技服务，加大对新型农业经营主体的培训与指导力度，积极推广与优质品种配套的养殖技术，并完善技术推广体系。

3. *以新型农业经营为主体，改变经营方式*

水产养殖业供给侧结构性改革不仅是对养殖结构的单纯调整，更要考虑在生产经营过程中，如何让农民分享更多的利益。以小规模、分散农户为主的经营主体，存在经营盲目、过度竞争并导致不合理市场结构等问题。今后需适应城乡居民食品结构升级的需要，转变水产养殖业的发展方式，培育新型经营主体，发展适度规模经营，以降低生产成本、提高农业竞争力。通过升级新型农业经营主体的科技水平，使其更好地了解市场、化解风险，实现规模化、高效化经营。政府需大力引导扶持各类生产经营主体开展经济合作，重点发展由生产经营大户、龙头企业等领办的各类合作社，加大政策扶持力度，加强合作社制度建设和内部管理，有条件的组建联合社等新型农业经营主体。水产品安全质量问题一直是消费者关心的重要议题，新型农业经营主体对加快健全从农田到餐桌的农产品质量和食品安全监管体系，建立全程可控、互联共享的信息平台，加强标准体系建设，健全风险监测评估和检验检测等方面具有更好操控性。因此，推进水产养殖业供给侧结构性改革要大力扶持新型农业经营主体，充分发挥其引领和组织作用，推进农业经营方式向规模化、专业化方向转变。

4. *以建立产供销联合体为重点，发展农业产业化*

随着市场经济的发展，过去依靠政府行政干预和组织措施来推动供给侧改革和结构调整已经不科学。因此，要推进水产养殖业供给侧结构性改革，以农村一、二、三产之间的融合渗透和交叉重组为路径，以产业链延伸、产业范围拓展和产业功能转型为特征，带动资源、要素、技术和市场需求在水产养殖中优化和重组，通过技术创新、商业模式创新等方式创造新业态，建立符合市场机制的产供销体系，充分发挥新型经营主体的组织作用和市场的引导、调节作用，加强合作社、农户、科研(育种)单位与加工企业之间的合作，实行优质水产品规模化养殖、订单化销售，建立"利益共享、风险共担"的联合体,从而有效地保证水产品的优质优价,促进产业化发展,调动农民调结构、促改革的积极性(路燕等,2017)。

参考文献

[1] 傅晋华. 科技创新在农业供给侧改革中的作用[J]. 中国国情国力,2016(8):41-43.

[2] 韩长斌. 推进农业供给侧改革重点抓三件事:玉米,大豆,牛奶[J]. 中国乳业,2016(3):3-4.

[3] 刘兴国,刘兆普,徐皓,等. 生态工程化循环水池塘养殖系统[J]. 农业工程学报,2010,26(11):237-244.

[4] 路燕,周正富,王强,等. 推进小麦供给侧结构性改革的思考——以河南优质专用型小麦产业为例[J]. 农业科技管理,2017,36(1):71-74.

[5] 冉亚清. 以农业供给侧结构性改革为契机引领山地生态农业发展[J]. 重庆师范大学学报(哲学社会科学版),2016(5):72-77.

[6] 吴锐全. 池塘养殖的现状、问题及对策建议[J]. 海洋与渔业,2006(3):10-11.

[7] 孙吉和,刘伟. 以供给侧改革优化畜牧产业结构[J]. 经营管理,2016(19):78-79.

[8] 杨建利,邢骄阳. 我国农业供给侧结构性改革研究[J]. 农业现代化研究,2016,37(4):613-620.

[9] 叶兴庆. 多措并举补齐农业农村短板[N]. 中国财经报,2016-2-5.

[10] 祝卫东,陈春良. 做好农业供给侧结构性改革这篇大文章[J]. 农村工作通讯,2016(4):12-14.

发挥生态优势　提升农产品供给质量

——以宝应县为例

闵毅梅

（江苏省环境经济技术国际合作中心）

摘要：农业供给侧改革必须加快农产品结构调整，解决有效供给不足、供需矛盾的现状。本文以宝应县为例，探讨了立足生态优势，通过保护地方特色农产品产地，倒逼生态保护和环境整治，提升优质农产品供给质量和生产能力，培育新的经济增长点，促进区域农业经济可持续发展的模式。

关键词：供给侧改革；生态；农产品

农业供给侧改革的核心是提高农业供给体系质量和效率，使农产品供给数量充足、品种和质量契合消费者需要，真正形成结构合理、保障有力的农产品有效供给。目前农业供给侧存在的问题既有需求不足的问题，也有需求得不到满足的问题，其中重要的一个原因是农产品市场没有能够提供人们满意的高质量产品和服务。本文拟以江苏宝应县为例，以生态优先、保护地方特色农产品产地的角度，提高农业供给质量和能力，推动农业供给侧改革目标的实现。

一、特色农业供给体系发展现状

（一）特色农产品畅销市场

宝应县水域面积 482 km^2，京杭大运河纵贯南北，境内“五湖四荡”，水网密布，水生动植物众多。作为驰名中外的江苏省荷藕产业出口基地，宝应荷藕产量、品质和出口量均为全国县（市）之冠。宝应荷（莲）藕已成为国家地理标志产品，被冠以“中国荷藕之乡”“中国荷藕原产地保护地”“中国慈姑之乡”“中国慈姑原产地保护地”“国家级水产种质资源保护区”等美名。“宝应泰基”牌大米、“丰盈”牌大米、“宝应湖”牌大闸蟹、“莲馨园”牌莲藕、“水月”牌梨等一批具有地域特色品牌的农产品十分畅销。

（二）有机产业得到长足发展

以有机农业开发区为核心，加快基地建设，宝应已建设 3 大有机生态产业规模化园区，拥有江苏首个有机农业开发区——宝应湖有机农业开发园区。14 个建制镇均建设了有机食品基地，总面积达 10.8 万亩，涵盖粮食、水产、畜禽、蔬菜、瓜果等五大类 12 个品种，实现品质标准化、生产规模化、产品系列化，有机产业的发展不仅促进了宝应农业的产业升级，还带动了旅游、观光、休闲等三产的发展。

（三）生态农业体系基本形成

利用资源优势，全面实施防洪保安、耕地保护、绿化造林、湖泊综合整治、湖泊轮渔轮休、秸秆综合利用、有机肥生产推广、湿地作物水体套养、高密度养殖水体生物净化和水环境保护等“十大生态工程”，大力发展水稻、水产、水禽、水生蔬菜“四水产业”，构建运西湖泊、东荡湿地、中部平原“三大生态系统”分别以发展湖泊轮渔轮休工程、“畜禽-沼-作物”种养结合一体化、湿地作物水体套养工程为主的生态农业模式。

二、未来农业发展面临新挑战

宝应地处长三角核心区的北部边缘地带，加之江苏沿海开发战略和皖江城市带承接产业转移示范区上升为国家战略，江苏沿江开发战略和东陇海产业带建设，从地缘经济角度看，宝应有被空心化、边缘化的危机（见图 1）。同时，宝应发展还面临着“耕地红线”和“生态红线”的两条红线：境内水网密布，但呈封闭状态，部分河流仅起到连通作用，河水流速慢，换水周期长，水体自净能力较弱，水环境质量状况不容乐观，生态承载力呈现赤字；作为沿河开发的节点之一和未来长三角核心区产业转移的重要载体，重大基础设施项目以及扬州市耕地异地补充，对宝应用地的需求非常大。

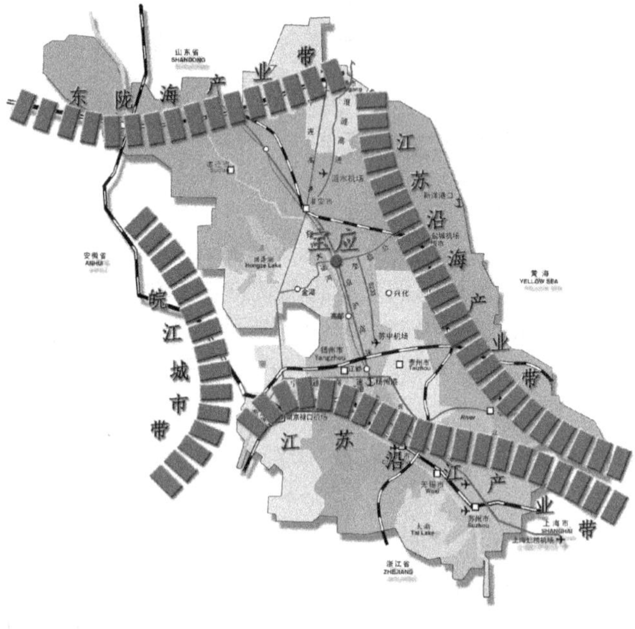

图 1　宝应区域位置图

作为苏北农业大县，良好的生态环境已经为宝应赢得了诸多的“金字招牌”，全国首批“生态示范区”“有机食品基地示范县”“国家生态县”已成为宝应“生态名片”。面对经济发展与生态保护的矛盾，宝应县充分认识到生态既是立县之本，也是未来的希望，只有牢固树立生态观念，以生态优先，加大力度保护地方特色、优势农产品产地，将生态红利转化为生产力，提高农产品质量和市场竞争力，才能走出一条经济社会可持续发展的模式。

三、保护特色农产品产地的具体措施

(一) 加强种质资源保护区建设

1. 建设野生莲藕生态保育区。宝应野生莲藕植物群落位于白马湖南部，2006年宝应县建立了野莲原生境保护区，总面积 2 600 亩。在此基础上，扩建野生莲藕生态保育区，有效保护在湖荡地区濒临绝迹的野莲、野芡、野菱等湿地物种，扩大莲藕产业基地，以野生莲藕业为龙头，带动区域生态产业发展。荷藕资源经过深加工、精加工，生产高附加值荷藕系列产品，将成为未来宝应重要的特色出口产品。同时，利用野莲水生植物特性，通过及时采割，逐步改善宝应县白马湖内水质，起到保证南水北调行水通道通畅的作用。

2. 完善水产种质资源保护区建设。对射阳湖“国家级水产种质资源保护区”，组织开展渔业资源调查，重点保护黄颡鱼、塘鳢、黄鳝、青虾、泥鳅、乌鳢等宝应特色水产种质资源。制定相应管理条例，开展环境监测及日常巡护，对白马湖区域制定与周边的洪泽县、金湖县等地同等级保护区，明确养殖方式与养殖强度，严禁围垦湖泊，推广生态养殖，联合开展湖滨带生态修复与生态保护工作，避免因跨行政区域而造成生态系统破坏与不协调。

(二) 开展生物多样性保护

1. 保护自然湿地。宝应县滩地 73.4 万亩，为里下河地区最多的县份。由于湿地是自然界中生物多样性最丰富的生态景观，也是各类水禽的繁殖地和栖息地，更是碳汇的一个重要来源，定期针对宝应湖和射阳湖湿地开展物种资源调查十分重要。通过收集湿地面积、地貌、水文、植被、土壤、水鸟、两栖动物等资料，制定近远期湿地恢复具体方案和生态系统保护战略：建设和保护森林植被和野生鸟类，保护水域环境，维护圩内外现有水系格局，严禁围湖造田，实施退网还湖，逐步减少围网养殖面积，特别是养蟹和鱼蟹混养；开展湿地生态修复建设工程，在湿地沿岸种植乔灌结合、多树种混交林带，构筑生态岸线，防止水土流失，对入湖河道截污，采用人工浮岛技术，定期适时对湿地沉水植物进行清理、收割、清淤，移除污染。

2. 保护生物多样性。充分利用湖泊和河道，保护水生湿地植物和淡水鱼类，以水质净化保障水体安全；严格遵守国家有关生物物种资源出入境管理制度，防止物种流失和物种单一化。建立湿地生态系统类型与结构，动植物区系组成与特点，区内的动植物名录与分布情况，珍稀濒危状况等内容的生物多样性信息库。按照生物多样性监测的原理、方法和指标体系，利用互联网技术建立、完善监测网络。建立外来入侵物种预防体系，逐年对县域 42 条 652 km 河道开展整治清淤，重点加强对水花生、水葫芦等危害严重的外来入侵物种进行防治和综合利用。

3. 综合整治湖泊水网。加强对宝应境内白马湖、宝应湖、高邮湖和里下河湖荡四个省管湖泊和其他湖荡水网保护，严格河湖水域岸线等资源管理和水土流失防治。拆除湖内围网养殖基地，控制养殖源头污染，禁止倾倒生活垃圾、生活污水，减少船舶和养殖对湖区的污染源。推行捕捞限额管理，延长禁渔期等，改善水产资源小型化、低龄化状况。综合整治入湖河道，提高河网水系连通性，逐步恢复小流域生态功能。对宝射湖、向阳河、潼河、宝应湖、射阳湖等重点河湖适时建立河湖健康评价指标体系，开展健康评估、定期公布河湖健康状况。

（三）深化特殊产业区和农产品品牌建设

1. 加强五大有机食品基地特殊产业区建设。升级改造一批有机水产品、有机荷藕、有机果蔬、有机粮油、有机畜禽的精深加工企业，构建县级有机食品生产、加工技术信息平台，加强产供销信息和新技术共享，提升"国家有机食品监督检验中心"知名度。采取有力措施防控有机农业产区周围的非有机食品生产基地污染，扩大有机肥、生物农药的使用范围。积极发展生态种养循环经济，形成生态水产养殖和有机农业生产相结合。

2. 注重农产品品牌建设。加强自主知识产权品牌的建设，持续认证一批原产地地理性标志产品。注重创新品牌创建机制，通过基地建设及龙头企业的辐射力，将分散农户经营同市场需求联系起来，强化过程管理与产品质量监控，树立良好的区域品牌形象。通过与国内外知名食品工业企业及行业协会的合作，联手开发新产品，打造优质有机食品品牌。加强商标管理、质量监管和基地认证，延伸品牌领域和使用范围，培育具有宝应特色和竞争优势的有机农产品出口基地，扶持和培育农产品出口经营主体，提高农产品出口组织化程度，加强信息服务和培训。

（四）加强农产品质量体系建设

1. 提高农业技术支撑能力。建立宝应有机农业研发中心，以宝应高效有机农业为基础，以产业政策为导向，加强与科研院所、农业专业院校的合作，逐步建立产-学-研基地。增强有机农业研发能力，依托国家有机食品监督检验中心，研究适应区域特性的有机水生蔬菜、水产品的有机种养模式，并积极在全省及全国进行推广。提升农业机械化水平，优化农业机械装备结构，引进和消化吸收国内外先进农业科技和现代农业装备技术。加强农业循环经济技术研究，如农业水循环利用关键技术、科学施肥技术、耕种节能关键技术、可再生农业资源的循环利用技术和途径、农业废弃物综合利用技术、有害生物生态控制技术等。

2. 建设农产品全过程监管体系。在现有的环境质量跟踪监测体系基础上，进一步完善农业环境监测网络，重点加强农用地及水环境监测，在各产业基地设监测点，建立土壤、大气及水环境质量档案，跟踪掌握土壤及水质量变化，保障有机食品基地环境质量达到有机生产标准。对有机农业产业基地的卫生安全管理、生产资料、农器具及包装材料进行检验与跟踪，保存档案资料。充分利用国家级有机食品质量监督检验中心的优势，加强对有机产品的质量监测与控制，保障品质及食用安全，加强对特色品牌的保护。依托有机食品质量安全检测，建设区域性有机安全食品批发中心。增强对有机食品生产、加工企业的技术指导，规范有机农产品及食品标准，加强对有机食品关键技术如高抗、多抗新品种，高效、低毒、低残留农药及生物农药、生物肥料等新技术的推广应用，从源头上把好有机食品的质量安全关，努力把有机食品打造成群众放心的食品。加快构建宝应有机食品信息库，建立多层次的农产品需求信息网络，为农产品开发、生产、运营、市场开拓建立良好的信息沟通渠道。

四、结语

“农业供给侧改革”需要找准突破口，从提高供给质量和效率的角度，以理性需求调动有效供给，以生态优先推动结构调整，达到转变农业发展模式的目标，促进经济社会持续健康发展。宝应县扬长并发挥生态优势，将生态红利转化为生产力，提高优质农产品生产能力和供给能力，培育新的经济增长点，更好地适应需求结构的变化，可以作为当前农业供给侧改革的方向之一。

以供给侧结构性改革为主线 提升农村科技服务超市水平

汤国辉 韩天琪 黄启威

（南京农业大学 江苏省生产力促进中心）

摘要：本文以江苏农村科技服务超市体系为案例，以"推进农业供给侧结构性改革"为主线，通过对该体系历史渊源、设计理念、基本要素、组织架构、运行机制、现存问题及未来发展方向的分析，深化科技创新与服务，为完善"政产学研金用"六个主体协同合作机制，构建新型农村科技服务体系，推动中国农业现代化建设进程，提供理论依据和实践参考。

关键词：科技创新与服务；农村科技服务超市模式；运行机制；体系

一、农村科技服务超市体系产生背景与发展现状

农村科技服务超市（以下简称科技超市）是江苏省主要领导在依据江苏及国内涌现出企业等多种新型农业经营主体与多元化科技创新与服务模式的新特征，在当时公益性的农技推广体系越来越不能适应现代农业发展需要的情况下，结合南京农大在连云港创新的"百名教授兴百村工程"与"科技大篷车专家站"等模式经验做法基础上，通过体制创新推动科技创新，由江苏省科技厅牵头，组织相关涉农部门与科教单位成立"送科技下乡促农民增收"协调小组与办公室（作者为南京农大联络员和首批江苏科技特派员），整合现有政产学研金用等涉农主体的资源，以商品超市的理念，创建满足多元用户需求的农村科技服务体系。在2008年确立"三店六有"的基本框架与要素模式，并于2009年首先在宿迁开始试点。2012年11月超市总店开业。2013年始，又通过制定政策，组织专家检查评优、支持项目、政府购买服务等，积极推进"软硬件建设标准化、服务全覆盖与全程化、创新与服务同步化、管理与服务信息化、机制长效化、运行一体化"。2014年，江苏省科技厅成立"江苏农村科技服务超市指导小组"，并出台了《江苏省科学技术厅关于进一步推动江苏农村科技服务超市发展的通知》，通知要求进一步提高认识，明确职责，规范程序，加强考评与奖惩等[1]。初步呈现出创新、协调、绿色、开放、共享、规范、高效化的发展态势。2015年又提出示范性科技超市建设。截止2016年底，江苏农村科技超市总数达355家，比2015年增加74家，累计组建科技超市三级专家服务团队3 300多人，组织农业科技新成果展示对接活动1 800多场，推广转化示范新成果

3 900多项，开展培训 5 500 多场次，大大地带动了农民增收致富。科技超市已在新疆伊宁、江西井冈山市建设省外分店，并计划未来三年在江西永新县、青海海东州、贵州铜仁市、西藏拉萨市建成 4 家科技超市。这有效带动了地区特色产业发展。但还需要对农村科技超市多元主体协作模式等作较深入探讨。

农村科技服务体系是农村社会化服务体系的重要组成部分，该体系中一直存在成果供求失衡，高新技术成果转化率低[2-4]，科技资源分散浪费并未能充分发挥作用[5]，高素质的职业农民等人才匮乏[6]，在农村科技链的创新到服务模式、机制、体制及体系上还存在不能满足用户需求等问题[7,8]，不能快速满足农民持续增收与江苏率先实现农业现代化的需要。由于科技超市创新了农村科技服务协作模式，被写进 2013 年的中央一号文件[9]，又被写进 2016 年的江苏省省委一号文件[10]。2017 年省委一号文件又提出“建设农业科技成果网上交易公共平台，提升农村科技服务超市等载体建设水平，推动农业科技成果供需有效对接”的新要求。

为体现出科技超市这种服务形式的社会效益和价值。一些学者主要从服务内容、方式、成效、组织架构、模式机制、运行特征等方面做了简述[11-16]，对科技服务超市建设与发展起到了一定作用。但如何在当前新发展理念下，以农业供给侧结构性改革为主线，更有效推广这种多元主体协作模式？农村科技服务体系中的多元主体协作应具备哪些要素？各要素的地位、内涵和作用是什么？怎样更合理科学安排各要素间的关系？在协作中有哪些机制在发挥作用？本文拟以江苏省农村科技服务超市为例，对上述问题进行讨论，为农村科技创新与服务的多元主体协作模式建立和完善，提供参考和借鉴。

二、农村科技服务超市模式要素与概念

(一)“三店六有”模式基本框架与要素的确立

科技超市借鉴了城市的连锁超市模式，在综合分析现有农村科技服务中的相关要素基础上，根据区域产业发展，分为总店、分店与便利店三类店面(简称三店)，建立店店间相互协调、互相补充、共同发展的立体式联动机制：总店负责总体规划、指导体系建设、制定政策等工作；分店协调自身及所辖便利店用户、新成果研发与推广等活动；便利店做好产品营销及具体的农技服务等，总店及各分店、便利店之间还应通过网络化与信息化加强机制的联动。“六有”即“有店面”“有队伍”“有网络”“有基地”“有成果”“有品牌”——有直接面向广大用户的“店面”；有开展各类科技服务的“队伍”；有开展科技超市信息服务、店店互动交流、成果推广服务的“网络”；有日益满足现代农业发展需要的可转化推广服务的新“成果”；有进行科技成果展示与试验示范的“基地”；有形象与服务规范统一的科技服务超市的“品牌”。“三店六有”模式的设计，确立了江苏农村科技服务超市体系的基本框架，使建立农村社会化科技服务体系这个复杂的问题简单化、定性化、模式化(即模块化)。

（二）模式中“六有”要素概念作用及其相互间的关系

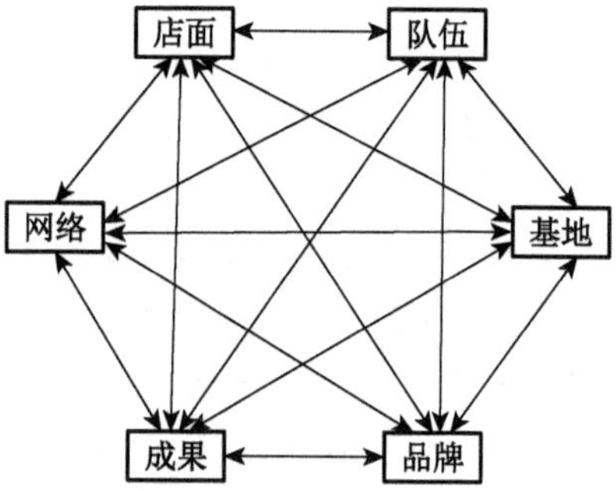

图1 农村科技服务超市“六有”要素间关系

农村科技服务超市六有要素及相互间关系，简述如下：

1. 店面是成果展示与提供科技服务的“中介”。店面直接面向广大用户，是整合现有科技服务资源的重要载体，是体现科技超市综合服务水平的关键因素，应把能够在一店内方便客户得到需要的软硬技术与信息作为店面建设的目标。店面是政府社会最关注的场所，对店面统一形象设计、科学合理功能区的划分，加强软硬条件建设及提升店员队伍素质和服务水平，直接关系到用户的满意度，对品牌建设起到重要作用。因此，必须加强对店面软硬条件建设等的重点考核，还应通过培训等举措，不断提高店员队伍掌握现代管理、经营、技术服务等方面的综合素质。店面的优质成果应该首先由专家队伍在基地进行试验示范筛选后，才能进入该店架，并通过店面网络快速传播推广，为广大用户服务。

2. 队伍由开展各类科技服务与创新的专家组成，即三店不同层次的科技服务与创新的专家团队。只有形成高素质技术体系的专家队伍与超市产业体系的对接，才能引领现代农业快速发展。专家团队主要通过网络与店面等载体或直接为用户提供科技服务，并在基地及所属区域内开展新品种、新技术、新产品的研发与推广服务和培养适用的高素质人才（含职业农民）。总店团队主要以高校和科研院所为主体，还吸纳了企业等涉农组织的高级专家，遴选既有较高理论水平，又有较强的实践经验的技术专家，组成与相关产业配套的总店专家服务团队，及时解决产业发展中重大或疑难问题；分店团队主要从当地市、县、区等涉农企业、科技特派员、农业大户、乡土专家和高校与科研院所中遴选一批具有服务经验或专长的技术人员组成，来及时解决日常发生的技术问题；便利店根据自身基础和实际需要，组建一定规模的专家服务团。

3. 网络是开展信息服务、互动交流和成果营销的重要载体。科技超市的网络是科技超市信息交流的重要平台和关键枢纽。江苏农村科技服务超市网站实践表明，网络不仅为店与店、店与用户交流架起了桥梁，还为专家与用户交流，基地新成果展示与品牌宣传起到重要作用。应用物联网、云计算、大数据、移动互联等现代信息技术，能使用户线上线下直接快速地了解、选购到所需的产品与技术。网络更为一二三产融合发展、产供销一体的现代农业建设提供了条件。在实体化运作中，还要充分发挥电商等金融机制的作用，不断拓展超市网络功能，并吸纳更多主体与资本的投入。

4. 基地是进行新成果、新技术、新产品、新模式试验示范展示与研发的场所。只有在基地不断研究开发示范推广新成果，同时培养掌握其新技术的人才，形成人才、技术链与产业链对接，才能够一店式地让用户得到需要的软硬技术与信息，实现一二三产融合发展、价值链增值。因此，基地是科技服务超市得以发展的重要物质基础。

5. 成果包括了软硬技术，是科技超市店面交易、推广、运作的核心要素。在基地产出的成果水平与数量及所产生的效益对超市发展与品牌建设起到核心作用，应作为科技超市与专家业绩评价的重要依据。鼓励专家团队在基地研发推广急需的成果与培养相匹配的人才，通过店面与网络提升科技成果转化率与推广度，来建立产业需求的人才与高新技术成果链，不断满足用户的需求，吸引更多用户参与科技超市的建设。

6. 品牌是指在用户心目中产生的认知。树立用户心目中的品牌，才是科技超市得以长久生存与持续发展的根本。对科技超市外在标识形象的统一要求和服务规范等，是树立品牌的集中体现。科技超市"三店六有"框架体系的建设、运作机制、服务模式、成效等直接影响到品牌声誉。打造品牌首要的是实体店面与网络化服务相结合，店面的核心是成果，优质成果来源于基地的集成创新，创新成果源于一支充满活力的专家队伍。

如上所述，"三店六有"模式各店及要素之间相辅相成、协调一致。

三、农村科技服务超市的主要机制分析

（一）政府引导机制

建设科技超市离不开有关部门的有力引导。建立政府引导机制，为科技超市建设与发展创造政策环境。江苏的实践表明，成立以科技主管部门为组长的协调小组并通过政策制度、项目经费支持等管理手段，组织专家对科技超市"三店六有"架构及要素建设与运作等多方面的协调与指导，有效地调动了建设单位（企业）与参与单位的积极性。江苏在相关科技计划中设立一定的引导性专项资金，其建设运行经费在前期自筹，后期根据绩效考核给予补助奖励等政策，加大了对科技超市建设运行支撑的力度。

（二）市场导向机制

1. 企业管理机制

主要从提高效益、价值取向、公平、公正、公开的视角建立科技超市准入与退出办法，并充分发挥金融机制的作用，来实现资本扩张、形成规模交易成果、降低成本效应。主要包括约束、激励、流动、效率、公平、金融等机制。如通过制定队伍（员工、专家）、店面、基地、成果、网络、品牌等服务与创新绩效考评奖惩办法、章程，来形成有效的现代企业管理机制。

2. 市场竞争机制

市场竞争内在动因在于各店自身的物质利益驱动，以及对被市场中同类组织

排挤、丧失自己的物质利益的担心。为增强科技超市的经济实力,建立市场竞争机制,从开始就选择有较强竞争力的农业龙头企业作为科技超市分店、便利店的主体。实践表明,按照约定规则,只有通过向用户提供实惠的成果、更好的技术与服务,来实现自身发展,才能在竞争中实现良性循环。

3. 品牌信誉机制

用户对品牌信任度的认知和评价是信誉品牌机制的核心。信誉是维护用户对品牌忠诚度的前提,也是维持科技超市品牌魅力的法宝。其实质来源于科技超市成果水平与服务质量信誉。主要内容有:质量信誉、服务信誉、合同信誉、包装信誉、保证信誉、首选信誉等。使用户有效识别农村科技超市与其他经营者的差异,不仅要打造科技超市在用户中的外在与内在的统一品牌形象,而且能主动让用户成为科技超市的重要参与主体与信息反馈渠道,能使越来越多的用户成为科技超市不可分割的一部分。

(三) 创新驱动机制

1. 成果转化机制

为满足农业现代化发展的需要,创新科技链,强化新技术的消化、吸收和集成应用,实现成果研发和与之相配的人才培育及推广服务一体化发展,已成为成果转化机制的核心问题。科技超市在根据产业、行业、区域等多样性需求,结合实际与地域特点,一方面要广泛筛选、采集和引进国内外高新技术成果,另一方面进行自主创新,研发出更多的高新技术,并在基地开展先试验后示范,再推广的步骤来开展成果转化,通过网络、店面保证科技商品的第一时间上市,建立创新到服务终端用户满意的直达路径,并与培育出多类适用人才相结合,使此类“成果”“人才”迅速发挥作用,从而更好地满足现代农业的需求。通过优化创新链促进技术链与产业链深度融合,建立科技超市“政产学研金用”合作的成果转化机制,为实现创新到服务体系中,各要素紧密融合、长效高效运作的示范性科技超市打下了基础。

2. 信息导航机制

围绕产业、行业、区域特色及用户需求,加强农业科技成果网络的信息导航机制建设。通过云计算、大数据库的建立,做到全方位、全程化、立体式的网络化的信息服务。最直接、最全面、最便捷的实现人才、科技、农产品资源与多元用户需求的有效对接。以科技超市网站与网络为平台,建立信息导航机制,充分发挥政产学研金用等主体的市场、科研、教育、金融、政策、产品信息等优势,实现快速决策、服务与成果转化。由总店牵头建设网站,整合科技服务资源,发布科技超市的重要新闻、开展网络服务与电话相结合,实现网络平台与用户终端的共建共享和互补互通,同时,也为农民等用户、组织提供信息反馈平台,各分店围绕自己的特色产业建立自己的网站,并与总店相链接。让各便利店在分店的网站上拥有自己的网页,通过信息导航开展创新与服务,建立联动机制,使科技超市的整个队伍、用户、技术链与产业链实现信息流、物流、资金流的整合。

3. 团队服务机制

科技超市团队服务机制建立,以城乡一体化发展、美丽乡村、生态家园建设为导向,一二三产融合发展的现代农业产业体系为载体,用户满意为目标。要加大经营与管理队伍的人力资本投入,还要整合国内外多学科的相关专家,从产前、产中到产后,全方位为用户服务,使得用户围绕本地特色产业链能够得到一站式服务。更要通过建设具有自主知识产权成果的高素质专家与技术员相结合的团队,来服务产业体系,对提升超市效益起到根本作用。特别要通过政产学研金用紧密合作,建设一支多学科、多层次的服务与创新的现代农业团队,让专家团队在超市引进、消化、吸收、再创新成果,并培养相配的人才。通过"带着干,做给看,帮着销"等方式示范推广技术与农产品,并通过网络等媒体讲座、宣传等,提高科技成果的转化率和推广度,使生产者与国内外大市场连接起来,形成产供销一体、贸工农一体、规模化经营、面向全球的中国特色的商品农业模式,不断提升超市品牌在社会上的信誉度与美誉度。

(四) 多元协作机制

1. 多元投入机制

科技超市在投资模式上采取政府支持与民间资本投资相结合,企业投入与技术投资相结合等,充分发挥科技金融机制在超市中的作用。来自政府的政策性投资主要用于引导公益性服务与创新,适当补贴科技服务、环境和基础设施建设与创新活动等,经营性投资主要依靠企业与民间投资。积极创造经营环境,吸引农业企业、农业园区、家庭农场、农民专业合作社、农业大户、科技特派员、科教单位、金融机构等,以资金、土地、技术、品牌、市场等生产要素参与,或参股的形式与科技超市建立合作关系,还可创办、领办科技超市分店、便利店。同时,鼓励分店直接投资建设便利店,使分店与便利店形成真正的利益共同体关系。建立公平、公正、公开的各主体间利益分配机制。

2. 用户反馈机制

根据政产学研金用等部门信息反馈的工作成果,综合分析用户的需求与动向,根据问题导向、目标导向来制定合理的科技研发项目与人才培育方案和政策,从而引导科技超市体系向满足多元用户与国家需求的方向发展。通过超市连锁经营与网络化的联动机制,迅速地建立起生产者与消费者之间的桥梁,从而提高双向流通效率,及时地了解顾客的需求,对用户的偏好及时反馈,更好地提供从田间地头到餐桌的全程服务。加强"三店六有"的各个要素与政产学研金用等主体之间层层信息的反馈,实现不断满足用户需求的多元化目标,建立共赢多赢的科技超市。

图 2 表明,通过政府(政)、企业(产)、大学等教育机构(学)、科研机构(研)、信贷等金融机构(金)、用户(用)等现有涉农主体的资源整合、体制创新,建立了包含政府引导机制、市场导向机制(企业管理、市场竞争、品牌信誉)、多元协作机制(多元投入、用户反馈)、创新驱动机制(成果转化、信息导航、团队服务)的科技服务超

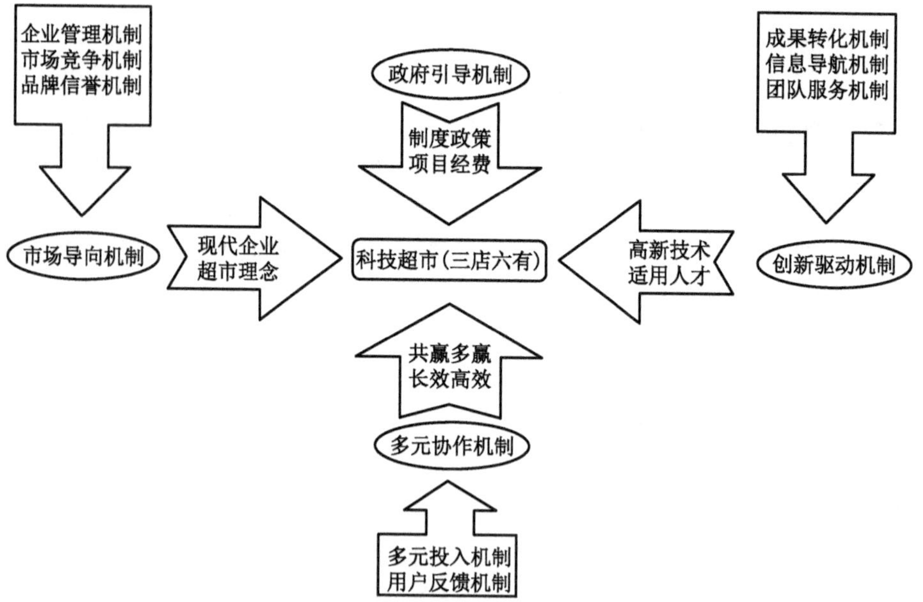

图 2　农村科技服务超市运作机制示意图

市体系，实现推广服务、创新科技及与之相配的人才培育一体化的目标。

四、构建现代农村科技服务体系多元主体协作模式的经验与启示

八年多的实践证明，农村科技服务超市顺应了当前农村科技服务市场化、社会化的趋势，并初步为推进我国农业供给侧结构性改革，探索现代农村科技服务体系的多元主体协作模式树立了可资借鉴的范例。这一模式的主要经验即在于根据对以往成绩和教训的总结及现实可行性的深刻分析，探索出便于推广应用的模块化开发方式。

(一) 探索农村科技服务体系建设的模块化开发与应用

复杂的问题简单化，简单的问题定性化，定性的问题定量化，定量的问题专业化，专业的问题模块化，是解决理想与现实之间差距的有效方法。江苏科技超市做到了模式化(即模块化)发展，首先把社会化农村科技服务平台建设这件复杂的事情简化成"三店六有"框架要素，特别对有基地、有店面、有队伍、有成果、有网络、有品牌赋予了科学的内涵；并形成与政产学研金用的六个主体相结合的体系，为社会化的科技创新与服务的机制体制体系建设提供了有益的经验。江苏科技超市建设已纳入到江苏"十三五"发展规划，在超市的申请与认定、软硬件建设和管理中，形成系列的规章制度和考核指标，如初步完成了硬件的标准化建设和部分的软件建设，在店内形成了可定性与定量考核的成果示范区、咨询室、培训室、科技特派员专家工作站等系列规章制度及评优奖励与项目经费支持政策与办法等等，这些都为

体制创新推动社会化的科技服务体系建设提供了好思路与好做法。

(二) 建立"政产学研金用"共同参与的"六＊六"体系

通过体制创新与实践，江苏科技超市探索了包含市场导向、政府引导、多元协作、创新驱动等机制的农村科技服务超市的多元主体协作模式，总结了"三店六有"各要素与"六个"主体之间相辅相成，形成深度合作的科技超市新体系(简称"六＊六"体系，见图3)。这一体系一是为实现农民持续增收，有效地解决"三农"问题，驱动农业现代化发展做出成绩；二是顺应了新常态下农村科技市场化服务，为实现教育、科研、推广一体化发展的农村科技服务体系的框架建立提供借鉴；三是为多元主体协作、共赢多赢、长效高效、创新创业的平台模式的新农村建设提供了经验。

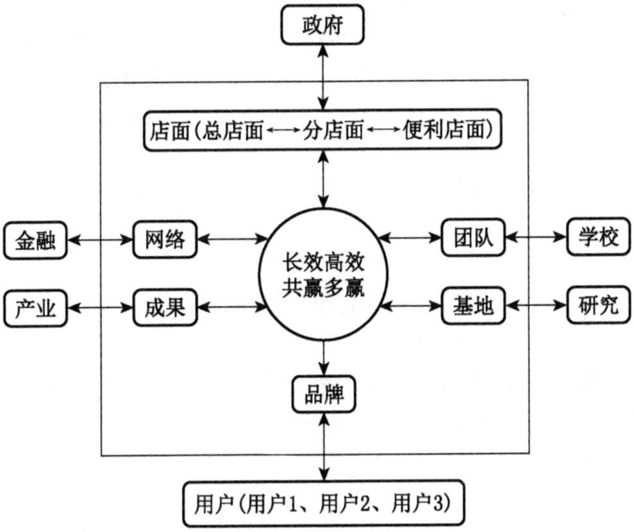

图3 农村科技服务超市(六＊六)体系

江苏农村发展方面更要深入贯彻创新、协调、绿色、开放、共享的新发展理念，更需要积极通过综合改革，完善制度，出台办法，充分发挥院校等科教兴农主体的资源。通过推行"六＊六"体系的科技超市的建设，并加强推进"互联网＋"现代农业新技术新产品示范创新高地，推动农业全产业链改造升级。让更多的高新技术与人才来不断拓展企业、合作社、家庭农场、农业园区、农户等多元农业经营组织的产业链及其内涵与外延，对整个产业系统实现全程化服务，保障科技创新与服务持续高效发展。还应以提升创新能力与服务资源集聚为重点，建成一批具有创新与示范带动作用的科技超市，成为建设现代农业产业体系的新引擎，体现江苏标志和高度，使之在中国现代农业科技创新与推广服务及扶贫体系中发挥更大的作用。

参考文献

[1] 江苏省科技厅. 江苏省科学技术厅关于进一步推动江苏农村科技服务超市发展的通知[EB/OL]. (2014-06-09)[2014-06-25]http://www.jiangsu.gov.cn/jsgov/tj/kjt/201406/t20140625_438983.html.

[2] 叶宝忠. 基于供求关系的科技中介服务业发展研究[J]. 科技管理研究,2009(7):101-103.

[3] 陈学云,史贤华. 促进我国农业科技成果转化的产业化路径——基于农业科技的供求分析[J]. 科技进步与对策,2011,28(14):73-77.

[4] 毛学峰,刘冬梅. 服务体系、成果转化与农业科技创新波及[J]. 改革,2012(2):73-80.

[5] 尤春媛. 农业科技资源共享中的政府创新平台建设研究[J]. 探索,2014(1):121-125.

[6] 陈新忠,李忠云,李芳芳,等. 我国农业科技人才培养的困境与出路研究[J]. 高等工程教育研究,2015(1):135-139.

[7] 郭强,刘冬梅. 对农业科技专家大院运行机制的思考[J]. 中国科技论坛,2013(10):99-104.

[8] 周华强,王敬东,冯文帅. 构建新型农村科技服务体系[J]. 宏观经济管理,2014(6):43-46.

[9] 新华社. 中共中央国务院关于加大改革创新力度加快农业现代化建设的若干意见[EB/OL]. (2015-02-01)[2015-06-25]http://www.gov.cn/zhengce/2015-02/01/content_2813034.htm.

[10] 新华社. 中共江苏省委关于落实发展新理念深入实施农业现代化工程建设"强富美高"新农村的意见[N/OL]. 2016-02-26[2016-03-06]http://xh.xhby.net/mp2/page/1/2016-02-26/4/71971456438109265.pdf.

[11] 李俊杰,刘冬梅. 江苏农村科技服务超市的创新与启示[J]. 中国科技论坛,2013(9):133-138.

[12] 刘伟忠,刘亚柏,张建英,等. 江苏农村科技服务超市与农民联结机制实践与探索——以句容经济林果产业分店为例[J]. 农村经济与科技,2012,23(9):110-111.

[13] 李娜,吴翔,周建涛,等. 简析江苏农村科技服务超市建设现状[J]. 农业科技管理,2012,31(1):62-65.

[14] 卞琳琳,刘爱军. 江苏省农村科技服务超市建设与发展研究[J]. 科技管理研究,2013(11):52-55.

[15] 林琳,王雯,韩晓丹. 农村科技服务超市经营策略研究[J]. 农业与技术,2014,34(8):214-218.

[16] 浦汉春,周振玲,马腾. 简析江苏农村农业科技服务超市建设现状[J]. 农业科技通讯,2015(2):33-34.

农业供给侧要素价格与农产品生产者价格动态关系研究

——以水稻为例

汤颖梅　牛　彪

（南京农业大学金融学院）

摘要：本文基于1996—2016年数据，运用协整分析、格兰杰因果检验、脉冲响应和方差分解对我国水稻生产的供给侧要素价格与水稻的生产者价格的动态关系进行实证分析，得出结论：劳动力价格、生产资料价格与水稻生产者价格之间互为格兰杰因果关系，农业生产资料价格对水稻生产者价格的影响较农业劳动力的影响要大。根据结论提出相关建议：应重视对农资价格和劳动力价格的调控；对农资价格调控应加强政策引导，提高农资生产效率，降低单位生产成本；应充分发挥新型农业经营主体优势，降低单位农资使用成本和单位劳动力成本。

关键词：新型农业经营主体；农业供给侧要素价格；水稻生产者价格；动态关系

水稻是我国三大粮食作物之一，水稻价格稳定是我国粮食安全战略的重要组成部分。在众多影响水稻价格的因素中，除了因粮食市场波动、自然灾害损失等因素外，农业供给侧要素的价格上涨严重侵蚀了农户的利润空间。目前我国农业发展中面临的农产品有效供给不足与高库存并存、农产品价格“天花板”与成本“地板”两板挤压等问题大都根源于供给侧。农业供给侧要素价格决定农业生产的“成本地板”，根据农业C-D生产函数，农业主要生产要素为资本和劳动力，而要素的稀缺性决定着要素价格。在新型农业经营主体不断发展壮大的背景下，资本投入要素和技术进步的作用更加重要，农资价格在农业生产成本中的作用日益突出。在人口红利逐渐消失的背景下，劳动力数量和比较成本优势逐渐丧失，如何面临当期和未来劳动力供给不足现状，缓解劳动力价格压力尤为重要。因此，深入研究近年来我国水稻生产供给侧要素价格与水稻生产者价格的动态关系，对于探寻保持粮食及物价的适度波动，保障国家粮食安全，推进“农业供给侧改革”战略顺利进行，进而促进我国经济平稳运行具有重要意义。

一、农业供给侧要素价格与农产品生产者价格动态关系的理论分析

目前，国内已有部分学者对农业供给侧要素价格与农产品价格的关系进行

了研究。肖皓等(2014)在研究供给因素对农产品价格的传导作用中提到:劳动力、资本等外生价格对农产品价格的冲击的影响规律是潜在影响大于直接影响,直接影响大于实际影响,而相比肉类产品、经济作物,粮食作物的成本传导作用较低,尽管外生价格在成本中份额较大,但形成的最终影响却会产生差异。现有一些文献也分析了农资价格波动及其与农产品价格波动的关系,并通过不同的方法和样本验证其结论。范小仲(2014)和肖文兴等(2014)对农资价格与农产品价格的关系进行了实证分析,前者以1978—2012年江西省年度数据为例,运用协整检验分析发现农资价格与农产品价格存在双向因果关系,但农资价格对农产品价格的影响更大,后者运用SPSS对全国农产品价格与农业生产资料价格进行相关性分析,发现农产品价格上涨的主要因素是农资价格,而农资生产企业得到了农产品价格上涨收益的很大部分。史常亮等(2014)运用GED分布下的EGARCH-M模型对中国农资价格波动的特征进行了拟合分析,发现中国农资价格有显著的季节效应,应加强淡旺季农资储备,且促进农资市场由垄断性市场向竞争性市场转变尤为重要。而在农资市场垄断的背景下,郭永田(2013)指出应加快培育龙头企业和专业化合作社,减少农资流通成本。朱哲毅等(2016)也有相同看法,并以江苏、吉林、四川三省242家参与农资购买的一些合作社为样本,着重探讨了专业合作社对农资价格谈判的情况,研究结果表明:大部分合作社只是停留在浅层次牵线购买阶段,谈判动机对农资价格谈判能力尤为重要,受农产品质量安全影响,农资购买由合作社统购是难以实现的。在农资价格影响因素方面,马凯等(2013)和张大勇等(2014)分别运用ARCH模型结合灰色关联度模型和时间序列分解下的VAR模型,指出成本变动是农资价格的主要影响因素,能源价格等原材料在农资产品总成本中占一半以上。也有学者对劳动力价格与农产品价格的关系进行了研究。杨晓维等(2014)以劳动力转移为视角,分析了农业劳动力转移、农业劳动力投入、农产品价格之间的传导关系,研究结果表明:当劳动力转移的不再是刘易斯意义上的绝对剩余劳动力时,势必会带来余留农村的边际产出大于零的劳动力数量下降,必然会对农业生产供给侧产生负面影响;同时,随着余留农村劳动力人均土地的上升,也将增加余留农村劳动力的闲暇时间,增加劳动力使用成本。本文在前人学者的研究基础上,实证研究农资价格、农业劳动力价格两大供给侧要素价格对水稻价格的作用及影响程度,以期有新的发现和结论。

二、农业供给侧要素价格与水稻生产者价格动态关系研究

我国能源短缺的现状决定了农资成本在短期内难以下降,致使农资价格继续呈现刚性上涨的态势。与此同时,近年来政府出台的农业税减免及农机购置补贴政策,提高了农户种粮积极性,带动了农资需求量,但农资的供给不足、供求失衡也导致了农资价格的上涨。

(一) 自 1994 年我国农资市场化改革后，农资价格总体呈波动上升趋势

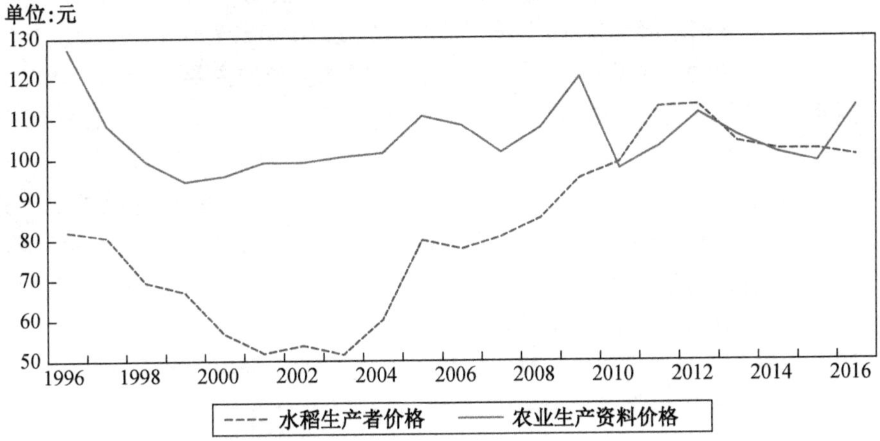

图 1　我国农业生产资料价格与水稻生产者价格波动趋势图

图 1 反映了 1996—2016 年我国水稻生产者价格与生产资料价格的变化趋势。整体看来，2010 年以来我国农业生产资料价格与水稻生产者价格趋势基本一致，均是先上升再下降又上升，且生产资料价格的波动幅度大于水稻生产者价格的波动幅度。以下分为四个阶段进行阐述：

第一阶段：1996 年初—1998 年初。此阶段农业生产资料价格与水稻生产者价格的走势基本一致，均呈现下降走势。水稻生产者价格由 1996 年的 80.6，迅速下降至 1998 年的 66.9。水稻生产者价格指数由 1996 年的 108.4，波动下降，到 1998 年跌至 94.5。

第二阶段：1998 年末—2003 年初。此阶段农业生产资料价格与水稻生产者价格走势大致呈"V"型，波动幅度较大。水稻生产者价格先波动下降后波动上升，先由 1998 年的 66.9 下降至 2000 年的 51.7；2000 年先小幅上升其后下降至 2002 年的 51.4；2002 年又迅速上升，至 2003 年达 60.06。农业生产资料价格自 1998 年始波动上升，由 94.5 上升至 2003 年的 101.4。

第三阶段：2003 年末—2008 年初。此阶段农业生产资料价格与水稻生产者价格的走势基本一致，先下降后上升。水稻生产者价格由 2003 年 60.06 上升至 79.8，之后有小幅下降，又迅速上升至 2008 年的 95.1。农业生产资料价格由 2003 年的 110.06 迅速下降至 101.5，又迅速上升至 2008 年初的 120.3。

第五阶段：2008 年初—2009 年末。此阶段农业生产资料价格与水稻生产者价格的走势波动幅度较大，水稻生产者价格持续上升，农业生产资料价格由 2008 年初的 120.3 迅速下降，两者相交价格指数为 98.3。

第六阶段：2010 年初—2016 年末。此阶段农业生产资料价格与水稻生产者价格走势基本一致，总体趋势为先上升后下降，又呈现上升趋势。水稻生产者价格由

2009 年初的 99 上升至 2011 年 12 月的 113.3，之后波动下降，2015 年末为 102.1，2016 年又降至 100.6。农业生产资料价格由 2009 年初的 97.5 上升至 2011 年 12 月的 111.3，又迅速下降至 2015 年末的 99.1，到 2016 年末上升至 112.9。

（二）农业劳动力供给不足，是农业劳动力成本上升的主要原因

近年来，我国农业产业就业人数比例已从 1995 年的 54.3%下降至 2016 年的不足 30%。究其原因有四个方面：一是产业结构调整，使得农业总产值在 GDP 的比重下降，是农业劳动供给下降的大环境；二是农业人口老龄化，降低了农业劳动力的未来供给；三是近年来城镇化水平不断提高，加剧了农村人口向城市迁移，以及乡镇企业的增加，吸引当地农业人员从事非农活动，降低了农业产业的存量劳动力；四是农业产业劳动力生活成本的上升。

图 2 反映了 1996—2016 年我国水稻生产过程中劳动力价格与水稻生产者价格波动趋势图，除 1996 年内的小幅波动差异外，整体看来可以分为两个阶段：

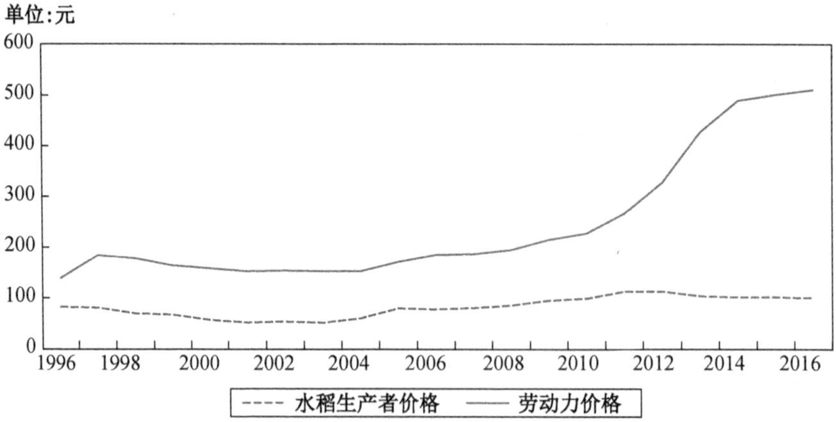

图 2　我国农业劳动力价格与水稻生产者价格波动趋势图

第一阶段：1996 年末—2008 年末。劳动力价格与水稻生产者价格走势均相对平稳，波动幅度相对不大，受水稻生产所需劳动力供给较为稳定和水稻需求不足的影响，水稻生产者价格和劳动力价格都呈低位运行状态。其中，水稻价格涨幅在 4.5%的区间内，水稻生产相关的劳动力价格涨幅不高于 15.7%，由于时间跨度较长，其变动幅度较小。

第二阶段：2009 年初—2016 年末。劳动力价格与水稻生产者价格走势大致呈倒"V"型，受城镇化带来的农民外出务工、从事非农产业等行为影响，水稻生产所需劳动力人口供给紧缺。土地流转使家庭农场、规模经营户、龙头企业等新型农业经营主体规模不断变大，促进了水稻生产的商业化、市场化、雇工化，农业劳动力价格显化，使传统"小农生产"的单位劳动力成本优势逐渐丧失。2009 年初—2016 年末，水稻生产劳动力价格上升 162.8%。与此同时，尽管面临劳动力成本上升的压

力，在国家粮食价格补贴、政策干预等宏观调控影响下，2009 年初—2016 年末，我国水稻生产者价格仅上升 18.1%左右。

综上所述，农业生产资料价格与水稻生产者价格的走势大多相同，其相互影响及波动状态相关性较大；而劳动力价格与水稻生产者价格开始走势相对平稳，后来成倒“V”型走势。

三、结论与政策建议

本文采用 1996—2016 年的数据，通过协整分析、格兰杰因果检验、方差分解对我国农业供给侧要素价格对水稻生产者价格的影响进行了实证分析，结果表明：首先，劳动力价格与水稻生产者价格、农业生产资料价格与水稻生产者价格互为格兰杰因果关系；其次，相比农业劳动力价格，农业生产资料价格对水稻生产者价格的影响更大；最后，相比农业劳动力价格，农业生产资料价格对水稻价格的影响周期更长，属于更为刚性的投入要素。结合本文的实证分析结论，贯彻落实农业供给侧结构性改革战略，我们提出以下政策建议：

1. *重视对农资价格的调控，同时也不应忽视劳动力价格的作用。*“稻贵伤民”“稻贱伤农”在根本上是由高昂的农业生产成本产生的，而农资价格和农业劳动力价格在农业生产成本中占有很大比重。当前我国绝大多数水稻生产者仍是“小规模”传统农户，无论在上游“农业生产成本要素”市场还是下游“农产品销售”市场都处在相对劣势地位。在农产品价格“天花板”相对稳定情况下，成本“地板”长期处于相对高位，使得农户赚取利润的空间狭小，短期财政补贴只能缓解农户一时压力，只有让高悬的“地板”回归“地面”才能让农户“轻装上阵”。

2. *调控农资价格应重点关注生产者，采用“改善政策引导效果＋提高农资生产效率”的政策。*农资价格在水稻生产成本中占有非常重要的份额，应高度重视对农资价格的调控。第一，应积极推进农资生产者的规模化、集约化生产，发挥“规模经济”作用，降低单位生产成本，对于农资生产效率高、规模效益好的生产者进行财政补贴、税费减免，同时又要防止农资产能过剩，通过市场自我供给能力应对市场供求变化，落实供给侧改革，适时“去库存”。第二，把上游原材料价格尤其是能源价格的调控作为农资价格调控的重点，除了保障能源供给稳定外，还应鼓励农资生产企业加大科技研发，推进农资生产“绿色化”“集约化”“低成本”，加大对能耗低、科技含量高生产厂家的财政补贴和税收优惠，缓解其因为原材料成本和加工成本波动带来的损失。第三，推进农资价格市场化改革，鼓励生产厂商参与农资竞价、谈判，鼓励以专业合作社等新型农业经营主体为农资统购单位，发挥其价格谈判优势，促进农资定价合理化、公开化，淘汰效率落后、低质量和服务差的厂商，维护农资供需双方权益。第四，政府或相关组织还应实施淡季农资储备，调节农资市场的稳定，应对农资供给严重不足或严重过剩等紧急情况。

3. *调控农资价格和劳动力价格，应发挥新型农业经营主体的优势，提高单位*

农资使用效率和单位劳动力使用效率。与传统“小规模”农户相比，新型农业经营主体代表着专业化、集约化、机械化，新型农业经营主体更多地采用机械化新技术，对劳动力的数量要求更少，由于集约化生产，新型农业经营主体单位产出效率更高，意味着其单位农资使用成本和劳动力使用成本更低。因此，应积极培育新型农业经营主体发展，既要引导小规模农户提高专业化、集约化水平，又要注重扶持专业大户、农业龙头企业、农业生产合作社，这也是农业供给侧结构改革的必然要求。通过推进水稻生产的集约化、市场化，可以实现生产者与水稻市场的“无缝对接”，又可以通过“家庭农场”“专业大户”“专业合作社”“农业龙头企业”各种主体的不断壮大，改变传统离散、小规模的生产格局，改变水稻生产作为农业生产的战略劣势，进而缓解水稻生产的供给侧压力，保障水稻价格的长期稳定和我国的粮食安全。

参考文献

[1] 肖皓，刘姝，杨翠红. 农产品价格上涨的供给因素分析：基于成本传导能力的视角[J]. 农业技术经济，2014(06)：80-91.

[2] 范小仲. 江西省农产品价格和农业生产资料价格波动关系研究[J]. 价格月刊，2014(3)：12-14.

[3] 肖文兴，陶盈，彭应兵. 我国农产品价格与生产资料价格、消费者价格的相关性分析[J]. 湖南社会科学，2014(3)：165-168.

[4] 史常亮，朱俊峰，栾江. 中国农业生产资料价格的波动特征研究——基于 GED 分布下 EGARCH-M 模型[J]. 统计与信息论坛，2014(11)：45-51.

[5] 郭永田，龚谨，张蕙杰. 农业生产资料价格对蔗农收入影响研究[J]. 农业技术经济，2013(5)：113-118.

[6] 朱哲毅，邓衡山，应瑞瑶. 价格谈判、质量控制与农民专业合作社农资购买服务[J]. 中国农村经济，2016(7)：48-58.

[7] 马凯，潘焕学. 我国农业生产资料价格波动特征及影响因素的分析[J]. 价格理论与实践，2013(10)：56-57.

[8] 张大勇，任宪雨. 我国农资产品价格波动特征及影响因素分析——基于时间序列分解和 VAR 模型[J]. 价格理论与实践，2014(9)：69-71.

[9] 杨晓维，吴伟伟. 农产品价格上涨：一个来自于劳动力转移的解释[J]. 兰州学刊，2014(9)：162-169.

靶向国际先进标准，促进稻米高值化

石志琦　陈　浩　刘　林　刘倚鑫　周　媛
刘志义　魏　猛　徐以建　顾　军　蔡玉官

（江苏省农业科学院　南京绿仙子生物技术有限公司
江苏省沭阳县高墟镇人民政府　上海浦东新区书院镇人民政府）

摘要：本文针对江苏最大宗农作物——水稻，通过采标和对标国际先进标准，并研发在此标准下的农残、重金属等污染物的管控方案，使得稻米质量安全标准大幅提升，并由此打造区域公共品牌，如“超日标”和“高墟碱米”“书院”鲜食米等品牌大米，售价在 9.8～38 元/斤，探索通过市场行为实现高品质稻米的高值化，为实践 2017 年中央一号文件强调“农业供给侧改革，农产品不能重量不重质”提供探索途径。

关键词：稻米；高标准；品牌化；高值化

一、作为中国第一大作物水稻，其生产理念和方式必须升级

水稻是中国第一大作物，为中国人提供 60%以上的主粮供给。水稻也是江苏第一大农作物，水稻产量在全国各省份中名列第四。根据江苏省第二次土地调查数据，江苏耕地面积在 6 445.7 万亩，其中水稻面积 3 400 万亩左右。而截至 2015 年底，全省土地流转面积达 3 095 万亩，占农户家庭承包地总面积的 60%，经农业部门认定的家庭农场达 2.85 万家，其中种粮家庭农场占到了 48%，这些还不包括已有的国有农场种粮面积。

目前水稻生产理念和方式有以下特点或存在的问题：

1. 过分注重粮食的产量安全的“丰产”，却不重视质量安全标准

普遍超量使用化学农药和肥料，据统计报道，中国是世界上每亩使用农药化肥最高的国家，而江苏作为经济发达省份，该数据在全国更是名列前茅。即注重水稻的产量安全，忽视水稻的质量安全，这必然带来化学农药和肥料的超量的使用，造成大米农残、重金属超标，水体富营养化（如太湖蓝藻暴发）。

2. 从政府层面已经从“丰产”思维转变为特别重视粮食的质量安全

政策方面，2016 年国务院印发通知，重点强调了粮食质量安全治理、加强粮食重金属污染治理、进一步提升粮食质量安全和食品安全治理能力的要求；2017 年中央一号文件，核心为农业供给侧改革，推动发展由过度依赖资源消耗、主要满足“量”的需求，向追求绿色生态可持续、更加注重满足“质”的需求转变。

3. 目前国内水稻质量安全标准与“三品一标”体系混乱，与相关农产品或产地质量安全法规不能有效对接

水稻质量安全标准是国标《大米》(GB/T 1354—2009)，但是国家层面的体系还有“无公害标准、绿色标准和有机标准”等，虽然号称为“标准”，但实际是需要过程认证的体系，还有一个“地理标志产品”，这种“三品一标”无论从名称上还是法规上都是与强制性标准即国标冲突，造成混乱。比如无公害标准因为允许使用大量中、低毒化学农药和肥料，绿色标准允许有限使用化学农药和肥料，适合大部分的种植基地，产量有保证，但农残限量标准较少，潜在危险性高。有机标准禁止使用任何化学农药和肥料，安全标准最高，但对种植地要求高，需要封闭生产环境，产量一般只有常规种植的一半，因此不适合大面积推广种植。同时，绿色标准和有机标准都是过程控制，即在生产过程中控制农用投入品种类，但最终的大米安全品质没有保证。

以上可以看出，因土地流转而蓬勃发展的种粮家庭农场和面积较大的合作社、国有农场，现有注重产量的种植模式，已不能满足消费者对食品安全需求，也与新形势下的国家政策不符。但安全标准的缺失，和配套技术体系的不完善，阻碍了种植模式的升级。随着国家完善粮食流通和价格机制政策的实施，并不是种得越多收益就越高，只有提升稻米的安全品质，符合消费者的需求，才能得到最大的收益，对于处在经济发达，消费水平高的长三角地区的江苏更是如此。打造安全好吃的“苏米”，促进稻米产业升级，才能实现消费者满意，流转方和农民增收的三方“共赢”!

二、与国际接轨的质量安全标准，才具备市场竞争力

随着国家完善粮食流通和价格机制政策的实施，并不是种得越多收益就越高，只有提升稻米的安全品质，符合消费者的需求，才能得到最大的收益。

1. 在国标“含金量”不够和混乱情况下，采标和对标是标准升级的应急措施

如前所述，与国际标准相比，我国现有农残限量标准 576 项，比 CAC(国际食品法典委员会)的 2 825 项限量缺失 2 471 项。大米国标安全标准 21 项，日本标准是 300 多项，所以在标准“含金量”不足，对标不失为一种快速有效的方式，另应该鼓励企业研发和申请更先进的企业标准。

2. 在标准下研发水稻病虫害和施肥的解决方案，达到保质又保量

主要技术思想：在质量安全标准的设定下，减肥减药。

采取生物农药和低毒化学农药协同使用的病虫害管控方案，施用高效低毒低残留的药剂，不仅持效期长，施药次数少，减少打药成本，而且对环境危害较小。如鱼尼丁受体类杀虫剂(氯虫苯甲酰胺)，其独特的作用机制只对靶标生物具有高毒性，对非靶标生物，包含人类和天敌毒性很小，持效期长，可达二十天以上。

在减肥方面，施用底肥后，不再和常规体系一样施用化学肥料做穗肥，而是施

用海藻酸等生物叶面肥。因此推广使用的新型肥料集中在高效利用肥料，省时省工方面，主要有控释肥和缓释肥和叶面肥。它具有肥料用量少、利用率高，施用方便、省工防肥害，增产增收等优点。

3. 社会化服务推广体系

欧美发达国家农场主和国有农场一人管理上千亩地，主要依靠的就是农用机械的社会化服务。农村土地流转使农业机械化大面积应用成为可能。水稻耕地、插秧、收割机械应用较为普遍，现阶段重点推广的是施肥、打药的自走式机械和无人机。水稻的施肥和打药主要集中在7～9月，气温高，田间环境恶劣，2016年夏季高温个别地区出现过“花钱也找不到人打药”的现象。而无人机和自走式机械需要人员少，一般2～3个操作员，一天可以防治100～200亩面积，省工高效。

综上所述，研发既保证水稻的产量安全，又能达到水稻的质量安全，集成配套新型肥料、农药和施用装备，融合化肥替代和绿色防控技术，适合种植基地大面积推广应用的技术标准体系，符合国家政策方向，有利于推进江苏稻米产业升级，促进农民增收，为全省农业绿色生态可持续发展和农产品质量安全提供科技支撑。

三、大米消费市场分析

国内大米向高端化的发展趋势已经显现，这也是中央提倡供给侧改革的市场基础所在。

1. 品牌化程度不断提高

大米市场特别是包装米市场品牌化程度不断提高，主要包装米品牌2010年的知名度较2009年均有大幅提高，而消费者在购买包装米时考虑的首要因素中品牌排在第二位，仅低于口味/口感，说明品牌化已经成为大米市场发展的趋势。

2. 消费者更加注重产品安全性

由于食品安全问题日益受到消费者的关注，大米产品的安全性也成为消费者购买产品和供应商生产产品重点考虑的问题。尤其是新闻媒体对“转基因大米”“毒大米”“陈化粮”事件的频频曝光，更加引发了消费者对大米的安全和品质的注重，中高档大米市场潜力和发展空间日益彰显。不同安全标准等级的大米不同的价格，如2015年春节热炒的日本“一目惚”大米品种，国内辽宁盘锦价格为6元/千克，在日本是1 600日元/千克(合80多元人民币)。

四、“超日标”水稻技术体系及推广的社会、经济效益

1. “超日标”水稻技术体系的研发

南京绿仙子生物技术有限公司为2012年度南京市政府支持和资助的领军型创业创新人才创办的企业(南京市321企业)，致力于将创办者依托江苏省农业科学院主持、承担的国家“863”计划、国家自然科学基金、国家农业科技跨越计划、国家农业科技成果转化资金、江苏省农业科技自主创新等多项省部级科研项目的技

术转化，研发一套既能适合种植基地大面积推广应用，保证一定产量的同时又能控制最终大米安全及品质的技术标准体系。这套体系首先以农药和重金属残留限量为指标，包含中国国家标准(21 项)和出口日本标准(302 项)，已经超过出口日本标准(南京绿仙子生物技术有限公司将此水稻生产高安全标准，简称为超日标，并注册“超日标”稻谷和大米类商标，下同)，限定化学肥料的使用量，代以使用大量叶面肥和缓释肥料；以生物农药为核心，配套使用高效低毒低残留的仿生化学农药的绿色防控方案；用无人机等施用设备配套使用，所形成保障质量与产量双重安全的技术标准体系，并定位于长三角优质稻米基地、合作社和种粮大户进行示范推广。

2. “超日标”水稻技术体系的先进性十分明显

本项目研究的超日标技术体系，采用的超日标安全标准(中国国家标准叠加出口日本标准)，远高于市面已有的大米安全标准，达到了稻谷产量安全和质量安全的双重安全。与现有安全标准相比，中国的绿色标准注重产量安全，国际的有机标准注重质量安全，超日标均具有明显优势。

以“江苏最好吃的大米”品种南粳 46 为例，2016 年南京常规体系、绿色标准、有机标准、超日标稻谷产量和大米安全性对比如表 1 所示。

表 1　2016 年四种标准体系的南粳 46 大米产量和安全性对比

项目	常规体系 江宁农户	绿色标准南京 江宁绿色基地	有机标准南京 溧水有机基地	超日标南京 江宁超日标基地
产量 干稻谷(斤/亩)	1 290	1 210	630	1 160
安全性 农药和重金属残留	无保障	达到国标	达到 有机标准	达到国家标准 出口日本标准

从表 1 中可看出，超日标水稻产量和绿色标准相当；安全性方面，超日标和有机标准大米农药残留均为未检出，有机水稻因为使用有机肥，大米中重金属残留量要高于使用复合肥和叶面肥的超日标。具体对比见表 2(均为瑞士 SGS 公司检测)。

表 2　超日标与有机标准大米的农药和重金属残留对比表

大米检测项目	采用标准	超日标大米	有机标准大米
农药残留	“超日标”有机标准	318 项农残未检出	202 项农残未检出
重金属-镉	0.2 mg/kg	0.049 mg/kg	0.07 mg/kg
重金属-铬	1.0 mg/kg	未检出	未检出
重金属-无机砷	0.2 mg/kg	未检出	0.052 mg/kg
重金属-汞	0.02 mg/kg	未检出	0.000 9 mg/kg
重金属-铅	0.2 mg/kg	未检出	未检出

表 3　各标准体系机插秧亩成本对比(2016 年以南粳 46 为例)　单位:元

项目	常规体系	绿色标准	有机标准	超日标
种子(8 斤)	32	32	32	80(原种)
杀虫杀菌剂	80	100	200	150 含叶面肥
除草剂	30	50	1 500(人工)	50
肥料	180	200	600	200
租用农机耕地插秧收割打药	耕地 135,其他农户自己人工	400	400	400
水电费	80	80	80	80
人工	农户自己人工	100	100	100
地租[元/(亩·季)]	个人承包地	400	400	400
总计	537	1 362	3 312	1 460
干稻谷产量(斤/亩)	1 290	1 210	630	1 160
稻谷价格(元/斤)	1.4 粮站收购价	1.55 国家收购价	5.26 成本价	1.9 订单收购价
大米售价(元/斤)	3.5	6	16.8	12.8

3. “超日标”技术体系推广,打造了品质与效益双提升的高端大米

2014 年以来,南京绿仙子生物技术有限公司在完成“超日标”水稻体系研发后,分别服务了江苏、安徽和上海共计 30 多家农场或合作社,以 2015 和 2016 年分别为沭阳高墟和上海书院镇服务为例,由于品质提升,在当地政府支持下,打造了“高墟”碱米和“书院”鲜食米品牌,江苏电视台、东方卫视等多次报道。而“超日标”也由绿仙子公司注册成大米商标,先后荣获第十一届中国优质稻米博览会“金奖稻品”、第十届上海优质大米“金奖”以及首届寻找江苏最好吃大米百姓品米会“特等奖”等称号,均成为售价 10 元以上的高端米,在南京高端超市金鹰和德基的 BHG 销售。

徐鸣、许津荣副省长、许智宏院士参观后均给予高度评价,华静副市长 2015 年 11 月专程调研了“超日标”大米项目,并当场表示应该支持推广这样的项目。《农民日报》《南京日报》、江苏城市频道、东方卫视、新浪、搜狐、凤凰、人民网、交汇点新闻等多家媒体对此进行了报道。

表 4　常规体系与超日标体系所产大米的市场价格
(以南粳 46 或 9108 为例)

项目	常规体系	超日标大米	高墟碱米	书院鲜食米
产量(公斤/亩)	600	550	550	575
安全性 农药和重 金属残留	不明	达到国标和出口日本标准	达到国标和出口日本标准	达到国标和出口日本标准
售价(元/斤)	2.5～4.5	9.8～38	12.8	9.8～20
销售渠道	大市场批发/超市	高超/电商/会员制	高超/电商/会员制	高超/电商/会员制

4. “超日标”水稻体系推广的社会效益

(1) 农民增收和脱贫是水稻高值化直接的社会效益。以沭阳高墟镇为例，农业就是依靠 6 万多亩水稻的稻麦种植，全镇 3.9 万人口，建档立卡贫困人口就达到 9400 人，单一的种植模式，如果按照稻子以 1.28～1.55 元/斤卖给国家，或者大米 2～3 元/斤的市场价，那无疑是不可能增加农民收入的。2017 年 2 月经交广网扶贫直播的“高墟”碱米，在 90 分钟直播中，以 12.8 元/斤售出 2 000 多单 10 吨多，价值 25 万多元，并很好地宣传了“高墟”碱米的品牌。

(2) 减肥减药使农田生态环境得到优化，小鱼小虾又回“稻”家。由于本技术体系的生物核心技术方案完全放弃有机磷类、有机氯类、氨基甲酸酯类、沙蚕毒素类和菊酯类中高毒农药，减少化学农药和肥料的施用，因此稻田生态会得到逐步恢复和优化，有利于保护环境。

(3) 提升消费者对农产品安全的信任度。由于“超日标”大米农药和重金属残留检测指标多达 323 项，远高于国标 22 项，并提供权威农药和重金属残留检测报告，使得“超日标”大米“优质安全化，安全标准化，标准数据化，数据可视化”，真正实现农产品安全“看得见”，提升消费者对主粮安全的信任度。

结束语

2017 年中央一号文件核心是农业供给侧改革，主要目标是增加农民收入，主攻方向是提高农业供给质量，提出种大宗农产品要瞄准“优质专用”，减少低端供给，拓展高端供给，让农产品价格主要由市场决定，同时确保粮食生产能力不降低。

“超日标”技术体系的意义在于为通过技术创新，提升稻米品质，获得了市场高值化的效益提供了案例和产业发展的导向作用。项目的进一步推广符合中央关于农产品供给侧改革和精准扶贫的精神。

科技体制机制创新促进农业供给侧结构性改革探析

解荣超

（九三学社江苏省农水支社）

摘要：科技是促进农业供给侧结构性改革的重要抓手，而体制机制创新是发挥科技服务长效机制的根本途径。本文从江苏省农业科技研发与推广体系的现状出发，分析了当前全省农业科研体系存在的行政化色彩浓、经费投入不足、服务能力弱、成果转化率不高等主要问题，并针对性地提出了创新农业科研管理体制、发挥社会组织功用等对策建议。

关键词：农业科技体制机制；农业行业协会；长效

2017年中央农村工作会议指出，推进农业供给侧结构性改革，要以体制改革和机制创新为根本途径。江苏省第十三次党代会也为江苏未来五年描绘了“聚力创新，聚焦富民，高水平全面建成小康社会”的新蓝图，把创新提升到前所未有的高度。农业科技体制机制创新是形成农业供给平衡长效机制，确保农业良性发展的根本出路。

一、科技创新是促进农业供给侧结构性改革的基础

我国农业一方面部分粮食产量过剩，另一方面优质农产品却数量严重短缺，农业供给侧结构性改革面临调结构、提品质，去库存、降成本，补短板、促融合等几个方面任务。

（一）调结构、提品质

我国农业生产还处在以追求粮食产量为主的阶段，广义粮食安全存在结构性隐患。从2004年至2015年，我国的粮食生产实现了“十二连增”，大豆自给率却从50%以上降到不到12%；2015年我国水稻、玉米、小麦三大粮食作物化肥利用率为35.2%，农药利用率为36.6%，而欧美国家在50%～60%，农业面源污染严重，重大食品、农产品安全事件时有发生，像农药和兽药超标、三聚氰胺事件、塑化剂事件、镉大米事件等都严重损害了我国农产品的声誉。因此，必须通过改良农产品品种和种养技术，减少农药和化肥等过度投放，完善农产品全程可追溯体系，以实现农业绿色化、标准化生产，为消费者提供更加安全、优质的农产品。

（二）去库存、降成本

最近十几年我国粮食高库存、高损耗、高成本等问题突出，严重影响了我国农

产品市场竞争力。2012—2016年，玉米、小麦和稻谷库存量合计从10 890万吨增至45 654万吨；2004—2015年，我国稻谷、小麦和玉米的亩均成本从395元增至1 090元，国内粮价已高出国际市场30%～50%；我国粮食产后损耗每年高达8%，蔬菜产后损耗达20%，而美国这两个数据分别为低于3%、1.7%～5%。因此，就必然要求大力提升农业机械化和农产品加工储运技术设备水平，加强高效设施农田建设，以增强农业从业者应对气象、价格波动等自然和市场风险能力。

（三）补短板、促融合

农民增产不增收问题突出，绝大多数农业从业者缺乏从事农产品加工的技术、资本。目前我国达到或接近国际先进水平的农产品加工技术与装备仅占5%～10%，整个行业比发达国家落后20～25年；我国农产品商品率偏低，以深加工量为例，粮食仅8%、苹果为4.7%、柑橘为5%、肉禽类为4%，而发达国家平均水平在70%以上；农村产业融合发展项目特色不明显，休闲农业和乡村旅游的特色内涵、农耕文化、传统文化、人文历史、民族特色等有待进一步挖掘。因此，必须通过推动农产品深加工技术设备国产化、农产品初加工设备小型化和创意农业规划设计专业化，提高农产品附加值，促进一二三产融合，以增加农民在价值链分享比例。

二、江苏农业科技研发与推广体系的现状

（一）基本情况

经过多年发展，江苏农业科技体系基本形成以公立机构为主体、民间机构为补充的整体框架，主要有以下几个部分组成：①涉农科研院所。包括南京农业大学、扬州大学、江苏大学、江南大学等在内的一批高校，江苏省农科院及其下属12所农区所等。②各级公立农业科技推广服务单位。以农技推广站、农广校、耕保站等为主体，2012年江苏省有县（市、区）、乡（镇）农技推广机构4 565个，其中乡镇农技推广机构3 929个，县乡两级有3.2万名一线农业科技人员。③各类企业的农业科研机构。到2011年底，全省农业龙头企业拥有农业科技人员3.74万人，其中农技推广人员2.52万人；到2016年，全省各类社会化涉农专业服务组织超过1万个，其中农作物病虫害专业服务组织达到4 380个。

（二）主要问题

1. 行政化特点浓厚。传统的公立农业科技体系基本是以行政命令为主、自上而下的单向、被动的研发与推广方式，基层农技部门的能动性不高，农户更是缺少表达自身需求的有效反馈渠道，农技研发与推广服务创新的动力不足。隶属不同行政部门的公立科研机构间缺乏分工协作机制，各条线科研机构自成体系，行政依附和行政分割严重，部分科研机构重复设置，学科设置大多仍是以增产为目的的种养业生产环节的常规、单一技术，农业科技的创新能力、储备能力和转化能力均明显落后于国际农业科技潮流。

2. 农技服务能力弱。部分高校、科研院所科研人员服务地方经济的科技实力

不够，所掌握的更多是理论性的知识，难以解决企业、农业生产者急需的工程性、技术性问题。类行政的事业单位进人用人模式下，农技队伍年龄、知识结构老化等问题突出，例如苏州现有农技推广人员 3 151 人，35 岁以下的仅占 14.3%；全省乡镇基层站所改革后，大多数乡镇真正从事农技推广的仅剩 2～3 名老同志，知识结构很难满足农业供给侧结构性改革的要求。

3. 科技转化率不高。缺乏常态化的产学研对接机制，现有科技示范园区、科技服务超市等仍停留在科研机构与农产品加工企业和农业生产者点对点的合作上。农业知识产权保护不够、研发投入回报率太低导致市场经营主体开展农业科技研发积极性不足，农业科技创新民营企业参与度不高，农业科技园区很多流于形式，没有从制度保障上调动起企业、民间组织等社会力量参与农业科技创新主体建设的积极性、创造性。

4. 工作经费难保障。我国农业科研投资强度(即农业科研投资占农业 GDP 的比重)为 0.77%，不到发达国家平均水平的 1/5，同期全国的科研投资强度为 1.7%，而农业科研投资强度的国际平均水平是 1%。由于地区财力差异导致基层农技推广经费保障不平衡，苏北苏中部分经济欠发达地区的基层农技人员工资等正常生活待遇尚未得到保障，部分基层农技机构甚至无力承担省财政投资的乡镇农技服务中心和兽医站的现代化办公、检测设施运营费用。

三、江苏农业科技体制机制创新的政策建议

江苏省农业科教资源丰富，拥有厚实的创新“家底”，全省农业经济也正在从“数量追赶期”步入“质量追赶期”，农业体制机制创新必然成为驱动农业转型升级的新引擎。

(一) 构建全省农业科研力量管理体系

由省农委、省科技厅、省教育厅等农业科研管理部门组成常设的农业科研联络办公室，统筹协调全省农业科研经费和项目，以减少低水平重复研究。利用当前在南京江北新区建设南京国家级农业科技产业创新中心的契机，整合全省农业科技力量，推动全局性、战略性、前瞻性的农业重大关键技术等研究工作，将之打造成具有全球影响力的农业产业科技创新研究机构。依托省农科院分布全省的 12 个农区所，建立区域农业科研试验示范推广站，上承农业科研中心，下接基层农技推广体系，推动重大科技成果直接服务于农业生产和农村经济发展。

(二) 推动农业行业协会等社会组织建设

强化顶层设计，完善农业行业协会相关法律制度，明确农业社会组织的法律地位，规范农业社会组织运作。鼓励农民合作社、农产品加工企业等新型农业经营主体建立或加入行业协会，在条件成熟的地方可在县一级成立农村社会组织联合会。大力支持育种协会、猪牛人工授精协会等专业服务类协会发展，引导和扶持农业行业协会开展农业社会化科技服务工作。充分发挥农业行业协会的中介组织作用，

促进农业行业协会建立与农业科技研发与推广机构的常态化对话协商机制，鼓励农业行业协会与农业机械协会等相关社会组织开展农业机械、农产品加工机械等技术设备研发与改良合作。

(三)加大政府科技投入与政策扶持力度

通过立法保证农业科教投入的适度增长，提高对农业科技的投入强度，加大对农业技术成果的推广应用的支持，确保农业科技的分配比例和优先序。设立专项扶持资金，支持重大关键农业技术、农产品加工标准化技术的示范推广。对农业科研单位通过农业技术成果转让、技术培训、技术咨询、技术服务、技术承包等方式的经营性活动和农业科技型企业给予免税、信贷担保等政策优惠。对个人的农业科技成果转让获得的合法收入，可给予一定所得税税率优惠等。逐步降低民营企业和外资进入农业投入品、加工、储藏和运输等领域的门槛，破除国有企业垄断，加大市场化改革力度。进一步放开国内农业企业参与公立农业科研项目申报工作，支持民营企业与公立农业科研单位开展产学研合作。

(四)完善农业知识产权保护和人才培育

建立健全各类农业知识产权的信息数据库，通过公共网站定期发布官方信息，增加产权收益和减少合法权益被侵害，促进农业知识产权保护工作健康发展。加强农业科技信息资源数据库建设，建立农业信息动态监测与速报系统，为全省各级农村社会组织提供及时、准确的技术信息和市场信息。完善行政处罚制度，加强行政保护与司法保护的衔接合作，强化行政机关与人民法院信息互通及协调配合，构建行政执法与司法保护的联动机制。探索建立全省家庭农场主持证上岗制度，依托现有农广校、农业类高职院校等农业培训机构，提高农业从业者科技水平与专业技能。

参考文献

[1] 郭海洋. 我国公共农业科研体系现状及问题分析[J]. 农村经济与科技，2008，19(2)：29-29.

[2] 许世卫，李哲敏. 荷兰、法国农业科研体制及对我国启示[J]. 科学管理研究，2005，23(6)：97-101.

[3] 王建明. 发达国家农业科研与推广模式及启示[J]. 农业科技管理，2010，29(1)：48-51.

[4] 杜华章，赵桂平，严桂珠. 江苏农业科技推广体系建设探索与创新[J]. 山西农业科学，2016，44(1)：85-91.

[5] 关慧明，张斯. 构建科技创新新格局推动农业供给侧结构性改革[J]. 中国农村科技，2016(5)：34-36.

[6] 赵月兵，顾俊. 关于江苏农业科技创新体系建设的有关思考[J]. 江苏科技信息，2013(6)：7-9.

[7] 宋华明，肖雅. 江苏农业科技拔尖创新人才培养的问题及对策[J]. 中国农业教育，2016(1)：38-43.

[8] 刘继红. 构建江苏农业科技创新体系的对策[J]. 江苏农业科学，2014，42(12)：511-512.

[9] 郭文宝，马青. 农业科技创新体系存在的问题及对策[J]. 安徽农业科学，2011，39(32)：20190-20192.

江苏农业保险供给侧结构性改革的对策建议

——基于新型农业经营主体的调研

林乐芬

（九三学社南京农业大学委员会）

摘要： 当前，江苏省政策性农业保险已取得突出成绩，然而已有农业保险机制逐渐难以适应新型农业经营主体的需要。新型农业经营主体自然风险集中、市场风险严重且融资风险较大。对农业保险需求迫切的同时，具有产品需求转变、服务需求提高、对创新型农业保险了解有限的特点。要提高农业保险为农业现代化保驾护航作用，还需进一步推动农业保险机制创新，课题组因此提出完善农业保险产品体系，优化农业保险服务，提高政府支持效率，改革农业补贴政策，夯实创新型农业保险实施基础等建议。

关键词： 农业保险；供给侧结构性改革；新型农业经营主体

一、引言

江苏省政策性农业保险自2007年开办以来，经过从试点到全省推广“联办共保”模式，形成了有效的全省农业风险分散与保障机制。江苏农业保险“联办共保”模式是指政府与保险公司合作，按照“政府推动、商业运作、节余滚存、风险共担”的原则，实行“政策性农险、商业化运作”。政府与保险公司按照5∶5比例收取保费，同时承担相应的风险责任，组成责任共同体。政府发挥主导作用，负责组织推动、收缴保费和沟通协调，保险公司则发挥其精算、管理、网络、人才和服务等优势，按照商业保险的基本原理和运作规则，负责核保、精算、理赔等具体业务，并设立农业保险专用账户，同时接受上级和同级财政、审计和保险监管部门的检查和监督。具体流程如下：

2014年11月国务院发布的《关于引导农村土地承包经营权有序流转发展农业适度规模经营的意见》的政策，江苏省随之积极发展农村土地流转，快速形成了一批以专业化、规模化农业生产为特点的新型农业经营主体，江苏省各市农业经营主体也由过去全部为小农户构成转变为小农户和多种新型农业经营主体并存的混合结构。在目前农业供给侧结构性改革逐渐深入的大背景下，江苏省各市农业保险不仅肩负帮助传统小农户稳收增收的使命，更被赋予了支持现代农业发展、提升新型农业经营主体风险保障能力的责任。那么，江苏省一直推行的政策性农业保

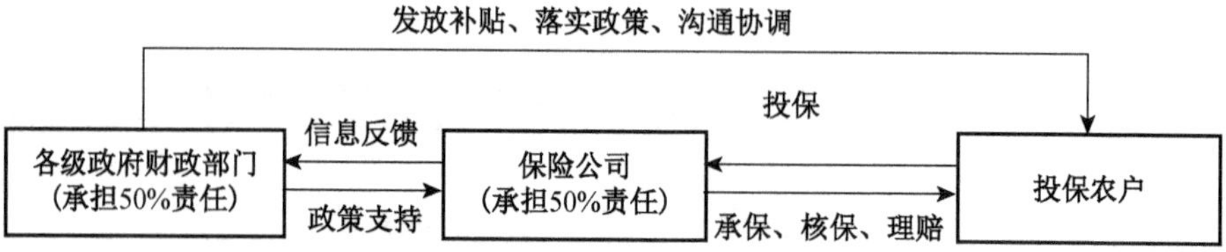

图 1 “联办共保”运作流程

险目前的供给效果能否适应规模化和现代化农业的需求？还需要进行哪些改进和完善？这些问题都需要得到及时的回答，否则政策性农业保险就难以保障新型农业经营主体的发展，更难以在现代化、规模化农业快速发展的背景下起到支持农业供给侧改革的作用。

基于此，本课题组于 2017 年 3 月分别赴 13 个地级市进行实地调研，以了解目前江苏省政策性农业保险的运行现状。通过调研发现，现代农业“高投入、高产出、高风险”的特点对江苏省政策性农业保险“低保障、保成本”的主旨提出挑战；农业经营主体的多样化需求对政策性保险自上而下的设计提出新的要求。因此政策性农业保险在制度安排、保险设计、信息传递、勘察赔付等方面面临改进与创新。

二、新型农业经营主体风险状况

为尽可能充分掌握政策性农业保险实际运行中的风险状况，课题组选择江苏省 13 个地级市作为研究对象。调查结果如下：

1. 新型农业经营主体承受更集中的自然风险。具体包括三个方面：一是自然灾害影响程度加大。生产要素大量投入与自然风险不确定性之间的矛盾，提高了经营主体风险水平。二是风险范围更加广泛。风险事故的主体由农产品转而扩散到农业生产的所有相关因素。三是巨灾风险难以有效分散。大规模、高投入和专业化的生产方式下，难以通过地理、生产或收入结构分散巨灾风险。

2. 新型农业经营主体面临更严重的市场风险。具体包括两个方面：一是生产成本不断提升。以南京市为例，稻麦生产成本约 1 400 元/亩，除去自有农机具成本，实际一亩地所得利润很少甚至亏损。二是农产品价格波动。新型农业经营主体对市场风险极为敏感，尤其价格波动对生猪、家禽养殖影响巨大。

3. 新型农业经营主体存在较大融资风险。包括两个方面：一是资金需求迫切。新型农业经营主体初始投入较高，虽有政府相关农机具补贴，但资金缺口依然较大。二是拥有有效抵押物十分有限。银行贷款门槛较高，缺乏担保、可抵押的物品，而农地经营权抵押目前可操作性较弱。三是风险防范措施不完善。农业保险保障功能有限，难以保证经营主体稳定经营，金融供给积极性不强。

三、新型农业经营主体农业保险需求情况

1. 新型农业经营主体对农业保险需求迫切。主要表现在两个方面：一是农业

保险是最主要风险管理方式。调查表明，超过75%的新型农业经营主体认为农业保险为有效且主要的风险管理策略。二是投保主动性较强。新型农业经营主体能够清晰了解农业保险的补偿灾害作用，积极参加农业保险。

2. *新型农业经营主体保险产品需求发生转变*。主要表现在四个方面：一是对地方特色险种需求更强。需要扩大补贴覆盖面，扩大保障品种范围。二是对保障水平要求更高。传统险种赔偿金额不足经济成本损失的50%，将人工和地租成本纳入保障范围的需求较为迫切。三是需要更合理的理赔标准。现有定损标准存在过高或者过低的问题，降低了经营主体参保的积极性。四是保险需求更加个性化。其一，保障范围方面，现代化农业经营环境下，设备、人员等要素与进出口、产品研发等过程都存在多重风险，急需保险保障分散。其二，保障责任方面，规模生产过程中普遍出现的市场风险、融资风险、信用风险等多重风险威胁，难以通过传统农业保险保障。

3. *新型农业经营主体需要保险服务创新*。主要表现在四个方面：一是改进勘查定损技术。每村仅1～2人负责农业保险，仅靠人力难以满足大规模勘查定损的需要。二是单独的精准性保险服务需求迫切。超过90%的新型农业经营主体希望保险公司能针对规模化经营的特点提供精准性保险服务。三是提供保险增值服务。涵盖提供风险管理、生产资料融资、农业设施融资、市场信息方面。四是一揽子综合农村金融保险产品创新。涵盖融资、生产、流通、仓储、销售等各环节，积极服务新型农业经营主体。

4. *对创新型农业保险产品了解有限*。主要表现在三个方面：一是对推出创新型农业保险期望较高。70%以上的新型农业经营主体对保险公司推出气象指数、价格和收入保险产品需求迫切。二是对指数型新型农业保险认知有限。非试验区新型农业经营主体接触指数型新型农业保险机会较少，在勘察定损、标准确定上认知模糊。三是对新兴互联网保险信任度不高。经营主体普遍担心互联网的可靠性，更愿意接受保险公司一对一的上门服务。

四、遇到的问题

1. 保险产品方面

(1) 保额难以满足新型农业经营主体需求。现有保险条款保障金额较低是新型农业经营主体反映较多的问题：一是以物化成本为标准的保额难以满足需求。如以葡萄、梨等为代表的高效设施农业的风险保障需求之间尚存在较大差距，保险赔付只能弥补高效设施农业总经济成本的10%，不仅难以完全覆盖设施农业物化成本，更不能弥补人工和地租成本损失，对新型农业经营主体高效设施农业风险保障能力十分有限；二是保险赔付条款比较单一。同一种农业产品不同品种的成熟期和上市时间存在不同，遭受灾害后单位损失也因品种不同而有较大区别，蔬菜大棚之类的农业设施也存在较大的成本差异，即使遭受相同的灾害，对农业经营主体的损失情况也各不相同，而目前现有保险条款中同一保险标的下的不同标的类型的赔付标准差异较小。

（2）保险标的保障范围有限。主要存在两个问题：一是现有保险条款对保险标的不完全保障。例如：设施大棚保险只承保薄膜和框架结构，而其他附属设施诸如压膜线、卡簧、卡槽等均不属于承包范围，但经新型农业经营主体反映，风险事件发生时附属设施损失十分巨大，希望能将其纳入保险保障范围；二是缺少相应保险产品。如猕猴桃等还没有相应保险产品提供风险保障。

2. 保险服务方面

（1）基层保险服务人员不足。主要表现在两个方面：一是承保工作量较大。农户参保积极性较高，参保户数较大，且农产品种类较多，不同品种参保时间又各不相同，由于目前农业保险参保是以村为单位统一参保并收取保费，而每村农业保险负责人员只有1～2名，虽然在承保时期会增加临时工作人员，但是较大的承保和收费工作量与较少的工作人员数量仍然形成极大矛盾；二是大灾查勘定损人手不足。当大灾巨灾发生时，由于全村甚至全镇损失规模较大，查勘定损工作量急剧增加，而基层农业保险服务人员数量有限，即使不眠不休连续工作也难以完全定损到户，保险公司只能根据抽样受灾情况或协商对农户进行理赔，容易造成多赔或少赔的不合理现象。

（2）农业保险条款不够通俗。虽然江苏省农业保险条款在设计过程中已经考虑到农户文化水平因素，尽量将条款内容以通俗易懂的方式进行表达，但是根据调研实际情况来看，依然普遍存在农业经营主体无法理解保险条款的情况，甚至大多数基层农业保险工作人员也无法完全理解保险条款内容，容易造成预期很高，而实际赔付时获得赔偿较低，形成心理落差。

3. 政策支持方面

（1）农业大县地方特色险种保费补贴压力较大。高效设施农业等地方特色险种保费缺少中央财政补贴支持，由省级财政补贴保费的20%，市（区）财政负责剩余补贴，现行补贴分担比例对市（县）财政的要求较高。一些农业大县和农业大镇由于长期从事农业生产，财政基础比较薄弱，政府无力提供保费补贴，而根据我国目前实施的各级财政保费补贴筹措机制，在下级财政保费补贴没有实现的前提下，省、市级财政也难以支付配套补贴资金。因此，即使农业经营主体对某种农业保险产品需求十分强烈，且该项保险条款在省级层面也已存在，但由于保费补贴难以落实，保险产品最终不能实际实施。然而，从产业发展和风险分散的角度来看，需要增加保险险种和保费补贴的地区，反而是财政比较薄弱的农业大镇。

（2）保险服务人员劳务费难以落实。主要存在两个问题：一是协保员的劳务费难以落实。基层保险工作人员均由了解当地农业的书记、村会计等公职人员兼任。根据省市每年农业保险工作指导文件精神，保险公司和无锡市政府可以向基层保险工作人员提供劳务费，但是从实际情况来看，由于相关政策规定比较模糊，缺少发放劳务费的具体规定，政府层面的劳务费很难落实到基层兼职工作人员手中，必然会影响部分兼职人员的积极性；二是专家费用来源未定。农业灾情的查勘定损工作专业性强，需要农业专家时常参与，虽然省市金融办每年都有文件提及可以向专家提供部分劳务报酬，但每年保险工作指导文件中对于理赔鉴定所需费用的支付，只要求"按照保险合同约定承担；保险合同没有约定的，由申请人承担"，资金来源规定模糊，这笔钱究竟应该由保险机构出，还是政府出，还是参保的农业经营主体出，或者是几方分担，都没有做出明确的说明，因此专家的劳务报酬在执行中仍有限制条件。

五、对策建议

2016 年和 2017 年中央一号文件重点指出要"积极开发适应新型农业经营主体需求的保险品种"。2017 年江苏省发布《省政府办公厅关于落实发展新理念推动农业保险迈上新台阶的指导意见》，明确要求"聚焦新型农业经营主体，提供定向定制服务"，"为发展多种形式的适度规模经营、支持新型农业经营主体做大做强保驾护航"。结合江苏省新型农业经营主体风险状况及农业保险需求，课题组提出以下建议：

（一）针对保险机构的建议

1. *完善农业保险产品体系*。针对保险产品难以满足新型农业经营主体需求的问题：一是扩大地方特色险种。其一，紧密结合地方政府发展战略，开发并补贴对地区农业生产具有比较优势的保险产品；其二，加快推进价格、收入类保险的试点面，保障农业市场风险；其三，凭借农村信贷机构网点多、覆盖广的优势，拓展涉农贷款保证保险、保单质押等新型"银保"产品，降低新型农业经营主体融资风险。二是提高传统农业保险产品保障能力。其一，尝试适当提高保障水平，将人工、地租等成本纳入保障范围；其二，促进保险从单一产品向多品种、多档次转变，增加经营主体选择自主权。三是设定合理理赔标准。理赔标准不宜过高与过低，过高可能导致经营主体受灾后无法得到赔偿，过低又可能不利于保险公司勘察。

2. *优化农业保险服务*。针对保险服务创新的问题：一是扩大应用新技术。利用 3S 技术、无人机勘察等先进技术装备对受灾地块进行勘察，同时在日常做到实时监控。二是推动个性化农业保险产品与服务创新。积极研究和试点农业保险个性化产品，探索政策性保险与商业性保险互补机制。三是优化新型农业经营主体保险服务。加快推广新型农业经营主体单独投保、开单、勘查、定损、理赔，提高服务质量与效率。

（二）针对政府的建议

1. *提高政府支持效率*。一是建立农业保险专门管理机构。在政策制定、费率分区、条款设计等方面发挥统筹协调作用。二是提高各级财政农业保险基金的管理效率。将现有的各地高效设施农业保险由按专项险种比例补贴尝试改为按地区奖补。

2. 改革农业补贴政策。一是对政策性农业保险进行差异化补贴。保费补贴适当向主要农业生产区、经济欠发达区倾斜，鉴于“三项补贴”的功能逐渐异化，地方财政可以利用该项资金根据农业品种扩大补贴范围。二是对农业保险机构实行补贴。对于农业保险经营较好且产品服务创新积极的保险公司进行适当补贴，补贴标准与业务量挂钩，激励保险公司开展高质量的农业保险业务。

3. 夯实创新新型农业保险实施基础。针对新型农业经营主体对创新型农业保险需求认知的问题：一是加强宣传。以广大群众喜闻乐见的方式宣传创新型农业保险的基础知识、操作流程和鲜活案例，增加新型农业经营主体的风险意识和对创新型农业保险的了解。二是完善农业生产、销售与气象数据收集。建立气象观测点，收集整理产量数据和市场数据，建立农业信息数据库，为新型农业保险正常实施提供必须条件。